अथ पद्मावती

चित्तौड़ की रानी पद्मावती की ऐतिहासिक दास्तान

अथ पद्मावती

चित्तौड़ की रानी पद्मावती की ऐतिहासिक दास्तान

राजेन्द्र मोहन भटनागर

वाणी प्रकाशन

वाणी प्रकाशन

4695, 21-ए, दरियागंज, नयी दिल्ली 110 002

फ़ोन : +91 11 23273167 फ़ैक्स : +91 11 23275710

शाखाएँ

अशोक राजपथ, पटना 800 004, बिहार

कॉफ़ी हाउस कैम्पस, महात्मा गांधी मार्ग, इलाहाबाद 211 001, उत्तर प्रदेश

महात्मा गांधी अन्तरराष्ट्रीय हिन्दी विश्वविद्यालय, वर्धा 442 001, महाराष्ट्र

सुल्तानिया रोड, मोतिया पार्क, भोपाल 462 001, मध्य प्रदेश

www.vaniprakashan.in
marketing@vaniprakashan.in
sales@vaniprakashan.in

ATH PADMAVATI
Chittor Ki Rani Padmavati Ki Aitihasik Dastaan
by Rajendra Mohan Bhatnagar

ISBN : 978-93-88684-22-4
Novel

प्रथम संस्करण 2019

मूल्य : ₹ 395

जयन्त प्रिंटरी एलएलपी, मुम्बई-02 (इंडिया) में मुद्रित

वाणी प्रकाशन का लोगो मक़बूल फ़िदा हुसेन की कूची से

समर्पण

ऊँ नमो पद्मावती पद्मनये
लक्ष्मीदायिनी वांछा भूत प्रेत
विंध्यवासिनी सर्व शत्रुसंहारिणी
दुर्जयमोहिनी ऋद्धि-सिद्धि
वृद्धि कुरू कुरू स्वाहा
ऊँ क्लीं श्री पद्मावत्यै नमः

हे वीरांगना सौन्दर्य अवतारणी
पद्मयोगिनी मम अधिकारिणी
शाश्वत सत्य धर्म निर्वाहिणी
चिर अप्रतिम यौवन धारणी
दिव्य अलौकिक मंगलकारिणी

अथ पद्मावती सृजन मोहिनी
मम हृदय कमल सुयासिनी
प्रखर ज्योतिर्मय तेजस्विनी
जगज्जयी सर्व विकासिनी
सात्विक सुकर्म अनुरागिनी

कथन

"अथ पद्मावती" विश्व-विख्यात चित्तौड़ की रानी पद्मावती को प्रस्तुत करता है। इतिहास के गलियारे से गुज़रता हुआ अनेक संशयों का सामना करता है। पुराणात्मक कथा—आख्यान (लेजेंड) का सहारा पाकर उपन्यास का कथानक बनने में सहायक होता है। यदि इतिहास के धुँधले पृष्ठ प्रचलित आख्यानों की सहायता से एक आकार ले सकें तो ये कम बड़ी बात नहीं है। दरअसल, जब इतिहास पुराण कथा या लोककथा में स्थान पा जाता है, तब वह अमर ही नहीं हो जाता है प्रत्युत उस संस्कृति की अक्षय सम्पत्ति सिद्ध होता है। अब पद्मावती इतिहास की कम लोक-कथा की अधिक सशक्त व जीवन्त उदाहरण बन चुकी है।

साहित्य इतिहास का कथानक नहीं, उसकी अन्तरात्मा का आख्यानात्मक प्रकाश है, अमर ज्योति है। स्मरण रहे, इतिहास का हर इतिवृत्त साहित्य नहीं बन सकता। साहित्य संवेदनाओं का संस्कार है। खलील जिब्रान का यह कथन तत्सम्बन्ध में हमारी मदद करता है कि, "जब तुम दुःख से भर जाओ तो अपने दिल की गहराइयों में उतर कर देखो; कदाचित् उल्लास का कोई कारण वहाँ हो, जिसके लिए तुम अवसाद से घिरे थे।" यथार्थतः साहित्य इतिहास का वर्तमान और अनागत दोनों होता है। साहित्य से यह प्रश्न मत करो कि तुम इतिहास हो। यदि इस दृष्टि की गहराई में उतर कर देखा जाये तो पद्मावती मानव जीवन की जीवन्त धरोहर प्रमाणित होती है। पद्मावती उसी की प्रतिध्वनि है। उदात्त प्रेम के अन्तस्थल में उतर कर संवेदनाओं का वह ऐसा अन्तरंग अनुभाग बनने लगती है कि गोचर-अगोचर की यात्रा हृदयस्थली झील के अद्वैत आनन्द को तरंगों को अनुभव कराती है।

साहित्य का विषय आनन्द है और यही उसका लक्ष्य है। प्रेम का सौन्दर्य क्या है? उसकी आशा-आकांक्षाएँ क्या हैं? उसका आनन्द क्या है? इन प्रश्नों का उत्तर उनसे मिल सकता है जो लुप्त सरस्वती की उर्मियों के आनन्द की गहराई में उतर कर स्वयं आनन्द की अनुभूति बन चुके हैं। प्रेम का अननुभूत वात्सल्य और यौवन के उत्कट हिमालय का जहाँ संगम हो, वहाँ है पद्मावती। मैंने उसको

तलाशने की यह यात्रा प्रारम्भ की है जिसमें इस समय, इसे पढ़ते हुए आप भी मेरे साथ हैं। उन विषम परिस्थितियों और विषमताओं में जिनमें कभी आनन्द का स्रोत सधता नहीं है। और हर पल खंजड़ी मन में गजरे-ग़ज़ल की प्रतिध्वनि, सारे झाड़-झंखाड़ को किनारे कर, बिन झाँझ के, झाँझ के जुनून में कैसे सिर चढ़कर बोलने लगती है! जो गायक नहीं बन सके, उनमें कैसे कोयल-पपीहा का मधुर स्वर गूँजने लगता है और कैसे जो देख नहीं पाते उनमें खंजन नयन खुलने लगते हैं। कैसे शकुन्तला के लालन-पालनहार कण्य ऋषि निराशा की घनघोर मेचक घटाओं में चपला बन उसको आश्वस्त करते हैं। पद्मावती उसी परम्पराओं की अगली कड़ी है। अनुभव कर सको तो करो कि कैसे एक ख़िदमतगार सितम रसीदा में सिजदा करने की नमाज़ को रफ़्ता-रफ़्ता इस नफ़ासत से करने लगता है कि उसे पता ही नहीं चलता कि वह कब नमाज़ी से रब की पहचान बन गया। कैसे पता पूछते-पूछते ख़ुद ही उसका पता बन गया। उनसे पूछा जो बन चुके हैं दीदार-ए-हुस्न के हमप्याले कि पद्मावती की असली दास्तान क्या है जो सदियों बाद आज भी रोशनी की रौनक़ बनी हुई है? यह प्रयत्न उसी के लिए है जिनकी धड़कनें ज़िन्दगी में करवट बदलती रहती हैं।

मैं पूगल गया था तो रणथम्भौर का पता पाया, रणथम्भौर पहुँचा तो चित्तौड़ का ठिकाना मिला। तब एक फ़क़ीर ने कहा, "क्यों मारा-मारा फिर रहा है, पद्मिनी-पद्मावती उन दिलों में रहती है, जिसका पता दिल को भी नहीं है।" हक़ीक़त में इस दास्तान का रहस्य यही है कि हम ज़िन्दादिल ज़िन्दगी के साथ उस रहस्य को स्वयं तलाशते रहते हैं। वह भी इस उम्मीद से कि कोई तो उसका हमसफ़र बने।

यादों की इन भूल-भुलैयों में मैं उन्हें तो भूले जा रहा था जो इसके चश्मदीद गवाह भी हैं और हमसफ़र भी। उनमें हैं--डॉ. रंजना असावा, डॉ. देव कोठरी, प्रो. श्याम सुन्दर भट्ट, डॉ. मनीष सक्सेना, डॉ. गिरीश माथुर, डॉ. निवासन अय्यर, डॉ. महेन्द्र भानावत, प्रो. चन्दन सिसोदिया, डॉ. रजनी मेहता, प्रो. चन्द्रावती सुराणा, डॉ. अवधेश नारायण, दीपक राजगठिया, प्रो. राज सिंह, डॉ. अनुराधा श्रीवास्तव, डॉ. अर्चना काबड़िया, देवदत्त नाहर, डॉ. दीप्ति पानेरी, प्रो. राजमल गौड़, प्रो. अब्दुल हक़, नर्वदा शंकर दुबे और अन्त में श्री अरुण माहेश्वरी, प्रबन्ध निदेशक, वाणी प्रकाशन, प्रेरक। मैं इन सबका हृदय से आभारी हूँ। तथास्तु,

आपका

राजेन्द्र मोहन भटनागर

शशि निवास

105 सेक्टर, 9ए, हिरन मगरी

उदयपुर-313002

शुक्ल पक्ष। बुधवार का दिन। चतुर्दशी। इन तीनों का संगम रणथम्भौर का काया-कल्प कर देता है। इस वार चतुर्दशी बनी। उससे अगले दिन पूर्णिमा। प्रायः शुक्ल पक्ष की बुध को पड़ने वाली चतुर्थी को मेला जुड़ता था। इस बार न त्र्योदशी-चतुर्दशी साथ पड़ी और न पूर्णिमा प्रतिपदा से पहले आयी। ऐसा संयोग मिलना सहज नहीं है। पचांगों की भिन्नता के कारण राज्य की ओर से एक तिथि की घोषणा कई दिन पूर्व कर दी जाती है ताकि मेले के आयोजन में कोई संशय न रहे।

हाट की तैयारी में बहुत पहले से दुकानदार आकर जुटने लगते हैं। दूर-दूर से व्यापारी, तमाशे वाले, खिलौने वाले, नाच-गाने वाले, करतब दिखाने वाले, कपड़े वाले, जूते-जूतियों वाले, जादू दिखाने वाले, घोड़े, बैल, बकरी, गाय आदि के व्यापारी, अस्त्र-शस्त्र वाले, मिठाई वाले इत्यादि जन मानस को अपनी ओर आकर्षित करने लगते हैं। जन मानस एक छोर से दूसरे छोर तक का आता है।

राज्य की ओर से दूर से आये व्यापारियों के लिये रहने की जगह, सुरक्षा, पानी आदि का प्रबन्ध करने में कोई कसर नहीं छोड़ी जाती। बाहर से आने वालों की ठहरने की व्यवस्था भी रहती है। पशु-मेले के लिए वहीं पर अलग व्यवस्था होती है।

रणथम्भौर अपनी प्राकृतिक सम्पदा जंगल, शेर-चीते, जंगली सूअर, भालू, हिरन आदि के लिये सुविख्यात है। चारों ओर से पहाड़ियों से घिरा है। इन पहाड़ियों से घिरे होने से रणथम्भौर का क़िला द्वीप जैसा नज़र आता है। वहाँ का शासक है रावल हम्मीर चौहान। वहाँ कुण्ड, तालाब, नदी आदि को पार करके ही पहुँचा जा सकता है।

"माँ, माँ...पहले शुक्ल पक्ष पर बुधवार को चतुर्थी पर पड़ने वाले मेले में नहीं जाने दिया था। लेकर इस बार महा मेले में मैं अवश्य जाऊँगी।" पद्मा ने मचलते हुए कहा।

"अभी दिन पड़े हैं। बात करूँगी, लाडो। मन में उथल-पुथल मत ला। पूनो को मेला पूरी तरह सजधज चुकेगा। तनिक चैन पा।"

पद्मा कुछ नहीं बोली। क्या बोले। माँ सीधे मुँह कभी बात ही नहीं करतीं। कभी-कभी उसे लगता है कि वह उसकी माँ है ही नहीं। जब देखो तब उसकी बात को टाल जाती हैं। जब वह छोटी थी पाँचेक वर्ष की रही होगी। यह पूछने पर कि मेघ पानी कहाँ से लाते हैं और कभी रिमझिम वर्षा क्यों करने लगते हैं और कभी-कभी ताबड़तोड़! माँ चुप रह गयी, तब वह पुनः यही प्रश्न करती तो माँ कुछ तेज़ आवाज़ में, नाराज़ होकर कहती, "हरदम मेरे कान मत खाया कर, छोरी।"

"माँ कान क्या अपूप (मालपुआ) यवागू (लस्सी), शीरा या पायस (खीर) है, जो खाया जा सके?" उसने सोचते हुए, शान्ति से पूछा।

"मेरी माँ, मेरा सिर मत खा।"

सामने से हँसते हुए धनु कुँवर ने प्रवेश किया और कहने लगी, "पद्मा बेटी, जब तुझे कान-सिर खाने की इच्छा हो, तब तू म्हारे कनै (पास) चली आया कर। म्हारे कान बहुत बड़े हैं, तू जितना चाहे खाना वे रत्ती भर भी कम या छोटे नहीं होंगे।"

"थाने ही जाहे सिर चढ़ा लियो है, काकी सा। ...छोरी है पराये घर को धन। दब कर रहेगी तो चोखा निभा लेगी।" मनका ने गम्भीर बनी रह कर कहा।

पद्मा अपनी हँसी रोक नहीं सकी। काकी सा के गुलाबी चेहरे पर गुलाब खिलने लगे थे।

माँ काकी सा से बात कर रही थी। बात भी पद्मा के सम्बन्ध में। गहरी साँस लेकर कहने लगी, "अब जे वृक्ष होती जा रही है। वृक्ष भी आम्रमंजरी सी महकती हुई। चाँदनी-पौष की धूप से खिलती हुई। अभी से जाकी जवानी ग़ज़ब ढाने लगी है और मंसूबे देखो महा के मेले में आग लगाने के रखती है।"

"मनका मन छोटा न कर। तेरे सोचने भर से लहलहा उठा वृक्ष न मुरझा सकेगा और न छोटा पड़ सकेगा। तक़दीर में लिखा कौन बाँच सका है।" धनु कुँवर सीधे-सादे ढंग से समझाती हुई, ओढ़नी को ठीक कर कह रही थी, "थे तो राजघराने से आयी हो बींदणी और जे भी राजघराना है। ठिकानेदारों से लेकर राव-रावल, राणा-महाराणा सबके सब बींदणी को ही धरम-मरयादा में बाँधते आये हैं। उनके लिए न कोई लछमन रेखा है और न कोई आचार-संहिता। ...खुला खेलें तो खेलें। ...मरखना साँड। उन्हें कोई रोकने-टोकने वाला नहीं है।"

"काकी सा, जे आप क्या कह रही हैं? बींदणी का धरम-करम ही है पति की आज्ञा को सिर माथे लगाना। जा में कोई चूँ-चपड़ नाहीं। बींदणी नाक की सीध

में चालती रहे, जे ही बाको धरम है, सतीत्व है।" मनका काकी सा के अन्तर्मन के स्रोत को फूटते देखना-सुनना चाह रही थी। जो उसके अन्तर्मन में पक-खौल रहा था उसे वह किसी पर प्रकट नहीं कर सकती थी। मरखना साँड शब्द सुनकर उसके कलेजे में ठण्डक पड़ गयी। वो अपने घर से भी यही सीख लेकर आयी थी—अपनी माँ से। इस कारण अपने प्रति उपेक्षा, अनादर और जुल्म सहते हुए भी उसके मन में कभी ज्वालामुखी नहीं फूटा? तनिक तिनके भर सा भी फूटा होता तो वह अपने पाँव की बेड़ियाँ उसके पाँव में नहीं डालती। उसने घणे से घणे अत्याचार को भी चुप्पी मार कर सह लिया था। पर क्यों?

अब काकी सा जरी के घाघरे पर हुए सोने-चाँदी के काम को देखकर कुछ-कुछ असंयत हो उठी थीं। मानो वह उनको मुँह चिढ़ा रहा हो। भीतर ही भीतर समन्दर की धधकती आग को न जाने कैसे सहते हुए ऊपर से हँसमुख बनी रहती थी और किसी को अपनी असलियत का आभास नहीं होने देती थीं। एक मनका ही थी, जिसके सामने वह कुछ खुल लेती थीं। वह धीरे-धीरे अपनी महीन आवाज़ में कहने लगी, "वही बींदणी जो दिल में है। पता नहीं वह बखत कब आयेगा, जब स्त्री-पुरुष अपने-अपने मन को बिना किसी दबाव के, निश्चिन्त होकर खोल सकेंगे। कभी-कभी यह भय भी सताने लगता है कि यदि ऐसा हुआ तो कहीं स्त्री मर्यादा को कफ़न समझ हवा में न उड़ाने लगे। गुलामी से परदा उठता है तो सीधे उच्छृंखल हो जाता। ...जो भी हो, वह मर्यादा के अन्दर हो। बेकाबू आग को बुझाना पड़ता है और कभी-कभी बेकाबू आग जंगल की आग बन जाती है।" उसने गहरी साँस ली। उसे कई माह बाद मन खोलकर चुपके-चुपके बतियाने का अवसर मिला था।

"अधिकांश स्त्रियाँ ऐसा सोचना भी पाप समझती हैं। उनके लिए पति परमेश्वर है। वह जो करे, वह कम।" मनका इस लौ को बुझने नहीं देना चाहती थी, अतः वह कहने लगी, "स्त्रियों के लिए हरम। हरम में चाहे जितनी पत्नी-स्त्रियाँ-रखैल और...और क्या कहूँ, काकी सा, आपसे क्या छिपा है। ...कैसा नरक है वह स्त्री जाति के लिए। उसकी कल्पना-स्वप्न धुआँ दे उठते हैं। परन्तु उन्हें बाहर आकर वातावरण कसैला करने की इजाज़त नहीं होती। इस तरह दुनिया को कैसे सुख-शान्ति और समृद्धि का अनुभव हो सकेगा। ...और कैसे राव-रावल, राणा-महाराणा अपने समाज का आदर्श बन सकेंगे? सब कितना भयानक है।"

"है तो है, मनका बींदणी। यह उमर क़ैद से भयानक सज़ा से भी बदतर है।" धनु कुँवर का चित्त कड़वाहट से भर उठा। उसे अपने से घिन-सी होने लगी। उसके सामने से आसमान में पंख फैलाये पक्षियों की कतार की कतार

हर्ष-उल्लास से उड़ने लगी। इसी वक़्त धनु कुँवर की निग़ाह पिंजरे में बन्द मैना पर पड़ी। उसने आगे बढ़कर पिंजरा उठाया। खिड़की के पास आयी। पिंजरे का दरवाज़ा खोला और मैना को उड़ाकर कहा, “बींदणी, अब चलती हूँ। तू अपना ध्यान रख। कुछ-न-कुछ नया करने में अपना मन लगा। उनसे कल्पना-स्वप्न जुटा। तब जे चित्त की उदासी मैना की तरह दूर होने लगेगी।”

काकी सा चली गयीं। मनका के सामने खुला पिंजरा उसके मन को सहलाने लगा। आज मैना कितनी खुश होगी। ताज़ी हवा और खुले आसमान में हर तरफ़ उड़ने की उसे आज़ादी होगी। उसके समाज को कब मिलेगी ऐसी आज़ादी? कौन देगा? क्या कोई देवदूत, पैगम्बर, ईश्वर-परमेश्वर? आख़िर कौन? वह इन प्रश्नों के भँवर में इतनी खो गयी कि स्वयं ही एक प्रश्न बन कर रह गयी।

2

पौ फट रही थी। हवा नदी की तरह बह रही थी। तरह-तरह के पुष्पों की सुगन्ध लिए। अरावली पर्वतमाला की शाखाएँ मस्त हैं। चारों ओर हरियाली हवा के साथ झूला झूल रही है। आसमान चहचहा उठा है। चिड़ियों की टोलियाँ निकल पड़ी हैं और जलकुण्ड के किनारे पर फुदक रही हैं। नाना प्रकार की चिड़ियाँ। अचानक तितलियाँ पुष्पों पर मँडराने लगीं। जिधर देखो, उधर मतवाला मौसम नृत्य कर रहा है।

पद्मावती चारों ओर देखते हुए झूमने लगी। नीचे धरती का हरा-भरा धरातल और ऊपर अनन्त आकाश सतरंगी होकर गुनगुना रहा है। सारी प्रकृति मन्त्रमुग्ध होकर आत्मविभोर हो उठी। कुलांचें भर उठे मृग-मृगशावक। अब किरणें मंच पर आने लगी हैं।

पद्मावती प्रतिदिन महल से बाहर आकर खुले मैदान में प्रकृति के साथ एकाकार होने लगती। वह अपने अंग-प्रत्यंग को निहार कर आत्मलीन मानसिकता से जुड़ जाती।

प्यारा-सा आँगन। आँगन नहीं प्रकृति का दर्पण। पद्मावती बाँहें फैलाकर सारी प्रकृति को अपने में समेट लेना चाहती है। धीरे-धीरे वह तेज़ गति से आगे बढ़ती, फिर पीछे हटती और सबकी मुस्कराहट को अपने में भर कर धीमे से उछाल देती।

कभी वह उचक-उचक कर बाँहें ऊँची कर मिट्ठू-मिट्ठू पुकार उठती। प्यारी कोयलिया पर भारी पड़ने वाली मधुर आवाज़ चतुर्दिक सावन की घटा-सी छाने लगती।

झरोखे में बैठी मनका उसके इन करतबों को देख-देख पगला उठती। “का हो रहा है जे तड़के-तड़के, मनका बाई; किस पर डोरे डालने का इरादा है!”

"ओ सोनगिरी सौन्दर्य की महारानी, ज़रा इधर आ और देख कि क्या नहीं हो रहा है?" मनका मुस्कराकर कहती, "अब हमारे डोरे डालने के दिन हवा हो गये। ...तोहे तो वो राज़ी-ग़ैर-राज़ी लाकर ही माना। हम तब ही समझ गये थे कि पीतल पर सोने का पानी अधिक दिन नाहीं टिक सके है। ...पर...।" उसने होंठों पर स्मित दबाते हुए आँखों के इशारे से उसे अपने पास बुला लिया।

सोनगिरिवाली नरबदा नयी बींदणी होने के सौभाग्य से इतनी जल्दी वंचित-सी होने पर अन्दर-ही-अन्दर घुटने लगी थी। जब वह नयी-नयी थी तब उसके पाँव धरती पर नहीं पड़ रहे थे। तब वह आसमान में उड़ रही थी और मन-ही-मन अपने सौन्दर्य की अपूर्व आभा पर इतरा रही थी। बिना यह सोचे-समझे कि कभी उनके दिन भी सोने से चमके थे और हीरे-मोती से इठलाये थे। परन्तु कितने दिन सारा भ्रमजाल हो गया फुर्र!

झरोखे में बैठकर नरबदा ने सुना—मिट्ठू-मट्ठू...अब आ भी जाओ। इतना न सताओ। आ भी जाओ, इतनी कर्णप्रिय आवाज़ कि सुआ दल सुनते ही मुग्ध हुआ चला आया।

पद्मावती उछल-उछल कर बाँहें हवा में ओढ़नी-सी लहरा कर मिट्ठुओं को टेर लगाये जा रही थी। जब वह उचक-उचक कर बाँहें ऊँची कर टेरने लगती तब आसमान दीदे फाड़े देखता रह जाता और धरती साँस लेना भूल जाती। उसके अंग-अंग से सौ-सौ निर्ध्वनि चपलाएँ एक साथ कौंधने लगतीं। सारा उजास मन्त्र मुग्ध हो ठगा-सा रह जाता।

"किस सोच में पड़ गयीं, म्हारी रूप की चाँदनी?" मनका ने उसे खोता देख छेड़ा।

"थारी ताना देने की आदत गयी नहीं ना अभी तक। हमें कहाँ पता था कि म्हारे रूप की आभा चार दिनन की है—चार दिन की चाँदनी फिर अँधेरी रात। तब खेल-कूद रहे थे। चौदहवाँ बरस भी लाँघ नहीं पाये थे कि डोली में बिठा दिये गये। किसी ने नहीं पूछा कि लाडो थारी मर्ज़ी क्या है। महतारी ने भी नहीं। वह किस मुँह से पूछती, जब वह डोली में बैठकर उस महल की सुनहरी चमक-दमक देखकर चौंधिया रही थी, तब वह बारहवीं देहरी भी नहीं फाँद पायी थी।"

"सुबह-सुबह अपने मन का रोना-धोना बन्द कर और उस हिरनी की एक झलक भी देख ले।" मनका ने हौले से कहा।

पद्मावती के चारों ओर मिट्ठू ही मिट्ठू पंख फैलाये मस्ती कर रहे थे। उसके पुचकारने पर वे सब लट्टू हो रहे थे। उनमें चुलबुलापन महकने लगा था। उसके हाथ से हरी मिर्च या अमरूद की फाँक लेकर वे सब मस्ती से मन-ही-मन नाच उठे थे। अभी प्रभात ने आँखें नहीं खोली थीं कि पंख खुलने-बन्द होने लग गये थे।

"कि सोचा म्हारी नाज़ो पली महारानी?"

"कि सोचना पटरानी-सा! मोहे तो डर लागे है अभी तो जवानी ने चुपके से दहलीज़ पर पाँव टिकाये हैं। ...आगे-आगे देखना क्या होता है।"

"कि होना है, मनका रानी। हम सब अँधेरों से झुलसे सूखी कुँइयाँ में धकेले जाने वाले प्राणी हैं।" नरबदा ने आहें भरते हुए कहा और उठने लगी। तभी हाथ पकड़ कर मनका ने कहा, "कहाँ चली महारानी। तनिक थम। तमाशा तो देखती जा बा पद्मिनी की छोरी का। बाको महल में लाकर वो पागल हो गया था। रात-दिन महल में ही पड़ा रहता था। राजपाट की बाहे होश नहीं रही थी। हम सब तो बाकी पैर की धोवन भी नाहीं थे। थाने भी तो इन बोलों को सुना होगा।" मनका का दिल छिलने लगा। वह बेबस होती गयी। उसमें उड़द की दाल की पीठी-सी अकड़न भरने लगी।

"जो थाने सुना है वो म्हाने ही नहीं, सारे दरबार ने सुना है। बाकी सुगन्ध चहुँ ओर उड़ी। काश! ...ख़ैर छोड़ो उन बिसराई बातन को, जो होना था, वो हो चुका, मनका।" नरबदा के अरुण अधरों पर अजनबी मुस्कान तैरती हुई नदी पार करने लगी।

वो तो तू ठीक कहती है, "सोनगिरी सौन्दर्य की रानी, परन्तु अब जो दिख रहा है मुझे, उसकी चिन्ता है।" मनका के स्वर में कम्पन काँप उठा। उसके भाल पर शिकन की रेखा कुछ देर ठहरी की ठहरी रह गयी।

अब मिट्ठू लहराते हुए उड़ गये थे। कपोत दाना चुग रहे थे। उनमें से कई कपोत दाना चुग कर अपने पंख फड़फड़ा रहे थे। नरबदा आश्चर्यचकित होकर देख रही थी कि मिट्ठू और कपोत मौज-मस्ती करते हुए धीरे-धीरे पेट भरते जा रहे थे।

पद्मावती कह रही थी, "जाओ जगत के पहरियो, आतम ज्ञान के सिद्ध परिन्दो, तुम्हें बारम्बार नमन।" इस पर सब परिन्दों ने अपने-अपने पंख फैलाकर करतल ध्वनि से उसका स्वागत-सत्कार किया। वे उसकी भाषा समझ रहे थे। वे उत्तर अपने पंख फड़फड़ा कर दे रहे थे। मनका कह रही थी, "जा मिट्ठू-कपोत की चहेती बनी, कर्मजली को यह नहीं मालूम कि उसके इस अलौकिक, अमल और भोले-भोले सौन्दर्य पर घात लगाने वाले क्या करने वाले हैं और कैसे अँधी-आँधी इस राज का तहस-नहस करने वाली है।"

"तू ठीक चिन्ता कर रही है, मनका बाई। जे मैं जानूँ हूँ। म्हारे पिताजी को कैसे विवश होना पड़ा था! वह राज़ी-राज़ी अपनी अदनी-सी लाडो को डोली में बैठाकर विदा करें अथवा युद्ध के लिए तैयार हो जायें और अपने राजपाट से हाथ धो बैठें। तब माँ की ममता पूछ रही थी, म्हारी लाडो, थारा के फ़ैसला है?"

"कि बताऊँ माँ? मैं क्या फ़ैसले लेने लायक हूँ। मुझे के मालूम, माँ। जे राजपाट की बातें हैं। मैं तो इतना कर सकती हूँ कि अँगूठे में चमचमा रहे हीरे को निगल जाऊँ। न रहेगा बाँस और न बजेगी बाँसुरी। सारा संकट पल भर में दूर।"

"ना री म्हारी लाडो। ऐसा न करना। भूलकर भी नहीं। जासे तो वो ऐसा क्रोधित हो उठेगा कि बेतरह से मारधाड़ शुरू कर देगा। राजपाट जायेगा सो जायेगा, निर्दोष प्रजा की जान पर भी बन आयेगी। उनकी धन-दौलत, मान-मर्यादा, इज़्ज़त सब दाँव पर लगी होगी। ...चारों ओर लाशें ही लाशें बिछी होंगी, रक्त बह रहा होगा। मेरी भोली लाडो, तू नहीं जानती-समझती है कि हमारी ज़िन्दगी में अपना कुछ नहीं है। हरम या जनानखाने के दड़बों की क़ैद कब हो जाये, इसका कुछ पता नहीं। तू मान जायेगी तो यह राजपाट और प्रजा की लाज बच जायेगी।"

"नहीं तो, माँ।"

माँ चुप रह गयी। उसके सामने अँधेरा छाने लगा। उसे जना तो उसने है। पाला-पोसा उसने है। सबने उसके अद्वितीय सौन्दर्य की जी खोल कर प्रशंसा की थी। उसके बड़े-बड़े मतवाले नयन, उसके सुर्ख़ होंठ और उसके भोलेपन की ख़ूबसूरत रात की रानी की लहराती बेल उसके सौन्दर्य के अंग-प्रत्यंग की सुगन्ध बिखेर रही थी। उसकी मासूमियत का जादू देखने वालों की नज़रें नहीं हटने दे रहा था। फिर भी राजघराना मायूस था। ज्यों-ज्यों वह बड़ी होती गयी, उसके सौन्दर्य की ताज़गी, उसके चेहरे पर हर समय चस्पाँ खिलखिलाहट का मादक अन्दाज़ चारों ओर सुगन्ध की तरह फैलता जा रहा था। वह बेफ़िक्र थी अपने अल्हड़ यौवन के प्रति, परन्तु उसकी माँ रात-बिरात सोते में भी चौंक पड़ती थी। वह कह रही होती थी, "नहीं तो क्या मेरी लाडो, थारा पिता मन्त्री-परिषद से परामर्श कर चुका है। सबकी एक राय है कि उसका विवाह तो होना ही है आज नहीं तो कल। पता नहीं इस बीच कोई और शक्तिशाली राजा-महाराजा उसके लिए प्रस्ताव भिजवा दे। दूसरे अपने देश में म्लेच्छों ने अपनी शक्ति बहुत बढ़ा ली है। उनकी निगाहों का पानी उतर चुका है। वे न सुहागिन को छोड़ते हैं और न कुमारी को। अपने सैनिकों को भी जी खोलकर मौक़ा देते हैं।"

"फिर तो माँ मुझे होते ही मर जाने देती। अपने यहाँ यह परम्परा चल पड़ी है। जब राणा-महाराणा, राव-रावल अपनी लड़की की रक्षा करने में अपने को असमर्थ अनुभव करने लगे हैं तब उनसे प्रजा की रक्षा करने का सोचना भी ग़लत है।" यह सुनते ही माँ ने एक तमाचा उसके मुँह पर जड़ दिया। फिर कहने लगी, "तू अपने पिता के बारे में ऐसा सोचती है। उन्होंने तेरी परवरिश में कोई कमी नहीं आने दी। कभी अपने मन में तेरे लड़की होने की बात नहीं उठने दी। तुझे

लड़का मान कर ही चले। हालाँकि मैं उन्हें बराबर टोकती रही कि लड़की को सिर मत चढ़ाओ। लड़की को दबा ही रहने दो। एक बार उसके हौसले बुलन्द हुए नहीं कि वह हवा में उड़ने लगेगी। ...और वह तूने कर दिखाया। तू अभी अपना भला-बुरा नहीं सोच सकती। आख़िर थारी शादी तो होनी है। प्रस्ताव भी राजघराने से आया है। राजपूत परिवार है और क्या चाहिए तुझे!"

उसकी माँ ने पलटा खाने में पल भर की देर नहीं लगायी। वह समझ गयी कि माँ मात्र उसका मन टटोल रही थी। सच भी यही है कि उसने हीरे को निगलने की बात सुनी थी, इस कारण वह कह गयी। वास्तविकता यह थी कि भरा-पूरा परिवार छोड़कर वह मरने की सोच भी नहीं सकती थी। अचानक शादी की बात इस तरह से ज़ोर-ज़बरदस्ती और धौंस से देना बुरा लग रहा था। शादी-विवाह कोई ज़बरदस्ती होता है। उसे अपने जीवन पर अफ़सोस हो रहा था। उसे वहाँ आये पाँचेक माह ही बीते होंगे कि पति का मन उसकी तरफ़ से हटने लगा था। उड़ते-उड़ते यह बात उसके कानों तक भी आयी कि वह किसी पद्मिनी जाति की परी के फेर में पड़ गया है।

अचानक उनके कानों में पिऊ-पिऊ की आवाज़ सुनायी पड़ी। नरबदा पूछने लगी, "क्या इधर मोरों का झुण्ड भी आता है?"

"तुम्हारी तरफ़ नहीं आता है क्या?"

"नहीं। दूसरे, मुझे पशु-पक्षियों में दिलचस्पी भी नहीं है।"

"आता तो इधर भी नहीं था परन्तु अब आने लगा है, जब से पद्मा का झुकाव पक्षियों की ओर हो गया है।"

"क्या मोरों को भी पद्मा बुलाने लगी है?"

"अभी-अभी तुमने पिऊ-पिऊ की जो आवाज़ सुनी है, वह मोर की नहीं, मोरों को टेरने के लिए पद्मा की है।"

"क्या!" अचरज से नरबदा ने उसकी ओर देखा।

"स्वयं देख ले न कि वह अपनी ओढ़नी हवा में उछाल-उछाल कर पिऊ-पिऊ कह बुलाने लगी है। ...इकहरी देह की, फूल-सी नाज़ुक है और नज़ाकत में एकदम छुई-मुई पर ताक़त और हिम्मत में सबसे आगे। फुर्तीली ऐसी कि शेरनी भी तकती रह जाये।" मनका उसे पुकारते देख कहे जा रही थी।

"एकदम पिऊ-पिऊ और मोर-मोरनी की तरह वह बोले जा रही है। ज़रा-सा अन्तर नहीं।"

"यही ख़ूबी है उसकी जिसके आगे कोई ठहर नहीं सकता। जाति से पद्मिनी है और प्रतिभा में अच्छे-अच्छों के कान काट सकती है। बड़ी सुघड़ है। मन की

साफ़। तीन-पाँच की परछाईं भी पास नहीं फटकने देती। डरती ज़रा भी नहीं। मन में जो आता है, बोल देती है।" मनका एक साँस में कह जाती है।

देखते ही देखते मोरों के झुण्ड उतरने लगे। ख़ासी चहल-पहल हो उठी। वह इशारों से एक-एक मोर-मोरनी को अपने पास बुला रही थी। यह मोरछल (मोर की पूँछ के परों का चँवर) उसने ही बनाकर मुझे दिया है। कहने लगी, प्यार से दुनिया जीती जा सकती है। प्यार में बहुत ताक़त है। पता नहीं फिर मानुष छल-कपट का सहारा क्यों लेता है।

"मैंने पूछा, "तू जानती है, प्यार क्या होता है?"

"प्यार जानने-बूझने की चीज़ नहीं है।"

"फिर किसकी है?"

"दिल से दिल की दोस्ती की। माँ सा, ये पक्षी बेख़ौफ़ मेरे पास क्यों चले आते हैं। इन्हें ज़रा-सा भी डर नहीं सताता। सिर्फ़ इसलिए कि इन्हें मुझ पर विश्वास है। वे पंखों को फैला-फैला कर—पास बैठकर आनन्द से भर जाते हैं। ...ये है मूक पक्षियों का प्यार, जिन्हें इनसान मारता है या पिंजरे में डालता है।"

नरबदा का गला सूखने लगा। उसे कुछ समझ में नहीं आया। वह निरुत्तर मूक प्रतिमा-सी खड़ी रह गयी। वह यह सोचना नहीं भूल सकी कि पद्‌मा एकदम मासूम है, निष्पाप है, निश्छल है और अपने बहुमूल्य सौन्दर्य के प्रति अनजान है।

मनका ने कहा, "जा छोरी ने मुझे पगली बना दिया है। मेरी सारी समझ सोच जाके सामने पानी माँगती है। उसका यही सबसे बड़ा दोष है कि वह निर्दोष है। ...मैं उससे यह नहीं कह पाती हूँ कि उसको चाहने वाले एक से बढ़कर एक हो जायेंगे। जो उसके नर्गिसी नूर को देख लेगा, वह गश खाकर वहीं गिर पड़ेगा। यदि वह मेले में निकल गयी तो मेला एक तरफ़ धरा रह जायेगा, दीवाने उसके पीछे-पीछे चल पड़ेंगे। दूर-दूर तक उसकी अतुलनीय और बेशुमार ख़ूबसूरती की जानलेवा ख़ुश्बू फैल जायेगी। जान एक और दीवाने एक से बढ़ कर एक आने लगेंगे। तब क्या होगा, ईश्वर जाने। ...मैं उसे दुनिया की नज़र से बचाये रखना चाहती हूँ और वो मेरी रुकावटों का अर्थ उलटा निकालने लगी है।"

नरबदा यह कहते-कहते रह गयी कि यह आफ़त स्वयं उसने ही ली है। वह आजकल किसी से बात करते हुए बहुत सचेत रहने लगी। पता नहीं कौन दासी किसके लिए काम कर रही है। कौन एक की दो लगाकर किसके कान भर रही है? यहाँ का राजघराना दूसरे राजघरानों से कुछ अलग ही है।

इसी समय दासी ने सूचना दी रानी सा आपको दादी सा बुला रही हैं। तभी नरबदा को याद आया कि उन्होंने रात ही उसे सुबह आने के लिए कहलवाया

था। वह चल पड़ी। मनका असोच की मानसिकता लिए उसे जाते हुए देखती रह गयी। उसके दिमाग़ में साँय-साँय की प्रतिध्वनि गूँजने लगी। वह भी पलट कर अपने महल की ओर मुड़ गयी।

3

समय चौसर खेलने लगा। खिलाड़ी बदल गये लेकिन मैदान यथावत् बना रहा। इस समय अलाउद्दीन खिलजी, सुल्तान की गद्दी सँभाले हुए था। दिल्ली उसकी सल्तनत का केन्द्रीय स्थान थी। वह वफ़ादार दरबारियों के साथ कुछ सलाह-मशविरा कर रहा था।

उसकी निगाह में हिन्दुस्तान सोने की चिड़िया है। अपार धन-दौलत। शान-शौक़त। शौर्य-वीरता के क़िस्से। आपस में एक-दूसरे को नीचा दिखाने की साज़िशें। अहंकार-अभिमान और चारण-भाटों के ओज से भरपूर काव्य से आपे-से बाहर होते जज़्बातों की गिरफ़्त में मग़रूर रावल-राजा।

मजलिस के अज़ीज़ दोस्तो, "आपको कष्ट देने का कारण यह था कि हमें उन ग़लतियों से बचना चाहिए, जिनसे हमसे पहले आये विदेशी हुकूमतों के पाँव उखड़ने लगे थे। ख़िलाफ़त होना भी अपनी जगह दुरुस्त है। उससे हम चौकन्ने बने रह सकेंगे। परन्तु अपने ही कट्टरपन्थी अमीरों और उलेमाओं के कारण सल्तनत के ख़िलाफ़ साज़िश चलते रहने से शासन कमज़ोर पड़ता है। उलेमा वर्ग और इस्लाम मज़हब की दख़ल हुकूमत के लिए बेहद परेशानी ही नहीं खड़ी करती, बल्कि सत्ता को खोखला भी करने लगती है। सल्तनत में क्या इस दख़ल और लगातार बढ़ते दबदबे को रोकना ज़रूरी नहीं है? मैं चाहूँगा अमीर ख़ुसरो और हसन निज़ामी इस बाबत अपनी राय और सुझाव पेश करें।"

कुछ समय ख़ामोशी बनी रही। यह सवाल आसान नहीं था। इसको हल करने की तजबीज़ पर पहले भी ग़ौर फरमाया गया होगा। आख़िरकार हसन निज़ामी ने खखार कर कहना शुरू किया, "आपने जो कुछ कहा है, उसमें सच्चाई है। मज़हब की दख़ल हुकूमत में क़तई नहीं होनी चाहिए। दरअसल, हुकूमत (सलतनत) इस ख़याल से मज़हब से ऊपर है, कि सल्तनत में मज़हब अनेक हो सकते हैं। सल्तनत का दायरा बड़ा है। सल्तनत आती-जाती रहती हैं। परन्तु मज़हब नहीं। इस लिहाज़ से मज़हब का वास्तविक काम प्रजा की नैतिक दृष्टि से ख़िदमत करना, उसमें इन्सानियत की ख़ुश्बू को फैलाना है। मुझे आपके विचार पर कोई एतराज़ नहीं है यानी मेरा पूरा समर्थन है।"

अमीर खुसरो में सोच चल रहा था। उनकी दृष्टि में यह फ़ैसला आगे के सुल्तानों की राह को मुश्किल में डाल सकता है। दूसरे मज़हब की दख़ल सल्तनत में नहीं होनी चाहिए। उसमें भी हुकूमत को दिक्कतों का सामना करना पड़ सकता है। वह बोले, "आपने बादशाहत वाली बात पेश की है; बादशाहत अपने ऊपर किसी की हुकूमत नहीं चाहती; बादशाही फ़रमान निकाला जा सकता है। लेकिन मज़हब को उसका काम करने दिया जाये। हालाँकि मज़हब हुकूमत में अपने मज़हब की की तरक्की के लिए कुछ-न-कुछ नाइंसाफ़ी किये बिना नहीं रहता है। ...मान लीजिए, मज़हब का इरादा दूसरे मज़ाहियों को इस्लाम में लाने का रहे तब?...

"नहीं, खुसरो साहिब, हम हिन्दुस्तान में हैं, इसका अर्थ है बहुसंख्यकों के बीच में हैं। उनमें भी यहाँ के राजघरानों का शासन है। हम मुट्ठी भर लोग यदि मज़हबी साज़िश रचकर ज़ोर ज़बर्दस्ती मज़हब बदलवाने लगे तो अपनी सल्तनत के पाँव उखड़ने में ज़्यादा देर नहीं लगेगी।" इतना कहकर अलाउद्दीन चुप रह गया। अब उसकी निगाह सेनापति आईनुल मुल्क, उलूग खाँ, नुसरत खाँ और कोतवाल यलाउल मुल्क से होती हुई सेनापति आईनुल पर ठहर गयी।

आईनुल मुल्क यह समझ चुका था कि सुल्तान अलाउद्दीन खिलजी ने अपने दिमाग़ में सारी गोटियाँ तय कर रखी हैं। वह इस समय साथियों के दिल टटोल रहे हैं, क्योंकि अलाउद्दीन ने धोखे से गद्दी प्राप्त की थी उसने अपने सगे चाचा जलालुद्दीन खिलजी को क़त्ल करवाया था। वह जान चुका था कि तख़्त पर वही आसीन रह सकता है जो अपने विद्रोहियों का खात्मा कर सके। वह कहने लगा, "मुआफ़ी चाहूँगा, मुझे सोचते रहने में कुछ देर हो गयी। ...मुझे लगता है कि उन विद्रोहियों को सबक सिखलाना ज़रूरी है, जिनके कारण सल्तनत का मुखिया उनके दबाव में रहता है—जैसे तुर्की अमीर सरदारों के हौसले बहुत बुलन्द हैं। उलेमाओं को उनकी हद बतला देनी चाहिए।"

अब अलाउद्दीन का इशारा कोतवाल अलाउल की ओर था। वह अलाउद्दीन के बहुत नज़दीक था। उसने ही जलालुद्दीन फिरोज़ खिलजी को कमज़ोर और ढलती उम्र के कारण इशारा करते हुए संकेत दिया था, "वक़्त का तक़ाज़ा है, इससे पहले उसे कोई क़ब्रिस्तान पहुँचा कर सल्तनत का सरताज बन जाये, आप पहल करें।" उसने भी तो गुलाम वंश के आख़िरी बादशाह की कमज़ोरी का फ़ायदा उठाया था और कुलीन गुट की मदद से सल्तनत सँभाली थी।"

"तो?" अलाउद्दीन ने सबकुछ समझते हुए प्रश्न कर दिया।

"गुलाम वंश के आख़िरी सुल्तान शमसुद्दीन क्यूमर्स की हत्या के बाद आपके चाचाजी ने तख़्त हथिया लिया था।" अलाउल ने खुलासा किया, "अब

इन्तज़ार का वक़्त ख़त्म हुआ। ...आपके चाचा श्वसुर ने छह साल की हुकूमत में बलवनी हुकूमत की सख़्ती को ख़ाक में मिला दिया और क़ानून में ढील देता गया। वह सोचता था कि जनता का बहुमत हिन्दुओं के साथ है इसलिए यह सोच बेमतलब है कि यहाँ कभी इस्लामी राज्य स्थापित हो सकेगा। ...सल्तनत में सख़्ती नहीं हो तो सल्तनत की फिर कौन सुनेगा? आपको देवगीर के आक्रमण से जो ख़जाना हाथ लगेगा, वह बेशुमार होगा। आपका चाचा लूटे हुए बेशुमार दौलत को पाने के लिए आपसे मिलने कड़ा आ पहुँचेगा। उसे आप पर बहुत भरोसा है। सुल्तान का अन्धा भरोसा करना ही उसकी सबसे बड़ी कमज़ोरी है। ...उसका फ़ायदा उठाइए। ...मेरे दो वफ़ादार आदमी उसके पास होंगे। आपके चाचाजान जब बेशुमार प्यार जताने के लिए आपको गले से लगा रहे होंगे तब वे दोनों पीछे से उन पर ऐसे वार करेंगे कि आपकी भुजाओं में ही वे दम तोड़ देंगे।"

अलाउद्दीन की निगाहें भारत से मिल रही बेशुमार दौलत पर और यहाँ के राजाओं की स्त्रियों-लड़कियों के हुस्न पर थी। उनकी शबनमी आँखें, नूरी चेहरा और कमसिन जवानी उसके कलेजे से पार उतर जाती है। ...उनको जैसे-तैसे अपने हरम में शामिल कर उन राजाओं पर से प्रजा का विश्वास तोड़ना था। वे कितने बुज़दिल राजा हैं जो अपनी रानी और बहन को इन जैसे म्लेच्छों को सौंपने में और अपनी मान-मर्यादा को ताक पर रखने में नहीं हिचकचाते। इस कारण अलाउद्दीन उसके नज़दीक आता गया। वह कहने लगा, "मुझे लग रहा है कि सेनापति मुल्क और खुसरो साहिब के साथ अलाउल की तक़रीर से उल्मक खाँ और नुसरत खाँ सभी रज़ामन्द होंगे। फिर भी अगर वे कुछ और फ़रमाना चाहें तो हमें ख़ुशी होगी।..."

वे दोनों एक-दूसरे को देखकर यह जानने की कोशिश करने लगे कि उनमें से कोई कुछ कहना चाहेगा क्या! आख़िर उल्मक खाँ ने अदब के साथ कहा, "सबकुछ तो सामने आ गया है। अब सल्तनत होगी सख़्त से सख़्त। अमीरों—ख़ासकर तुर्क अमीरों को एक तरफ़ करने की होंगी पूरी कोशिशें। कोई ढील नहीं। सब तरफ़ यह सन्देश जाये कि सुल्तान कोई ज़्यादती बर्दाश्त नहीं करेगा। ...सल्तनत का ख़ौफ़ ही उसकी उम्र में इज़ाफ़ा करता है।"

नुसरत खाँ ने भी धीरे से कहा, "बादशाहत ख़ौफ़ का जामा पहन कर ही गहरी और पुख़्ता होती है। कानून-क़ायदे तो अक़सर होते ही हैं परन्तु, उनका पालन करने की तरफ़ ग़ौर करना बेहद ज़रूरी है।"

अलाउद्दीन खिलजी एक बहुत बड़े परिवर्तन की ओर सबका ध्यान ले जाना चाह रहा था। जो चला आ रहा, उसे न मानकर, एकदम कुछ नया सामने

लाने का अहसास कराना वह ज़रूरी समझ रहा था। वह उठ खड़ा हुआ। उसके साथ ही सब उठ खड़े हुए। तभी उसने कहा, "आज आप सब लोग हमारे साथ ही दावत में शरीक़ होंगे। बहुत दिनों से सोच रहा था कि ऐसा दिन कब आयेगा, वह आज आ गया और वह भी इत्तिफ़ाकन। अल्लाह की मर्ज़ी के आगे किसी की नहीं चलती। ...आप लोग अभी वहीं बैठियेगा। वह दावत भी क्या जिसमें देर का तड़का न लगे।" कह वह आगे बढ़ गया।

यह सोचते हुए उसे बहुत राहत मिल रही थी कि उसने जिनका चुनाव किया है, उन्हें भी यह लग रहा है कि उसे उन पर पूरा-पूरा भरोसा है।

अमीरों का दावतनामा जब ऊँट की चाल चलने लगेगा तब बाज़ी उनके हाथ लगेगी। वह भी अपनों में से कुछ को ख़ास बनाने के लिए वह चाल चल रहा था। इसी कारण बिना पहले इत्तला दिये दावतनामा उनके सामने परोस दिया, ताकि वे दावतनामे को केन्द्र में रखकर शेष सबकुछ भूल सकें। यह भी कि वह क्या करता है? उसे क्या करना है, यह और किसी को सोचने की ज़रूरत महसूस न हो सके। उसके दिमाग़ में दावतनामे की शतरंज एक-एक मोहरे की चाल को लेकर कुछ ऐसा करना चाहती थी कि शतरंज को खेलना उनके लिए न केवल बेस्वाद होने लगे, बल्कि वे उसे खेलने की जुर्रत ही न कर सकें। न रहेगा बाँस और न बजेगी बाँसुरी। सारा खेल ख़त्म।

"अरे, आप किधर जा रहे हैं?"

"बेगम! आप इधर।"

"आपको ग़लत रास्ते पर चलता देख मैंने छोटे रास्ते से चलकर, आपको थाम लिया। आगे खाई है।" महरू ने शान्त भाव से कहा।

मेहरू उसके चाचा की पुत्री और उसकी बहन है। वह जानती है कि वह बेगम नहीं है। उसको ख़ुश करने के लिए यह केवल दिखावटी सम्बोधन है। उसने उसके साथ ज़बर्दस्ती सम्बन्ध बनाये थे। कुछ दिन उसके साथ मौज-मस्ती की थी और आज भी जब उसका जी चाहता तब मरखने साँड की तरह टूट पड़ता है गहरे नशे में होकर।

"मैंने दावत दी है अपने दोस्त-मुलाज़िमों को। तो आपसे गुज़ारिश है, उस व्यवस्था को आप देख लें। जो चीज़ परोसने के लिए तैयार हुई हो, वह लाजवाब और लज़ीज़ हो। आप पाक कला में माहिर हैं।"

मेहरू के सुर्ख़ होंठों पर व्यंग्यात्मक मुस्कान तैर गयी। वह कहने लगी, "और कुछ फ़रमाइश, मेरे सरताज।"

"मैं आपके पास ही आ रहा था कि...।"

"रास्ता भटक गये। है ना।"

"नहीं कुछ-न-कुछ ख़याल जन्मते रहते हैं।"

"कौन वह है खुशकिस्मत? कहाँ की नूरजहाँ है।"

"ताना नहीं मेरी बुलबुल। आज की रात आपके नाम है, मेरी हूर की परी। आपको पाकर मैं सब कुछ भूल जाता हूँ।"

"और रास्ता भटक जाते हो, यही ना, मेरी आँखों के नूर... तभी मुझे लगता है कि आप में नूह (आदम की दसवीं पीढ़ी में जन्मा पैगम्बर) की छाईं क्यों आने लगती है?" मेहरू ने मन-ही-मन उस पर ऐसी फ़ब्ती कसी कि जिसका अर्थ वह नहीं जानता था। मज़हब से वह कोसों दूर था। उसे जो नज़र आता था, वह अपने में—अपने सिवा किसी दूसरे में नहीं। वह जानती थी कि यहीं वह शिकस्त खा सकता है।

"जानता हूँ आप तालीमयाफ़्ता हैं। होशियार भी हैं। समझदार भी।"

"बस...बस...बस...अधिक तारीफ़ नहीं। हम क्या हैं या क्या नहीं, इसे किसी को बतलाने की ज़रूरत नहीं। हम जो भी कुछ हैं, उसे भूल जाना ही अच्छा समझते हैं। ...अब हम चलते हैं, मेरे हुजूर...आपके हुक़्म की तामील करने के लिए।" इतना कहकर मेहरू तेज़ी से आगे बढ़ गयी। अलाउद्दीन उस नाज़नीन को देखता रह गया। वह किस आरजू से लाया था। कैसा बाँध लिया था उसके सम्मोहन ने। परन्तु वह क्या करे? उसका चित्त किसी एक में रमता ही नहीं। वह धीरे-धीरे अपने महल की ओर बढ़ने लगा।

4

आज पौष पूर्णिमा थी। ठण्ड तेज़ हो चली थी। जंगल की साँय-साँय कुहरे में छिप रही थी मानो उसे भी ठण्ड ने घेर लिया हो। दिन जल्दी छिप जाता है। चाँद भी मानो ठण्ड का शिकार होने से बचने के लिए बादलों की ओट ले रहा है। मनका का मन नहीं हो रहा था कि झरोखे बन्द करे। उनसे हल्की ठण्डी हवा धीरे-धीरे आ रही थी। उसका तन-मन उस हवा का स्पर्श पाकर आनन्दित हो रहा था।

पद्मा को देखकर वह लौटी। वह घोड़े बेचकर सो रही थी। वह नींद की पक्की है। सोती है तनकर, उठती है तो प्रातः किरण की तरह संगीत बिखेरती हुई। उसका अपनी नींद सोना और अपने ढंग से प्रातः उठना एक बँधा-बँधाया कार्यक्रम है। न समय पर उठने में आलस्य और न सोने में प्रमाद। मनका को सन्तोष होता था उसकी बेफ़िक्र ज़िन्दगी को देखकर। कभी वह भी उसकी या

उसके आसपास की उम्र की रही थी। बँधे मन से—न हँसने की ख़ुशी थी और न ख़ामोश बने रहने का मलाल। उसका लड़की होना उसके परिवार और उसके माता-पिता दोनों की आँखों में खटकता था और वह भी इस प्रकार कि उसे उपेक्षा का अहसास भी हो जाये और किसी को कानों-कान ख़बर भी न हो। अब वह यह समझने लगी थी परन्तु वह किसी पर प्रकट नहीं करती। आन-बान-शान के दीवाने राजपूत प्रायः लड़की होने से दुःखी हो जाते हैं।

जब कभी अतीत की परछाइयाँ पीछा करने लगती हैं, तब अपने को देखकर उसका अपने से मुँह फेरने का मन करने लगता है। मानो वह अतीत अतीत न रहकर वर्तमान के दंश बन उसे चुभने लगा हो। वह किससे कहे कि उसके लड़की होने में उसका क्या दोष? माँ भी तो लड़की होने से ही माँ तक की यात्रा कर पायी है। उसने माँ से गुहार लगायी थी कि माँ, स्त्री की शत्रु स्त्री क्यों हैं? उसके न होने से मानव जाति का विकास हमेशा-हमेशा के लिए अवरुद्ध नहीं हो जायेगा।

"लाडो, ये तुझे क्या होता जा रहा है?"

"जो शायद आपको नहीं हुआ होगा और हुआ भी होगा तो आपने भीगे बालों के पानी की तरह झटक दिया होगा। वास्तव में जब सोच को कील दिया जाता है तब व्यक्ति अन्दर से असंवेदनशील और मात्र ठूँठ बनकर रह जाता है। फिर उस पर मूसलाधार पानी गिरता रहे लेकिन वह हरा नहीं हो पाता। मनका के अन्दर सुमिरनी का दाना अपने होते हुए न होने के अवसाद से घिर उठा था।

तब वह मनका कहाँ थी। तब वह लज्जावती थी। हम्मीर ने क्या सोचकर सुहागवाली रात उसे अपने अन्तर्मन से मनका नाम दे डाला और कहने लगा था, "तू मेरे हृदय पर राज करने वाली माला है, मनका।" तब उसकी हृदय तन्त्री का तार-तार रोमांचित हो रहा था। वह अपने में नहीं रही थी। उसमें आनन्द की तरंगें रसार्द्र बन मचल उठी थीं। कई माह बीतते गये अपने में पुष्पों की गन्ध, अमृत की साँसों और इन्द्रधनुषी आकाश को गूँजते हुए। वह भूलने लगी थी उस सबको जो अपने महल के तहखाने में सोचा करती थी और ग़मगीन हो जाया करती थी। धीरे-धीरे उसके जीवन में मचली रंग-बिरंगी फुहारें उससे कूच करने लगीं और वह समय भी उसकी ज़िन्दगी में उतरने लगा। जब उसमें रेगिस्तान हाहाकार करने लगा तब उसमें वसन्त नहीं था, न आसमान सतरंगी होकर नाच रहा था। वहाँ थी घोर तपती रेत और तपती रेत का घना सन्नाटा।

पता नहीं कैसे उसके सामने एक शब्द हठीला होकर दीवार के आख़िरी छोर-सा आ पथराया। वह शब्द था—मनकूला जायदाद गोकि चल सम्पत्ति। वह युवती न रहकर सिक्के की तरह चलने वाली सम्पत्ति बन कर रह गयी।

चल सम्पत्ति जो दूसरों के चलाये से चलती है। उसे स्वतः चलना नहीं आता। सम्पत्ति की अपनी कोई संवेदना नहीं होती और न उसे अपने होने का स्पर्श रह पाता है। वह हिरनी कुलाचें भरना भूल जाती है। उसमें हरितिमा की अनुभूति नहीं होती।

माँ ने जो उसे समझाया वह यदा-कदा पद्मा को समझाने लगती है, तब पद्मा कोई-न-कोई बहाना बनाकर उसके पास से उठकर चली जाती और अपनी माँ का कहा, वह उसे सुना नहीं पाती। माँ उसे समझाया करती थी, "म्हारी प्यारी-सी लाडो, हम श्रृंगारदान हैं। श्रृंगार करना हमारा पेशा है। पेशा करने वाला कुछ नहीं सोचता। उसकी आत्मा मर चुकी होती है।"

"यह आप क्या कह रही हैं, माँ?" मनका ने आश्चर्यचकित होकर माँ को घूरा। वह आगे कह रही थीं, "लाडो, वस्तु की अपनी क़ीमत कुछ नहीं होती। उसकी क़ीमत लगाने वाले की मर्ज़ी तय करती है। बाज़ार में उतारी गयी हर चीज़ की क़ीमत उस पर निर्भर है जो उसका ख़रीददार है। यह है, मेरी प्यारी, स्त्री होने का सच।"

कैसे कह गयी थी माँ अपनी ज़िन्दगी का यह सच, जो उसे एक लड़की को जन्म देने से भोगना पड़ रहा था। वह पथराया सच निष्क्रियता का हिस्सा बन कर अनुभव हो रहा था। संवेदना को गूँगी बनाने का अभ्यास किस तरह ज़िन्दगी को अपनी चपेट में लेने लगता है।

पद्मा जल्दी सो जाती थी और जल्दी उठ जाती थी। उसकी अपनी ज़िन्दगी थी, जिसमें वह सच को जीती थी। उसमें किसी दूसरे के दख़ल की कोई गुंजाइश नहीं थी। वह मस्ती से आत्मविभोर होकर अगड़ाई तोड़ती कहती थी, "माँ, ज़िन्दगी अपने लिए है, इसे चाकरी करने के दौर में एकबारगी फँसा दिया तो फिर पिंजरे में बन्द मिट्ठू बनकर जीना पड़ेगा। नदी अपने सहारे बहती है, पुष्प अपनी ख़ुश्बू किसी को छूने नहीं देता। कोई उसकी ख़ुश्बू पर इस तरह दीवाना हो सकता है कि खुद की जान ही गँवा बैठे। क्यों गँवाये? जब तक जिये, अपने लिए जिये अपना दीदार कर जिये।" मनका के पल्ले कुछ नहीं पड़ा सिवा उसकी उच्छृंखलता को हिरनी की तरह उछाल भरते अनुभव करने के। अचानक एक वाक्य उसमें से उछल कर उसके सामने आ गिरा, बकरे की माँ कब तक ख़ैर मनायेगी। "...माँ नहीं तो उसकी बेटी। जब ऊँट पहाड़ के नीचे आता है, तब उसे ऊँचाई का अवसाद घेरता है।"

अब ठण्ड बढ़ चली थी उसे यह पता भी नहीं चला कि उसकी देह कब की ठण्डी हो चुकी थी। एक बार वह पुनः पद्मा के कमरे में गयी। वहाँ पाया

कि उसके कमरे के दोनों झरोखे खुले हैं और ठण्डी हवा तेज़ी से अन्दर आ रही है। झरोखे बन्द किये और उसके कमरे से बाहर निकल आयी।

अब वह अपने शयनकक्ष की ओर मुड़ गयी। अन्दर प्रवेश करते ही वह चौंक पड़ी और उसके मुख से निकला, "आप।"

हम्मीर के होंठों पर मुस्कान महक उठी। वह पूछ रही थी, "कब आना हुआ?"

"जब आपने देख लिया।" हम्मीर की आँखों में चमक थी। वह मनका को जब भी देखता था, तब उसको गहरा सन्तोष होता था। वह समझता था कि महारानी रंग देवी और राजकुमारी देवल देवी का व्यवहार उसके प्रति उचित नहीं है, जबकि आज तक उसने कभी न माँग की, न अपनी चाहत बतायी और न किसी रानी-महारानी की शिकायत की। वह उसके लिए सचमुच सन्तोष की देवी है। उसकी सुन्दरता पर वह मुग्ध था। न वह आभूषणों से सजी रहती है और न श्रृंगार करती है। एक बार हम्मीर के पूछने पर उसके मुँह से निकल गया था, "किसके लिए?" हम्मीर घबरा गया। उसने अपनी बात सँभालते हुए कहा, "दरअसल श्रृंगार करने की मुझे आदत नहीं है और आभूषणों का भार मेरी एकाग्रता भंग कर देता है।"

"तुम्हें नहीं लगता कि स्त्री के सौन्दर्य में आभूषण चार चाँद लगा देते हैं।"

"तब तो सुगन्धित पुष्पों को भी श्रृंगार करना चाहिए, है न।"

"तुम्हारी यही अदा और बानगी हमारे मन को मोह लेती है। ... कितना सच कहा कि सौन्दर्य आभूषण और श्रृंगार नहीं, उसका भोलापन, सचाई, सादगी और नयनों में उतर आया झलकते सावन-सा मदिरालय है। ...हमें प्रकृति से सीखना चाहिए उसके सम्मोहन का अबोला सम्मोहन!" हम्मीर में जब-तब कविता महक उठती थी मात्र उसके सानिध्य में। वह कहने लगा, "अपने चित्रों की बानगी से क्या हमें वंचित रखोगी।" शायद वह वंचित ही रहता यदि सुहागरात की मदहोशी में वे दोनों एक लय और ताल में बहते हुए परस्पर अपने को न भूल गये होते। एक दिन वह पूछ बैठा, "सारे दिन तुम क्या करती रहती हो?"

"आपके पधारने की प्रतीक्षा, मेरे देवता।"

मनका की कमर में हाथ डालकर वह पूछता, "यह सच नहीं है, मेरी प्राण प्रिया। तुम्हारी तन्वी, पतली और लम्बी उँगलियाँ बतलाती हैं कि तुम में कला सृजन की अदभुत शक्ति है, जिससे तुम्हारी सादगी में बसन्त का यौवन महक उठता है। ...प्रिय, आज हमारी जिज्ञासा का मान रख दो।"

मनका की आँखों में इन्द्रधनुषीय कल्पना के मादक स्वप्न हंसों की तरह तैर उठे। वह बोली, "तनिक मेरे साथ आइए, मेरी ज़िन्दगी के स्वामी।"

हम्मीर उसकी कलाई पकड़े अबोध बालक की तरह चल पड़ा। वह अपने दूसरे कक्ष में ले आयी जो वास्तव में श्रृंगारकक्ष था अपने को सजाने-सँवारने का।

"हैं, यह क्या?" अवाक्-से अनायास वाक्य उछल पड़ा। उत्कण्ठा और उत्कण्ठित हो उठी। वसन्त महक उठा। तितलियाँ गुनगुनाने लगीं अपने पंखों की सतरंगी मादकता के साथ। साँसों में ऋतुराज उतर आया। सुन्दर मतवाली आँखों की झिलमिलाती ख़ामोशी निर्ध्वनि संगीत-सी महक उठी। वह अपने चारों ओर देख-सुन रहा था हृदय की अनमोल रूप-सज्जा और उसमें सुप्राण श्वास नेत्री प्रतिध्वनियों को। कला जगत की आत्मा का अदृश्य-अपूर्व सौन्दर्य वहाँ विद्यमान हो उठा था।

हम्मीर से रहा नहीं गया। उसने मनका को अपनी ओर खींच कर उसके पारदर्शी होंठों पर अपने होंठ रख दिये और रखे रहा। मानो उसे अमृत पान का आनन्द मिल रहा हो और वह उससे पूरी तरह छक जाना चाहता हो। वहाँ कुछ खोने का भय नहीं। मनका का हिय उसके विशाल वक्ष में समाने लगा था। तभी उसकी मूर्छा टूटी। उसके नेत्रों की मधुशाला छलक पड़ी। वह अपने को सँवारती हुई छिटक कर दूर खड़ी हो गयी।

हम्मीर तड़प उठा। यह कैसी प्यास जो स्वयं में उठती है और स्वयं से बुझने लगती है। कपड़े पर कृष्ण-राधा के मनमोहक रंगों में सजीव बन पड़े चित्र। घूमर करती नवयुवतियाँ गोलाई में घूमते हुए नृत्य कर रही थीं। वे सब मानो एक सौ आठ कलियों का घाघरा पहने थीं। उसकी हर कली अपने स्वतन्त्र अस्तित्व की मनमोहक गन्ध लिये थी। उन गौरांगमाओं के घाघरों में से उनकी पिण्डलियों की झाँकी मिलने का लाभ उठाया जा सकता है। हर चित्र अपने आप में अद्वितीय! तीन तरह के घूमर लेती युवतियाँ तीनों चित्रों में अलग थीं और अलग-अलग रंग के पहनावों और मुद्राओं के साथ अलग-अलग बानगी में इठलाते यौवन का संगीत बिखेरती हुई—पहले चित्र में गोले में घूमती हुई नवयुवतियाँ ताली बजा रही हैं, दूसरे चित्र में उन युवतियाँ के हाथों में रंग-बिरंगे चित्ताकार्षक डण्डे हैं, जिन्हें वे आपस टकराते हुए नृत्य कर रही हैं। तीसरे चित्र में वे न ताली बजा रही हैं, न उनके हाथ में डण्डे हैं—वे अपने हाथों से घूमर बनाती हुई अपनी नाज़ुक उँगलियों की विभिन्न मुद्राओं के आकर्षक अन्तर्भाव को अभिव्यक्त कर रही हैं। ढोल बज रहा है। बाँकियाँ (एक वाद्य यन्त्र) तान उठा रहा है। वह मधुर ध्वनि उसके मन में आज तक गूँज रही है—धूसर म्हारा रास रचाये, चुटकी दे-दे ताल, धरती नाचे, नाचे आसमान, कोयलिया उठावे गान...। वह भी स्वयं गा उठा।

"रुको-रुको, प्राणप्रिये पार्श्व के कक्ष में आपकी अनमोल सौग़ात सो रही है। जब हमने, आपके बहुत मनुहार करने पर लज्जा में लाल होकर, धीमे-धीमे यह गीत गुनगुनाया था। तब पद्मा यहाँ कहाँ थी। मात्र आप नशे में चूर और हम बेनशे आपके नशे में मदहोश। तब कैसे गा उठे थे हम, आज जब सोचते हैं, तब अपने इस पागलपन पर आँखें झुकने लगती हैं और साँसों की धड़कनें डाँटने लगती हैं।"

"ज़िन्दगी इसी पागलपन का नाम है, मेरी प्राणप्रिया! तुम्हारी उन संगीत लहरियों की मादकता आज तक हमें मदहोश किये है। ...और आज तुम्हारी इस संगीतमयी चित्रशाला ने रही-सही कसर ऐसे पूरी कर दी जैसे पपीहे की स्वाति की एक बूँद ने।" हम्मीर मस्त हो चला था। आज वह यह सोचकर मनका के पास आया था कि बिना नशा किये जानेगा कि क्या आत्मा से अमृत भी छलक सकता है। आत्मा होती भी है या उसका भ्रम बना हुआ है। एक बार मनका ने उससे कहा था–"हो सके तो मेरे प्राणों की अनमोल धड़कन बिना नशा किये जानना कि आनन्द का स्रोत कैसा अमृत रस से तृप्त करने का अनुभव कराता है।" आज उसने वैसा ही किया था–न नशा किया था और नशे का नाम लिया था, जो था, वह स्वाभाविक था।

अब मनका उसका हाथ पकड़कर हौले-हौले रस रंग के आँचल को सँभालते हुए शयनकक्ष की ओर बढ़ रही थी।

हम्मीर में उस अलौकिक संगीत के घाघरा घूमर-नृत्य कर उठे थे। पगला उठा उसका चातक मन। उसकी साँसों में थिरक रहा था कोई अनजाना गीत। क्या गीत भी नृत्य कर उठा था! वह कह रहा था, "जिसके पास ऐसी अनुपम संगीतमयी चित्रशाला हो, उसे अनन्त आनन्द में डूबने, डूबे रहने से कौन रोक सकता है! तुमसे धन्य हुआ मेरा यह भीगने की कोशिश करता हुआ आज तक का अभीगा जीवन! वास्तव में जिसे जीने की चाह हो, उसे ही स्वाति बूँद के अमृत का अनुभव हो सकता हैं।" हम्मीर के मन में अनुराग उमड़ रहा था। वह उसको सामने पाकर अपने को रोक नहीं पाता था। उसका हर पल उसके स्पन्दनों की आहट सुनता रस-स्निग्ध फुहारों के साथ उड़ता अनुभव कर उठता था।

मनका भी अनुभव करती थी हम्मीर जब उसके साथ होता था, तब उसमें निर्झर झर उठता था और उसकी शिकायतों का गुबार स्वतः शमन पाकर शमा और परवाना होने लगता था।

आज की चाँदनी की मचलती महक देह में अद्भुत रोमांच भर रही थी। हर बार उसके साथ ऐसा ही हुआ कि उसके साथ बिताये पल अपनी सुध-बुध भूल गये

और चाँदनी की चादर ओढ़कर हवा में उड़ने लगे। वह कैसे भूल जाये उन उद्दाम भावनाओं में उठी अचेतन अधीरता को। सम्बन्धों में उठा संवेगों का ज़लज़ला सारे संकोचों को ऐसे उतार फेंकता था जैसे देह में दौड़ पड़ी श्वासों का मधुवन। उनके हाथ मेरी कमर से उलझते हुए अरुण अधरों पर दबाव बनाते होते थे।

"तुम्हें पता नहीं वह याद है कि नहीं परन्तु हम उसे भुलाना चाहें तो भूल नहीं सकते।"

मनका पूछना चाह कर भी नहीं पूछ सकी कि कौन-सी याद? वह सिर खुजला कर रह जाती।

"तुम्हारा शादी का मन नहीं था। इस कारण तुम हमारी तरफ़ देख भी नहीं रही थीं। तुम्हारी तोते-सी नाक पर क्रोध का पहरा था और तुम्हारा मन चाह रहा था कि तुम में उड़ने की शक्ति होती तो तुम एक पल की भी देर नहीं लगाती उड़ने में—फुर्र। ...और हम हाथ पर हाथ धरे तुम्हें उड़ते देखकर तड़पते रह जाते।" हम्मीर ने उसे दबोच रखा था। शायद इस आशंका से कि वह उड़ने न लगे।

मनका क्या बोलती, वह सिमटी-सिकुड़ी अपने को कोस रही थी कि विधाता ने उसे इतनी-सी भी स्वाधीनता क्यों नहीं दी कि समय आने पर वह अपना बींद (जीवनसाथी) चुन सके। उसकी इच्छाएँ बेबस न रह जाये। उसकी पसन्द-नापसन्द का कोई अर्थ हो। ब्याह जैसा आनन्द और रोमांच से भरा व्यक्तिगत चाह का पर्व एकतरफ़ा क्यों रह जाये?

"तुम्हारे रेशम से मुलायम और घने मेघ से काले बालों में तुम्हारा लालिमायुक्त चेहरा और बड़ी-बड़ी रतनारी आँखों में ढका-ओढ़ा अन्तर्लीन व बिन बरसात के अकारण क्रोध का रेखांकन सचमुच हमारे दिल पर चपला गिराता रहा था। मैंने इससे पहले किसी अल्हड़ लड़की में ऐसा सैलाब नहीं देखा था।" हम्मीर का कण्ठ सूखने लगा तो उसने उसके धधकते होंठों पर से टपकते रसाग्र पर अपने होंठ रख दिये। फिर धीरे से कहा, "तुम भी साथ दो, प्राण प्रिये। यहाँ बराबरी की पूरी सुभीता और आज़ादी है।"

उन क्षणों में उसकी आनन्दातिरेक चेतना बेसुध हो जाती थी। वह मूक बनी रह जाती थी। उसकी कंगन की खनक और पायल की रिमझिम उसके वश में नहीं रहती थी। उनकी यह आज़ादी उसे ढीठ लगती। मानो वह उन्हें आँख के इशारे से समझा रही हो, बच्चियों तनिक एकान्त मिलने दो तुम्हारी सारी ऐंठ को पानी न पिला दिया तो मेरा नाम भी मनका नहीं।

पता ही नहीं चला चाँदनी रात कब सिर पर पल्लू डाले चुपके से खिसक गयी और सूर्य का चाँदनी ताप कैसे उजाले पक्ष में आ विराजा। मनका कभी इतनी देर से नहीं उठती थी। उसका तन भारी-भारी सा था। आँखों में जलन थी

और वस्त्रों की सिलवटों में मीठी शिकायत थी। हम्मीर चुपचाप उठे और चल पड़े थे आँखों में उसके मुक्त प्यार को लेकर। वह उन्हें रोकना चाहकर भी नहीं रोक पायी थी। क्या कह कर रोकती। वह स्वयं निःशब्द थी खाली हुए तूणीर-सी। पता नहीं पद्मा कब चुपचाप उठकर मैदान की ओर अनकहे चली गयी। उसने बन्द दरवाज़े पर आहट नहीं की।

5

जो सोचा जाता है सुदृढ़ चाह को एकाग्र करके और जिस पर सब बाधाओं तथा प्रतिकूल स्थितियों का भी विश्वास अपनी जगह पर अटल रहता है, वह कार्य अधूरा रह जाये, यह कभी हो नहीं सकता। चाची से पद्मा की ख़ूब पटती थी। चाचा वीरम देव से उसे भरपूर स्नेह मिलता था। चाची चम्पा कुँवर उससे पाँच-सात वर्ष बड़ी होंगी परन्तु उन दोनों के बीच संवाद कुँवारी उम्र के होते, दोनों कुमकुमी ठहाके लगाते थे। दोनों में निःसर्ग का सानिध्य पाँव पसारे रहता था। अपनी चाची से अपना मन खोलने में उसे कोई रुकावट अनुभव नहीं होती थी।

आज पद्मा घुड़सवारी का अभ्यास करने के बाद माँ के पास पहुँची मन की गुत्थी सुलझाने के लिए। मनका बराबर टोकती-रोकती रहती थी, "पद्मा लड़कियाँ घुड़सवारी नहीं करतीं।

"क्यों माँ?"

"क्या तुझे हर रोक-रुकावट का कारण बताना ज़रूरी है, लाडो?"

"समझ में आना चाहिए कि रुकावट के पीछे का सच क्या है?"

"तू मुझे बहुत परेशान करती है। हर बात तराजू के पलड़े से नहीं तोली जा सकती।"

"क्यों माँ, फिर तराजू की ज़रूरत क्यों पड़ी?"

"मेरा सिर...।"

"फिर गुस्सा, माँ।"

"तो क्या करूँ।"

"तू ही तो बताती है कि प्यार में परदा नहीं चलता और इन्साफ़ में जान-पहचान का लिहाज़।"

"मैं यह भी तो बताती हूँ कि बड़ों की बात में टाँग नहीं अड़ाते।"

"परन्तु जानने का हक़ तो बनता है, माँ, ताकि कभी मन भूल-भूलैयों में न पड़ जाये। ...मेरी प्यारी माँ, तू मेरी माँ भी है और मित्र भी। एक तू ही तो

है यहाँ, जिससे मैं निर्भय होकर संवाद कर लेती हूँ और अपने ग़लत कथन के लिए हाथ जोड़ कर तब तक तेरा पीछा नहीं छोड़ती, जब तक तू मुझे क्षमा नहीं कर देती और प्यार से मुझे गले नहीं लगा लेती।" पद्मा के स्वरों में ऊष्मा पिघलने लग जाती।

"तो सुन मेरी दादी, मुझे हर समय यह डर और आशंका घेरे रहती है कि कहीं...भगवान कभी ऐसा न करें कि...।" कहते-कहते मनका रुक जाती है।

"कैसा माँ...।"

"घोड़ा बेकाबू हो उठे और तेरे हाथ से लगाम छूट जाये...।"

"और मैं गिर पड़ूँ। मेरे चोट आ जाये या मेरे हाथ-पाँव टूट-टाट जायें तब ...ना। ऐसा कुछ नहीं होगा, माँ। कभी नहीं होगा। ...और यदि भाग्य को यह मंजूर है तो पलंग से गिर कर भी हड्डी-पसली टूट सकती है। यदि हम डर व शंका से घिरे रहेंगे तो ये बड़े व सुरक्षित महल, पहरेदार, हकीम-वैद्य कोई नहीं बचा सकेंगे।"

"शुभ-शुभ बोल मेरी प्यारी लाडो।" मनका ने कुछ सोच कर धीरे से आगे कहा, "लड़की के लिए।

"तुम लड़की हो, लड़कियों के लिए घुड़सवारी, तलवार चलाना और तीरन्दाज़ी ज़रूरी नहीं है। उनके जीवन में इनका प्रयोग कभी सम्भव नहीं है। यह सब तो...।"

"पुरुषों के लिए हैं। क्यों माँ, हम लोग उनका साथ नहीं दे सकते हैं?... जौहर का रास्ता चुनने से बेहतर है कि युद्ध करते हुए खेत रहें। ...रजिया बेगम ने परदे से पिण्ड छुड़ाया। उसने कट्टरपन्थी अमीरों और उलेमाओं की भी परवाह नहीं की। वह उनके सामने दरबार में बेपरदा आती थी। उसने सिक्कों पर भी अपना नाम खुदवाया। वह घुड़सवारी करती थी, तलवार भी चलाती थी।" पद्मा शान्त भाव व स्थिर मन से कह गयी।

मनका नहीं जानती थी कि रजिया बेगम कौन है? कहाँ की है? उसे यह चिन्ता हुई कि उसके दिमाग़ में बेकार की ऊलजलूल बातें कौन भरता है?

"माँ, तू बहुत भोली है। रजिया इल्तुतमिश की बेटी थी। इल्तुतमिश कुतुबुद्दीन का गुलाम था। हमारे देश पर गुलामों ने भी राज्य किया है। कुतुबुद्दीन ने उसकी योग्यता, कार्य करने की क्षमता, निष्ठा और दूरदर्शिता को देखकर न केवल उसे गुलामी से मुक्त कर दिया, बल्कि अपनी लड़की से उसकी शादी भी कर दी।"

"बस कर मेरी लाडो। यह सब झूठ है। मैं तो पहली बार तुझसे सुन रही हूँ।"

"तो अच्छी तरह सुन-समझ ले माँ, कुतुबुद्दीन मोहम्मद पहली बार इस देश में लुटेरा बनकर आया था। उसने पृथ्वीराज चौहान को अन्त में हराया और उसे बन्दी बनाकर अपने साथ ले गया था। वह यहाँ रहना नहीं चाहता था। इस कारण वह एक गुलाम कुतुबुद्दीन ऐबक को अपनी रियासत सौंप कर लौट गया था। वह अपने को स्वतन्त्र शासक घोषित नहीं कर सका। उसकी अचानक मौत के बाद इल्तुतमिश ने सत्ता सँभाली। उसने रजिया की प्रतिभा-योग्यता, संचालन शक्ति में कुशलता देख, अपने लड़के को सत्ता नहीं सौंपी, बल्कि उसने अपना उत्तराधिकारी रजिया को नामजद किया। ...माँ, ईरान भी एक मुस्लिम देश है। ईरान में सुल्तानों की बेटियाँ भी सुल्तान हो जाती थीं। इस वजह से रजिया सुल्तान बनी। ...माँ, लड़कियाँ भी शासन कर सकती हैं। उन्हें भी पूरी तैयारी करनी चाहिए, न कि पुरुषों के पिछलग्गू बनकर, उनके हारने पर जौहर की ज्वाला में अपने आपको समर्पित करने के।" पद्मा ने जो सुना-जाना और अनुभव किया, वह सबका सब उगल दिया। उसमें जो दृष्टि विस्तार कर रही थी, उसका कुछ हिस्सा वह अपनी माँ को भी बताना चाहती थी और इस दृष्टि से उसे साठ-सत्तर वर्ष पूर्व का यह क़िस्सा जानदार लगा।

"ना री छोरी, ना। ऐसा नहीं सोचते। जौहर यानी प्राणों की आहुति तब देना जब लगे कि दुश्मन की जीत निश्चित है। तब राजपूतानी महिलाएँ जौहर करती हैं ताकि उनके पति पूरी ताक़त से युद्ध कर सकें निर्भय होकर। उन्हें उनके सतीत्व की चिन्ता न सताये। यह सामूहिक आत्मदहन गौरव-गरिमा और सर्वस्व त्याग का प्रमाण है।" मनका का एक-एक शब्द नारी शौर्य का प्रतीक हो, उसे ऐसा लगने लगा।

"परन्तु माँ, यदि नारियाँ भी पुरुषों की तरह रणक्षेत्र मे उतरें और शत्रु से दो-दो हाथ करें, तो नारी जीवन का मान, गौरव और साहस आकाश छूने लगेगा। ...नारी का सतीत्व स्वयं नारी के हाथ में है। रणक्षेत्र में उसकी मृत्यु हो, उससे बड़ी शौर्य गाथा, गरिमा-गौरव की बात दूसरी नहीं हो सकती।"

"तू अभी यह सब नहीं समझ सकेगी।"

"माँ, तूने राजपूत औरतों के जौहर की बात की है। उनका क्या होगा, जिनकी रक्षा का दायित्व राजा-रावल महाराजा ने लिया है—उनकी प्रजा। उनकी प्रजा की स्त्रियों पर विजेता सैनिक भूखे भेड़ियों की तरह टूट पड़ेंगे। उनका क्या होगा?" पद्मा में अनेक ऐसे प्रसंग उथल-पुथल मचा रहे थे, जिनको उसकी चाची ने सुनाया था। यद्यपि उसकी समझ में कुछ ख़ास नहीं आ रहा था—न जौहर और न स्त्रियों को कमतर समझने की बात। फिर भी उसमें हल्का-हल्का

मन्थन चल पड़ा था। हो सकता है माँ जो कुछ कह रही हैं, वही सत्य हो। उसे नहीं मालूम था कि रजिया सुल्तान की कहानी सत्य है या नहीं। ईरान कहाँ है? वहाँ राज-कन्याओं को सिंहासन सँभालने का हक़ है या नहीं। वह तो कहानी की तरह सुनकर रोमांचित हो उठी थी।

इस समय पद्मा चाची चम्पा कुँवर के दरवाज़े पर दस्तक दे रही थी। अन्दर से कोई उत्तर नहीं मिल रहा था। कहाँ चली गयीं, वह। उसने बता दिया था कि वह सात चक्कर घुड़सवारी करेगी। फिर सीधी उसके पास जा पहुँचेगी। उसे चाची से बात करते, उनकी बात सुनते, बहुत अच्छा लगता था। वह शिक्षित थी। उसको इस तरह की अनेक जानकारियाँ थीं, जिन्हें पद्मा मात्र कहानी समझकर सुनती थी। घुड़सवारी करने से उसके मन में उत्साह पैदा होता था। वह आनन्द से भर जाती थी। अलबत्ता उसकी जाँघें भर जाती थीं परन्तु उसकी आँखों की चमक दुगनी हो जाती थी। उसे लगने लगा था कि घुड़सवारी करनी है तो घोड़े से दोस्ती करना बहुत ज़रूरी है। घोड़ा अपने सवार को जब पहचानने लगता है तब लगाम की परवाह किये बिना अपने सवार को दुर्घटना से बचा ले जाता है। लौटने और पहुँचने का मार्ग उसे ऐसे याद हो जाता है, जैसे मानो वही घुड़सवार हो। तब न एड़ लगाने की ज़रूरत पड़ती है और न लगाम खींचने की। वह एकदम सरपट दौड़ता जाता है। सारा शरीर हिलने लगता है—विशेष रूप से पेट की तो शामत आ जाती है। वह उससे कहती “मेरे प्रिय मित्र, निःसन्देह तुम्हें तकलीफ़ हुई है, उसके लिए तुम मुझे क्षमा करना। शायद तुम्हें यह कहावत याद आ जाये कि नादान की दोस्ती जी का जंजाल।” फिर वह उसकी पीठ थपथपाने लगती। फिर उसकी गर्दन को अपनी कोमल हथेलियों से सहलाते हुए पुचकारती जाती थी। प्यार में इतनी शक्ति होती है कि पशु-पक्षी भी प्रसन्नता से अपने मित्र का तहेदिल से शुक्रिया अदा करने लगते हैं। यह सोचते हुए उसका दिल भर आता।

“आपको कौन चाहिए।”

वह पलट कर देखती रह गयी, क्योंकि अब उसके सामने उसकी प्रिय चाची चम्पा कुँवर खड़ी थी मुस्कराते हुए। वह अचरज से इतना ही कह पायी, “आप चाची।”

“मैं तुझे छिपकर देख रही थी कि तू दरवाज़ा बन्द देखकर क्या करती है?”

“क्या करूँगी सिवा दरवाज़ा खुलने के इन्तज़ार के।” पद्मा रूठने का अभिनय करती हुई कह जाती बिना चम्पा कुँवर की ओर देखे, नीची निगाह किये। देखने मात्र से उसको अपने अभिनय के पकड़े जाने की आशंका थी।

"अब अन्दर चलें या यहीं खड़े-खड़े एक-दूसरे को रूठने-मनाने की क्रीड़ा कौतुक में साँझ हो जाने दें।" चम्पा कुँवर ने आज कत्थई घाघरा पहना हुआ था कामदार सोने-चाँदी के तारों से अलंकृत।

दोनों अन्दर चल पड़े। अन्दर जाकर चम्पा कुँवर ने सेविका बुलाकर कहा, "पद्मा की माँ, राणी सा से कहकर आ कि पद्मा मेरे पास है। दोपहर का भोजन मेरे साथ करेगी। साँझ ढले मैं स्वयं उसको लेकर आऊँगी।"

सेविका चली गयी। बीच में पद्मा ने कुछ कहना चाहा तो उसने आँख के इशारे से रोक दिया। उसके चले जाने के बाद चम्पा कुँवर ने पूछा, "क्या कहना चाह रही थी, पद्मा?"

"मुझे लौटना होगा, चाची। माँ मेरे साथ ही कलेवा-भोजन लेती हैं।"

"तो क्या हुआ प्यारी गुड़िया। आज वह अकेले भोजन कर लेंगी। यों भी उन्हें अकेले भोजन करने का अभ्यास करते रहना चाहिए, क्योंकि लड़कियाँ पराये घर की शोभा बढ़ाने के लिए होती हैं।" चम्पा कुँवर मन-ही-मन उसकी परेशानी का आनन्द लेते हुए धीरे से कह गयी।

पद्मा घबरा उठी। उसकी घबराहट का अनुमान लगाकर उसने कहा, "तू बड़ी जल्दी चिन्तित हो जाती है, मेरी प्यारी गुड़िया। इसमें तेरा दोष नहीं है पगली। यह उम्र ही ऐसी होती है तुरन्त अपरिपक्व हाथ से निकाले कच्चे दूध-सी भाव-विह्वल। इस उम्र में हर भाव और वस्तु में कुछ-न-कुछ शंका आड़े आ जाती है। इसी कारण इस उम्र को कच्ची उम्र कहते हैं। तू शान्ति की साँस ले और मौजों की लहरों के साथ बहकने लग। यह उम्र नियम क़ायदे तोड़ने की और छिपने-छिपाने की है। आ लुका-छिपी खेलें।" चाची की तिरछी मादक आँखों में शरारत तुनक आयी थी। वह आगे कह रही थी, "ये खेलने-कूदने और डटकर खाने-पीने के दिन हैं। मायके में सब कुछ है, ...अब न तेरे लिए कोई अपना है और न पराया। हैं तो सब अपने या पराये। ...याद रखना ये ही दिन हैं जिन्हें तू क्या कोई भी लड़की नहीं भूल पाती, फिर इन्हें दोहराने का तो सवाल ही नहीं उठता।"

"परन्तु चाची।"

"परन्तु-वरन्तु को मार गोली, दिल से उड़ान भर और नाप ले उसकी हद। ये सपनों में जीने का वसन्त है।" चम्पा को उससे बात करते हुए अपनी किशोरवय का ध्यान आने लगता था। कभी-कभी उसे लगता कि वह अपने से बात कर रही है। वह चौंक कर इधर-उधर देखने लगती थी। तब उसे ख़याल पड़ता था कि वह किसी दूसरे से बात कर रही है। जैसे वह कहने लगती, "हर

इनसान की अपनी भावना और अपने स्वप्न होते हैं। विशेषकर तेरी जैसी उम्र के लहराते दिन और चम्पा-चमेली की सुगन्ध बिखेरती रातें। तब तन-मन का ऐसा एकाकार या मिलाप हो जाता है कि दोनों की राह एक होने लगती हैं और मंज़िल को हाथ बढ़ाकर छूने की बलवती इच्छा होती है।"

पद्मा कुछ नहीं समझ पाती मात्र उसकी मधुर आवाज़ में बहते स्रोत की उनींदी चंचलता के।

"पद्मा, हम भी कहाँ भटक गये अपने मतवाले लक्ष्य से। आज न यहाँ रावल जी हैं और न वो। वह भी उनके साथ गये हैं। हमने पुरोहित जी को पटा लिया है। उनकी लड़कियाँ और बहुएँ हमें पिछवाड़े के दरवाज़े पर प्रतीक्षा करती मिलेंगी। उनके वहाँ पहुँचने की ख़बर स्वयं पुरोहित जी देंगे।"

"फिर?"

"मेले में।"

"चोरी-चोरी।"

"जो चोरी-चोरी में मज़ा है, वह चौड़े में जाने में नहीं। अपने भगवान कृष्ण कैसे माखन चोरी करते थे। उनके घर में नवनीत की कमी नहीं थी। परन्तु उन्हें दूसरे के घर में नवनीत चुराकर खाने में मज़ा आता था। चोरी चाहे वस्तु की हो या दिल की पर होती बड़े मज़ेदार है।" चम्पा कुँवर को दूसरे के खेत की याद आने लगी। वह लड़कियों को लेकर आम तोड़ती और चटख स्वाद के साथ खाती थी। कई बार वह पकड़ी भी गयी।

"परन्तु चाची, मैं कोई काम बिना माँ से पूछे नहीं करना चाहती।" पद्मा ने गम्भीर होकर कहा।

"परन्तु तूने तो मुझसे मेले जाने का आग्रह किया था।"

"हाँ, किया तो था परन्तु इस तरह जाने का नहीं। माँ मेरा इतना ख़याल रखती हैं। उन्होंने मेरी एक नहीं सुनी। कह दिया, लाडो, मैं तेरी माँ हूँ। तेरा हित-अहित किसमें है, उसे मेरे अतिरिक्त दूसरा नहीं जान सकता। मैं सोचती हूँ कि ज़रूर इसमें कुछ ऐसा सत्य छिपा है, जिसे मैं नहीं जानती-समझती।"

पद्मा का स्वर आत्मविश्वास भरा था, एकदम दृढ़ता लिए और दो टूक।

"आगे तेरी इच्छा, लाडो। मैंने तेरी ख़ुशी के लिए इतना सब कुछ किया था।"

"जानती हूँ चाची, आप सदा मेरा मन रखने के लिए हरसम्भव प्रयत्न करती हो। एक बार मुझे माँ के पास हो आने दो।"

"वह आज्ञा नहीं देंगी।"

"मुझे रोकती-टोकती ज़रूर हैं लेकिन वह प्यार भी घना करती है। मुझे सोते हुए देखने आती हैं। खिड़की खुली हो तो बन्द करती हैं। रज़ाई किसी तरफ़ से

सरक गयी हो तो उसे ठीक करके जाती हैं। ...उनका यह पक्ष ऐसा है, जिस ओर मेरा ध्यान कभी नहीं गया था और उनके बारे में उलटा-पुलटा न केवल सोचती थी बल्कि ग़लत-सलत कह भी जाती थी।" पद्मा का स्वर अचानक गीला होने लगा। चम्पा कुँवर का कण्ठ भर आया है। माँ की ममता के सामने कोई नहीं ठहर सकता। माँ-माँ है। उसकी जगह कोई नहीं ले सकता।

"तो पूछ आ परन्तु बताना ज़रूर और माँ से वह बात भी कह देना...।"

"कौन-सी चाची?"

"जो मैंने मेले दिखाने के लिए तुझसे कही थी।" चम्पा कुँवर का स्वर काँप गया था।

"पर क्यों चाची! उसे वहीं रहने दीजिए, जहाँ से वह उठी थी।"

"नहीं पद्मा। वह ठीक नहीं होगा। झूठ को छिपाना भी अपराध है।"

"नहीं चाची, इसमें झूठ कैसा। न छिपाने जैसा कुछ है। अपने पंख में कील ठोंकना और वह भी बिना वजह, उचित नहीं है। ...यह सब मुझ पर छोड़ो। अब देखना यह है कि ऊँट किस करवट बैठता है। सामान्य जन के रूप में राजघराने की पहचान कहाँ हो पाती हो। ...अच्छा चाची, मैं अब चलूँ।" पद्मा का स्वर अत्यन्त मधुर और अमिय घोलता हुआ था। उसके लम्बे चमकीले रेशम जैसे केश वातायन से आये तेज़ हवा के झोंके के साथ मचल उठे थे। वह मन-ही-मन मुस्करा रही थी।

चम्पा कुँवर पद्मा के भोलेपन से खिलते रूप-सौन्दर्य को पल भर के लिए अपलक देखती रह गयी। क्या कोई इतना सुन्दर, तन्वी, तेजयुक्त, आभायुक्त और प्यारा हो सकता है और वह भी बारी उम्र में। वह कितनी बेफ़िक्र है, निर्भय और एकदम पवित्र आत्मा-सी स्नेहिल, उदार-प्रसन्न और फेनोज्जवल-सी पारदर्शी। उसके रोम-रोम से सुगन्धित निर्झर की रश्मियों का रेला सारे वातावरण को महका जाता है।

मनका का उस पर आँख बनाये रखना हर दृष्टि से उचित है। एक बार किसी परपुरुष की दृष्टि उस पर पड़ गयी तो वह चेतनाशून्य होकर उसका पीछा करने लगेगा बिना अपनी जान की परवाह किये। उसे अपनी माँ के वे शब्द याद आ रहे थे। वह समझा रही थी, "मेरी प्यारी लाडो, अब शायद फिर कभी मिलना न हो। तू राजघराने की कारगुज़ारियों, मक्कारियों और चालाकियों से परिचित नहीं है। वहाँ सुन्दरियों का मेला लगा हुआ है। पुरुष एक उसकी ब्याही-अनब्याही सुन्दरियाँ एक से बढ़कर एक। उनमें से जो राजपूत घराने से हैं, वे अपेक्षाकृत दूसरी सुन्दरियों से अधिक सुरक्षित हैं। उनकी शान-शौक़त, रुतबा और सम्मान भी अधिक है, क्योंकि उनके पीछे उनके राजघराने की ताक़त है।"

"तो माँ।"

"मेरी भोली हिरनी, तू उन सबसे दूरी बनाये रखना। ...न ऊधो का देना, न माधो से लेना। एक चुप ही वह तरीक़ा है जो उनकी साज़िश का शिकार होने से बचा सकता है। तू यह न मान बैठना कि तेरा राजकुमार ज़्यादे दिन तेरे पास रहेगा। उनका चाल-चलन भँवरे जैसा है। वे आज तक किसी एक के होकर कभी-नहीं रह सके। उनकी प्यास कभी नहीं बुझ पाती। वे प्यासे जन्मते हैं और प्यासे ही मर जाते हैं। मधुशाला कभी खाली नहीं होती, उनकी बोतलें एक तरफ़ खाली पड़ी रह जाती हैं।"

"मेरी कुछ समझ में नहीं आ रहा है, माँ, तू क्या कह रही है?"

"आयेगा भी नहीं। तेरे पिता राजघराने की भितरघात से परिचित हैं। अन्तःपुर की कहानियाँ ज़िन्दगी के विरूप क्रन्दन को ही प्रस्तुत करती हैं। तू एक बेनाम जंगल या रेगिस्तान की गुमशुदा अन्तर्कथा बन कर रह जायेगी। ...तू वहाँ किसी से न अपनी ख़ुशी और न अपना दर्द ज़ाहिर करना, मेरी लाडो। ...हम तो ख़ून का घूँट पीकर प्रवासी बन जी लेंगे।"

"कहाँ जाओगी, माँ?"

"अब हमारा यहाँ क्या बचा है। अभी अपनी दो छोरियाँ और हैं। वे सुन्दर हैं। कच्ची उम्र की हैं। उन्हें लेकर अपने किसी रिश्तेदार की शरण में चले जायेंगे। जहाँ अपनी जाति के घर होंगे, अपने लोग होंगे। उनमें तेरी दोनों बहनों को कम उम्र में ब्याह देंगे। ...बस मेरी लाडो, अपना ध्यान रखना।"

चम्पा कुँवर की आँखें भर आयीं।

पद्मा ने उसके चेहरे की ओर उँगलियाँ घुमाकर कहा, "चाची, कहाँ जा खोयीं। आँखें क्यों भर आयीं? क्या किसी दुःखती रग पर हाथ पड़ गया?"

चम्पा कुँवर ने वहाँ अपनी उम्र से वयस्क और अनुभवी लड़की को पाया। वह एकदम सयानी हो गयी अपनी वय से बहुत बड़ी और समझदार। कितनी गहरी पहचान है कि सुगन्ध आने से पहले सुगन्ध की अन्तरंग का अनुमान लगा लेती है। उसने अपनी ज़िन्दगी की कई बातें उसको बतायी थीं। उसने कितनी बातें सुनी-अनसुनी कर दी थीं, यह उसे नहीं पता था परन्तु वह इतना जान गयी थी कि वह अपनी माँ को उन्हें बतायेगी अवश्य। कहानी के रूप में बताये चाहे। वह सँभल गयी और प्यार जताती बोली, "मेरी प्यारी लाडो, तू अपने बीच हुई बातों को किसी पर ज़ाहिर करती रही है क्या?"

"नहीं तो चाची। परन्तु आपको ऐसा क्यों लगा?" पद्मा ने धीरे से कहा।

"देख पद्मा, मैं तेरा मन बहलाने के लिए कहानियाँ सुना देती हूँ। कहानियाँ सच्ची नहीं होतीं, ये मनगढन्त होती हैं।"

"मनगढन्त।"

"हाँ, मेरी प्यारी-सी गुड़िया।" मनगढंत का अर्थ है मन से गढ़ी हुई कहानियाँ।"

"क्या मन से कहानी गढ़ी जा सकती है, चाची।"

"क्यों नहीं, मेरी प्यारी लाडो। मन बड़ा कहानीकार है। तभी तो हम दादी-नानी से कहानियाँ सुनते हुँकारा देते चलते हैं। आज भी रोज़ बच्चे उनके पास जाकर ही सोते हैं। उनसे ज़िद करते हैं, दादी-नानी कहानी सुनाओ...वे परियों की कहानी सुनाती हैं, जंगल के राक्षसों की कहानी सुनाती हैं, वे पाताल की कहानी सुनाती हैं।"

"सच चाची।"

"हाँ, सच, मेरी गुड़िया।"

"परन्तु मुझे तो कभी दादी-नानी ने कहानी नहीं सुनायी।"

"ऐसा भी होता है। किसी-किसी को दादी-नानी कहानी नहीं सुनातीं। उनको कहानी गढ़ना नहीं आता।"

"परन्तु मैंने तो अपनी दादी-नानी को नहीं देखा है।" पद्मा ने सहज में कह डाला।

चम्पा कुँवर जानती थी कि उसके दादा-दादी स्वर्गवासी हो चुके हैं। उसके नाना-नानी को वह जानती नहीं थी, इसलिए इस प्रश्न को टाल जाना ही उचित समझा। कह दिया किसी-किसी के दादा-दादी, नाना-नानी होते ही नहीं है, पद्मा। तू व्यर्थ में इस उधेड़बुन में समय जाया नहीं कर। जिनको जानती-समझती है, उनसे ही मतलब रख यदि रखा जा सके। जितने सम्बन्ध कम उतना ही जीवन सुखी।

"क्यों चाची?"

"यह सब कुछ जानने की यह उम्र नहीं है, मेरी प्यारी लाडो। ...समय आने पर तुझे स्वतः सब कुछ मालूम होता जायेगा। ...अब तू जा, समय खोटा मत कर।"

"आख़िरी प्रश्न, चाची?"

"पूछ, क्या पूछना है।"

"क्या रजिया सुल्ताना की कहानी भी मनगढन्त है?" पद्मा ने प्रश्न करके चम्पा के चेहरे पर अपनी दृष्टि गड़ा दी।

"हाँ, मेरी हँसमुखी प्यारी गुड़िया।"

"तो मैं अब चलती हूँ।"

"हाँ, तू जा। अच्छा हो, तू अपनी माँ से कुछ नहीं कहे। क्या पता पुरोहित आ पायेगा या नहीं। ...अब तू यह नहीं पूछेगी कि गुप्तचर कौन होते हैं। ...साथ खाना खाने की आज्ञा लेकर लौट सके तो लौट आना। माँ से ज़िद मत करना। वह रोके तो रुक जाना। यदि खाना वहाँ भी बन गया हो तो अपनी माँ का साथ देना।"

अब क्या था पद्मा तेज़ी से उठी और एक पल भी गँवाये बिना दौड़ ली।

"अल्हड़।" चम्पा कुँवर ने मन-ही-मन दोहराया। यह शब्द उसके तन-मन को हवा के निर्मल झोंके की तरह छू गया। जैसे आया था वैसे ही चला गया। उसने दीर्घ निःश्वास लिया। सुना पपीहा झरोखे पर बैठा पी कहाँ की गुहार लगा रहा था। क्या उसकी वाणी फलेगी, यह सोचते हुए वह उठी और दरवाज़ा बन्द कर लौट आयी।

6

अमावस्या की काली रात्रि। वन्य ध्वनियों की साँय-साँय कसक उठी थी। हिलती-डुलती पालकी आगे बढ़ रही थी। कभी-कभी कहारों की आवाज़ भी उसमें सुनायी पड़ती। वृक्ष के पत्ते शान्त थे। झींगुर का शोर साफ़ सुनायी पड़ रहा था। तट से टकराती नदी की लहरें धीमी आवाज़ में कुछ-न-कुछ कह रही थीं। वह स्पष्ट सुनायी नहीं पड़ रहा था।

"कौन हो, भाई?" ज़ोरावर सिंह ने पूछा।

"परदेसी।"

"कहाँ से आना हुआ इतनी रात को? जंगल पार करने का निर्णय कैसे लिया? रात में जंगल की परछाइयाँ भी आदमखोर हो जाती हैं। पता भी नहीं चलता और सँभल भी नहीं पाते कि कोई पीछे से आ रहा है या कहो कि पीछा कर रहा है।"

"ठीक कहते हो, भाई। हम यहाँ के इलाके से अपरिचित है।" उनमें से एक ने कहा।

"कहाँ के हो?"

"गुजरात से आ रहे हैं।"

"पालकी में कौन जनानी बैठी है?"

"माँ है, चलने-फिरने से मजबूर।"

"तुम।"

"उसका सबसे बड़ा लड़का।"

"और ये पाँचों?"

"छोटे क़द वाला मेरा मामा। शेष चारों मेरे चाचा के लड़के।"

"जाना कहाँ है?"

"पता ठिकाना पक्का नहीं है। किसी परदेसी ने बताया था कि आगरा में एक वैद्य रहता है।"

"उसका नाम।"

"कविराज नेत्र पाल सिंह। पहले वह राजवैद्य था। राजा से खटपट हो गयी तो राज्य छोड़ कर वहाँ से चला आया।"

"इससे पहले पड़े गाँव में क्यों नहीं ठहरे? वह गाँव अतिथियों के स्वागत के लिए जाना जाता है। रात वहीं निकालते। यहाँ शेर-चीते जंगली सूअर, भालू आदि सभी हैं।" ज़ोरावर सिंह की पैनी दृष्टि उन पर थी।

"हमारे पास आपके लिए कोई जगह नहीं है। हम गश्ती हैं।" ज़ोरावर सिंह ने कहा।

"राज्य की ओर से।"

"हाँ।" ज़ोरावर सिंह ने उन पाँचों की ओर देखा।

"फिर?"

हमारे साथ-साथ चले चलो। आगे कोई प्रबन्ध हो जायेगा ऐसी आशा है पर तीन कोस चलना होगा। ...रेवती राम, मशाल को क्या हो रहा है? तेल में तो डुबोई थी।" ज़ोरावर सिंह ने पूछा।

"नहीं।"

"दूसरी मशाल कहाँ है?" ज़ोरावर सिंह ने पूछा।

"सब चुप।"

"चुप क्यों हो?" ...आजकल बाहर से आने वाले दुश्मन घात लगाये हुए हैं। चौकस रहना था। पर क्या ख़ाक चौकन्ने रह रहे हैं!

"सब ठीक होगा। आप चिन्ता छोड़ो।" करणी सिंह ने धीमे स्वर में कहा।

"चिन्ता के वक़्त चिन्ता नहीं छोड़ी जा सकती। करणी सिंह, तुम तो पुराने गश्ती हो।"

"गश्ती पुराना हो या नया। गश्ती तो गश्ती होता है।"

"तुम कुछ सुन रहे हो।"

सब साँस रोके सुनने की कोशिश करने लगे। उन्हें कुछ सुनायी नहीं पड़ा।

"मोर बोल उठे हैं। पेड़ के पत्तों में खलबली मच गयी है।" ज़ोरावर सिंह का स्वर था।

“वो तो है।”

“इसका अर्थ है कि...।” कुछ रुककर उसने कहा, “टापों की आवाज़ सुन रहे हो। ज़रूर दुश्मन चढ़ आया है।”

“वह पालकी कहाँ है?”

मशाल की रोशनी चारों ओर की गयी। परन्तु पालकी कहीं नज़र नहीं आयी और न कहार और उनके साथ के आदमी।

“वे कहाँ गये?”

“साथ-साथ चल रहे थे।”

“तो फिर वे कहाँ गये, क्या धरती निगल गयी या आसमान में उड़ गये?” ज़ोरावर सिंह ने तेज़ स्वर में कहा।

“ख़तरा।” करणी सिंह बोल पड़ा।

“अब?”

“सावधान हो जाओ। ...अलग-अलग दिशा में। शत्रु जिधर से भी आक्रमण करे, उसको जवाब मिल सके।”

“सबने तलवार म्यान से बाहर निकाल ली।”

“राघव, फूला और मान कहाँ है?”

“सबने चारों ओर देखा।”

“हम कुल जमा दस हैं।”

“हाँ।”

“फिर वे तीनों?”

“हमें लौटना चाहिए।”

“क्यों?”

“अवश्य वे किसी संकट में फँस गये हैं।”

“कैसा संकट?” ज़ोरावर सिंह ने चारों ओर देखा। कहीं से कोई संकेत मिल जाये। प्रायः वे संकट का अनुमान लगाकर केसरिया तिकोना कपड़ा किसी पेड़ की डाली पर बाँध देते थे। ज़ोरावर कुछ पीछे की ओर मुड़कर दायीं ओर बढ़ा। फिर वहीं से बोला “मशाल इधर लाओ।”

“ये ख़ून। ... ताज़ा ख़ून।” कहते हुए वह आगे बढ़ता गया। करणी सिंह उसके पास आ गया और धीरे से बोला, “दाल में कुछ काला है।”

“वे घोड़ों की टापें अब बन्द हैं।”

“अवश्य कुछ-न-कुछ अनहोना हुआ है।” करणी सिंह कह रहा था।

“वे तीनों।”

"फूला और मान तो पहलवान हैं। वे चार-पाँच पर भी भारी पड़ेंगे। ...रहा राघव तो न केवल वह चतुर है बल्कि शेर की दहाड़ मारने में भी उस्ताद है।" करणी सिंह ने सोचते हुए कहा।

इसी समय मुर्गा बोलने की आवाज़ सुनायी पड़ी। कुछ देर तक वे सब मुर्गे के बोलने की आवाज़ सुनते रहे। ज़ोरावर सिंह ने इत्मीनान से कहा, "वे सुरक्षित हैं। यह आवाज़ तो अपने राघव की है। पीछे से आयी है। हमें लौटना होगा।"

करणी सिंह ने भी मुर्गे जैसी आवाज़ निकाली। उधर से भी मुर्गे की आवाज़ आयी।

ज़ोरावर सिंह ने कहा, "दाहिने ओर से आवाज़ आयी है। उधर चलकर देखते हैं। ...परन्तु करणी सिंह, तुम थोड़ी-थोड़ी देर बाद मुर्गे की आवाज़ निकालते रहना।"

ऐसा ही होता रहा। अचानक उनमें से एक व्यक्ति को केसरिया तिकोना कपड़ा नज़र आया। वह बोला, "वे यहीं आसपास हैं।"

सबकी निगाह केसरिया कपड़े पर जा टिकी। ज़ोरावर सिंह ने कहा, "केसरिया कपड़े का संकेत है कि हमें पूर्व दिशा में मुड़ना है।"

वे चलते रहे। मुर्गे की आवाज़ रुक-रुककर सुनायी पड़ती रही। अचानक उन्हें दूसरी ओर केसरिया लहराता नज़र आया। वे सब वहीं रुक गये। ज़ोरावर सिंह ने उस तिरंगे को उतार कर ढंग से देखा। हू-ब-हू वैसा ही था वह, जैसे उनके पास थे। वह उसे उलटता-पुलटता रहा।

करणी सिंह ने अपना केसरिया तिकोना निकाला और ज़ोरावर सिंह से कहा, "इस केसरिया को दीजिए।" अब वह दोनों का मिलान करने लगा। लम्बाई-चौड़ाई लगभग बराबर। कपड़ा भी बहुत कुछ वैसा ही। वह गहरे सोच में पड़ गया।

"क्या सचमुच दोनों तिकोने एक से हैं?" ज़ोरावर सिंह पूछ रहा था।

"मुझे तो ऐसा ही लग रहा है। प्रकाश की कमी है। इस कारण उनके केसरिया रंग की जाँच ठीक-ठाक नहीं हो पा रही है।" केसरिया रंग में अन्तर हो सकता है, क्योंकि थान दो-तीन जगह से मँगवाये गये थे। उनके नाप-तोल और तिकोने कटने में अन्तर आ सकता है।

"मुझे सन्देह है, करणी सिंह।"

"क्या?"

"अवश्य ये हमारा केसरिया तिकोना है। पर यह सिद्ध करना इस समय सम्भव नहीं है। फिर भी...। राघव, तुम्हारे ताऊजी ने भी इस प्रकार के तिकोना केसरिया बनाकर राज्य को दिये थे।" करणी सिंह का दिमाग़ उस दिशा में तेज़ी

से चल निकला। वह बाल की खाल निकालने में माहिर माना जाता है। वह कुछ रुककर बोला, "राघव, तुम इस तिकोने की दिशा में आगे बढ़ो। ...तब तक तुम दोनों उन झाड़ियों के पीछे छिप जाओ। ध्यान रहे कि तुम हम पर ध्यान रख सको।"

सब अपनी दिशा में चल पड़े। तभी करणी सिंह ने कहा, "रुको, लौटो।"

ज़ोरावर सिंह सोच में पड़ गया। परन्तु बोला कुछ नहीं, क्योंकि करणी सिंह गोपनीय विभाग से इधर आया था। वह कहने लगा, "इस तिकोने के कोने पर ख़ून की बूँदें हैं। वह भी कुछ समय पहले की।"

"तो?"

"तो यह कि अपराधी यहीं कहीं हैं। उन्होंने हमारे ही केसरिया तिकोने का इस्तेमाल करके हमें मार्ग से भटकाना चाहा है।"

"यह तुम कैसे कह सकते हो, करणी।"

"जो भी हो, वह है बड़ा शातिर और चालाक। वे भूल गये कि ख़ून की बूँदों का होना उनके इरादे का पर्दाफ़ाश कर देगा।

"अब तक वे भाग लिए होंगे।"

"वे अवश्य घोड़े पर थे।"

"कैसे?"

"अन्यथा इतनी ऊँचाई पर यह केसरिया तिकोना नहीं टँगा होता।"

"परन्तु...।" सोचता रह गया ज़ोरावर सिंह, उसकी समझ में नहीं आया कि वह क्या कहना चाहता है।

"आपको याद है, मेला शुरू होने से पहले राज्य ने उन दिशाओं में खन्दक खुदवाये थे, जिधर से कोई आ सके और सुरक्षित लौट सके। आने-जाने के सभी मार्गों पर खुदवाये गये खन्दकों पर खपच्चियों का जाल बिछाकर डण्ठल सहित पत्तियों से ढक दिये गये थे।" करणी सिंह बता रहा था।

"कई बार रात-बिरात मेले में आये दुकानदारों का नगद लूटा जा चुका था। परन्तु इस बार राज्य ने पूरी-पूरी सावधानी बरती है। मेले से राजकोष में काफ़ी धन आता है। इस बार उनकी सुरक्षा और सुभीता का पूरा-पूरा ख़याल रखा गया। ज़ोरावर सिंह ऐसे बात कर रहा था जैसे वह मानो अपने से बतिया रहा हो।"

"फिर वे भाग नहीं सकेंगे, उन खन्दकों में घोड़े सहित पड़े होंगे। चोटें भी आयी होंगी।"

"इधर देखिए...इधर...।" झाड़ियों की ओर गये उन दोनों व्यक्तियों में से एक ने कहा।

वे सब झाड़ियों की तरफ़ चल दिये। सबने देखा। ज़ोरावर सिंह ने कहा, "हत्या!"

"लड़की नंगी पड़ी है। उसके गुप्तांगों से ख़ून बह कर चिपक गया है।" करणी सिंह कहता जा रहा था, "खन्दकों की ओर दौड़ो। ...लड़की छोटी उम्र की है। लगता है, उसके साथ सामूहिक बलात्कार हुआ है। ...बाद में उसकी हत्या कर दी गयी है।" करणी सिंह कह रहा था।

"अपराधी को हर हालत में पकड़ कर रहेंगे।" ज़ोरावर सिंह कह रहा था, "यह हमारी नाक का सवाल है।"

"पालकी वहाँ पड़ी है।"

"वहाँ से दूसरी ओर। घने जंगल की छाँव में।"

"तुम तीनों।"

"हाँ, पालकी में शिकार पड़ा है।"

"शिकार... तुम्हारा शिकार से मतलब?"

"उसी के पास पेड़ से बँधे वे सब भी वहीं है।" मान ने कहा, "इन बदमाशों को पकड़ने में बड़ी मशक्कत करनी पड़ी। पालकी में शिकार था शेरनी का। कोई बूढ़ी माँ आदि नहीं थी। उसकी खाल बहुत ऊँची क़ीमत में बिकती है। ...मैं उसी समय समझ गया था, जब आपसे उसकी बात हो रही थी। हम तीनों ने तभी इशारों से यह तय कर लिया था कि आपसे अलग हो जायेंगे। एक मोड़ पर हम तीनों बरगद के पेड़ की आड़ में चले आये। थोड़ा आगे चलकर पालकी वाले कहार और उनके साथी भी एक नये रास्ते की ओर मुड़ गये और आप लोग आपस में बतियाते हुए आगे बढ़ते गये। मुझे आश्चर्य हो रहा था कि आप ऐसे निश्चिन्त होकर आगे कैसे बढ़ते चले गये। ...उनकी आपस में बात होने लगी।

एक बोला, "मैं उस मुछैल को जानता हूँ। इससे पहले जुड़े मेले में मुच्छड़ मुकाबले में उसी ने सत्रह फुट लम्बी मूँछों वाली बाजी मारी थी।"

"ना रे, चन्दनिया, वह इसका छोटा भाई था। दोनों की शक्ल, लम्बाई-चौड़ाई एक-दूसरे से इतनी मिलती-जुलती है कि अच्छे-से-अच्छे पहचानने वाले धोखा खा जायें। उनमें से एक के हाथ की हथेली थोड़ी कम लम्बी है। उधर किसी का ध्यान नहीं जाता। वह मुछैल नाना वेश में रहता है। राज्य का पक्का वफ़ादार है और अनेक राज्यहित के कारनामों में राज्य के स्थापना दिवस पर पुरस्कार पा चुका है। ...उससे बचना टेढ़ी खीर है। शायद आज उसने चढ़ा रखी थी।" दूसरे साथी ने कहा।

"ये बकवास बन्द करो और ये सोचो कि बाहर कैसे निकला जाये। उनमें कोई अनुभवी सूँघने वाला नहीं था अन्यथा मृत शेरनी का रहस्य खुला रखा था। फिर वहाँ से भागना मुश्किल पड़ जाता।"

"देरी का कारण तू है रामपाल। एक आफ़त और मोल ले ली। ...ये ऐयाशी का समय नहीं था।"

"ये ऐयाशी भारी पड़ सकती है। वह मर अलग गयी।"

"तूने भी हाँ भरी थी। कहा था एक पंथ दो काज। ...छोरी कच्ची उम्र की है, बेहद ख़ूबसूरत है। निबट कर लौट रही थी।"

"इतनी रात गये।"

"हाजत न रात देखती है, न दिन।"

"और कामी भी अपने काम से काम रखते हैं। शायद घर में किसी को बताकर नहीं निकली है वरना ज़रूर कोई साथ होता।"

"मैं साली का मुँह पकड़ता हूँ, तुम लोग डण्डा डोली को तैयार रहना। ... तुम लोगों की कैसी लार टपकी। न साथ देते तो मैं क्या कर सकता था—अकेला। मन-मन भावे मूड़ हिलावे। साले पण्डित ने भी नहीं छोड़ी। बेचारी मर गयी। मरी पण्डित के कारण सारा पाप उसके नाम।"

"फिर बकवास। चुप करो। उसे उधर झाड़ियों में पटक दिया। पता नहीं ज़िन्दा है या मुरदा। जो भी हो, सुबह होने से पहले यहाँ से निकल लेना है। उधर मेले की तैयारी चल रही है। रतजगा हो रहा है। अबकी बार मेले के लिए राज्य-व्यवस्था चौकस हो रही है। वैसे भी वह नया रावल बहुत तेज़ तर्रार है। जन की सुभीताओं और रक्षा प्रबन्ध मुस्तैदी से कर दिया है कि चिड़िया भी चोंच मारे तो उसकी ख़ैर नहीं।"

"तुम्हारी बकवास बन्द नहीं होगी।"

"लो हो गयी, मेरे सरदार।"

इसी समय मैंने राघव की ओर देखा। इशारे से पूछा, क्या करें। उन सब पर तीर कमान, तलवार आदि हथियार हैं। फूला और मान उन्हें सँभाल नहीं सकते। उसने मेरे पास आकर कान में कहा, "मेरे पास पिसी हुई मिर्च है और है कौंच की फली।"

"तो?"

"मिर्च उनकी आँखों में झोंकी जाये और कौंच की फली का बुरादा उनकी देह पर। फिर देखना वे कैसे पगला उठेंगे। आँखें मीड़ेंगे तो मिर्च भारी पड़ेगी। दूसरी ओर खाज का वह आक्रमण होगा कि सब छोड़-छाड़ वे खुजाते-खुजाते

अधमरे हो जायेंगे। मैं कौंच की फली का बुरादा मलूँगा और तुम दोनों मिर्च का बुरादा फेंकोगे। एक तो रात काली, दूसरे मिर्च के मारे आखों से अन्धे। उनके सारे हथियार अपने क़ब्ज़े में और ये लोहे की जेबरी उनके पाँवों में।"

"वाह रे वाह अक्ल के उस्ताद! जहाँ तोप-तलवार नाकाम, वहाँ हमारे उस्ताद के मन्त्र कामयाब। ये रहा हमारा जन्तर-मन्तर और वो देह खुजलाते आपके अपराधी।"

ज़ोरावर सिंह की बाँछें खिल उठीं। वह कह उठा, "अगला पुरस्कार तुम तीनों का पक्का।"

अब वे सब उन सबको हाथों में हथकड़ी लगाकर आगे बढ़ने से पहले उस मृतप्रायः-सी लड़की को पालकी में डाल कर चलने लगे। उनके हथियार भी पालकी के एक कोने में रख लिए।

7

पद्मा रास्ते भर यह सोचती चली कि माँ से कैसे और कहाँ से बात करे। आजकल माँ बहुत ख़ुश थी। उसका चित्रकारी में भी मन रम रहा था और लोक-गीतों को अपनी सुरीली आवाज़ से उठाने में भी। वह मन-ही-मन उनकी धुन निकालकर गुनगुनाने लगती थी। पद्मा वहाँ थी नहीं, अतः बीच-बीच में उसका गुनगुना हृदय की धड़कन पकड़ लेता था।

पद्मा उनकी इस आत्ममुग्ध मुद्रा में कुछ भी माँग सकती थी। प्रायः उसे कभी निराशा नहीं मिली। जब-जब दाता आते, वह सोयी मिलती और माँ उन्मने मन से झरोखा खोले अपने मरुस्थली जीवन के बारे में सोचती या चाँदनी रात होती तो बादलों से लुकाछिपी करते चाँद को ढूँढ़ने में समय बिताने लगती। उसे वे पल स्वप्न कल्पना के आत्मिक संगम का आनन्द देने लगते। वह स्वप्न-कल्पना के अद्‌भुत संयोग को अपने स्वरों में पिरोने लगती कुछ इस तरह के भावों से–

डर लगता है तब मुझको जब कोई मुझमें चाँद-बादलों सी अठखेलियाँ करता है। लुकाछिपी-सा क्रीड़ा-कौतुक अपनी रेशमी रश्मियों से अपनी मुलायम प्यारी-सी मुद्राओं से अन्तः स्पर्शित कर आत्म-मुग्ध करने लगता है। तपन बर्फ़ानी होकर मुझे भ्रमाती है। गीत उठाती गौरैया चुपचाप बेआवाज़ मुझमें अपना घर बनाने लगती है।

मैं बेघर हूँ दुनिया से कटी-छँटी–मैं उससे कह नहीं पाती हूँ, या प्यार कहने की इजाज़त नहीं देता कि मैं स्वयं घर की तलाश में यहाँ अकेली आत्म-संवाद करती–अपना ठौर-ठिकाना नहीं बना पायी। फिर तुम?

इसी समय दरवाज़ा खुला। सामने पद्मा थी गुलाब को मात देने वाली चन्द्रमुखी के अवतार-सी, स्वप्निल कुमुदिनी का गन्ध भार लिए, सुमन-सी मुस्कान बिखेरती स्पन्दनमयी।

मनका आश्चर्य से देखती रह गयी। वह यह पूछना भी भूल गयी कि वह वहाँ खाना खाकर आयी है या नहीं। वह तो साँझ ढले चम्पा कुँवर के साथ आने वाली थी।

पद्मा पूछ बैठी, "माँ...माँ, तूने खाना खा लिया क्या?"

"तू खाना खाकर आयी है।"

"मैं क्या तुझे खाना खाये दिखती हूँ।"

"वह तो तू ही जाने।"

"तुझे भूखा रखकर क्या मैं खाना खा सकती हूँ, माँ। क्या पहले कभी ऐसा हुआ है, माँ।" पद्मा ने रुठने का हल्का-सा अभिनय करते हुए कहा, "तूने खाना तो बनवाया है या व्रत की घोषणा करके मौन-व्रत ले लिया है।"

मनका मन-ही-मन मुस्कराती रही। कहती क्या, उसके मन का आनन्द लेने लगी।

"माँ, मुझे बहुत ज़ोर की भूख लगी है। तभी तो मैं वहाँ से दौड़ती चली आयी हूँ। तू तो जानती है कि जब पेट में चूहे दौड़ने लगते हैं, तब मेरी हालत देखने लायक होती है। मुँह लटक जाता है, चेहरे पर बारह बजने लगते हैं और मैं पगला उठती हूँ।" पद्मा ने मचलते हुए कहा और सेविका को आवाज़ लगा दी, "खाना लगाओ—माँ के लिए भी और मेरे लिए भी।"

"खाना अब तैयार होगा, प्यारी लाडो।"

"भाड़ में गयी प्यारी, लल्लो-चप्पो की लाड़ लड़ाने वाली बातें। माँ, बातों से पेट भरने लगता तो आज सब बिना कामकाज किये, मौज-मस्ती करते होते।" पद्मा ने माँ के पास आकर उसका हाथ अपने हाथ में लेकर अपने सिर पर रखकर पूछा, "अब बोल, क्या तूने अपने लिए रसोई तैयार करने के लिए मना नहीं किया?"

"तू जे पागलपन छोड़, लाडो।"

"और तुम्हें पागलपन करने दूँ। माँ तू कब सुधरेगी, कब तक तू दूसरों के लिए अपने मन को मारती रहेगी। ...पागलपन तो ये है माँ। ...तू बहुत भोली है, नेक है और प्यारी है। तुझे आज यह कसम लेनी होगी कि तू कभी भूखी नहीं रहेगी। रसोई तो सीता माता की है। क्या तू उनसे भी ऊपर है।" माँ का हाथ अपने सिर पर पकड़े वह आगे बोली, "तूने मेरे सिर पर हाथ रख रखा है।

यह हाथ तब तक नहीं हटेगा, जब तक तू मेरी कसम लेकर कभी भूखे न रहने का वादा करेगी।"

"पगली मत हो, लाडो।"

"पगला कौन हो रहा है, ये तो देवी माँ ही बता सकती हैं, मैं छोटी हूँ तो इसका मतलब यह कदापि नहीं है कि मैं निरी बुद्धू हूँ। थोड़ा-बहुत तो समझती हूँ—कम-से-कम भूख के बारे में मैं तेरे से ज़्यादा समझती हूँ। तू कभी भूख से चीखी-चिल्लायी नहीं। न तूने सामने रखे फल पर टूट पड़ने का साहस दिखलाया।"

"तू बहुत ज़िद्दी है। हर बात में ज़िद करना ठीक नहीं होता है, लाडो।"

"तू अब ये बता कि मेरी कसम ले रही है या नहीं। ...नहीं तो मैं भी खाना छोड़ती हूँ। तेरी तरह भूखे-प्यासे रहने का अभ्यास करने लगती हूँ।" इतना कहकर उसने माँ का हाथ सिर पर से उठा लिया, "तू जीती, मैं हारी, अब तो ख़ुश, माँ।"

मनका चमक गयी। वह जानती थी कि पद्मा ज़िद की बहुत पक्की है। वह जो ठान लेती है एक बार, वह करके ही मानती है। उसने भी तेज़ आवाज़ में कहा, "सेविका, आने की ज़रूरत नहीं है।" तुरन्त ही पलक झपकते पद्मा के सिर पर हाथ रखकर कहा, "ले मेरी माँ, मैं कसम लेती हूँ कि भूखी नहीं रहूँगी सिवा तीज-त्यौहारों के जिनमें व्रत रखना हमारी परम्परा और मान्यता का अंग है।"

पद्मा ने देखा कि माँ की आँखों में आँसू थे और उसका कण्ठ भर्रा रहा था। वह अपनी ओढ़नी से माँ के आँसू पोंछकर कहने लगी, "तू कसम उठाने से इतनी दुःखी है तो मैं तुझे कसम से मुक्त करती हूँ। पर माँ तू रो मत! कुछ दिनों से मैं तुझमें बदलाव देख रही थी। तू हर समय ख़ुश बनी रहने लगी थी। मुझे बहुत अच्छा लग रहा था। आज मैंने तुझे रुला दिया, मैं हुई न गन्दी। तूने मुझे अपनी माँ भी बना दिया... यानी मैं...।"

मनका ने उसे गले से लगाकर कहा, "न मेरी लाडो, जे बात नहीं है। मुझे तेरा कहना मानना पड़ा तो तू मुझसे बड़ी हुई या नहीं। जो जिसके सामने बड़ा हो जाता है, वही तो माँ कहलाता है। पगली मैं इसलिए रोने लगी थी कि मुझे यह जानकर इतनी प्रसन्नता हो रही थी कि कोई तो मेरा ऐसा अपना है जो मुझे इस सीमा तक चाहता है। मेरे बारे में सोचता है। मेरी प्यारी लाडो, तू मुझसे इतना प्यार करती है और मैं तुझे प्रायः डाँटती-फटकारती रहती हूँ—टोकती-रोकती रहती हूँ—बुरी तो मैं हुई न मेरी लाडो।"

"न माँ, ना। कभी मत ऐसा सोचना। जो दिल से किसी को प्यार करते हैं, यह हक़ है उनका। मैं अभी छोटी हूँ। कुछ समझती भी नहीं हूँ। मेरी कोई सहेली भी नहीं है। इस कारण मेरा मन महल में नहीं लगता। महल नहीं, ये कारागार

है।" पद्मा माँ की गोद में पड़ी बोलती गयी और सोचती गयी कि जो कुछ वह कह गयी, वह उसे कहना चाहिए था या नहीं।

मनका भी अनुभव करती थी कि इस तरह एकान्तवास भी एक तरह की सज़ा है। खुला जीवन कहाँ है? ...यहाँ मन की सुनने वाला कौन है। यदा-कदा मैं चित्रशाला में जा बैठती हूँ अपने बने या न बने अथवा अधूरे बने चित्रों से एकालाप करने लगती हूँ। उनसे मन बहल जाता है।

खाना लग चुका था, सेविका यह बताकर गयी थी। दोनों उठीं हाथ धोये। मनका ने एक टुकड़ा लिया उस पर सब चीज़ें रखकर उसे एक तरफ़ रख दिया। फिर उसे जल स्पर्श कराया जिसे मिनसना कहते हैं।

"यह क्या करती हो, माँ?"

"भोजन का सम्मान—अपने दिल के श्रद्धा भाव को व्यक्त करना। हालाँकि रसोई बनना शुरू होता है तो सबसे पहले गाय के लिए रोटी मनसी जाती है। गाय हमारी पूजनीय माँ है।"

"मैं भी करूँ माँ।"

"क्यों नहीं, प्यारी लाडो, अवश्य कर और देखना, अनुभव करना कि भोजन का सम्मान, उससे आज्ञा लेकर भोजन प्रारम्भ करना कितना सुपच, स्वादिष्ट और मन रखने वाला बनता है।"

भोजन बहुत स्वादिष्ट बना था। खीर भी थी। पद्मा चुपचाप भोजन का स्वाद लेते हुए अपनी मन चीती बात भी करना चाहती थी। पर वह कहे तो कैसे कहे। उसे कुछ सूझ नहीं रहा था।

अचानक माँ ही उससे पूछ बैठी, "एक दिन तूने मेला देखने की बात चलायी थी।"

"हाँ माँ ...परन्तु मेले में ऐसा क्या है, जिसे देखने जाया जाये।"

"क्यों नहीं, मेरी लाडो, है तो बहुत कुछ। परन्तु मन मारकर रहना भी ठीक नहीं है। एक बार तुझे मेला दिखलाये देती है। मैंने बहुत सोचा कि क्या करूँ? तुझे मेला कैसे दिखलाऊँ? उसके लिए मैंने प्रबन्ध कर दिया है। ...पहले मैंने सोचा कि अपने राज्य के मुख्य अमात्य धर्म सिंह से बात करूँ लेकिन...मुझे वह विश्वास योग्य नहीं लगता। मैंने रावल सा को कई बार संकेत दिये हैं कि उसकी आँखों में विश्वास की चमक नहीं है।"

"तो?"

"चल पहले हाथ धोलें। तेरा पेट भर तो गया। तू धीरे-धीरे रसोई जीमती है, लाडो, यह तेरी अच्छी आदत है।"

"चलें हाथ धोयें, माँ।"

हाथ धोकर दोनों झरोखे के पास आ बैठे। अब माँ मौन होकर नीचे मैदान की ओर देख रही थी। माँ ने मेले की बात करना बन्द कर दिया। वह पहले ही मेले में अपनी अभिरुचि प्रकट कर चुकी थीं। वह माँ का ध्यान कैसे ले जाये, वह यह सोचते-सोचते पूछ बैठी, "आपने कैसे जाना कि प्रधान अमात्य विश्वास योग्य नहीं है।"

"उसकी आँख में खोट है।"

"कैसा खोट...।"

"वह बात करते हुए अपने मन को छिपा जाता है—यानी उसके मन में कुछ और होता है और बात कुछ और करने लगता है। ...मैंने तो उसे कई बार अपने रावल सा से बात करते सुना है—जाना है कि वह कान भरने की कला में प्रवीण है। काइयाँ है। उसकी आँख में सूअर का बाल है।"

"आपने सूअर देखा है, माँ, वह कैसा होता है? क्या आँख में सूअर का बाल उग आता है सिर के बालों की तरह?" पद्‌मा पूछती जाती है।

मनका अपनी हँसी नहीं रोक पाती, हँसती ही जाती है।

"क्या मैंने कुछ ग़लत पूछ लिया, माँ। ना...ना माँ, यह विश्वासघात नहीं चलेगा।" पद्‌मा तपाक से कह जाती।

"तू तो बिना बताये, समझाये, सब कुछ जान गयी, लाडो। सच समझ गयी। मैंने तो कुछ छिपाना चाहा था।"

"वह कुछ था—सूअर का बाल।"

"मैंने न कभी सूअर देखा और न सूअर का बाल। मेरी माँ भी कभी-कभी कहती थीं कि अमुक जने पर कभी विश्वास मत करना। उसकी आँख में सूअर का बाल है। ...मैं भी सुनते-सुनते जान गयी कि...जैसे तूने पल भर में जान लिया। मुझ में तुझ जैसी जिज्ञासा नहीं फूटी थी।"

"क्या थे अपनी माँ से डरती थीं।"

"माँ से कैसा डर? क्या तू मुझसे डरती है?" मनका ने पूछा।

"क्यों डरूँ?"

"तो मैं क्यों डरती, पद्‌मा! ...सच यह है कि मेरे मन में तेरे जैसे प्रश्न ही नहीं उठते थे। ...क्या पूछूँ, क्या नहीं। ...यह कहूँ कि मन में कुछ ऐसा उठता ही नहीं था।" मनका अपने बचपन को टटोलने लगती। कुछ ख़ास याद नहीं आता। इससे पहले वह कोई और प्रश्न करने लगे, वह कहने लगी, "फिर मैंने

सेनापति भीम सिंह सा से बात की। वह कुछ देर तक सोचते-समझते रहे, फिर यकायक बोले, प्रबन्ध हो जायेगा, राणी सा। कब जाना है?"

"कब जाया जा सकता है?"

"आप भी चलेंगी क्या?"

"नहीं, सेनापति सा। जे पद्मा की इच्छा है। एक बार वह भी मेला देख ले।"

"क्यों नहीं...क्यों नहीं?"

"अपने रावल सा को आप जानते हैं। वे मेला लगवाने में रुचि रखते हैं, मेला देखने-दिखाने में बिलकुल नहीं। पूछते हैं, कुछ चीज़ चाहिए तो उनको यहीं बुला लें।" मनका धीरे से कह गयी।

"परन्तु वह ऐसे हैं नहीं। उन्होंने तो इस मेले में राज्य की तरफ़ से कुछ पुरस्कार भी घोषित किये हैं। ...दंगल देखने जाते हैं। न केवल जीतने वाले को पुरस्कृत करते हैं बल्कि हारने वालों का भी सम्मान करते हैं—राशि भी देते हैं और एक-एक गाय भी। तलवारबाज़ी की प्रतियोगिता भी देखने जाते हैं। बड़े ज़िन्दादिल हैं अपने रावल सा। उनकी रुचि कबड्डी में भी है, राणी-सा।" भीम सिंह ने खुलकर बताया।

"वह सब आप जानें, सेनापति सा।"

"आज ही मैं सारा प्रबन्ध करवा देता हूँ। दोपहर बाद मेला उठान पर आता है। साँझ होने से पहले सबको वापस ले आयेंगे।"

"आप भी...।"

"मैं भी जाऊँगा। वैसे भी मैं रोज़ मेले में जाता हूँ। सारी व्यवस्था देखता-दिखवाता हूँ। रावल सा ने यह सारी व्यवस्था मुझे सौंप रखी है। अपनी सेना की एक टोली तैनात कर रखी है। ...आज्ञा हो तो मैं अब जाऊँ और प्रबन्ध करवा दूँ।"

"आप मुझसे आज्ञा चाहते हैं। आप मुझसे बड़े हैं... पिताश्री जैसे।"

"वह आपका बड़प्पन है, राणी-सा।"

"एक बात और है, सेनापति सा। यह तो आपको ज्ञात ही है कि आपकी पद्मा पर रूप और सौन्दर्य ने अपने आपको निछावर कर दिया है।"

"निःसन्देह, राणी सा वह रूप और सौन्दर्य में असाधारण हैं। मैंने इतनी सुन्दर लड़की नहीं देखी है।"

"आप तो जानते हैं अपने रावल-राणा को! यदि यह पता चल जाये तो घमासान रार मच जाये। ...और जिसमें मुसलमान शासक-सुल्तान हमारी बहू-बेटियों को भ्रष्ट करने पर तुला है। सरेआम हमारी बहू-बेटियों को माँग रहा है। ...मुझे इसी बात का डर सताये है कि कहीं पद्मा का अद्वितीय सौन्दर्य हमारा शत्रु न

बन जाये। इसीलिए मैं उसे रोके-दुबकाये रखती हूँ।" मनका धीरे-धीरे सोचते हुए कहती गयी। "समझता हूँ, राणी सा। आपकी चिन्ता अपनी जगह पर एकदम ठीक है। लेकिन आप मुझ पर भरोसा कर सकती हैं।"

"आप पर भरोसा है, तभी आपको याद किया है।" मनका ने दृढ़ता से कहा।

भीम सिंह पल भर के लिए सोच में पड़ गया। मनका बाई का माथा ठनका। वह धीरे से बोली, "अपने रावल राजाओं ने आन-बान-शान को गिरवी रख दिया है। वे मुट्ठी भर मुसलमान आक्रमणकर्ताओं का मुकाबला नहीं कर पा रहे हैं। महाराजा पृथ्वीराज चौहान, जिसे हराकर भागने पर विवश कर सके, वह मुहम्मद गौरी फिर भारत पर चढ़ आया और पृथ्वीराज चौहान को हराकर, उसको पकड़कर, हाथ-पाँव में बेड़ियाँ डाल कर अपने साथ ले गया। तब भी हिन्दूराव राजाओं-राणा ने हाथ में कंगन पहन रखे थे। वे मिलकर उसे नहीं छुड़ा सके। ...यह सब सुन-सुनाकर मन में डर उपजता है।" मनका की जानकारी से भीम सिंह की आँखें खुली की खुली रह गयीं।

भीम सिंह ने कहा, "राणी-सा, आपका कहना उचित है पर डरना उचित नहीं। मैं अपने इस कार्यक्रम में थोड़ा-सा परिवर्तन कर दूँ तो...।"

"क्या परिवर्तन, सेनापति सा।"

"आज की जगह कल कैसा रहेगा?"

"क्या अन्तर आ जायेगा आज या कल में, सेनापति सा?"

"हम कल सुबह से तीसरे पहर तक केवल महिलाओं के लिए मेला घोषित करवा देंगे। पुरुष कोई मेले में नहीं आ सकेगा।"

"ऐसा पहली बार होगा।"

"हाँ, राणी-सा—पहली बार।"

"इससे पुरुषों में उत्सुकता बढ़ेगी। वे घात लगाने का प्रयत्न ज़रूर करेंगे।"

"कैसे, राणी-सा। हमारे सैनिक तैनात रहेंगे। गुप्तचर भी निगाह बनाये रखेंगे।"

"परन्तु दुकानदार तो होंगे ही। बिना उनके मेला कैसा!"

"हाँ, वे तो होंगे पर सिर्फ़ दुकानदार और खेल-तमाशा दिखाने वाले।"

"पुरुषों को क्यों रोका गया है, यह जिज्ञासा पुरुषों को उत्तेजित करेगी और उनमें से कुछ जिज्ञासु पुरुष साम-दाम-दण्ड-भेद का सहारा लेकर दुकानदार के सहायक बनकर अन्दर प्रवेश पा जायेंगे।" मनका ने अपनी चिन्ता प्रकट की।

"यों तो राणी-सा, एक नहीं, अनेक कारण खोजे जा सकते हैं। तभी तो यह कहावत प्रचलन में आयी है कि चोर की दाढ़ी में तिनका। ...आप अपने

दिमाग़ को चिन्ता मुक्त होकर हमारी व्यवस्था पर छोड़ दें और मुझ पर विश्वास रखें। ऐसा कुछ नहीं होगा। आगे आपकी इच्छा, राणी-सा। ...यों तो जन्म-मरण, हानि-लाभ, यश-अपयश मनुष्य के हाथ में कहाँ है, परमेश्वर के हाथ में है।" भीम सिंह ने भी अपनी बात दो टूक रख दी। फिर गहरी साँस भर कर कहा, "आपके आदेश की तामील करने का मैं पूरा-पूरा विश्वास दिला सकता हूँ। कृपया मुझे आदेश दीजिए।" भीम सिंह का भी माथा ठनका इतने सोच-विचार के पीछे ईश्वर की क्या इच्छा है। अब तो राणी-सा का आदेश ही अन्तिम है।

मनका इस गहरे सोच के भँवर में पड़कर अपने आप में उलझने लगी। उसकी निगाह पद्मा पर पड़ी। पद्मा देख तो सामने झरोखे से रही थी परन्तु उसके कान उनकी ओर लगे थे। पुरुष ने स्त्री को वस्तु बना डाला है। वह उसकी ख़रीद-फरोख़्त करने लगा है। उसे अपने आन-बान-शान का प्रतीक मान बैठा है। राणा-महाराणा, सामन्त, ठिकानेदारों को अपने यहाँ हरम बनाने की क्या ज़रूरत पड़ी। जबकि उसकी प्रजा एक पत्नी के साथ जीती है। ये अनैतिकता राव राजा-राणाओं आदि ने फैलायी है। फिर दूसरों से नैतिक बने रहने की आशा करते हैं। यह भूल जाते हैं कि जैसा राजा वैसी प्रजा।

उसमें मन्थन मरोड़ लेने लगा। अब उसे पद्मा का तीर-तलवार चलाने का अभ्यास आवश्यक लगा। स्त्री को अशक्त क्यों बनाया जा रहा है। उनको आत्मरक्षा तथा युद्ध कौशल का प्रशिक्षण देने से पुरुष समाज क्यों कतराता है, जबकि दूसरी ओर वह रणचण्डी, महाकाली, दुर्गा, लक्ष्मी आदि की पूजा-अर्चना करता है। ...यह क्या ढोंग है?

"राणी सा, आप कहाँ खो गयीं? आपका मन नहीं माने तो रहने दीजिए।"

"और आपका मन, सेनापति सा?"

"हमारा मन मानने या न मानने की बात नहीं है, बात आपके मन की है और वह पद्मा पर आकर टिकी हुई है।" भीम सिंह ने शान्त भाव से गम्भीर होकर कहा।

"आप तैयारी कीजिए। मैं भी साथ चलूँगी परन्तु ध्यान रहे कि पालकियाँ क़िले के बाहर नहीं जायेंगी। हम लोग आम औरतों की तरह मेला देख-दिखा कर शीघ्र लौट लेंगे।" मनका ने मन पक्का कर लिया।

"तो मैं चलता हूँ, राणी-सा।"

"आप रावल सा की चिन्ता नहीं करना, वह सब मैं सँभाल लूँगी।" मनका ने सहज भाव से कह डाला।

भीम सिंह सिर झुकाकर लौट पड़ा। मनका ने अपना मन पक्का कर लिया। आख़िर इस अन्ध परम्परा को तोड़ने कौन आगे आयेगा। जो होगा, वह अच्छा ही होगा। निराशा या डरने की बात क्यों सोचें, जबकि कार्य उत्तम है। पद्मा के मन से कायरता का मैल क्यों नहीं उतारा जाये। वह भी सब सुन-समझ रही है।

पद्मा को माँ का निर्णय सुनकर लगा कि माँ साहसी, वीर और निर्भीक हैं। वह झरोखे से उठकर सीधे माँ के पास आयी और उससे लिपट गयी। माँ कहती रहीं कि वह क्या कर रही है। वह कुछ नहीं बोली, सिर्फ़ माँ को प्यार करती रही। अन्त में वह इतना कहकर माँ से अलग हो गयी, "माँ, मेरी स्वाभिमानी, वीर-साहसी माँ, आज तेरा यह रूप देखकर दंग रह गयी। ...क्या बात है तुझ में। सारा उत्तरदायित्व अपने ऊपर लेकर सेनापति सा को उत्तरदायित्व की चिन्ता से भी मुक्त कर दिया। अन्यथा रावल को वह सेनापति के बारे में मिर्च-मसाला लगाकर ग़लत सूचना देता। देने से वह अब भी बाज नहीं आयेगा परन्तु माँ पहले ही रावल सा को बुलवा कर यह सूचना दे देगी। वह कुछ नहीं कहेंगे, मुस्कराकर रह जायेंगे। बहुत हुआ तो इतना कहकर चले जायेंगे कि क्या उनकी अनुपस्थिति में सत्ता सँभाल कर उनका सत्ता पर से पत्ता ही साफ़ करना चाहती हो। इससे पहले माँ कुछ कहे, वे चल पड़ेंगे। ऐसा कई बार हुआ भी है परन्तु आज का यह निर्णय उन सबसे अलग है। यह सोचकर वह बाहर चली गयी बिना यह सोचे कि उसे क्या करना है या कहाँ जाना है?"

8

आज हवा मारक थी। शीत भी तेज़ था। सूर्य नारायण किसी गुफ़ा में जा बैठे थे। फिर भी मेले चलने का उत्साह इस सबकी परवाह नहीं कर रहा था। सब इकट्ठे हो गये। क़िले के बाहर आकर पालकियाँ एक तरफ़ रखी गयीं। पुरोहित की पत्नी उन सबकी अगुवा बनी, क्योंकि वह दो बार मेले में आ चुकी थी।

सादे वेश में सैनिक और गुप्तचर थे। आज मेले की व्यवस्था में सैनिक और गुप्तचर चौकस थे। दुकानदारों में दबी-दबी चर्चा थी। परन्तु किसी को यह ज्ञात नहीं हो सका कि ऐसी भारी-भरकम व्यवस्था किसलिए की गयी है।

औरतों और लड़कियों की ख़ूब भीड़ थी। दुकानदार जानते हैं कि औरतों-लड़कियों से ख़रीददारी अधिक होती है, क्योंकि यह उनका रोज़ का अनुभव था। उसमें आज तो तीसरे पहर तक केवल औरतों का ही मेले पर अधिकार है अतः आज बिक्री रोज़ की अपेक्षा अधिक होगी।

राजघराने की सभी औरतें घूँघट में थीं। पद्मा नहीं चाहती थी कि वह उनके साथ घूँघट में चले। घूँघट उसको भारी लग रहा था लेकिन माँ की बात मानना भी उसके लिए अति आवश्यक था। घूँघट में से कैसे झाँके। दो उँगलियों से घूँघट हटाने का उसे रत्ती भर भी अभ्यास नहीं था। उसे चलने में भी परेशानी हो रही थी। चाची जब मौक़ा पातीं घूँघट हटाकर मेले का आनन्द लाभ उठा लेती थीं। उसने कुहनी मार कर दो-तीन दफ़े पद्मा को अपने घूँघट हटे मुख का आभास कराया भी था परन्तु उसने उनका अनुकरण नहीं किया, क्योंकि माँ ने उसे ऐसा नहीं करने के लिए पाबन्द कर दिया था। फिर भी उसे आनन्द आ रहा था। वह सँभल कर चलते हुए घूँघट का किनारा हटाकर दूर-दूर तक दृष्टि डाल लेती थी। उसे यह देखकर आश्चर्य हुआ कि एक व्यक्ति ने अपनी जीभ के आर-पार चाकू निकाल रखा था। दूसरे व्यक्ति ने पेट को चीरती हुई तलवार निकाल रखी थी। पर दोनों की देह से ख़ून की एक बूँद भी नहीं टपक रही थी।

रीछ-बन्दर-बन्दरिया का तमाशा चर्चा में था। बन्दर-बन्दरिया के बालों से जूँ निकाल कर उँगलियों से मसल रहा था। रीछ तमाशा दिखाने वाले के डमरु का संकेत पाकर नाच रहा था। कभी-कभी उसके पास खड़ा युवक डफली बजा कर दर्शकों को गाकर रिझा रहा था—ढपली तेरे तीन गुन—न अपना स्वर, न अपनी टेक और न अपना मन। फिर भी तू करती है कमाल, नचाती है रीछ को एक पाँव से/देती है सबको एक-सीख/काश मैं जंगल का राजा या रानी होता तो अपने पेट के लिए तुझे नहीं नाचना पड़ता/न तमाशा दिखाने वाला जन-जन का मनोरंजन कर अपना और अपने परिवार का पेट पालता/दूसरे के इशारे पर नाचना अपने आपका तमाशा बनाना है/हम जंगल के पशु; जंगल हमारा हमवतन/ क्यों छुड़ा लाये हो/धोखे से करतब दिखलाने का अभ्यास क्यों? ऐ मेहरबानो, कद्रदानो, तुम में से है कोई ऐसा/जो सुनकर मेरी फ़रियाद दिला सके/इस जगहँसाई दासता से मुझे छुटकारा/और दिला सके अपने इनसान होने की पहचान। इस बार डमरु, डफ और ताशा तीनों बज उठे एक साथ। बन्दरिया रुठ कर जा रही थी और बन्दर मिन्नतें कर रोकना चाह कर उसके पीछे-पीछे आ रहा था/तमाशा दिखाने वाला ऊँची आवाज़ में गा रहा था—मान जा मेरी बात/न जा यों रूठकर/प्यार-मुहब्बत छोड़कर, मेरे प्राणों की तान/ऐ भाइयो, तमाशबीनो मदद करो/बींदणी को रोको मेरी/चन्द पैसों का है सवाल/कपड़े पर डाल दोगे चन्द सिक्के/फिर जान जायेगी मेरी यह जान/और सिक्के उठा-उठा कर देगी आप सबको निहाल।

क्या बात थी। बिछे कपड़े पर सिक्के पड़ने लगे। बन्दरिया ने सिक्के देख मूड़ हिला-हिला सबका स्वागत किया। फिर नाच उठी एक दो सिक्के उठा/तमाशबीन ने एक सिक्का उछाला/बन्दरिया ने उछल कर अपने हाथ से पकड़ा/और ख़ुश होकर नाच उठी बन्दर के साथ। कहानी ख़त्म, पैसा हजम, मेरे मेहरबानो, कद्रदानो।

अब सब ताली बजा रहे थे। पद्मा भी ताली बजा रही थी ख़ुश होकर।

इससे आगे था जादूगर ढीला-ढाला काला अँगरखा पहने, सिर पर रंग-बिरंगी टोपी लगाये, एक हाथ में काला डण्डा लिए वह पुकार रहा था जो कमाल न कभी देखा और न आगे देख पाओगे/जो जादू के ज़ोर से यहाँ उड़कर आया/बहुत अनुनय-विनय कर जा भुक्खड़ मन को मनाया/समझाया/वहाँ जाकर तू मालोमाल हो जायेगा/वहाँ जनता राव-राजा की तरह सम्मान करती है/चाँदी बरसाती है।

भीड़ जुड़ने लगी। आँखें चमकने लगीं। एक बोली, "नयी-नयी बींदणी, तू ज़रा दूर ही रहना। जे जादूगर न जाने किस पर मन हार बैठे और तोता-तोती बनाकर चलता बने।"

"म्हारी चोखी ननद सा, थे अपना ख़याल रखना। जादूगर को विवाहिता नहीं कुमारी, गोरी-चिट्टी, बड़ी-बड़ी कजरारी आँखों वाली, पतली कमरिया जाकी बलखाती हो और तितली-सी उड़ी-उड़ी डोलती हो, वो चाहिए। उसे वह मैना बनाकर बतिया सकेगा कि मनचली तुझे पाकर इस मनचले को बेशुमार दौलत मिली।"

भाभी-सा की आवाज़ सुनकर हँसी नहीं रोक सकी पद्मा।

"देख ले, ये बाँकी, छरहरी, रसीली और अजनबी भी म्हारी बात का रस ले लेकर समर्थन कर रही है...हैं न।..."

पद्मा ने घूँघट उठाकर समर्थन भी दे डाला। तभी चाची अपनी हँसी नहीं रोक पायीं। उसने कुहनी से संकेत कर कह डाला, "म्हारी चम्पा-चमेली, तुम्हारा भी जवाब नहीं। का भटकती-रसीली अँखियन से एक तीर से दो निशाने साधे—उधर बाज़ीगर चित्त, इधर थारी भाभी चित्त।"

पद्मा कुछ नहीं बोली। चाची कुछ ज़्यादा ही मनचली हो रही थीं। सुना था, उसे विवाह कर नहीं, चाचा उड़ाकर लाये थे। क्या उसके चाचा भी बाज़ीगर हैं। ये बात वह चाचा से ही पूछेगी।

बाज़ीगर ने पद्मा के सामने आकर कहा, "जे नींबू थामो, म्हारी बहना सा। डरो नहीं। हाथ आगे लाओ। मुट्ठी में जा नींबू को बन्द करो। कसकर, ढीला-ढाला नहीं। जे उड़न-छू न हो जाये। जाका ख़याल रखना।"

"बच गयी म्हारी रंग-रंगीली ननद। उस मरे जादूगर की पहचान खोटी निकली। सौनचिरैया म्हारे ढिंग खड़ी थी लचकती जवानी लिए। पर बाने नींबू पकड़ा दिया बा बींदणी को।" "...अपना-अपना भाग्य है। पर छोड़ेगा नाहीं म्हारी ननद सा को भी। मरद की जात है एक से काम नहीं चलता। चल जाये तो मरद कैसा।"

"थे सच कह रही हो, दुल्हनिया। अनुभवी लगती हो। थारे पर जे गलचुमनी (कान का एक गहना जो गालों को बराबर छूता रहता है।) बहुत जँच रहा है।" चाची चम्पा कुँवर का धीमा बारीक स्वर था।

ननद की भाभी खिलखिला पड़ी।

"थे कौन?... मान न मान मैं थारा मेहमान।" ननद ने फ़ब्ती कसने में कसर नहीं छोड़ी।

जादूगर तेज़ आवाज़ में कह रहा था, "म्हारी बहना सा ने अपनी मुट्ठी में कसकर नींबू पकड़ा हुआ है। ज़रा सिर हिलाकर म्हारी बात का समर्थन कर दो।"

पद्मा ने सिर हिला दिया।

जादूगर ने अपने हाथ में लिये काले डण्डे को उसकी मुट्ठी के ऊपर घुमा कर कहा, "काली कलिया वाली तेरा वचन न जाये खाली। थे लाज रखियो जे थारे नाम का करिश्मा है, म्हारी आन-बान-शान दाँव पर लगी है—लाज रखियो।"

पद्मा ने मुट्ठी में कसकर नींबू पकड़ रखा था। वह जादू का असर जानने के लालायित थी। जादूगर कह रहा था, "म्हारी बहना, जा भाई की लाज रखना। ...काली के कलियात्ते वाली थारा वचन न जाये खाली। ...पास वाली बहना को वह नींबू दे दो।"

पद्मा ने मुट्ठी खोली। चौंक पड़ी—नींबू नहीं था मुट्ठी में।

"क्या हुआ बहना सा?"

पद्मा ने खाली मुट्ठी दिखा दी।

"कहीं पास में तो नहीं गिर गया। म्हारी बहना सा ज़रा देख लो।"

पद्मा ने चारों ओर देख-दिखाकर हाथ के संकेत से बता दिया कि इधर-उधर कहीं भी नहीं है।

जादूगर मन्त्र पढ़ता हुआ ननद सा के पास आ खड़ा हुआ और कहा, "अपनी हथेली आगे करो।"

भाभी मुस्कराकर बोली, "हथेली आगे कर दो, ननद सा। जे जोरा-जोरी का खेल नांय दिल से दिल का फ़साना है। जहाँ चाह, वहाँ राह।"

ननद को चिढ़ लग रही थी।

भाभी ने कहा, "ननद सा, अब नाक फूलाने से कछु नांय होए। जे दिल का सौदा है। लगाने से पटता है। जब तक आग दोनों तरफ़ न लगी हो, तब लाख कर लो पर कुछ नहीं होता ...जादूगर भी कसी क़द-काठी, खिलते रंग, चोखे नाक-नक़्श वाला एकदम मलूक है।"

"ननद ने खाली हथेली आगे कर दी।"

"देखो बहना, जा की हथेली एकदम खाली है।"

"मात्र माँग भरने की देर है।"

इस पर आसपास की लुगाइयाँ, छरी-छोरी सब हँस पड़ीं।

"अब हथेली बन्द करो। ...आप सब देख रही हैं, बहनो, खाली हथेली बन्द की है। अब बन्द हथेली सबको दिखती रहनी चाहिए।"

"क्यों नहीं, अभी फेरे पड़ने बाकी हैं।" औरतें फिर हँस पड़ीं दबी-दबी।

"जादूगर उसके पास आया और उसकी मुट्ठी पर कुछ मन्त्र पढ़ते हुए चार-पाँच बार डण्डा घुमाया।

"अब आयी ऊँटनी पहाड़ के नीचे।"

ननद से रहा नहीं गया। उसने चिढ़कर कह दिया, "जैसे थे ऊपर रहती हो।"

"चुप करो दारी की...थोड़ी तो शरम राखो।"

"जे कौन बोली...आगरेवाली। जहाँ सब जनानी है फिर शरम किससे?"

"साँड से।"

"वह बहरा है आगरेवाली। फिर इतनी सारी बय्यर के बीच एक मरद से क्या शरम। वह भी जनानी हो जाता है।"

चम्पा कुँवर आनन्द ले रही थी—मानों कई दिनों बाद धूप निकली हो कड़कती ठण्ड में।

"अब मुठ्ठी खोलो।"

उसने मुट्ठी खोली कि चमक पड़ी, उसकी मुट्ठी में नींबू था। पद्मा आँखें फाड़े देख रही थी।

"नाप-तोल हो रही है।"

"चुप करो।"

"जा बखत मन को ज़रा खुली हवा खा लेने दो म्हारी सासू सा।"

"का मैं तुझे सासू माँ दीख रही हूँ।"

"ना जी ना। क्षमा करें। बाने आवाज़ पर आवाज़ दे मारी, पीछे मुड़कर देख लेती तो ये ग़लती कबहु नाहीं होती।"

इन्हीं बातों से बाहर निकल कर सामने पड़ा सपेरा। उसने कई साँपों को बाँस के बने मंच पर छोड़ रखा था। वे अपने-अपने फन फटकार रहे थे। एक-दूसरे मंच पर नेवला बैठा हुआ था। वह भी जब तब उछलकूद कर रहा था।

सपेरा कह रहा था, "मैं अपनी बहनों, माताओं और छोरियों का हृदय-से स्वागत अभिनन्दन करता हूँ और माननीय रावल सा का महिलाओं के लिए अलग से की गयी इस व्यवस्था का आभार मानता हूँ वरना आज तक मेरी बहनों-माताओ को साँप और नेवले की लड़ाई देखने का कभी अवसर ही नहीं मिला। यदि किसी को आप में ऐसा संयोग मिला हो तो हाथ उठाने की कृपा करें।"

वहाँ भीड़ बहुत हो गयी। उसने अपने चारों एक वृहताकार गोला बना रखा था। उसे खड़िया और गेरु से सजा रखा था। वह आगे कह रहा था। माता बहनों, मैं सबसे प्रार्थना कहता हूँ कि वे इस गोले के चारों ओर अच्छी तरह देख लें।

अब भीड़ ने अपनी-अपनी जगह बना ली। सपेरा बीन बजाता घेरे के अन्दर चक्कर काट रहा था। समझा रहा था कि आप लोग डरें-घबरायें नहीं, न खिंची रेखा से आगे आयें।

अब सपेरा घेरे के मध्य में बैठ गया। उसके सामने बन्द टोकरी थी। वह बीन बराबर बजाये जा रहा था। वह बीन बजाना रोक कर बोला, "यह वही नाग है—काला नाग—जिसका डसा पानी नहीं माँगता—तत्काल मर जाता है। वह इस टोकरी से निकलेगा। लम्बा नाग है। उसने पुनः बीन बजाना शुरू किया। धीरे-धीरे टोकरी के ढक्कन को खोलना जारी रखा। काला नाग एकदम फुफकारता हुआ टोकरी से बाहर आया। एकदम काला, फन फैलाये नाग। भगवान शिव के गले की शोभा यही नाग बढ़ाता है। माओ, बहनो एक बार आप सब तालियों की गड़गड़ाहट से नाग देवता का सम्मान करें और भोले नाथ की ऊँचे स्वर में जय-जयकार करें। इस पापी पेट के लिए, ऐसे जोखिम भरे कार्य करने पड़ते हैं।"

सपेरा बैठ चुका था और टोकरी में उस नाग को पकड़कर अन्दर बन्द कर चुका था। उसका आठ-दस साल का बालक पास में खड़ा था। सपेरा पूछ रहा था, "तू नाग को सँभालेगा या नेवले को।"

"मायें-बहनें, जिसको कहेंगी उसको!

तो माओं-बहनों के पास जाकर पूछ आ कि उनका फ़ैसला क्या है।"

अब वह सबके हाथ जोड़ता उनसे आशीर्वाद प्राप्त कर रहा था।

कितना सुन्दर, सलोना एकदम राजकुमार-सा। एक माँ कहती, "जाको रहने दो, सपेरे जो करना दिखाना है, वो थे करो या दिखलाओ।"

"माँ थारा कहना सिर माथे जे म्हारी परम्परा से चलो आ रहा पेशा है। म्हारे सामने ही सीख सके है जे। आख़िर म्हारे बाद इसको ही यह धन्धा सँभालना है। ...थे घबराओ नहीं, जे इनके साथ खेल चुका है। सर्प समाज जाको मित्र है। जाको कछु नांय होयेगो। आप तो अपना आदेश सुनाओ।"

"म्हारा आदेश जे है कि सिक्का उछालो पट पड़े तो जे, चित पड़े तो थे।"

"क्यों, बहनों माताओं, जे निर्णय चोखा है या जाको बदलने की ज़रूरत है।"

सब तरफ़ से आवाज़ आयी कि एकदम ठीक है। ऐसा ही हो। फिर उसने मोटा सिक्का फेंक कर कहा, "जाको उछाल और अपने पास रख।"

सिक्का पट पड़ा। सबकी साँसें रुक गयीं। मन-ही-मन सबने कहा, जे का हुआ! ...पर अब तो जो होना था सो हो गया।

पद्मा का दिल काँप गया। इतना ज़हरीला साँप और पिद्दी भर कर भोला-भाला छोरा। साँप कैसे फन लपलपा रहा है। वह मन-ही-मन हाथ जोड़कर देवी माँ से प्रार्थना कर रही थी, "बाकी रक्षा करना माँ। ...जे जानलेवा खेल-तमाशा क्यों? जाहे बन्द करवा दिया जाये।"

"जिहाँ आ, आ म्हारे छोटे सपेरे और सँभाल जा काले नाग को।"

छोटा सपेरा टोकरी के सामने आ बैठा और मन्त्र पढ़ने लगा।

बड़ा सपेरा बीन को टोकरी के पास छोड़कर नेवले से कहने लगा, "प्यारे-प्यारे नेवला राजकुमार, आज दिखा दो अपना करिश्मा और बटोर लो माओं-बहनों से मन चाहा इनाम।"

छोटा सपेरा बीन बजा रहा था। सबसे कह रहा था, बड़े-बड़े दंगल देखे होयेंगे। पर ऐसा दंगल नांय देखो होयेगो। देखिए आज कौन जीतता है, कौन हारता? ...म्हारे चारों ओर खड़ी माताओं-बहनों, हो जाये एक बार तालियों की गड़गड़ाहट। ऐसे नांय...वैसे जैसे बदलवा गरजे है और बीजुरी चमके है।

सबने जोश-जोश में ताली बजायी। पद्मा सबकी तालियाँ बन्द हो गयीं तो भी बजाती रही। चम्पा कुँवर ने हाथ थाम कर कहा, "बस।" पद्मा शान्त हो गयी। उसे अपनी भूल मानकर मन-ही-मन देवी माँ को मनाती रही कि आगे से ऐसी भूल न हो। वह ताली ही नहीं बजाती तो क्या हो जाता। कम-से-कम उससे ऐसी ग़लती तो न होती।

सपेरे के बेटे ने बीन उठायी। मुँह से लगा फूँक मारी। मारता ही गया। बीन से वह शिवजी की वन्दना कर रहा था। तदुपरान्त उसने टोकरी का ढक्कन उठा दिया। अब बीन के स्वर पर साँप झूम रहा था। वह बीन को साँप के चारों ओर बजाते हुए घुमाता तो साँप भी अपने फन उधर फैलाकर नाचता हुआ नज़र

आता। ज़रा उसने बीन को रोका तो उसने तुरन्त बीन पर फन मारा। वह पुनः बीन पर एक नयी धुन निकाल कर साँप की ओर घुमाता रहा।

इसी समय बड़े सपेरे ने नेवले को नीचे मैदान में उतार कर उसे साँप को नाचता हुआ दिखाया। बीन घुमाते-घुमाते साँप को नेवला दिखा दिया और नेवला भी साँप को देख उसकी तरफ़ लपका। सब हैरान हो उठे। कहीं नेवला साँप से भिड़ने के लिए तेज़ी से आगे न आ जाये। इस आशंका से सबको सावधान कर दिया। पद्मा नहीं डरी। वह शान्त खड़ी रही।

बड़ा सपेरा कह रहा था, "आप लोग चिन्ता न करें। अब इन दोनों में से कोई नहीं भागेगा। इनकी ये लड़ाई जन्म-जन्म से चली आ रही है। जे एक-दूसरे को देखते ही आक्रामक हो जाते हैं।"

साँप फन मारता नेवला उसे पकड़ लेना चाहता। दोनों में घमासान मच गया। पता नहीं कौन जीतेगा? काले नाग ने उसे डस लिया तो वह मारा जायेगा।

पद्मा निडर होकर दोनों के दाँव-पेंचों की कमज़ोरियों को पकड़ रही थी। नेवला साँप के मुँह पर आक्रमण कर दे तो साँप खड़े होकर फन मारना भूल जायेगा। पर नहीं, नेवला उसके फन पर ही आक्रमण करता रहा।

"अरे...अरे नेवले ने साँप के मुँह को दबोच लिया।" जाने किसने कहा कि सबका पूरा ध्यान उस पर जा टिका। सब साँस रोके उस युद्ध को देखते रह गये। बड़ी मुश्किल से साँप अपने आपका बचा पाया।

उनमें भिड़न्त जारी रही। अब साँप कमज़ोर पड़ता नज़र आने लगा। पद्मा फटी-फटी आँखों से उस युद्ध को देखती रही मानो वह युद्ध नहीं दंगल हो रहा हो। कौन जीतेगा? क्यों साँप नेवले को डस नहीं पा रहा है? यदि वह उसे डस ले तो उसका काम तत्काल हो जाये। क्या कारण है कि वह ऐसा नहीं कर पा रहा है! वह किससे पूछे। बोलना तो उसे मना है।

इसी समय नेवले ने उछल कर साँप के फन पर ऐसा आक्रमण किया कि साँप तड़प उठा। उसका सारा शरीर हिल गया। साँप का मुँह फन सहित नेवले के मुँह में था।

अब आगे पद्मा सोच रही थी। सपेरा कह रहा था, "माओ, बहनो, तमाशा ख़त्म, नेवला जीत गया। अब सामने बिछी चादर पर श्रद्धा से जो दे सको, दे दो—इस नन्हें बच्चे की ओर देखकर। ...साँप का मूल्य आँकते हुए। ...चादर पर सबने श्रद्धा से रुपये-पैसे डाले। ख़ूब डाले। डालते रहे। पद्मा ने माँ की ओर देखा। माँ ने उसके पास आकर चुपचाप उसकी हथेली में टके रख दिये। उसने ख़ुशी-ख़ुशी टके डाल दिये।"

अचानक पद्मा की नज़र तीर-कमान बने चित्र की ओर गयी। माँ लौटना चाहती थी। पद्मा ने झुककर माँ के कान में कहा कि वह तीर कमान वाली जगह तक चलें। माँ ने तनिक भी आनाकानी नहीं की। वहाँ भीड़ नहीं थी। उधर तक आकर दर्शक लौट रहे थे। चम्पा कुँवर ने पढ़कर बताया—'निशाना लगाओ-इनाम पाओ।' उनको देखकर और महिलाएँ भी वहाँ जुड़ने लगीं। तब उनके एक कार्यकर्ता ने बताया, "यहाँ निशाना लगाने की शर्त है। जो उड़ते तीर को निशाना लगाकर गिरा सकेगा, वह इनाम पायेगा।"

अब उन महिलाओं में कानाफूसी होने लगी। तभी एक महिला ने कहा, "इन्दुमती उठा कमान, साध तीर और दिखा दे अपनी तीरन्दाज़ी का कमाल।"

उनमें से एक वृद्ध व्यक्ति ने आकर कहा, "आज तक महिलाओं ने इस प्रतियोगिता में भाग नहीं लिया है। हमें बहुत ख़ुशी है कि आप में से कुछ महिलाएँ सामने आयीं। चूँकि आप महिलाएँ हैं, इस कारण हम इस प्रतियोगिता में महिलाओं के नियम में थोड़ी शिथिलता बरत रहे हैं। आप उड़ते या छोड़े तीर का निशाना न लगाकर मटके पर रखे अमरुद पर निशाना लगायें।"

"नहीं। यहाँ प्रश्न स्त्री-पुरुष का नहीं है, प्रतियोगिता में शर्तें दोनों के लिए समान रहेंगी।" इन्दुमती ने शान्त भाव से कहा। कई अन्य महिलाओं ने उसका समर्थन किया।

फिर उस वृद्ध व्यक्ति ने ख़ुशी ज़ाहिर करते हुए उनकी बात मान ली। वह कहने लगा, "पहले आपको एक नमूना दिखला देते हैं।" उसने हरि और कन्हैया को बुलाकर कहा, "नमूना पेश करो।"

हरि और कन्हैया को कमान पर तीर चढ़ाने को कहा। झण्डी में लगा यह हरा कपड़ा हाथ में ऊपर उठा रखा है। जैसे ही हरी झण्डी नीचे झुकायी जायेगी वैसे ही दोनों ओर से तीर छोड़ा जायेगा। पहले छोड़े गये तीर का निशाना दूसरा तीर लगायेगा। तभी हरी झण्डी झुकी। और दोनों तीर छूटे। दूसरा तीर पहले तीर का निशाना नहीं लगा सका। वह असफल हो गया। एक व्यक्ति को एक बार इस मुकाबले में भाग लेने का अवसर मिलेगा।"

अब सब में फिर खुसर-फुसर शुरू हुई। तीन युवतियों ने हाथ उठाया। उन्हें आगे बुलाया। उसने बताया कि हरी तीर छोड़ेगा। उसका निशाना आप लगायेंगी। सब कुछ समझ लिया। कुछ पूछना तो नहीं है।

सब मौन। इन्दुमती को आगे देखकर भीड़ और बढ़ने लगी। इन्दुमती ने घूँघट हटा रखा था। उसके चर्चे वहाँ के नारी समाज में ही नहीं पुरुष समाज में भी बहुत थे। जैस—उसने डाकुओं का सामना कर उन्हें मार भगाया था। गाँव

में शेर घुस आया तो उसने उसे तीर मार-मार कर ऐसा ज़ख़्मी किया कि वह लौटते हुए लड़खड़ाने लगा। उसने कहा, "मेरे से पहले उन बहनों को अवसर दें, जिन्होंने हाथ उठाये थे और जो इस मुकाबले में भागीदार बनना चाहती हैं, तब तक मैं अपना धनुष-बाण मँगवा लेती हूँ। वे मेले से बाहर हमारे परिवार के पास गाड़ी में रखे हैं।"

पद्मा इस तमाशे में दत्तचित्त होती जा रही थी। उसमें उत्साह उछाल मार रहा था। काश, वह भी अपने धनुष-बाण साथ लाती। उसने तो अपने बाणों के फल पर ज़हरीला लेप भी लग रखा था। लगते ही जो तीर लगने वाले को मौत की नींद सुला दे। उसके मन में था कि पुरुष ही शेर-शेरनी का शिकार कर बहादुरी का सेहरा अपने नाम कराते हैं, स्त्री नहीं। हालाँकि वह निरीह पशु-पक्षी के शिकार और उनको पिंजरे में बन्द करने के पक्ष में नहीं थी तथापि वह जिस प्रथा को हटवा नहीं सकती, उसके चलते वह पुरुष के एकाधिकार को पसन्द नहीं करती थी।

"हाँ तो देवियो, अब प्रतियोगिता शुरू होती है। सबसे पहले बहन हीरा देवी प्रयत्न करेंगी।"

हीरा देवी अति सुन्दर युवती थी। उसके मुखमण्डल पर सात्विक आभा थी। उसकी आँखों में ग़ज़ब की ज्योति थी। उसने धनुष की प्रत्यंचा पर बाण चढ़ाया। उसकी लम्बी पतली बाँहों में दम लग रहा था। लगता था कि वह इस हुनर में प्रवीण है।

उस वृद्ध ने हरी झण्डी हाथ में ऊपर कर तान रखी थी। अब तक वहाँ भीड़ पर्याप्त बढ़ चुकी थी। एक, दो और तीन कहते ही उस वृद्ध ने हरी झण्डी तेज़ी से झुका दी। तीर छूटे बाल-बाल निशाना चूक गया। उसने धनुष-बाण यथास्थान रख दिया। वह थोड़ी-सी निराश अवश्य हुई परन्तु जैसे ही पद्मा ने ताली बजाना शुरू किया वैसे ही महिलाओं में भी चेतना जागी और सभी ने ज़ोरदार तालियों की गड़गड़ाहट से समाँ बाँध दिया। वातावरण में उत्साह उमड़ पड़ा।

इस प्रकार दूसरी-तीसरी से लेकर तेरहवीं प्रतियोगी सामने थी।

ढोल-नगाड़े प्रतियोगी के आगे आते ही बज उठते थे। ढोलकिया युवा था। उसमें ग़ज़ब की स्फूर्ति थी। वह उछल-उछल कर नाना प्रकार के करतब दिखाता हुआ ऐसे ढोल बजा रहा था कि महिलाओं के भी पाँव थिरक उठे। उसकी जुगलबन्दी भी बेजोड़ थी। नगाड़े बजाने वाला सिर को हिला-हिलाकर नगाड़े पर जब बाँहें ऊँची कर चोट करता था तब ढोलकिया भी उसके साथ ग़ज़ब की तान छेड़ता था। कभी एकदम बहुत तेज़ आवाज़ होने लगती, कभी धीमी और कभी दोनों

बदाबदी पर उतर कर समाँ बाँध देते थे। सबके चेहरे पर चपला-सी दौड़ जाती थी और हाथ-पाँव थिरक उठते थे।

इस उत्तेजित वातावरण ने पद्मा की नस-नस फड़का दी। उसे अनुभव होने लगा था कि उसकी देह नस-तरंग (शहनाई के प्रकार का एक वाद्य) हो उठी है। अब वह अपने वश में नहीं रह पा रही थी। तभी चम्पा कुँवर ने उसकी कमर में चिंउटी भर दी। औरतें हँस पड़ीं। पद्मा ने चम्पा कुँवर की ओर घूरकर देखा। चम्पा कुँवर बोली, "सब तेरी इस हरक़त को देख कर न केवल मुस्करा रही हैं, बल्कि आपस में फुसफुसा भी रही हैं।" कह रही हैं, "जे बींदणी कैसी मस्त हो उठी है।" दूसरी कहने लगती, "भाभी सा ऐसा कौन है जो न नाचना चाहेगा..."

"तू चुपचाप देखती रह, उसकी मस्ती में टाँग न अड़ा।"

तभी किसी ने मधुर आवाज़ में कहा, "बींदणी थे किसी की मत सुनो। जो सुना रही हैं, वे वास्तव में बुढ़ापा ओढ़े हैं। युवावस्था का अपना ही वसन्त होता है अपनी ही मंजरी सुगन्ध होती है।"

"थे ठीक कह रही हो। हम में ऐसी कोई ढोलकिया और नगाड़े वाली होती तो वसन्त भी थिरक उठता इन्द्रधनुषी रंग लिए।"

एक अधेड़ औरत कहती, "जा मरदानी खोटी नियत ने सारे राग-रंग, उमंग-उत्साह, मन की चंचल फुहार में आग लगा कर रख दी है।"

"बाने औरतजात की उमंग-तरंग पर पानी फेर दियो है...इतनी डर कर एक कमरे में बन्द रहने लगी है। बाहर जाये तो गज भर का घूँघट डालकर, म्हारा हँसना-बतियाना भी पराये मर्द से म्हारे मरद की आँखों में खटकता है। जोबन का जा खटका-खटकी के लिए है। वास्तव में वाही से भरता है प्यार में हुलास और अँखियन में जगमगाती है पवित्तर ज्योति। बाँधने से तो पानी भी बास दे उठता है। जा में हम तो महकती-खिलती, ठसक उठाती, साक्षात् मधुवन हैं। हमें सात ताले में बन्द कर क्या मिला है जा मरद समाज को? न स्वयं जी पा रहा है और न हमें जीने दे रहा है। फिर रस-फुहार का आनन्द उसे कहाँ से मिलेगा? का ज़ोर-ज़बरदस्ती से या लड़ाई युद्ध से।"

"थे साँची कह रही हो, मामी सा।"

"कोरे जे कहने से काम नहीं चलेगो। कछु करके दिखाना होगो। कब तक मरदों की दूषित कामुकता के हम शिकार बने रहेंगे।" वयोवृद्ध होती दादी सा ने तेज़ आवाज़ में कहा।

"सुनो-सुनो, आप में से कोई और आना चाहे तो वह आ सकता है।" इसके बाद ढोल-नगाड़े बज उठे। इन्दुमती आगे आयी। उसने सबको हाथ जोड़कर

शीश झुकाया। कहीं न कहीं से उसके मन में यह चोर घुस गया था कि उससे पूर्व बारह-तेरह तीरन्दाज़ के निशाने भी चार पाँच सूत की दूरी से चूके हैं। उसने कहा, “कृपया अब तब तक के लिए ढोल-नगाड़े बन्द कर दीजिए, जब तक हम तीर न छोड़ दें।”

ढोल-नगाड़े बन्द हो गये। अब सबकी निगाहें इन्दुमती पर जा टिकी थीं। उसने धनुष और बाण को उठाने से पहले उनको नमन किया, फिर चारों ओर देखा। अब उसने धनुष की प्रत्यंचा पर बाण चढ़ाकर उस तरफ़ देखा, जिधर से तीर छूटना था।

वह वृद्ध हरी झण्डी हाथ में लिए कह रहा था, “सब शान्त रहें। ...बेटी, सावधान, अब मैं कुछ पलों के अन्तराल में हरी झण्डी एक-दो-तीन कहकर गिराने वाला हूँ। तदुपरान्त उसने तीन तक गिनती गिनी और झण्डी फुर्ती से झुका दी। उसे भी निराशा हाथ लगी। वह वृद्ध कह रहा था, “ये पुरस्कार राज्य की ओर से दिया जायेगा इसलिए मैं माननीय रावल सा से निवेदन करूँगा कि महिलाओं ने तीरन्दाज़ी प्रतियोगिता में बढ़-चढ़ कर शानदार प्रदर्शन किया है, वे सब पुरस्कार की हक़दार हैं।”

“तू क्या सोच रही है, पद्मा। तू भी तो अचूक निशाने लगा लेती है।”

पद्मा के मन की बात चाची ने कह डाली।

पीछे खड़ी और अगल-बगल खड़ी औरतों ने कहा, “थे सामने आओ। स्त्री जात के मान-सम्मान का सवाल है।”

इन्दुमती ने पूछा, “के नाम है थारा?”

पद्मा चुप रही। चम्पा कुँवर ने कहा, “पद्मा, इन्दुमती जी।” पद्मा मनका की तरफ़ देख रही थी। इन्दुमती को यह जानने में देर नहीं लगी कि वह किस ओर देख रही है, उनसे आज्ञा मिले बिना वह आगे नहीं आयेगी। उसने यह तो समझ लिया कि इतने तीरन्दाज़ों को देखकर उसके मन में कुछ आया है। उसने सीधे मनका के पास जाकर और हाथ जोड़कर निवेदन किया, “माननीया, आप आज्ञा दे देंगी तो हम सबका मान रह जायेगा। ...आप बड़े दिल की लगती हैं—उच्च घराने की भी। हमारी गुहार पर अपनी मोहर लगा दीजिएगा, आपकी कृपा होगी।”

और औरतों ने भी आग्रह-समर्थन किया। चम्पा कुँवर चाहती थी कि वह भाग ले।

मनका के मन में द्वन्द्व मचल रहा था। क्या करे? वह इन्दुमती के अत्यन्त विनम्र आग्रह को टालना नहीं चाहती थी। फिर वहाँ सब औरतें ही तो हैं। वृद्ध

को लग रहा था कि अभी मैदान में एक प्रतियोगी और उतरेगी। वृद्ध का मन था कि प्रतियोगिता में दाँव खेलने के लिए कोई-न-कोई और उतरे। उसके जीवन में ऐसा चमत्कार पहली दफ़ा हो रहा था। क्यों न औरतें आगे आयें? स्त्री-पुरुष सब बराबर हैं, फिर ऐसा भेदभाव क्यों?

आख़िरकार मनका ने सिर हिलाकर अनुमति दे दी। इन्दुमती ने कहा, "ढोल-नगाड़े मत बजायें, अभी हमारा एक प्रतियोगी और है। पद्मा ने गर्दन के सहारे ओढ़नी को मुँह पर लपेट लिया। धीरे-धीरे वह आगे बढ़ी। चारों ओर से तालियों की गड़गड़ाहट शुरू हुई। धनुष और बाण आगे कर माथा टेका और उनको हृदय से लगाकर देवी माँ का ध्यान किया। देवी माँ मानो उसके सामने प्रकट हो गयी हों, उसे ऐसा लगा। उसने पुनः धनुष-बाण को नमन किया। यहीं से उसने माँ का सिर झुकाकर आशीर्वाद लिया। उसके मन में रत्ती भर भी संशय नहीं था। पूर्ण विश्वास ही उसकी शक्ति है। उसको पुरोहित जी ने कहा था, "बेटा वही काम करना जिसे हृदय-मन से आशीर्वाद हो।"

उस वृद्ध ने कहा, "बेटे, घूँघट खोल दे।"

पद्मा ने कोई उत्तर नहीं दिया। धनुष की प्रत्यंचा को खींच कर परखा। फिर उसने प्रत्यंचा पर धनुष चढ़ाकर अनुमान लगाया कि उधर से बाण छोड़ने वाले और उसमें कितनी दूरी है। दूरी के अनुमान से वह बाण छोड़ेगी तो उस बाण पर निशाना अचूक बैठेगा, जिसके लिए उसे बाण छोड़ना है। तदनुसार प्रत्यंचा का खिंचाव भी सन्तुलित रखना है। अब प्रत्यंचा पर बाण चढ़ाकर उसने उड़ते बाण की दूरी नाप ली। जैसे ही उस वृद्ध ने हरी झण्डी नीचे की उसने भी बाण छोड़ दिया। उड़ते बाण के ठीक बीचोंबीच उसका बाण ऐसा लगा कि वह तुरन्त ही ज़मीन पर आ गिरा।

अब क्या था कि ढोल-नगाड़ों के साथ सभी महिलाओं ने तालियों की मेघ-गर्जना से उसका स्वागत किया। चारों ओर हर्षोल्लास छा गया। उनमें से कई औरतें नाच उठीं।

पद्मा पुनः धनुष-बाण को यथावत् रखकर नमन कर रही थी। उसने सभी बड़ी-बूढ़ी औरतों के पाँव छुए। सबसे पहले माँ, फिर उस वृद्ध के जो वृद्ध होते हुए भी कसी क़द-काठी का पहलवान लग रहा था। उसने विजेता के मान की घोषणा करते हुए कहा, "मुझे इस बात की बेहद प्रसन्नता है कि आप लोगों ने प्रतियोगिता में स्त्री होने की छूट लेने से मना कर दिया। आपको यह जानकर आश्चर्य होगा कि इस प्रतियोगिता में अभी तक कोई पुरुष सफल नहीं हुआ है। ...मेरा आशीर्वाद आप सबके साथ है। आप लोगों ने जो निर्णय लिया, वह

अपने आप में अद्वितीय है और पुरुष समाज को यह सन्देश देने वाला है कि स्त्री-पुरुष में कोई भेद नहीं है। सब बराबर हैं।"

तालियों की गड़गड़ाहट ढोल और निगाड़े पर थिरक उठी।

एक अधेड़ औरत सामने आयी और हाथ जोड़ कर बोली, "क्या आप में से किसी ने सोचा है कि अब आगे क्या करना है?" उसने सबकी तरफ़ देखा।

"यहाँ से लौटना है, माननीया।" इन्दुमती ने मधुर आवाज़ में कहा, "यदि आपने कुछ सोचा हो तो आदेशित करें, हम सब उसकी ख़ुशी-ख़ुशी पालना करेंगे।"

"सच बताइए कि क्या आप सबको पद्मा जी की सफलता पर ख़ुशी है?"

"क्यों नहीं...क्यों नहीं। बहुत ख़ुशी है। बहुत-बहुत ख़ुशी है।" कुछ ने बाँहें फैलाकर कहा, "बहुत ख़ुशी है।"

"क्या आप लोग चाहोगे कि यह ख़ुशी सबकी ख़ुशी बन जाये।"

"क्यों नहीं।"

"पर कैसे?"

सब शान्त। कारण, इस तरह से किसी ने सोचा ही नहीं था। उनमें से किसी ने कहा, "आप ही बतला दीजिए कि हमें क्या करना होगा?"

"ठीक है, मेरी प्यारी बहनो, मैं ही बताये देती हूँ। फिर भी निर्णय सर्वसम्मति से होगा। क्यों न हम ऐसी बड़ी सफलता को पर्वोत्सव के रूप में हर्षोल्लास से मनायें। ढोलकिया और नगाड़े वाले हैं ही हमारे पास। नगाड़े रखने का भी उनके पास कोई साधन होगा।"

"साधन है।"

"धन्यवाद,...तो क्यों न हम सब किसी न किसी गीत को उठाती चलें।" सब आश्चर्यचकित रह जायेंगे यह देखकर उनमें जिज्ञासा अंकुरित होने लगेगी। सब जान जायेंगे...यह क्या...?"

सबने एक स्वर से कहा, "एकदम उचित रहेगा। यह काम बहना इन्दुमती के नेतृत्व में होगा।" इसके साथ ही उसने इन्दुमती को पुकार लिया। उसने उससे कहा, "अब आगे-आगे आप और पीछे-पीछे हम। इसमें कोई औपचारिकता नहीं होगी। कृपया कार्य शुरू करवायें।"

इन्दुमती ने कहा, "मैं कहूँगी—पद्मा जी की, आप बोलेंगे—जय।" यों जय-जयकार से कार्य प्रारम्भ हो गया। ढोलकिया और नगाड़े वाला ढकेल पर बैठ गये।

आपको यह सूचना दे दूँ कि अभी-अभी जिन माननीया ने हमें इस सबकी प्रेरणा दी है, उनका नाम है—अंगूरी देवी, संगीतज्ञ, गायिका, गीतकार। मैं उनका

अपनी और आपकी ओर से स्वागत करती हूँ और उनसे आग्रह करती हूँ कि गीत का भार वे सँभालें। ...साथ ही आप सबसे अनुरोध है कि उस गीत को आप दोहरायें। ...बहन पद्मा सबसे आगे रहेंगी। उनके साथ आप में से कोई दो-चार महिलाएँ भी।"

"मेरी प्रार्थना है कि हम सबकी ओर से ये पाँच मालाएँ आप पद्माजी को पहना दें। मनका कैसे रोके इस हर्षोल्लास में सबसे आगे पद्मा को। तब तक चम्पा कुँवर और पुरोहित की लड़की ने कहा, "माला पहनने का सबसे पहले हक़ बनता है—अंगूरी देवी, इन्दुमती, पद्मा की माँ आदरणीय मनका बाई का और आख़िर में पद्मा का। ...और यदि आप मुझे आज्ञा देंगी। तो यह शुभ कार्य करके मैं अपने आपको सौभाग्यशाली मानूँगी। पद्मा ने बड़ी दक्षता, प्रतिभा और स्थिर बुद्धि से उस कार्य को अंजाम देने में सफलता प्राप्त की है, जिसे पुरुष समाज के धन्यमन्य और अनुभवी धनुर्धर नहीं कर पाये।"

तत्काल सबका समर्थन मिल गया। उसने उन सभी को माला पहनायी। सबने तालियों की गड़गड़ाहट से उनका स्वागत किया। इन्दुमती, चम्पा कुँवर के वक्तव्य से इतनी प्रभावित हुई कि उसने एक माला उसके लाख मना करने पर भी, उसे पहना दी। मनका चकित थी। उसने कहाँ सोचा था कि मेले देखने-दिखाने जाने का इतना गूढ़ अर्थ सहज में सामने आ जायेगा।

अब वह गौरव यात्रा ढोल-नगाड़े के साथ आगे बढ़ने लगी। मेले में मेला लग गया। भीड़ बढ़ती गयी। दुकानदार दुकान के बाहर आ गये।

एक प्रमुख स्थान पर आकर ढोल-नगाड़े की जुगलबन्दी अति मद्धम हो गयी और धीरे-धीरे अंगूरी बाई की कोयलिया आवाज़ मेघोदय-सी चतुर्दिक गूँजने लगी। वह गा रही थी—

म्हारा मनवा नाचे
भीगे री बरसात
कोयलिया मन गाये
झूमे वसन्त बहार।

इस गीत को सबने मधुर स्वर में ऐसे दोहराया कि बिन मेघ इन्द्रधनुष-सा महक उठा समूचा मेला। सबकी आँखों में चमक लहरा उठी। सबके तन-मन वसन्त वन खिल उठे।

तीसरा पहर प्रारम्भ हो इससे पहले सब वीर वधू एक-दूसरे से हाथ जोड़कर विदा लेने लगीं। कई वधुओं ने मनका के पाँव छूकर आशीर्वाद लिया। धीरे-धीरे राज परिवार दुर्ग की ओर लौटने लगा। पद्मा ने कहीं भी घूँघट नहीं उठाया।

मनका ने पालकी में बैठकर पद्मा को प्यार करते हुए कहा, "लाडो, तू अपनी बात की पक्की निकली। तूने बाण चलाते हुए अपने चाँद से मुखड़े को छिपाये रखा। वह वनमानुष जाने कौन था जो प्रतियोगिता के समय तुझ पर आँखें टिकाये था। उसकी आँखें तेरे घूँघट से हटी ही नहीं। वो तो चम्पा कुँवर ने उस वृद्ध से शिकायत कर उसे अपने साथ नहीं आने दिया। पद्मा का तो और कहीं ध्यान ही नहीं गया। पालकी कहार उठा कर चल पड़े। पुरोहित का परिवार रास्ते से ही विदा लेकर लौट गया। मनका ने मन-ही-मन देवी माँ के हाथ जोड़े और कोई अनहोनी नहीं होने दी, इसके लिए शीश नवा-नवाकर उसका हृदय से आभार माना। पद्मा इस समय गुमसुम बैठी हुई थी। हवा कहीं से चल पड़ी। पालकी के पर्दे लहराने लगे।

9

रावल हम्मीर देव चौहान रणथम्भौर राज्य के सिंहासन पर बैठने का मन नहीं बना पाये थे। रणथम्भौर के तत्कालीन रावल जैत्र सिंह असाध्य रोग से ग्रस्त हो गये थे। वैद्य एक नहीं अनेक बुलाये गये। उन्होंने इलाज भी किया परन्तु रावल जैत्रसिंह का रोग कम होने की अपेक्षा दिन-पर-दिन बढ़ने लगा। एक दिन रावल जैत्रसिंह ने महारानी से सलाह की। वह कहने लगे, "अब इस शरीर में कुछ नहीं रहा है। राज्य की व्यवस्था सौंपना ज़रूरी हो गया है। ज्येष्ठ पुत्र ही सिंहासन का अधिकारी होता है परन्तु रणथम्भौर पर शत्रुओं की आँख शुरू से रही है। सिंहासन पर मैं उस पुत्र को बैठाना चाहता हूँ जो रणथम्भौर की व्यवस्था को सँभाल सके। उसे सुदृढ़ बना सके। आगे बढ़ा सके।" इसके बाद वह चुप रह गये। महाराणी के विचार जानना भी ज़रूरी था क्योंकि ज्येष्ठ पुत्र उसका ही था। यदि राजतिलक होना हो तो उसका ही होना चाहिए।

महारानी सोच में पड़ गयीं। क्या कहें, क्या नहीं। सिंहासन पर अपना हक़ यदि बनता है तो कौन छोड़ना चाहेगा। परन्तु सबने मिलकर यह निश्चय किया कि रावल सा जो चाहेंगे, वह सबको मान्य होगा। उनके बहुत ज़ोर देने पर भी सब अड़े रहे। हारकर जैत्रसिंह ने बहुत धीरे-धीरे कहना प्रारम्भ किया, "आज की स्थिति में अपने राज्य को सँभालने, सुदृढ़ करने और विकास को विस्तार देने में मेरा अनुभव यह राय देता है कि ज्येष्ठ पुत्र के स्थान पर कुँवर हम्मीर देव को उत्तराधिकारी बनाया जाये। कोई आवश्यक नहीं है कि आप सब मेरे इस निर्णय का आदर करें, क्योंकि मनुष्य प्रायः महत्वाकांक्षा का दास है।" इस पर हम्मीरदेव

कहने लगा, "परन्तु दाता सा आप अन्यथा न लें, मुझे आपके निर्णय पर आपत्ति है और मैं बड़े भाई के होते सिंहासन पर आसीन नहीं हो सकता। उनकी मदद करूँगा, उनके आदेश का पालन करूँगा और यथा आवश्यकता उनको परामर्श देने में पीछे नहीं रहूँगा।"

अब तो संकट और गहरा गया। जैत्रसिंह उदासीन हो गये। उस दिन की बैठक बिना निर्णय के समाप्त हो गयी। परन्तु जैत्रसिंह को बेचैन कर गयी। हालाँकि बड़े भाई ने भी उसे समझाया। दूसरे भाई भी मनाते रहे। यह बात सब जानते थे कि हम्मीर देव एक बार जो निर्णय कर लेता है, उससे पीछे नहीं हटता। महा आमात्य ने समझाते हुए पिताश्री के असाध्य रोग का भी ज़िक्र किया। परन्तु समस्त प्रयत्न असफल रहे।

रावल जैत्रसिंह के मन में विष्णु जी का ध्यान करते हुए यह बात आयी कि हम्मीर छुटपन से विष्णु जी को बहुत मानता है। हर कार्य आरम्भ करने से पहले उनसे आशीर्वाद लेना नहीं भूलता है। तो क्यों न उनका सहारा लिया जाये। कदाचित् बात बन जाये।

रावल जैत्रसिंह प्रातःकालीन पूजा-अर्चना लेटे-लेटे करते थे। उन्होंने विष्णु जी का ध्यान किया। हम्मीर को एकान्त में बुलाने का मन बनाया। साथ में महारानी का होना ज़रूरी समझा।

दोपहर से पूर्व वैद्य के आने के बाद चैत्रसिंह ने हम्मीर को बुलवा लिया। महारानी वहाँ पहले से थीं। वह इधर-उधर की बात करते-सुनते रहे। बीच-बीच में राज्य की व्यवस्था का भी उल्लेख करते रहे।

सब कुछ ठीक-ठाक पाकर उन्होंने हम्मीर का हाथ अपने हाथ में लिया और माथे तथा होंठों से लगाकर प्यार किया। हम्मीर को अपना बचपन याद आने लगा। बचपन में भी वह उसे ऐसे ही प्यार करते थे। इस समय उसका हृदय अभिभूत होने लगा। वह पूछ रहे थे, "हम्मीर, तू तो अब बड़ा हृष्ट-पुष्ट, शक्तिशाली और सुन्दर लगता है। कहते हैं कि जब पिता की जूती उसके पुत्र के पाँव में आने लगती है, तब पुत्र पिता का मित्र बन जाता है। परन्तु तू तो इस कहावत को उलट देना चाहता है। ...तूने ऐसा क्यों ठान लिया है? क्या म्हारे से तिहारे प्रति कुछ ज़्यादती हुई है?"

"यह आप कैसी बात करते हैं, दाता सा! आपसे और ग़लती—स्वप्न में भी नहीं हो सकती। आप तो साक्षात धर्मराज हैं। ...जे आपको क्यों अनुभव होने लगा है?" हम्मीर ने सोचते हुए बहुत धीरे से कहा।

रावल जैत्रसिंह की साँस उखड़ने लगी। खाँसी का दौर शुरू हो गया। उन्होंने हाथ छोड़कर अपने सीने को थामने की कोशिश की। क़फ़ निकाले नहीं निकला। हम्मीर उनकी पीठ सहलाने लगा। महारानी सा ने थूकने के लिए बरतन उठा लिया। उनके आँसू निकल आये। जैसे-तैसे खाँसी रुकी। हम्मीर ने गुनगुना पानी पिलाया। कुछ पल शान्ति से गुज़र जाने के बाद वह कहने लगे, "हम्मीर जा तन का का पता, कब धोखा दे जाये।"

"अभी आप बोलें नहीं, दाता सा।"

"तो कब बोलूँगा, जब भीतर की साँस भीतर रह जायेगी और बाहर की साँस बाहर।" जैत्रसिंह ने कुछ घबरा कर कहा, "म्हारे छुनन-मुनन, जब तू बहुत छोटा था, तब हम तुझसे कहलवाने का प्रयास करते थे–बोल–माँ सा...दाता सा...पर तू हँस कर रह जाता था। बोलने का नाम नहीं लेता था। ...तू देर से बोलना सीखा था। तुझे शहद चटाते। शहद में वैद्य जी की दी गयी पुड़िया मिलाते थे। पर तू ऐसा हाथ मारता कि शहद और पुड़िया की मिली दवा हमारे कपड़ों पर गिर जाती। ...वे दिन याद आ रहे हैं, म्हारे छुनन-मुनन, नटखट...तो सोचता हूँ बुढ़ापा बचपन क्यों दोहराने लगता है?"

महारानी और हम्मीर दोनों को उन्होंने मौक़ा ही नहीं दिया कि वह उन्हें बोलने से रोक पाते। बचपन में उसे वह छुनन-मुनन कह कर ही बुलाते थे। हाथ में खिलौना ले, उसे दिखाते थे। वह भागा-भागा आता। खिलौने पर झपट्टा मारने का प्रयत्न करता परन्तु खिलौना उसके हाथ नहीं आता। वह कहते, खिलौना लेना है तो बोल माँ... माँ सा...। वह बोलने की कोशिश करता परन्तु थककर रह जाता और खिसिया कर रोते हुए माँ के पास लौटने लगता। तब वह तेज़ी से चल कर उसे गोदी में उठा लेते और वह उठाते ही सू-सू कर देता। सब हँसने लगते। कोई कहता, "थारा छुनन-मुनन पिछले जन्म में योगी रहा है। योगी प्रायः मौन रखते हैं परन्तु शरारत करने वालों की ऐसे ही ख़बर लेते हैं। ...थे छुनन-मुनन को तंग करना छोड़ दो।"

समूचा चित्र हम्मीर के सामने आने लगता। जैत्रसिंह कहने लगते, "थे तब बोलता नहीं था। हम सब तुझसे बुलवाने की कोशिश करते थे। ...आज जब मैं कुछ बोलकर अपना मन हलका करना चाहता हूँ, तब मुझे बोलने से रोके जा रहा है।" उनकी कसरती देह हड्डियों का ढाँचा बनकर रह गयी थी। आँखें भी अन्दर धँसने लग गयी थी। होंठों पर पपड़ी उभर आती थी।

"म्हारे छुनन-मुनन, थे म्हारे कूँ बोलने दे। म्हारे कूँ कोई न रोको टोको। ...जे म्हारी सब सूँ अरज है।" उनके हाथ जुड़ने लगते तो हम्मीर उनके हाथ पकड़कर अपने सिर पर रख लेता। कहता, "क्षमा, दाता-सा, क्षमा।"

“जे जीवन पानी का बुलबुला है। जा का क्या बोलना, क्या नहीं बोलना। फिर भी मन नहीं मानता। जा मन का क्या करूँ?”

“थे बोलो, दाता सा, जी भर कर बोलो।” कहता हुआ हम्मीर अपने दोनों कान पकड़ लेता है।

“तो अब बोलूँ, क्यों महारानी सा?” वह सिर हिलाकर। अन्दर-ही-अन्दर आँसू पी चुप रह जाती। जे वे ही जैत्रसिंह सा हैं जो कभी शेर-चीते से भिड़ गये थे निहत्थे। घोड़े पर बैठ कर ऊँचाई से छलाँग लगाते और मुस्कराते थे। उनकी वीरता की कहानियाँ चारों ओर आम्र-मंजरी-सी फैली हुई थीं। अब उन्हें देखकर कौन कहेगा, कौन मानेगा कि जे वे ही सूरवीरों के सरताज हैं।

“अच्छा बता रे, तू अपना इष्ट किसको मानता है?”

“आपको दाता सा।”

“मुझे छोड़कर... ।”

कुछ सोचकर हम्मीर धीरे से कहता, “श्री विष्णु सा को।”

“कैसे मानता है?”

“कोई भी काम शुरू करता हूँ तो उनको याद करता हूँ—या जब संकट में पड़ता हूँ तब?”

“उससे क्या होता है? क्या वह कुछ-न-कुछ थारे से बोलते हैं?”

“नहीं।”

“तो तू कैसे मान लेता हैं कि थारे कूँ विष्णु सा ने आज्ञा दी है या नहीं दी है।”

हम्मीर सोच में पड़ गया। इससे पहले उसने इस तरह कभी सोचा नहीं था। बस, विष्णु जी के हाथ जोड़े और जो करने जा रहा हूँ उसके लिए उनसे आशीर्वाद लिया। उन्होंने आशीर्वाद दिया या नहीं, इसकी उसने कभी चिन्ता नहीं की। मानकर चला कि उन्होंने आशीर्वाद दे दिया। हाँ, यदा-कदा अवश्य वे उसके स्वप्न में आये, बात भी की। तब उसे बहुत शान्ति मिली। वह कहने लगा, “कभी-कभी मेरे स्वप्न में श्री विष्णु जी आये। बात भी की और आशीर्वाद भी दिया।”

“तो क्या उनका आशीर्वाद देना सफल रहा—तेरा काम हो गया।”

“प्रायः हो गया।”

“इसका अर्थ है कि तुम्हें विष्णु जी पर पूरा-पूरा भरोसा है।” इसी के साथ उन्हें पुनः ज़ोर की ख़ासी उठी परन्तु क़फ़ नहीं निकला। बेचैनी अलग बढ़ गयी। आँखों में पानी आ गया।

हम्मीर ने जैत्रसिंह की नब्ज़ देखते हुए कहा, “बड़ी माँ, दाता सा को तेज़ ज्वर है। मैं वैद्य जी को बुलवाता हूँ।”

“वैद्य जी शायद आते ही होंगे। मैंने उनको बुलवाने आदमी भेज दिया है और तबीयत का हालचाल भी बतला दिया है, ताकि कोई औषधि साथ लाना चाहें तो लेते आयें।”

“तुम लोग बड़ी जल्दी घबरा जाते हो। मुझे कुछ नहीं होना है। ...मुझे अपनी बात पूरी कर लेने दो।” जैत्रसिंह ने कहा।

“वैद्य जी के आने तक आप चुप रहो, रावल सा, जे हमारी हाथ जोड़कर प्रार्थना है।”

“लो, वैद्य जी भी आ गये। आपकी लम्बी उम्र है, वैद्य जी। अभी आपको ही याद किया जा रहा था।” जैत्रसिंह ने प्रसन्न मुद्रा में कहा।

वैद्य ने नब्ज़ देखी। बुख़ार कुछ तेज़ है। क़फ़ अटका हुआ है, निकल नहीं पा रहा है।

“चिन्ता नहीं, रावल सा। ये ज्वर ठीक हो जायेगा।” नया वैद्य कह रहा था। उनका राजवैद्य शुरू से कह रहा था, “यह असाध्य रोग है। सात-आठ माह हो गये पर यह गया नहीं। औषधि एक से बढ़कर एक दे चुका हूँ। ...मैं अन्धकार में नहीं रखना चाहता हूँ। आप वैद्यराज निरंजन आचार्य को चित्तौड़ से बुलवा लीजिए। मेरी दृष्टि में वे विशेष अनुभवी और योग्यतम वैद्य हैं।” अब वही इलाज कर रहे थे। राजवैद्य के ही ठिकाने पर ठहरे थे, ताकि एक से दो का सहयोग मिल सके और राज वैद्य की देख-रेख में ही औषधि तैयार होती रहे।

हम्मीर ने पूछा, “खाँसी फिर तेज़ ज़्वर... वैद्यराज।”

“राज कुँवर, यह सच है रावल-सा को असाध्य रोग है। मैं असाध्य रोगों के लिए ही जाना जाता हूँ। मेरे सामने इससे पहले ऐसा कोई रोगी नहीं आया है। ...आपका राजवैद्य योग्य और ईमानदार है। ...हम प्रयत्न कर रहे हैं...आगे ईश्वर इच्छा सर्वोपरि है। ...महारानी सा आप दूध आधी मात्रा में कर दें और उसमें आधा पानी मिला दें। मलाई दूध में न जाये, इसका पक्का ध्यान रखें।” वैद्यराज निरंजन आचार्य कह कर चले गये। हम्मीर भी उनके साथ जाने लगा तो उसे रोक लिया और कहा, “वीरम, तुम वैद्य जी को बाहर तक छोड़ आओ।”

अब वहाँ राजड़ परमार, गंगाधर टाक, क्षेत्रसिंह परमार, मंगोल शाह और सिंह परमार भी आ गये थे—उनके अन्य पुत्र। उन सबको देखकर जैत्रसिंह ने कहा, “यह भी हरि इच्छा है कि जो सब पुत्र मेरे सामने हैं। वीरम को भी लौट आने दो, तब तक राज्य की गतिविधियों की हलकी-सी जानकारी दे सको तो दो।”

"सब ठीक-ठाक है। यह तो आपको पहले भी बताया जा चुका है कि मालवा का राज्य कमज़ोर पड़ता जा रहा है। बहुत कमज़ोर। चारेक वर्ष होने आये हैं, दिल्ली में कोई सुल्तान कुछ नहीं कर सका है।" राजड़ परमार बता रहा था।

"सच यह है कि हम रावल-राणाओं में एका नहीं है। झूठी आन-बान-शान के चक्कर में अकारण एक-दूसरे को नीचा दिखाने के लिए बाहर के लुटेरों को अवसर दे देते हैं। अपने राज्य में राजद्रोही कम नहीं हैं। प्रजा चारों ओर से लुट रही है। फिर भी किसी राव-रावल-राजा की आँख नहीं खुलती कि वे मिलकर बाहर के शत्रु को खदेड़ सकें।" यहाँ तक जैत्रसिंह का प्रवाह बना रहा। अब वे रुक गये। कुछ समय उपरान्त जैत्रसिंह ने कहा, "तुम लोग मेरी चिन्ता छोड़ो। मुझे अपने राज्य, प्रजा और सबकी ख़ुशहाली की चिन्ता है। ...जिस राज्य में प्रजा सुरक्षित, ख़ुशहाल और सुखी नहीं रहती है, प्रजा वहाँ से पलायन करने लग जाती है। वहाँ का व्यापार घटता है, राज्य समृद्धिशाली और शक्तिशाली नहीं रहता है।"

जैत्रसिंह बीच-बीच में रुकते जा रहे थे परन्तु उन्हें लग रहा था जो नैतिक प्रशिक्षण वह अपने चरित्र बल-संयम से नहीं दे सके, उसकी एक झाँकी उनको दिखा दें, ताकि शायद इनमें से किसी के हृदय पर गहरी छाप पड़ जाये। वह कहने लगे, "जो राजा प्रजा की रक्षा न कर सके और प्रजा को अपनी सन्तान बेटी-बहू-बहन मानकर आगे नहीं आ सके, वह कायर है, राजद्रोही है, अपनी प्रजा के साथ विश्वासघाती है।" ...वह फिर कहने लगे, "म्हारी बहू-बेटियों-बहनों ने जौहर के अग्नियज्ञ में अपने को डालकर त्याग-आहुति, समर्पण और देश की धर्म-संस्कृति की रक्षा की है, वह शीर्ष पर नज़र आती है परन्तु उनकी प्रजा के साथ, महीनों पड़ाव-घिराव के कारण जो रोज़ बलात्कार हुए, उनकी धन-सम्पत्ति लूटी गयी, उसका क्या क्योंकि उसे तो हम भी अनदेखा नहीं कर सकते और अपने रनिवास में राज़ी-ग़ैर-राज़ी ला पटका उसका क्या! ये नैतिक पतन राज्य और प्रजा दोनों को गर्त में ले जाता है।" इसके बाद वह चुप हो गये।

वातावरण में सन्नाटा छा गया। ऐसा तो इससे पहले उनमें से किसी ने नहीं सोचा था। सबकी निगाहें झुक गयीं। उन्हें डर सताने लगा कि वह उनसे ऐसा कोई प्रश्न न कर बैठें। वह पुनः कहने लगे, "विष्णु भगवान की कृपा ने मुझे आश्वस्त कर दिया कि...। वे हाथ जोड़ उठे। सामने कोई नहीं था। फिर उन्होंने किसके हाथ जोड़े? सब चकित। भगवान विष्णु का निवास हृदय से लेकर सारे संसार, सारे ब्रह्माण्ड में है। इस कारण मैंने उनके हाथ जोड़े। अब जो भी कहूँगा, वह मेरा नहीं उस परब्रह्म परमेश्वर का आदेश होगा। मैं उससे पूछ रहा

था कि सुना दूँ और उसने मेरे अन्तर्तम में कहा, सुना दो, तुझे कहा ही इसलिए था, ताकि तुझे इस कष्टकारा से मुक्ति मिल सके।"

सब आश्चर्यचकित। इतने अस्वस्थ होते हुए भी उनके चेहरे पर तेज, आँखों में ज्योति और कण्ठ में ताक़त थी। वह कहने लगे, "भगवान विष्णु, आप स्वयं पधारे, मेरा तो जीवन सफल हो गया। अब मैं प्रसन्नता से इस देह को छोड़ सकूँगा।"

"नहीं, राजे, नहीं। तेरा मन अपने राज्य और प्रजा की रक्षा और उसकी ख़ुशहाली में अटका हुआ है। ...हे राजन! मैं इसलिए यहाँ प्रकट हुआ हूँ कि तेरे पुत्र तेरा नहीं, मेरा आदेश मानकर उस शुभ कार्य में सहयोग कर सकें। ...राजन, तुम्हारी सोच श्रेष्ठ है। असाध्य रोग का भयंकर कष्ट भोगते हुए भी तुम्हें कल्याणकारी राज्य और प्रजा की सुरक्षा और उसके विकास और ख़ुशहाली की चिन्ता है। ...सुनो हम्मीर, मैं तुम्हें आदेश दे रहा हूँ... समस्त परिवार और उसके राज्य के कर्णधार ध्यान से सुनो। ...हम्मीर, शपथ लो... ले...कल दोपहर से पहले तुम्हें शासनारुढ़ होना है। ...कोई किन्तु-परन्तु नहीं। ...राजन, कल ऐसा ही होगा। ...भगवान विष्णु चले गये।"

सब स्तब्ध। एकदम गूँगे।

दूसरे दिन युवराज हम्मीर देव का राज्याभिषेक हो गया। तीसरे दिन दाता-सा गोलोकवासी हो गये। सारा भार अचानक रावल हम्मीर देव के कन्धे पर आ गया। हालाँकि राज्य ने तरक्की की थी। आबू, पुष्कर, साँभर, बयाना इत्यादि तक उनका प्रभाव क्षेत्र बन चुका था। प्रजा में भी समृद्धि आयी। शान्ति बनी रही। बारह सौ इक्यानवे ईसवीं में दिल्ली के सुल्तान जलालुद्दीन खिलजी ने आक्रमण किया था। वह आक्रमण असफल रहा। जलालुद्दीन ने फिर रणथम्भौर के बारे में सोचा तक नहीं।

अलाउद्दीन खिलजी ने अपने चाचा सुल्तान जलालुद्दीन की हत्या कर दी थी और राज्य की सीमा बढ़ाने के कार्यक्रम को अपने हाथ में ले लिया था। हम्मीर को अपने योग्य सेनापति का उस युद्ध में खेत रहना बहुत चिन्तित कर गया। उधर सुल्तान अलाउद्दीन राज्य विस्तार के लिए चलायी जा रही गतिविधियों से रावल हम्मीर से चौकस हो गया। वह गुप्तचर भेज-भेजकर राज्य की स्थिति जान रहा था और उन कमज़ोर और लालची पदाधिकारियों के मन की गहराई को भी कि वे क्या चाहते हैं। उसके मन में यह बात घर कर चुकी थी कि राज्य का विस्तार और उसे सुदृढ़ता वही दे सकता है, जो समय के अनुसार साम-दाम-दण्ड-भेद की चालें चलने में माहिर हो। इस कारण उसने रात्रि गश्त बढ़वा दी। उन रास्तों

के बीच लम्बी-चौड़ी खन्दकें खुदवा दीं। उन पर खपच्चियों का जाल बिछवा कर उस पर टहनियाँ झाड़-झंखाड़ डलवा दीं, ताकि शत्रु के घुड़सवार वहीं ढेर होने लगें। उनके पास भी सैनिक गश्त लगाने लगे थे।

रावल हम्मीर लौटा तो उसके सामने पहले घटना से जुड़े उन लोगों को पेश किया गया जो जंगल में अर्द्धरात्रि में पालकी ले जा रहे थे और जिन्होंने लड़की के साथ बलात्कार किया था। रावल हम्मीर के लौटने से पहले उनकी सारी तहक़ीक़ात कर यह जानकारी प्राप्त कर ली गयी थी कि पण्डित भेदिया था, शेष मुसलमान थे। उनके लोग शेरनी का शिकार कर उसे पालकी में ले जा रहे थे रात्रि के अँधेरे में। रात अमावस्या की थी। वे लोग कई दिनों से क़िले के रास्ते गुप्त रास्ते, और उन जगहों का पता कर रहे थे, जहाँ से गढ़ ध्वस्त किया जा सके।

रावल हम्मीर ने सब कुछ सुना और उसका निर्णय अपने भाई बीरम देव पर छोड़कर वहाँ से उठकर चला गया। दरअसल, वह थका हुआ था। दो दिन के लिए गया था और सात दिन बाद लौटा था।

मेला समाप्त हो गया। राज्य की ओर से सजी हुई दुकानों में से जो प्रथम, द्वितीय और तृतीय आये, उनको विशेष पुरस्कार और शेष सभी को भी पुरस्कार दिये। यह कार्य रावल हम्मीर के छोटे भाई क्षेत्रसिंह परमार के कर-कमलों से सम्पन्न हुआ।

विभिन्न प्रतियोगिताओं में विजेताओं को पुरस्कार देने तक तो बात ठीक थी। परन्तु अब महिलाओं के प्रतियोगिता में भाग लेने और मेले को आकर्षक बनाने की चर्चा हुई। ऐसा पहली बार हुआ था। उन सबकी अनुशंसा की गयी, जो मेले के प्रबन्धक और पदाधिकारी थे, जिसके अनुसार केवल महिलाओं के लिए समय निर्धारित किया गया। वह सबसे आकर्षक और रोमांचक कार्यक्रम रहा। कम-से-कम उन महिलाओं को सम्मानित किया जाये, जिन्होंने तीरन्दाज़ी में हिम्मत जुटायी और उनमें से एक महिला ने पुरस्कार भी जीता। प्रथम आये प्रतियोगी को पुरस्कार के लिए बुलाया गया, वह अनुपस्थित रहा। बात आयी अन्य महिलाओं की तो यह निर्णय रावल के लौटकर आने पर छोड़ दिया गया।

सबसे पहले हम्मीर मनका के पास आया। उसे रणथम्भौर की एक-एक ख़बर मिलती रहती थी। उसे यह ज्ञात हुआ कि सेनापति ने राजघराने की महिलाओं को मेला दिखाने के लिए आधे दिन की अलग व्यवस्था कर दी थी। उस समय-सीमा में केवल महिलाएँ अपने बच्चों को लेकर आ सकेंगी। इस बार तीरन्दाज़ी प्रतियोगिता में केवल एक लड़की सफल रही, कोई पुरुष नहीं। राजघराने की सभी रानियाँ, राजकुमारी और बच्चे मेला देखने गये थे।

हम्मीर के मन में यह विचार कभी नहीं आया कि महिलाओं के लिए अलग से समय निर्धारित किया जाये। उसने इसकी ज़रूरत ही नहीं समझी थी। वह यह मानकर चलता था कि मेला आम जनता के लिए है। राजघराने की ख़रीद के लिए उन दुकानदारों को सामान सहित महल में बुला लिया जाता था। उसे आश्चर्य हो रहा था कि वह लड़की कौन है, जिसने यह चमत्कार कर दिखलाया।

जैसे ही हम्मीर ने मनका के महल में प्रवेश किया, वैसे ही उसने मनका को बधाई दी और कहा, "तुमने मेरी अनुपस्थिति में मेले में चार-चाँद लगा दिये।"

"पता नहीं कि ठीक किया था बेठीक, परन्तु करवा दिया।"

"और सेनापति की सारी ज़िम्मेदारी अपने ऊपर ले ली। ग़ज़ब का साहस दिखाया। पुनः बधाई।" हम्मीर का हृदय गद्‌गद हुए जा रहा था।

मनका शान्त भाव से, बिना प्रसन्नता ज़ाहिर किये, धीरे-धीरे बात कर रही थी। कहने लगी, "इस बार लौटने में बहुत देर लगा दी।"

"तो अच्छा ही हुआ, मनका।"

"क्या अच्छा हुआ?"

"मैं होता तो तुम्हारा यह कार्यक्रम कभी नहीं होता। मैंने इस तरह से कभी सोचा ही नहीं था।" कुछ रुककर आगे कहा, "तुमने यह सिद्ध कर दिया कि औरतों के पास भी भेजा होता है।"

"क्या उनका भेजा खाली होता है?"

"कौन कहता है...नहीं तो क्या वह जीत का परचम लहरवा देता। ...जैसे तुम लोगों ने गीत के साथ मेले की परिक्रमा लगायी। स्वयं भी माला पहने अगुवा रहीं।" हम्मीर उसको हाथ पकड़ कर अन्दर ले आया।

"तुम्हारी योजना तो सफल हो गयी।"

"क्यों नहीं होती, तुम हमारे साथ जो थीं।"

"क्यों झूठ बोलते हो—मैं तो यहाँ थी।"

"तुम हमारे दिल में हो—"मैं जहाँ जाता हूँ, वहाँ तुम मेरे साथ होती हो। फिर हर कठिनाई मुँह के बल आ गिरती है।" हम्मीर ने उसकी बड़ी-बड़ी मदभरी आँखों में झाँका।

"अभी पद्‌मा यहाँ आने वाली है।"

"उसने मेले में क्या किया?"

"जब करने देती, तब वह कुछ कर पाती। मैंने उसे मेला दिखाना इसी शर्त पर स्वीकार किया था कि मेले में घूँघट निकाले रहेगी।"

"तब उसने क्या ख़ाक मेला देखा होगा। उसका मेला देखना तो बेमज़ा हो गया होगा।"

"यह तुम उससे ही पूछ देखना।"

"तुम नहीं बताओगी।"

"दाता कैसे जानकारी लेते हैं, यह मैं भी जानूँ।" मनका ने कटाक्ष करते हुए कहा।

"माना, महारानी सा, आपकी आँखें कटीली हैं और कमर त्रिभंगी।"

"तुम ठहरे जौहरी। तुम्हें हर चीज़ की ख़ासी पहचान है। मोल-भाव भी ख़ूब आता है।"

"पर तुम्हारे सामने आते ही सब भूल जाना पड़ता है।"

"मसका नहीं।"

"काश, मसका लगाना सीख गया होता।"

"आ तो गये हो...यह क्यों नहीं कह देते।"

"हाँ आ तो गया हूँ, महारानी सा, आज का शेष समय तुम्हारे नाम।"

"बातें बनाना वहाँ किससे सीख कर आये हो, रावल सा।"

"महारानी मनका सा से और किससे।" हम्मीर देव जब अपने में डूबने लगते तब वह रावल नहीं रहते। यह वह स्वयं सुनिश्चित नहीं कर पाते कि उनमें तब स्वतः होने वाला परिवर्तन कहीं दूर, किसी अन्य लोक का प्राणी क्यों बना जाता है? मनका उनकी प्यास बनी। न मनका चाहती थी कि वह किसी अपरिचित की प्यास बने और न वह अपनी प्यास को समझ सके। यही कारण है कि आज भी हम्मीर मनका के पास आकर सब कुछ भूलने लगते हैं। वह पहली नवयौवना छलकते मधुकलश सी मनमोहिनी रूपवती थी, जिस पर वह अपना हृदय हार बैठे थे परन्तु मनका को वैसा कुछ अनुभव नहीं हुआ। तब उसने सहज प्रश्न कर दिया था, "मैं यह सोच कर थक जाती हूँ कि पुरुष का मन इतना उतावला, उत्तेजित, आवारा, हठी और डाँवाडोल क्यों रहता है कि वह ताउम्र अविश्वासी, अपूर्ण, अविकसित तथा भ्रम के भँवर में चक्कर काटता रहता है।"

"क्यों, कहाँ खो गये मन के रावल राव? किसकी याद बेचैन कर उठी?"

"सच बताऊँ?"

"तुम्हारे सच-झूठ से मुझे कोई फ़र्क़ नहीं पड़ता, प्रेमघन के अधिपति?"

"कुछ समझना भी नहीं चाहिए।"

"समझना है तो सबकुछ समझिये, अधूरा नहीं, क्योंकि अधूरा समझना समझने का भ्रम उपजाता है। दरअसल, वह समझना होता ही नहीं।"

"तो क्या समझना भी छोड़ दूँ?"

"काश, ऐसा कर पाते, म्हारे मन के स्वामी।"

"ये तुम मुझे नये-नये विशेषण-सम्बोधन क्यों देने लगती हो, मनका? सच में मैं उनमें उलझने लगता हूँ।" हम्मीर को लगता कि मनका मात्र मनका नहीं है, उससे परे भी बहुत कुछ है। परे से मतलब? यहाँ आकर उसे लगता है कि रेगिस्तान के अँधड़ में राह भटका पर्यटक है वह।

"नहीं दूँगी, अब प्रसन्न।"

हम्मीर चुप रह जाता क्योंकि हर बात को उसका इतनी सहजता से मान लेना उसको चक्कर में डालता रहा है।

"तुम्हारा यकायक यों चुपचाप हो जाना मुझे तुम्हारे इतना पास ले आने का भ्रम पैदा कर जाता है कि फिर मैं अपने को दो राहे पर खड़ी पाती हूँ।" मनका सब कुछ कहकर भी नहीं समझ पाती कि उस सब का अर्थ क्या है।

"तुम दर्शन छोड़ो, मनका।"

"क्या मैं दर्शन हूँ?"

"लगता भी है और नहीं भी लगता है। मैं आज तक तय नहीं कर सका हूँ, प्राण प्रिये।"

इसी समय दौड़ती-भागती पद्मा आ गयी और कह गयी, "माँ..माँ लंगूर।"

हम्मीर अपनी हँसी नहीं रोक पाये।

"क्या बात है, दाता सा? क्या मैंने कुछ ग़लत कहा है?"

"नहीं तो...।" मनका की ओर देखते हुए हम्मीर कहने लगे, "शायद मैंने ग़लत सुना है। क्यों मनका, यह मैं ठीक समझ पा रहा हूँ?"

"तू कभी-कभी अपने दाता सा की तरह डरपोक हो जाती है।" मनका कहती।

"वो कैसे?"

"यहाँ लंगूर कोई नहीं है।"

"सच दाता सा मेरे पीछे लंगूर पड़ गया था काले मुँह का, लम्बी पूँछ वाला।" पद्मा अपनी बात की सचाई को कण्ठ छूकर पूछती, "अब तो सच मान लिया जायेगा।"

इस प्रश्न पर दोनों मुस्कराकर रह जाते।

"तो हम जाते हैं।"

"माँ को लंगूर बनाकर।"

"नहीं तो।" कहकर पद्मा सोचने लगती और समझ में आते ही कहने लगती, "माँ...माँ...मेरा मतलब वह नहीं था जो दाता सा निकाल रहे हैं। ...अच्छा हम चलते हैं।"

“रोको उसे।”

“क्यों?”

“तुम्हारे लंगूर बनाने का पुरस्कार जो दिलवाना है।”

“झूठ-मूठ।”

“पगली झूठ भी हमारी कल्पना का सच है। क्यों जी, समर्थन नहीं दोगे।”

“दिया।”

पद्मा देखती रह गयी कि दिया तो कुछ नहीं, फिर दिया क्या?

“ये ही वह लड़की है जिसने तीरन्दाज़ी का कमाल अपने नाम किया है।”

“क्या! क्या... ये सच है।” हम्मीर ने पद्मा की ओर देखते हुए पूछा।

पद्मा चुप रह गयी।

“अब किस सोच में पड़ गये, पद्मा के दाता सा?”

“किसी सोच में नहीं।”

“सफ़ेद झूठ।” मनका ने कहा, “मौन स्वीकृति का सूचक है।”

“हम्मीर का हृदय छलछला आया। वह गद्गद कण्ठ से धीरे से बोले, “पद्मा बेटी, तूने मुझे इस गौरव योग्य बनाया। बहुत-बहुत आभार और अभिनन्दन, बेटी।”

“समझीं माँ।”

“तुम्हारे और तुम्हारे दाता सा के बीच में माँ कहाँ से आ गयी?”

पद्मा मनका से लिपटती हुई कहती, “यहाँ से माँ।”

हम्मीर देखता रह जाता। वह कहीं गहरे में खोने लगता। सोचता, दाता शब्द कितना भारी है जो अपनी बेटी को बापू सा की ऊष्मा नहीं दे पाता। अन्दर-ही-अन्दर उनकी आँखें छलक पड़तीं। अपने को सँभालते हुए कहते, “बोलो बेटा पद्मा तुम्हें क्या चाहिए?”

“बता दूँ।”

“क्यों नहीं?”

“दाता सा और माँ की मुस्कान। बस ...और मुझे कुछ नहीं चाहिए।” पद्मा ने प्यार से कहा।

मानो हम्मीर की सारी सल्तनत खाली हो गयी। वह कह उठे, “अब मैं चलूँगा। रात का भोजन यहीं लूँगा। तुम्हारे और अपनी प्यारी बेटी के साथ।”

फिर हम्मीर वहाँ नहीं रुक सके। पता नहीं क्या हो जाता है ऐसे नाजुक क्षणों में, जब वह मात्र हम्मीर होकर अपने को पहचानने की कोशिश करते हैं। मनका गुमसुम रह जाती। पद्मा कहती है, “आज के व्यंजन मैं तय करूँगी, माँ।”

“कर लेना, भाई।”

"भाई नहीं, बेटी। ...कर लेना नहीं, करना ही है।"

मनका आँख झपका कर स्वीकृति देती।

"तो हम चलें, माँ, अपनी तैयारी करने। परन्तु आप रसोई की तरफ़ झाँकेंगी भी नहीं,...समझे।"

"समझ गये नहीं झाँकेंगे बाबा...बस।"

"अब हमें आपने बाबा बना दिया है माँ तो अब से, हम से आपको मात्र आशीर्वाद ही मिलेगा।"

"चलेगा।"

"क्या छोटी बात! ...माँ, चलेगा नहीं, दौड़ेगा।"

"चलो, दौड़ेगा।"

"इतना मायूस होकर क्या भला कोई दौड़ सकता है।"

मनका ने हर्ष से भर ज़ोर से कहा, "माँ दौ...डे...गा ऽऽऽ...यों दौड़ेगा।

"यह हुई न कोई मर्दों जैसी बात।" कहते हुए पद्मा चली गयी।

मनका के मानस पटल पर एक धुँधली-सी याद चपला बन चमक उठी निः ध्वनि-सी। ...कभी वह भी माँ से ऐसे ही बातें करते थी। क्या मालूम था इन बातों का तिलिस्म उठने में देर नहीं लगती। सब अन्धों की हक़ीक़त हाथी की पहचान बनकर रह जाती है। कैसे लड़की यौवन की दहलीज़ के आसपास आते-आते अपनी स्वाभाविकता को छोड़ने के लिए विवश हो जाती है। प्रायः वयस्क होने से पहले ही उसे पिंजरे में बन्द कर दिया जाता है, जबकि वह विवाह का ठीक तरह आशय भी नहीं जानती। पद्मा के भाग्य में क्या है, यह सोचते हुए उसका हृदय काँप जाता है। अभी वह कैसे निर्भय होकर भागती चली गयी, उड़ती तितली-सी सद्यः खिले पुष्पों की मादक सुगन्ध बिखेरती हुई।

10

बरसात का मौसम नहीं था। फिर भी, अचानक ताबड़तोड़ वर्षा हो रही थी। शरद ऋतु में मावट तो प्रायः हो जाती है, उससे खेतों में खड़ी फसल को बहुत लाभ पहुँचता है। फसल अच्छी तो कर भी अधिक आता है और किसान भी ख़ुश। दाम नहीं बढ़ते तो प्रजा भी ख़ुश।

सीधे हम्मीर मनका के महल में आ गया। हाथ-मुँह धोकर सीधे खाने के लिए आ बैठा। पद्मा ने कहा, "माँ, आप भी बैठ जायें दाता सा के साथ।" मनका ने कहा, "तू चाहे तो बैठ सकती है।" पद्मा बोली, "मैं कैसे बैठ सकती हूँ, मुझे तो परोसकारी करवानी है।"

"तो क्या हुआ, मैं करवाये देती हूँ।"

"नहीं, परोसकारी मैं अपने ढंग से करवाऊँगी। कब कौन-सी चीज़ परोसनी है, यह मेरे सिवा दूसरा कोई नहीं जानता।"

"आज भोजन की तैयारी पद्मा ने अपनी देख-रेख में करवायी है। व्यंजनों का चुनाव भी उसका अपना है।"

"लेकिन पसन्द आना या न आना तो आप पर है, दाता सा।"

"तो तुम बैठ जाओ मनका।"

"मैं...मैं...मैं...कैसे बैठ जाऊँ।"

"जैसे मैं बैठ गया हूँ।"

"आप तो...।"

"पुरुष हो, यही न। परन्तु मैं स्त्री-पुरुष में भेद रखकर नहीं चलता।"

"माँ, कृपया बैठ जाओ। अपनी लाडो की इतनी-सी प्रार्थना मान जाओ। अब तो दाता सा भी कह रहे हैं। उनकी बात रख लो।"

पास खड़ी मनका को हाथ पकड़ कर खींच कर बैठा लिया।

"यह हुई न कोई बात। स्त्री-पुरुष दोनों बराबर हैं। मेले में यही बात तो हुई है। माँ, क्या तू इतना जल्दी भूल गयी।"

मनका कुछ नहीं बोली। सेविका ने थाली लाकर सामने रख दी।

"परोसकारी हो गयी।"

"बस यही...।" मनका ने टोक दिया।

"चिन्ता नहीं, अभी बहुत कुछ गोपनीय है।" पद्मा की आँखों में चमक लहरा रही थी। उसके लम्बे रेशमी कुन्तल लहरा रहे थे। हम्मीर को लगने लगा कि सुन्दरता की इस देवी पर किसी की निगाह न पड़ जाये। नज़र न लगे उसे।

भोजन अति स्वादिष्ट था। व्यंजन की ख़ुश्बू बहुत अच्छी आ रही थी। मिठाई कई तरह की थीं।

पद्मा की पसन्द, तैयारी और परोसकारी की प्रशंसा हुई। फिर माँ की चित्रशाला का मुआयना किया गया। पद्मा खाना खाने बैठ गयी। स्वयं परोस कर बैठी। हम्मीर ने कहा, "अपनी पद्मा के लिए लड़का देखा जाये।"

"अभी से।"

"हाँ अभी से, मनका।"

"इतनी जल्दी नहीं। मेरी शादी भी खेलने-कूदने की उम्र में कर दी गयी थी। मुझसे किसी ने नहीं पूछा। माँ ने पूछा था—वह भी मात्र औपचारिकता के लिए। सब कुछ पहले से तय था।"

"तो क्या हुआ?...क्या तुम ख़ुश नहीं हो?"

"प्रश्न ख़ुश, नाख़ुश का नहीं है, रावल सा। प्रश्न उसके दिलोदिमाग़ की तैयारी का है। उसकी स्वतन्त्र चाह का है। उसके अरमानों का है।" मनका मन उलट रही थी।

"मुझसे कोई ग़लती हो गयी क्या?"

"ग़लती का प्रश्न ही कहाँ है? प्रश्न है ग़लत परम्परा सुधारने के लिए आगे आने का। लड़की की अस्मिता और उसकी आज़ादी का।" मनका कहती गयी "क्या कभी आपने देखा-समझा है कि जिस उम्र में वह स्वप्न-कल्पना देखने की तैयारी भी नहीं कर सकी, उस उम्र में पिंजरे में डाल दिया जाये तो क्या परिणाम होगा उसका?"

"महल क्या पिंजरा है?"

"क़ैदखाना कहूँ तो।"

"महल को क़ैदखाना।"

"जहाँ व्यक्ति की आज़ादी, ख़ुशियों और स्वप्न-कल्पना पर प्रतिबन्ध लग जाता है, वहाँ मैना भी सब सुविधाओं के बावजूद तड़प उठती है।" मेनका ने और स्पष्ट किया।

"इसी कारण, तुमने पिंजरा खोलकर मैना को उड़ा दिया और हमसे कहा... ।"

वह भी उचित था, क्योंकि कभी-कभी मैं मैना के स्वर में दर्द अनुभव करने लगती थी। जब उसके पास कोई नहीं होता था, तब मैं उसके पास आकर पूछती थी, "आज तुम उदास लग रही हो, मैना।"

वह कहती, "बादल आ घिरे हैं।"

"तो?"

"तो उड़ कर कहाँ डेरा जमाऊँ?"

"कहाँ जमाना चाहती हो?"

"जानती हैं, मेरा पति...होने वाला पति, सामने पेड़ की एक डाल पर आकर बैठ जाता है। अवश हो लौट जाता है। वह क्या कर सकता है?"

"तुम उससे प्यार करने लगी थीं?"

"वह भी ऐसा भाव व्यक्त करता था?"

"फिर अब?"

"आप इधर आइए। सामने देखिए...वो वहाँ बैठा है, उस सूखी डाल पर, जिसे किसी ने गुस्से से तोड़ कर वहीं पड़ा रहने दिया है। तेज़ झँझा चलेगी तो वह डाली नीचे गिर जायेगी और वह उड़ जायेगा।" मैना ने सजल नेत्रों की कसक व्यक्त करते हुए कहा।

"तो मुझे क्या करना चाहिए।"

"वह आप नहीं कर सकेंगी।"

"भला क्या?"

"पिंजरे का द्वार खोल दें।"

"तो मैं उड़ जाऊँगी।"

"कहाँ?"

"उड़ कर ऐसी जगह चली जाऊँगी, जहाँ महल न हो, बस्ती न हो और बस्ती में पक्षियों पर अत्याचार करने वाले न हों।"

"क्या ऐसा स्थान कहीं है।"

"नहीं है, यह आप कैसे मानती हैं।"

"लगता है।"

"आप अपना सहयोग दे रही हैं या नहीं।"

"कैसा और किसलिए?"

"बहुत जल्दी भूल गयी आप।"

"बता दो।"

"आप स्वयं तो उड़ नहीं सकतीं, परन्तु मैं...।"

"पिंजरे के द्वार खोलने पर मुझे अभी और सोच लेने दो—जल्दबाज़ी ठीक नहीं।"

"आप से मुझे यही उम्मीद है।"

"एकदम ग़लत, मैना।"

"मुझे हँसी आती है आपकी सोच पर। आप कर कुछ नहीं सकतीं!"

"इसी समय, रावल-सा पद्मा आयी और कहा, "मेरी माँ के बारे इस प्रकार नहीं कहें। वह साहसी हैं और निर्भीक भी।"

"कैसे?"

"मैं उनकी ही बेटी हूँ।"

"काश, ये सच हो।"

"यही सच है, मैना।"

"होगा।"

"माँ, आप मुझे माफ़ करना।" पद्मा ने इतना कह कर, "पिंजरे का दरवाज़ा खोला और कहा, "अब जा सकती हैं आप।"

यों मैना उड़ गयी और सोने का पिंजरा खुला का खुला पड़ा रह गया। पद्मा सहज ढंग से कहने लगी, "माँ, इसमें सोचना क्या था। तू आसमान में सुबह-शाम

देखती है कि पक्षियों की टोलियाँ कितनी स्वच्छन्द होकर पंख फड़फड़ाती हुई हवा को चीरती उड़ती जाती हैं प्रसन्न होकर। उनके उड़ने मात्र से हवा में ताज़गी आ जाती है और नया जीवन।"

"तो?"

"तो ये माँ, नीचे खुले मैदान में कितने हरे-हरे तोते-तोतियाँ कलरव करते हैं, काग आते हैं, वे बीच-बीच में पंख फैलाकर इधर-उधर किलोल करते हैं। मोर-मोरनी तू देखती है। कितना प्यार करते हैं। प्रतिदिन आते हैं। निर्भीक होकर दाना चुगते हैं वे सब। कितना आनन्द आता है मुझे, तू इसकी कल्पना भी नहीं कर सकती। इन भोले ईश्वर भगतों को अपने चारों ओर देखकर मैं अपने में नहीं रहती। मनुष्य ने इनका व्यापार भी शुरू कर दिया है। ...ना माँ, मैना को आज़ाद कर आज मुझे जितनी प्रसन्नता हो रही है, तू उसकी कल्पना नहीं कर सकती। अपनी खुशी दूसरे भी को दास-दासी बनाकर कैसे पा सकते हैं। क्षमा करना यदि मेरे से यह ग़लती हुई हो तो...। मैं ऐसी ग़लती की सज़ा पाने के डर से भी करने से नहीं चूकूँगी। ...मैं सोचती थी कि तू आती तो नीचे खुले मैदान में पक्षियों की स्वतन्त्रता, उन्मुक्तता और आह्लाद का अनुभव करती। एक दिन मुझसे आकर कहती ले पद्मा, मैंने भी मैना को आज़ाद कर दिया ...मैं नाच उठती। परन्तु माँ...अब छोड़ें इस प्रसंग को। अब प्रसन्न होकर मुझे यह शुभ कार्य करने के लिए प्यार भरा आशीर्वाद दे दें।

"रावल सा, यह है सच्ची कहानी स्वर्ण पिंजरे के खाली पड़े होने और सुबह उठते-उठते राम-राम करती मैना के उड़ने की।"

"तुम...शायद तुम्हें वह अनुभव नहीं है परन्तु मुझे है।" कहकर कुछ देर के लिए हम्मीर अपने में कहीं दूर खो गये। ऐसा कई बार हुआ जब वे वर्तमान से अतीत में या अनागत में जा पहुँचे।

"कैसा अनुभव...।"

"वह फिर कभी, पर तुम्हें बताऊँगा अवश्य ...अवसर आने दो।"

"कब आयेगा वह अवसर, कब बता सकोगे उस रहस्य-गाथा को?" मनका कह जाती अपने भीतर की जिज्ञासा को शान्त स्वभाव की चुप्पी में जीने का आदेश देकर।

रहस्य जीना मानव का ऐसा स्वभाव है, जिसके बिना वह जी नहीं सकता। गोपन-गाथा को लिए वह जीवन से विदा हो जाता है। कदाचित इसीलिए मनुष्य का पुनर्जन्म होता है। जो छिपा रह गया मन का मन में, उसको पुनः जन्म लेकर जियो और तब तक पुनर्जन्म लेते रहो, जब तक गोपन-गाथा का तरकश खाली न हो जाये।

हम्मीर भी अपनी ज़िन्दगी की अनेकानेक गोपन-गाथा, लघु कथा, प्रसंग और चाहे न चाहे बलवती हवस को पूरा करने के बाद स्वयं के प्रति उपजी उपेक्षा से अन्दर-ही-अन्दर आहत था। उनको वह किसी के साथ साझा कर पाता तो वह भी मैना की तरह उड़ सकता था—निर्भीक और स्वतन्त्र होकर। फिर भी जो है, जैसा है, उसी के सहारे ही उसे चलना है।

"क्या तुम भी अपने को विवश और अन्दर से मैना का दिल लिए अपने को पिंजरे में क़ैद समझते हो? तुम तो रावल हो। राज्य के स्वामी।"

"हाँ...हाँ, फिर भी, मालिक का भी कोई मालिक है। वह निरन्तर हर पल देखता रहता है कि क्या कर रहे हैं हम। पता नहीं, वह कितना परोपकारी है और कितना नहीं।"

"तुम्हारे साथ सबसे बड़ी कठिनाई यही है कि तुम थोड़ी-थोड़ी देर में कहीं जा खोते हो।"

"हाँ, मनका, तुमने सच कहा है। मानव उत्तरदायित्व से विमुख होने पर, अधूरा रह जाने पर अथवा अपने उत्तरदायित्व को पूरा न कर पाने के दोष को किसी दूसरे पर मढ़कर चाहे अपने को बचा ले जाये, लेकिन वह अपनी आत्मा के सामने अपने अपराधी न होने की मानसिकता से बच नहीं सकता। इस नशे की आदत से भी अपने को बचा नहीं सकता। ...हम मधुमक्खी की तरह अपना जाल स्वयं बुनते हैं। बुनकर उसमें फँस जाते हैं। फिर कितने भी हाथ-पाँव मारो, परिणाम शून्य होता है।"

"चिन्ता चिता से बढ़कर है। ...अकेले पड़ते नज़र आते हो। विश्वास डगमगाने लगता है, जब अपने समझे जाने वालों पर भी सन्देह होने लगता है या पुष्ट-अपुष्ट षड्यन्त्र बनने का आभास होता है। राज्य का बल शक्ति से नहीं, सहयोगियों का विश्वास पाने पर परिणाम देता है।" मनका का मन आर्द्र हो उठा था। वह हम्मीर के चेहरे पर चिन्ता पढ़कर व्याकुल हो उठती थी।

"तुम ठीक कहती हो, मनका, पर मैं करूँ तो करूँ क्या। किस पर विश्वास करूँ, किस पर नहीं, कुछ नहीं सूझता। ये सारी शान-शौक़त, रुतबा, मान-सम्मान ...झुक झुककर जी हुज़ूरी आदि बाहर से जितने महत्त्वपूर्ण लगते हैं, अन्दर से वे काँटे के समान हैं। वह पण्डित जो देशद्रोही के साथ पकड़ा गया, हमारे एक अमात्य का भाँजा निकला। उसकी हाथा जोड़ी, रिश्तेदारी के आधार को मैंने अनदेखा कर दिया और छोटे भाई वीरम...।"

"वीरम सा तो चम्पा के सामन्त हैं, वही न।"

"हाँ वही।"

"उनको क्या सज़ा दी गयी?"

"मृत्युदण्ड।"

मनका सोच में पड़ गयी।

"क्यों, क्या सोचने लगी हो?"

"कुछ नहीं बस यों ही। मन को चैन कहाँ? उसका काम है गड्ढे में डालना, फिर निकालना और न निकल पाये तो पश्चात्ताप की आग में झुलसाते रहना। पश्चात्ताप की आग जौहर से भी ज़्यादा व्यापती है, क्योंकि इसमें व्यक्ति मरता नहीं, धीरे-धीरे उसकी लपटों में झुलसता-सुलगता रहता है।"

"यह सब, तुम्हें कैसे मालूम है?"

"म्हारे दाता सा ने, राव के रुतबे की शान में एक सेठ की लड़की को उठवा लिया। वह रोती-बिलखती-सा के अत्याचार सहती रही। अन्त में कुएँ में जाकर डूब मरी। उसकी आह ने उनकी नींद हराम कर दी। यह वही सेठ था, जिसने अपने पुरोहित को भिजवा कर थारे मन में म्हारी सुन्दरता का वर्णन करके आग लगा दी थी और बावरी अन्धी प्यास जगा दी थी। दाता सा जहाँ म्हारा रिश्ता जोड़ना चाहते थे, वहाँ नाहीं जोड़ सके और थारे भय से म्हारी एक नाहीं चली और रोती-झींकती थारे पास आ गयी। जे भी कोई सम्बन्ध हुआ, जहाँ प्रेम का एक अंकुर नहीं फूटा और प्रेम के नाम पर अपनी हवस का शिकार बना दिया। ...फिर विश्वास कहाँ से बने, भीतर से सहयोग कहाँ से मिले।"

"मैं तुम्हारा अपराधी हूँ मनका, थाने कितनी बार कहा है जे दुःख गाथा को भूल जाओ।"

"मैं तो भूल गयी हूँ तुम्हें पाकर। तुम वैसे नाहीं निकले। धीरे-धीरे म्हारा दिल जीत लिया। ...पर थारी चिन्ता की अदृश्य आग की गहरी तपन को देखकर म्हारा मन व्याकुल होने लगता है। कछु सूझता नाहीं कि क्या करूँ, कैसे थारा जी मानने लगे। ...जे चिन्ता दिन-रात म्हारे को सोबत नाहीं देत।" मनका ने अन्दर से भीज कर कहा, गम्भीर भाव-मुद्रा में डूबकर।

"थे चिन्ता नाहीं कर, म्हारे गुनाहों को विष्णु भगवान अवश्य क्षमा कर देंगे। तुझ जैसी पवित्तर, परोपकारी और निश्छल बींदणी म्हारे साथ है।" हम्मीर ने मनका का हाथ अपने सीने पर रखकर धीरे-धीरे कहा।

"प्यार में बड़ी शक्ति है, मेरे सरताज।"

"थे म्हारे सूँ प्यार करती है।" ख़ुश होकर हम्मीर ने तपाक से कहा।

"थे नाहीं! करत हो क्या?"

"वो थे जाने, अनुभव करे। म्हा का कह सकत हूँ। म्हा तो थारा अपराधी हूँ।"

"जे बात फिर ज़बान पर कभी मत लाना था। रे थारे प्यार ने म्हारी बेचैनी को ऐसे छूमन्तर कर दिया जैसे कर्पूर को। मनका ने हम्मीर की हथेली पर अपने होंठ रख दिये। वह पगला गया-सुख-शान्ति, चैन और निश्चिन्तता यहाँ है।"

यों नींद ने लपेटे में ले लिया। आँख खुली तो सूर्य देवता का साम्राज्य दमक चमक रहा था। मनका उठ गयी थी। वह नहा-धो कर पूजा कर रही थी। उसके पास पद्मा हाथ जोड़े बैठी थी। दोनों ने आँखें बन्द कर रखी थीं। एकदम शान्त चित्त थीं वे दोनों। यह देखकर हम्मीर उठकर बैठ गया।

11

वसन्त आ रहा था। होली आने को थी। पर शीत का मिज़ाज कड़क था। हवा भी उससे हाथ मिला चुकी थी। मौसम के विद्रोह को दिल्ली सुल्तान की मनमानी और तानाशाही हुकूमत के क्रूर आक्रमणों को मिलाकर देखा जा रहा था। सोचा जाने लगा था कि बाहरी आक्रमणों से राजपूताना क्षेत्र को बहुत हानि उठानी पड़ी है—प्रजा को इज़्ज़त-आबरू, जान-माल की हानि उठानी पड़ी है। इस स्थिति से निपटने के लिए रावल-राणाओं के पास दूत भेजे गये ताकि सब मिल-मिला कर अलाउद्दीन को ऐसा सबक सिखायें कि फिर कोई बाहरी आक्रमणकर्ता इधर आँख उठाकर न देख सके। जिस आन-बान-शान का तमगा उस पर लगा हुआ है, उसकी प्रतिष्ठा बच सके। सबने आधे-अधूरे मन से इस प्रस्ताव को लिया परन्तु नतीजा टाँय-टाँय फिस्स।

आज दरबार लगा था। राज्य के सभी ज़िम्मेदार पदाधिकारियों को बुलाया गया था। उनमें दण्डनायक रतिपाल, दुर्गपाल छतर सिंह चौहान, सेनापति भीम सिंह आदि प्रमुख थे। प्रमुख अमात्य धर्म सिंह के ज़िम्मे थी यह व्यवस्था।

रावल हम्मीर जान गया था कि पहले दिल्ली के तत्कालीन सुल्तान जलालुद्दीन खिलजी ने एड़ी-चोटी का ज़ोर लगाया, परन्तु लौटा रणथम्भौर से पराजित होकर ही।

अब दरबार जुड़ चुका था। इसी समय राघव चेतन भी आ गया। वह बहुत योग्य ब्राह्मण था, ज्योतिष जानता था, टोने-टोटके में दक्ष था और वह भी था। थोड़े समय में उसने रावल हम्मीर पर अपना प्रभाव जमा लिया था। उनका अति विश्वसनीय पात्र बन गया था।

दरबार में तत्कालीन समस्याओं और राव-रावल, राणाओं के एकजुट न होने पर भी विचार हुआ। परन्तु परिणाम कुछ ख़ास नहीं निकला।

रावल हम्मीर ने अकाल की समस्या पर सबका ध्यान केन्द्रित किया। उसने उपज अच्छी हो सके, इसके लिए कोटि यज्ञ पुनः करवाया। भण्डारक जाहड़ ने बताया अन्न भण्डार की स्थिति कमज़ोर है। प्रजा को अन्न भी बाँटना है।

शाम ढले थके मन से रावल हम्मीर लौट आया। उसका चित्त उखड़ा हुआ और निराश था। पद्मा उसके सामने पड़ गयी। वह बोली, "क्या हुआ आज?"

"कहाँ, क्या हुआ, पद्मा?"

"आप दरबार से आ रहे हो न, तो वहाँ ऐसा क्या हुआ, जिसने आपको इतना उदास, खिन्न और तोड़-सा दिया।"

"कुछ नहीं, पद्मा। राजकाज में होता रहता है। तू चिन्ता न कर बेटी।" हम्मीर ने अपने को सँभाला।

"दाता सा, आप अन्दर जाकर लेट जायें।"

"थारी माँ कहाँ है?"

"अभी आती ही होंगी।"

"तो मैं भी...।"

"आप कहीं नहीं जायेंगे, दाता सा।" कहकर पद्मा ने उनका हाथ पकड़ लिया। वह तुरन्त बोली, "थे, दाता सा, तप रहे हो। अन्दर चलो। ...मैं वैद्यराज को बुलवाती हूँ।" पद्मा ने हम्मीर की एक नहीं सुनी और अन्दर लाकर पलंग पर लिटा कर रज़ाई उड़ा दी।

हम्मीर का हृदय आर्द्र हो उठा।

थोड़ी देर में मनका भी आ गयी। पद्मा ने वैद्यराज को बुलवाने सेवक भेज दिया था।

मनका अन्दर आयी। हम्मीर की नब्ज़ देखी, तेज़ चल रही थी। वह कहने लगी, "अपने शरीर की तनिक भी चिन्ता नाहीं। ...इत्ता तेज़ ज्वर है। फिर भी लौटे जा रहे थे। ...क्या हमें भी शत्रु मान लिया है?"

"ना, मनका। वह तो जाहड़ ने...।"

"मारो गोली जाहड़ के बच्चे को और रतिपाल, रणमल्ल को..."

"परन्तु...।"

"परन्तु-वरन्तु कछु नाहीं। लेटे रहो यहाँ शान्ति से। म्हाने सेनापति भीम सिंह सा से बात कर ली है। म्हारे यहाँ से, म्हारे मामा का लड़का और उसके दो भाई आ गये हैं।"

"तो?"

"तो जे म्हारे प्राणप्रिये, सेनापति सा ने जाहड़ को कुछ दिनों के लिए एक तरफ़ कर, म्हारे मामा के लड़के विक्रम सिंह को वहाँ बैठा दिया है। वह अन्न भण्डार को देखकर पूरी तरह सन्तुष्ट है। कल सुबह से प्रजा को अन्न बँटवाया जा सकेगा। उसका इन्तज़ाम पुख़्ता कर दिया है। सेनापति ने अपने विश्वसनीय और गाँव के मुखियों को बुलवा लिया है। उनकी देख-रेख में अन्न बँटवाने का काम कल से शुरू हो जायेगा। ...अन्न की कोई कमी नहीं है। जाहड़ तो झूठ बोल रहा था।"

"जाहड़ को वह सबक सिखलाऊँगा कि उसे अपनी दादी-नानी याद आ जायेगी। ...म्हारे सूँ झूठ... उसकी..."

"शान्त प्रिये। शान्त, उत्तेजना नाहीं। जा बखत में क्रोध नाहीं। शान्ति। अपना काम हो जाये, मुख्य बात यह है।" मनका ने उसका हाथ पकड़ लिया। "थारे को गुस्सा नाहीं प्यार चाहिए। जे परीक्षा की घड़ी है। संकट निकल जाये तो समझो सामने सूँ कालो नाग फा-फूँह कर चला गया।" मनका ने कहा।

"थे ये सब...।"

"जान गये। कछु थारी प्यारी बिटिया पद्मा से और कछु सेनापति भीमसिंह से। और उनसे मिलकर जे योजना बना डाली और उस पर काम भी प्रारम्भ कर दिया।"

"पद्मा ने...।" साश्चर्य कहा।

"म्हारे बांके सिंह सा, कछु-कछु हम पर भी राज्य करवे को नशा छा गयो है।"

"थाने ग़ज़ब कर डालो।"

"थाने का कम ग़ज़ब करने को मन बना लिया था कि जहाँ से चल पड़े और वह भी ज्वर से तपते हुए।"

"मानुष से ही ग़लती होती है, म्हारी महारानी।" हम्मीर ने धीरे-से कहा।

"था से नाहीं, म्हारे प्राणप्रिये, वो तो म्हारे से हुई कि थारे कूँ अकेला छोड़ दिया।"

"माँ...माँ...राजवैद्य सा पधार गये हैं।" पद्मा ने कहा।

माँ ने उठकर राजवैद्य के बैठने की व्यवस्था की और पद्मा को पुकार कर, राजवैद्य को अन्दर लिवा लाने का संकेत किया।

राजवैद्य ने नब्ज़ देखी, जीभ देखी और फिर आँखें देखकर कहा, "रानी सा, थाने समझदार सेवक को भेजा। बाने म्हारे कूँ सारी स्थिति बता दी। जा से जे हुआ कि मैं दवाएँ भी साथ लेता आया कूट-काट कर। ...चिन्ता की कोई बात नाहीं है। राजकाज में समय ऊपर-नीचे होता रहता है। अच्छा या बुरा समय

आता ही रहता है। वाके लिए एक-सीमा से ज़्यादे चिन्ता नाहीं करनी। सब रोगों की जड़ जे चिन्ता चकोरी है, जो चुपके-चुपके मोहिनी बन पंख पसारती है और फिर मौक़ा पाते ही हमला बोल देती है। ...रावल सा कूँ आराम करने की बहुत ज़रूरत है। ...जे काढ़ो है एक लुटिया पानी में तब तक औटाना जब तक वह एक चौथाई न रह जाये। फिर कपड़छनकर पिला देना। खाने में मुनक्का दे सकते हो, दूध बिना मलाई का ...जी करे तो छिलके वाली मूँग की दाल पतली...जे तीन पुड़ियाँ हैं–एक अभी ताते पानी के साथ, एक दोपहर को और एक रात कूँ। ...फिर मैं आऊँगा ही।" हम्मीर शान्ति से सुनता रहा। कुछ बोला नहीं हालाँकि मुँह में कुछ-कुछ कड़वाहट लग रही थी परन्तु वह उसे छिपा गया।

राजवैद्य चला गया। पद्मा दूध में तुलसी के पत्ते उबाल कर ले आयी।

"तू लायी...सेविका थी न...।"

दाता सा तो म्हारे हैं माँ सा। जे कोरा दूध नांय, जा में म्हारा प्यार भी है। ...तुलसी पत्ते भी हैं। ...तू दाता सा ने दूध पिलाना धीरे-धीरे। जे पुड़िया मोहे दे, हूँ काढ़ा बनाकर लाती हूँ और मुनक्का कोयला पर सेंक कर, काला नौन लगाकर। पुड़िया लेकर पद्मा चली गयी।

मनका घूँट-घूँट दूध पिलाती रही और हम्मीर फिर से अपने बचपन में उतरते गये। माँ की याद सावन की घटा बन चित्त पर उतर कर बतियाती रही।

इस तरह पाँच दिन इलाज चलता रहा। स्वस्थ तो वह तीसरे दिन से होने लगे थे। अन्न को अकाल क्षेत्र के ज़रूरतमन्दों तक पहुँचाने के समाचार ने हम्मीर को राहत दी। परन्तु अलाउद्दीन खिलजी के आक्रमण का सामना करने की रणनीति का संयुक्त प्रयास अधरझूल में लटका रह गया।

इधर मनका देवी ने महारानी रंगदेवी से मिलकर यह प्रार्थना की कि वह कुछ अन्यथा न लें। रावल हम्मीर उनको याद कर रहे हैं। वह वहाँ नहीं आ सकते हैं। इसका असर तब पड़ा जब मनका ने कहा, "वर्तमान स्थिति क़तई अनुकूल नहीं है। अलाउद्दीन खिलजी के आक्रमण का तनाव रावल को घेरे है। एकजुट होकर सामना करने का प्रस्ताव प्रस्ताव बनकर रह गया लगता है। ऐसी स्थिति में परिवार को एक होकर उनके मन को ढाढ़स बँधाना ज़रूरी बनता है।"

हम्मीर को यह देखकर बहुत अचरज हुआ कि महारानी रंगदेवी वहाँ आयी हैं। यह जादू कैसे हुआ। वह कहने लगीं, "रावल सा, चिन्ता करने की कोई ज़रूरत नहीं है। आपकी विजय सुनिश्चित है। युद्ध हमारे स्वाभिमान, गौरव और पराक्रम को सिद्ध करेगा। मैं अब घर भी सन्देश भिजवाऊँगी। ...आख़िर प्रश्न युद्ध में

जीत-हार का नहीं है। प्रश्न है, हमारे बलिदान का। हमारा लक्ष्य है, आक्रमणकर्ता को यह अनुभव करा सकें कि ये धरती वीर-बलिदानी और आन-बान-शान के संरक्षक राजपूतों की है। ...हम, आवश्यकता पड़ी, तो जौहर का माध्यम अपना कर यह सन्देश देंगे कि राजपूत स्त्रियाँ आततायियों से नहीं डरेंगी। वे वीरांगनाएँ हैं, जो देश के स्वाभिमान के लिए ख़ुशी-ख़ुशी अपने प्राण निछावर कर सकती हैं। उन्हें हमारी राख मिलेगी। ऐसा उदाहरण उन्हें कहीं नहीं मिलेगा।"

हम्मीर ने कहा, "मुझे विश्वास है, हम राष्ट्र धर्म के गौरव के लिए अपने प्राणों की आहुति देने में अपना सम्मान तथा स्वाभिमान मानते हैं। ...यद्यपि पिता श्री इस पक्ष के साथ रहते नज़र आये थे कि हमारी महिलाएँ भी शत्रु का मुकाबला करते हुए अपने प्राण दें। ऐसा सम्भव नहीं लगता है इस समय। ...वैसे हमारी रणनीति तनिक भी कमज़ोर नहीं है। शत्रु के दाँत अवश्य खट्टे करेंगे। ...आपका आना महारानी सा मुझे बहुत बल दे सका है। ...वो पद्मा है। ...पद्मा इधर आओ, महारानी सा का आशीर्वाद लो। ..."

"आशीर्वाद तो उसने बड़ी माँ के पाँव पकड़कर पहले ही ले ले लिया है। उसका अलौकिक रूप-रंग और तेजस्वी सौन्दर्य की आभा अद्भुत है।" रंगदेवी का हृदय उसके अद्वितीय सौन्दर्य पर ऐसा रीझ उठा कि वह कह गयीं, "पद्मा महिमामण्डित तपस्विनी का अवतार है।"

यह सुनकर राघव चेतन ने सबको प्रणाम कर कहा, "रावल सा की आज्ञा हो तो ज्ञान-ध्यान धर्म की पोटली को थोड़ी-सी हवा दे दूँ।"

महारानी रंग देवी की ओर रावल ने देखा। राघव चेतन का जादू रावल, रानियों सब पर चल रहा था। वह उनके राज्य का सबसे अधिक योग्य और ज्ञानी माना जा रहा था।

मनका की ओर देखकर राघव चेतन ने कहा, "आज आपके महल में सरस्वती दास कुछ बखान करने की आज्ञा चाहता है।"

"रावल सा और महारानी सा के होते म्हारी का औक़ात कि कुछ निर्णय ले सकें।"

"हुकम हो, बड़ो हुकम।"

रंगदेवी उससे प्रभावित थीं, क्योंकि जादू-टोनों में उनका विश्वास था। हम्मीर ने महारानी की सहमति समझकर कहा "सुनाइए, क्या सुनाना चाहते हैं।"

"बड़ो हुकम की आज्ञा सिर माथे, अभी-अभी मैंने सुना कि बिटिया पद्मा के सौन्दर्य और प्रतिभा को लेकर महारानी सा ने जो कुछ कहा, उसमें मैं भी

कुछ बघार लगाना चाहता हूँ।...” कुछ समय वह इस मन्त्र का उच्चारण कर उठा, “ऊँ नमो पद्मावती पद्मनये, लक्ष्मीदायिनी वाँछा भूत-प्रेत विंध्यवासिनी सर्व शत्रु-संहारिणी दुर्जयमोहिनी ऋद्धि-सिद्धि वृद्धि कुरु-कुरु स्वाहा। ऊँ क्लीं श्री पद्मावत्यै नमः। पद्मावती निःसन्देह दिव्य शक्ति-सम्पन्न और अद्वितीय रूप सौन्दर्य की अधिष्ठाता है। ...योगिनी है। कुल चौंसठ योगिनियाँ हैं। उनमें प्रमुख योगिनियाँ आठ हैं–सुर सुन्दरी योगिनी, कामेश्वर योगिनी, कनकवती योगिनी, रति सुन्दरी योगिनी, मनोहरा योगिनी, मधुमती योगिनी, पदमिनी योगिनी और नतिनी योगिनी। ...इनमें पदमिनी योगिनी श्रेष्ठ है। ...महादेव ने श्रीराम को पूर्ण विष्णु अवतार माना है। ...पदिमनी अत्यधिक कोमल हृदय श्रीपुर की अधिष्ठात्री, अपार गुण-निधि, सौन्दर्य की साक्षात् देवी है। ...वह विधाता की सबसे अनमोल कृति है। राजन, ...आप धन्य हैं, धन्य माते मनका देवी। ये आपके पूर्व जन्म का फल है।”

“परन्तु...।” कहकर कुछ सोचते रह गये हम्मीर।

“रावल सा कुछ जिज्ञासा...?”

“नहीं, देवल महाशय।”

“मैंने अपने दुर्ग के चारों ओर मन्त्र द्वारा कीलना आरम्भ कर दिया है, ताकि दुर्ग शत्रु की पहुँच से सदा बाहर रहे और शत्रु को निरन्तर क्षति पहुँचे। तदुपरान्त शक्ति पाठ एक सौ एक ब्राह्मण के द्वारा करवाने का विचार है।” राघव चेतन ने स्वर साधना का अवलम्ब लेकर कहा।

“आप कीजिए, पण्डित राघव चेतन। ख़र्च की तनिक भी चिन्ता नहीं। जो कर सकते हों, वह अवश्य कीजिए। अपनी ओर से कोई कसर नहीं रहनी चाहिए।” हम्मीर ने याद करते हुए कहा था, “तब आप यहाँ नहीं थे पण्डित जी, जब यहाँ कोटि यज्ञ करवाया गया था।”

तब तो आपने एक मास का मौन भी रखा होगा।

हम्मीर ने कहा, “हाँ, शिप्रा में स्नान किया था। महाकाल के दर्शन कर भभूत का प्रसाद पाया था। मन शान्त हो गया था और एक अज्ञात और गन्धमयी प्रेरणा का संस्कार कई महीनों तक बना रहा था।”

“परन्तु आगे प्रतिकूल स्थितियाँ बनी होंगी। जैसे आक्रमण।”

“हाँ, जलालुद्दीन खिलजी, वर्तमान में दिल्ली के सुल्तान अलाउद्दीन खिलजी का चाचा-श्वसुर, जिसकी उसने हत्या करवा कर दिल्ली का राजपाट पाया है और उसे विस्तार देने का प्रयत्न अभी तक जारी बनाये हुए है।” हम्मीर ने मन-ही-मन तथ्यात्मक विश्लेषण कर यह जानना चाहा कि ज्योतिष, तन्त्र-मन्त्र का ज्ञाता और संगीत विशारद क्या कहता है?

राघव चेतन बड़े से बड़े और महान से महान व्यक्ति की इस कमज़ोरी को भली प्रकार जानता है कि वह अपने भविष्य को धैर्य से सुनना पसन्द करते हैं और ऐसे भविष्यवक्ता पर बेशुमार सम्पति लुटा सकते हैं। उसने एक दाँव चलकर रावल को अपने नज़दीक लाने में सफलता प्राप्त कर ली। उसने पद्मा के बारे में कुछ कहे जाने से पहले अपने को रोक लिया ताकि टूटी कड़ी को जोड़ने की जिज्ञासा रावल की ओर से बराबर होती रहे और उसे टालते हुए वह उनकी जिज्ञासा को दिन-पर-दिन उत्तेजित करता जाये। वह बड़ी चतुराई से विकसित सन्दर्भ को टाल गया यह कहकर, "हर बात का महत्त्व तब है जब वह तत्काल आने वाले कल को रेखांकित कर सके। वह जान गया था कि हम्मीर वीर शिरोमणि हैं, सच्चे भी हैं और सुसंस्कृत भी। उन्हे जब तक मुट्ठी में दबाये रख सको, रखो। वह उतना ही समर्पित होता जायेगा। कामना अन्धी होती है। मृग की नाभि में कस्तूरी की मस्त गन्ध के समान, जिसको वह जंगल-जंगल मारा-मारा ढूँढ़ता फिरता है। वह कहने लगा, "रावल सा, देह रोग तो यों छूमन्तर "परन्तु...।"

"परन्तु क्या?"

"ठीक से मैं पहले सोच-समझ लूँ अन्यथा गणित की गणना धोखा देकर अदृश्य हो जाती है। ...और ज्योतिषविद् संशय के घेरे में आ जाता है।" इतना कहकर राघव चेतन उठ खड़ा हुआ। महारानी रंगदेवी ने कहा, "राज्यहित का ध्यान रखिए।" अति धीरे से कहा, "पुनः मिलिए।"

राघव चेतन के जाने के बाद, लगातार बैठे रहने से हम्मीर को कमज़ोरी का अनुभव हुआ। वह सरक कर लेटते ही सो गये। महारानी को बाहर तक छोड़ने मनका आयी। लौटने से पहले मनका यह कहना नहीं भूली कि आज जो कुछ हुआ है वह पद्मा की वजह से। वह आपकी बहुत प्रशंसा करती है और सारे सूत्रों को जोड़कर घर एक मन्दिर बनाने के स्वप्न को देखती रहती है। महारानी सा फिर आइए। इसी के साथ झुककर उसने महारानी के पाँव छू लिए। महारानी प्रसन्न होकर आगे बढ़ने लगीं तो पद्मा ने तेज़ी से आते हुए रुक कर कहा, "बड़ी माँ को मैं उनके महल तक छोड़कर आऊँगी।" महारानी ने बहुत कहा, "मैं चली जाऊँगी।" पर वह बराबर कहती रही, "आप आयी भी हैं तो चली भी जायेंगी परन्तु मैं आपके साथ जाने का आनन्द उठाने से वंचित रह जाऊँगी।" अब वह क्या कहतीं। मुस्कराकर उसका स्वागत करती हुई बोली, "म्हारी मुँह बोली बेटी, आइए...आइए...मुझे भी फूल कुमारी की अनुभूति से जुड़ने का आनन्द लाभ उठाने का अवसर मिले तो इससे अच्छी क्या बात है?"

12

एक माह बीत गया। तेज़ होती गतिविधियों में ख़ामोशी-सी पसरती लगने लगी। हम्मीर ने अपनी तैयारियों में ढील नहीं आने दी। अलाउद्दीन बहुत चालाक है और सामने वाले को धोखा देने में माहिर है। वह साम-दाम-दण्ड भेद सबसे काम लेता है। कमज़ोर कड़ी कौन सी हो सकती है, उसे अपनी ओर मिलाने तक अपनी महत्वाकांक्षा को रोके रखता है। जब तक हर ओर से आश्वस्त नहीं हो जाता तब तक आगे क़दम नहीं बढ़ाता। आख़िर वह रतिपाल को अपनी ओर मिलाने में सफ़ल हुआ। वह समझ गया था कि रतिपाल ही वह व्यक्ति है जो रावल और मुख्य सेना नायक में फूट डलवा सकता। यदि रावल हम्मीर को यह अनुभव होने लगा कि उसके ही विश्वसनीय साथी उसके साथ विश्वासघात करने पर तुले हैं तो उसकी सारी योजना का हर छोर सन्देहास्पद हो उठेगा और उसकी स्थिति उस छिद्रों वाली नौका जैसी हो जायेगी जो उनको नदी पार करा रही होगी।

इसी समय एक ज़ोर की आवाज़ सुनायी पड़ी, "उस घायल आदमी को गिरफ़्तार करो।"

उसका एक तीर उसके दूसरे पाँव पर जा लगा और वह लड़खड़ा कर गिर पड़ा। सैनिकों ने उसे पकड़ लिया।

"अरे पद्मा, तुम यहाँ। ...क्या हुआ?"

"मैंने उस आदमी को रुकने के लिए कहा था। वह आदमी रुकने की अपेक्षा भागने लगा।"

"और तुमने...।"

"हाँ दाता सा, मैंने पहला तीर उसके एक पाँव में मारा। वह लड़खड़ाता हुआ भी भागने लगा। सैनिकों को आवाज़ लगायी परन्तु किसी को आता न देख मैंने उसके दूसरे पाँव को निशाना लगाया। वह लड़खड़ाकर गिर पड़ा, दाता सा, अब उसे अपने सैनिक घेर चुके हैं।" पद्मा ने सोचते हुए अपनी बात पूरी की।

हम्मीर ने देखा और चलने लगे।

"रुको दाता-सा।"

"क्यों?"

"चुपचाप देखते जाइए कि आगे क्या होता है, ताकि उसको बचाने वालों का भी पता चल सके।"

हम्मीर को लगा कि पद्मा ने दूरदर्शिता का ही नहीं बल्कि, उसकी गहराई का परिचय भी दिया—एक तीर से दो निशाने। वह बोले, "चलो अन्दर चलें।"

"दाता सा, मैं आज यह पता करने जल्दी निकली थी कि कौन पशु-पक्षियों के दानों में विष मिला रहा है, जिससे आधे पक्षी मर चुके हैं।..."

"क्या!" आश्चर्य से, गहरी साँस लेकर हम्मीर ने कहा।

"अवश्य शत्रु हमारे दुर्ग में आने लगे हैं।"

"अर्थात् हमारी सुरक्षा-व्यवस्था में सेंध लग गयी है।"

पद्मा चुप रही। हम्मीर सोच में पड़ गये। पद्मा बोली, "मैं भी आपके साथ अन्दर चलती हूँ। आपकी व्यवस्था क्या करती है, यह जानकारी षड्यन्त्र के सूत्रधारों तक पहुँच सकेगी।"

"चलें।"

"चलिए।"

दोनों अन्दर आ गये। मनका ने पूछा, "आप जीत गये, रावल सा।"

पद्मा कुछ नहीं समझी।

हम्मीर ने प्रसन्न होकर कहा, "महारानी सा, थारी बेटी ने आज वह काम कर दिखाया है, जिसकी हम कल्पना नहीं कर सकते।"

"ऐसा क्या किया, तिहारी लाडो ने?"

"यह पूछो, क्या नहीं किया।"

पद्मा वहाँ से दूसरे कक्ष की ओर चल पड़ी।

मनका ने सारी बात सुनकर कहा, "समझ में नहीं आता कि सौन्दर्य की देवी, हर क्षेत्र में असाधारण कैसे!"

"इसमें सन्देह नहीं है, मनका सा।"

"मैं आश्चर्यचकित इसलिए हूँ कि उसमें ऐसे गुण, बिना किसी प्रशिक्षक या सिखाने वाले के कैसे आ रहे हैं।"

"इसी को अलौकिकता का नाम देते हैं, मनका सा।"

"डर भी...।"

"आगे किसी डर के बारे में कल्पना मत करो—अलौकिक सौन्दर्य के साथ प्रतिभा भी विलक्षण हो, ऐसा हज़ारों क्या, लाखों में एक नहीं मिलेगा।" हम्मीर के शब्द गूँज रहे थे। वह यह सोचने लगा था कि ऐसी व्यवस्था में मनुष्य क्यों फँसा, जिसको अपने भविष्य का ही पता नहीं।

समय काफ़ी गुज़र गया। अभी तक उनके पास कोई आया नहीं। ऐसी क्या बात हुई है कि छोटी-सी घटना की तसदीक नहीं हो सकी। अवश्य कोई पचड़ा है। उसमें अपना भी कोई ख़ास व्यक्ति होगा।

मनका लौटकर आयी।

"क्या कुछ हुआ?"

"दण्डनायक रतिपाल मिलना चाहते हैं।"

"उनको बाहर वाली बैठक में बैठा दो, कहो, इन्तज़ार करें।" इससे पहले दण्डनायक रतिपाल इस तरह कभी मिलने नहीं आया था फिर?

कुछ समय बीत जाने के बाद हम्मीर बैठक में आये। उनका दण्डनायक ने खड़े होकर और सिर झुकाकर आदर किया। तनिक इधर-उधर की बात कर हम्मीर सीधे उस बात पर आये जिसके लिए वह वहाँ आया था।

"षड्यन्त्र, रावल सा, ज़बर्दस्त षड्यन्त्र।"

"कैसा षड्यन्त्र? क्या षड्यन्त्र?"

"ईमानदार और स्वामिभक्त पदाधिकारियों को निकलवाने का षड्यन्त्र।" दण्डनायक रतिपाल ने काँपते स्वर में कहा।

"खुलकर बताओ, दण्डनायक, निडर होकर कहो—दूध का दूध, पानी का पानी करने की ताक़त बची हुई है।"

"कहा जा रहा है यह सब रतिपाल के षड्यन्त्र का परिणाम है। वह दिल्ली होकर जब से लौटा है, तब से ऐसी चालें चल रहा है, ताकि आपकी निगाह में आपके ही आदमी सन्देह के घेरे में आते जायें और आप विश्वासघाती दल के मुखिया की कठपुतली बनकर रह जायें—कोई आपका अपना न बचे।" रतिपाल ने भर्राये गले से कहा।

"साफ़-साफ़ कहो, रतिपाल ये इल्ज़ाम आप पर कौन थोप रहा है।"

"आपका अति विश्वसनीय सेनापति।"

"क्या अति विश्वसनीय सेनापति!"

"उनका नाम लेते हुए मेरी जिह्वा लड़खड़ा रही है। ...असम्भव सम्भव कैसे हो रहा है। मुझे स्वयं यक़ीन नहीं होता, बड़ो हुकम। ...एक तरफ़ छाती पर आ खड़े होने वाला सुल्तान है...वह दिल्ली से कूच कर चुका है और दूसरी ओर पीठ में छुरा घोंपने की तैयारी हो रही है।" रतिपाल ने भोला-सा चेहरा बनाकर भारी दर्दीली आवाज़ में कहा।

"तुम यह कैसे कह सकते हो?"

"क्योंकि मैं भी दिल्ली से हाल में लौटा हूँ...मुझ पर आरोप है कि सुल्तान अलाउद्दीन खिलजी से साँठ-गाँठ करके आया हूँ। ...उसका सबूत है वह आदमी जिसकी दोनों टाँगों में तीर लगा है।"

"कैसे?"

"उसे मेरा आदमी बताकर।"

"क्या वह आदमी आपका नाम ले रहा है।"

"हाँ, बड़ो हुकम। उसे जैसा सिखाओगे, वह वैसा ही कहेगा। ख़रीदे आदमी से और क्या उम्मीद की जा सकती है, हुज़ूर।" रतिपाल ने बहुत धीमे स्वर में ऐसे कहा मानो, वहीं कहीं रणमल्ल हो। रतिपाल नाटक करने में उस्ताद है। यह वही रतिपाल है, जिसने हिन्दूवाट तक दुश्मन को मुँह की खाने में मदद की थी और पराजित होकर अलाउद्दीन खिलजी के चाचा-श्वसुर जलालुद्दीन खिलजी की फ़ौज अपनी औरतों को छोड़कर भाग खड़ी हुई थी। तब रतिपाल ने उन औरतों को गाँवों में छाछ बेचने का काम करने के लिए मजबूर किया था। हालाँकि तब मरते समय तत्कालीन सेनापति भीम सिंह ने कहा था—"सावधान...रति...से...।" और उसने अपने प्राण त्याग दिये थे। तब सेनापति रणमल्ल रतिपाल की उपस्थिति से इतने मेहरबान हुए थे कि इनाम में ज़ंजीर दे दी थी। तब से दण्डनायक रतिपाल रावल का अत्यन्त विश्वनीय व्यक्ति हो गया था। अब यकायक उस पर विश्वा घात का आरोप लगाया जा रहा है। वह खखार कर बोले, "दण्डनायक, आप बेफ़िक्र रहें, आप पर कोई विपत्ति नहीं आयेगी। अब वह आदमी कहाँ है?"

"ठीक से नहीं कह सकता, क्योंकि उसे मलहम-पट्टी करवाने के लिए वैद्य के पास भिजवा दिया गया था।"

"हूँ...।" कहकर रावल हम्मीर कनखियों से उसकी आँखों की तरफ़ देखने लगे थे। उन्हें सेनापति रणमल्ल क़तई अविश्वसनीय नहीं लगता था। यह समय संकट का है, कोई भी यह चाल सकता है, जिससे उनके और सेनापति के बीच में ग़लतफ़हमी पैदा हो जाये। ...यदि ऐसा हुआ तो...। नहीं वह ऐसा नहीं होने देंगे। प्रत्यक्ष में उन्होंने कहा, "रतिपाल, तुम निश्चिन्त होकर जाओ। सब ठीक होगा।"

"जी बड़ो हुकम।" कहकर दण्डनायक रतिपाल चला गया। उसके मन पर अलाउद्दीन खिलजी की बहन के हाथों शराब पीने का नशा था और नशा था उस दौलत का, जिसका एक भाग उसकी नज़र किया गया था। उसे रह-रह कर ध्यान आ रहा था रहमान खाँ का जो उसे समझा रहा था—रतिपाल, देशभक्ति, देश सेवा, स्वामीभक्ति लफ़्ज ग़फ़लत भरे हैं...सुल्तान हो...या राव-रावल...वे किस लिए जंग छेड़ते हैं...हा...हा...हा...तुम कितने भोले पक्षी हो, ...फिर भी दण्डनायक के रुतबे को क़ाबिज़ किये हो...ये जंग करते हैं—दौलत और हसीनों के लिए। ...अपन को उल्लू बनाते हैं उन मुर्दा लफ़्ज़ों का पट्टा हमारे गले में लटका कर...जे मुर्दा लफ़्ज नहीं, काम तो रोकड़ा आयेगा...या वह छैल-छबीली ...कमसिन...जिसकी अभी नथ भी न उतरी हो।" वह रहमान नहीं, उस पर चढ़ बैठी शराब बोल रही थी...पर सच बोल रही थी। ...शराब में यह ख़ूबी है जो दिल को उगल बैठती है।

दण्डनायक रतिपाल उसे अपनी बहुत बड़ी विजय मान लौट रहा था। वह यह सोचकर खुश था कि, "विश्वास की काट है अविश्वास। वह भी ऐसा अविश्वास जो ताँबा होते हुए भी सोने के भाव का माँजना रखता हो।"

राजकाज में कौन ईमानदार होता है। पूजा की दौलत...ख़ून-पसीने से कमायी हुई दौलत...फ़कीर को सुल्तान या राव-रावल बना जाती है और दौलत मुट्ठी से जब निकलती है तब उसे यह पता नहीं होने देती कि वह मुट्ठी में मिट्टी उठाने लायक भी न रहा—वह ख़ाक सुपुर्द हो गया है। उसे बड़ा मज़ा आ रहा था। वह बिन पिये भी अपने को पिये हुए महसूस कर रहा था। नशा एक तरंग है। जब मनुष्य उस तरंग में बहने लगे, तभी सुरुर सिर चढ़ कर बोल उठता है कि एकमात्र वही है, बाकी सब बेकार हैं।

हम्मीर लौट आया। अभी वह पलंग पर बैठा ही था कि सामने से पद्मा आ टपकी और पूछने लगी, "क्या रहा दाता सा? उसने विष उगला या अमृत।"

"विष-अमृत से तेरा क्या मतलब है, पद्मा?" अब वह पद्मा की बात को गम्भीरता से लेने लगा था।

"यह हर रिश्ते की ज़रूरत है कि कब, कहाँ और कैसे विष को अमृत में बदला जा सकता है और कब अमृत को विष में। जो इस हुनर में जितना होशियार साबित हो सकेगा, वह उतना ही ऊँचे शिखर पर पहुँचेगा।" पद्मा ने जैन मुनि तुलसी को सुना था। वह बड़ी सरलता से विष-अमृत की चर्चा करते हुए उसे कथा के माध्यम से समझा रहे थे। तब से उसके मन में यह मन्थन चल रहा था और रिश्तों पर उसे लागू कर परख लेना चाह रही थी कि तभी यह दुर्घटना घट गयी और मन्थन ने गति पकड़ ली।

"मैं कुछ समझा नहीं।"

"अब समझना आसान है।"

"कैसे"

"आपके सामने हाल में हुई घटना या दुर्घटना क्या रूप लेती है। कैसे लेती है? इस राह पर चल पड़िए, मंज़िल स्वयं सामने आने लगेगी।" पद्मा इतना कहकर माँ के आने की आहट सुनकर कहने लगी, "नाश्ते की महक आने लगी है।"

"आइए।"

"नाश्ता उधर लगवा दिया है। चलिए, उठिये।" मनका ने खुश होकर कहा, "पिता-पुत्री की उठापटक के लिए काफ़ी समय पड़ा है।"

"थारी पद्मा म्हारे कान काटने लगी है।" हम्मीर ने कहा।

"काटना आता हो तब न।" पद्मा ने मुस्कराते हुए कहा। फिर सब चल पड़े, धीमी गति से नाश्ते की ओर।

13

परिणाम को जीने की राह मत बनाओ, उस पर चलने की सोचते चलो। राह स्वयं अपने मन्तव्य के पट खोलने लगेगी। यहाँ कैसे का प्रश्न नहीं उठता। चलते हुए ठोकर लगना इसकी पहचान है कि हम राह पर नहीं चल रहे हैं बल्कि राह हम पर चल रही है। सोच के इस किनारे आ खड़ी पद्मा पूछने लगी, "मुझे ऐसा क्यों लगता है, जबकि मैं ज़िन्दगी के बारे में कुछ नहीं जानती हूँ कि... ।"

"कि से आगे क्या, पद्मा?" चम्पा कुँवर टोक देती है। वह अनुभव कर रही थी कि पद्मा का दैवी सौन्दर्य असाधारण प्रतिभा की ओर तेज़ी से बढ़ने लगा है। वह किसी अन्य लोक की साध्वी बन यहाँ अवतार ले चुकी है।

"...प्रायः हम ज़िन्दगी इस तरह जी लेते हैं कि मरते दम तक ज़िन्दगी पल्ले नहीं पड़ती।"

"सो तो है। अपने को देखती हूँ तो अनुभव करती हूँ कि मैं मात्र स्वर्ण पिंजरे में बन्द मैना से ज़्यादा कुछ नहीं हूँ। मरते दम तक यह अहसास मेरा पीछा करता रहेगा।"

"अचानक मानो ख़ुशनुमा हवा सुगन्धित पुष्पों की तरंग लिए बहने लगी है। ...नहीं, आज नहीं, प्रतिदिन इसी तरह महक बिखेरती तितली-सी उड़ती चलती है लेकिन अनुभव अब कर पायी हूँ। ऐसा क्यों होता है कि हम उपस्थित होते हुए भी अनुभव को अनुपस्थित कर देते हैं। इसमें किसका दोष है? क्या हवा का? ...नहीं। क्या मेरा-तेरा? तो किसका... ।" पद्मा वहाँ आते-आते ठहर जाती है।

"तो किसका?" चम्पा कुँवर पूछती है।

"किसी का नहीं।"

"भाग्य का... ।"

"भाग्य बीच में कहाँ से आ गया।"

"तो?"

"लगता है कि दोष होता ही नहीं, बल्कि उसे तलाश कर लिया जाता है—अर्थात् उसका अस्तित्व मात्र तलाश में निहित है।" पद्मा ने कुछ रुक कर धीरे-धीरे हवा में उड़ती महक का अहसास करा दिया। चम्पा कुँवर समझने का प्रयत्न करते हुए कुछ ठीक से नहीं समझ पा रही थी। माना कि पद्मा तेरह की सीमा को लाँघ आयी है परन्तु वह जो कुछ कह रही है वह तो जैन साध्वी आनन्दी से एकदम अलग है। ना ही कहीं पुण्य-पाप, ना ही कहीं बड़ा-छोटा। कोई नियम शृंखला नहीं। न किसी ग्रन्थ का सहारा।

“पहले कभी नहीं सोचा था। अब सोच पत्थर फेंकने लगी है। तरंगें उठती हैं। ...लगने लगता है—जब जीने की अन्दरूनी इच्छा निष्क्रिय होने लगती है तब जीना भार बन कर कन्धों को झुकाने लगता है। ...मैं यहाँ...महलों की आबोहवा देखकर अनुभव करने लगी हूँ कि जीना ऐसा हो, जिसमें ख़ामोशी टूटे और निरन्तर कुछ-न-कुछ ऐसा करते रहना चाहिए, जिससे स्वप्न-कल्पना चिर युवा बनी आकर्षक लगे। ...पता नहीं, यह सोच पंख फैलाकर उड़ने की शक्ति अपने में पा सकेगी या... ।”

चम्पा कुँवर को लगा कि वह सब उसके जीवन से जुड़ा हुआ है, जिसकी वह बखिया उधेड़ रही है। वह सच भी है—उसे अपनी निष्क्रिय ज़िन्दगी से नफ़रत हो चली है।

“अब रास्ते अलग होने का मोड़ नज़र आने लगा है।”

“इससे पहले स्वेच्छा से इतनी कम उम्र में साध्वी होना... ।”

“इसका उत्तर साध्वी दे सकती हैं। परन्तु थें उनकी चिन्ता में दुबली क्यों हो रही हो?”

“मैं दुबली क़तई नहीं हो रही हूँ।”

“तो?”

“जीवन के बहुद्देशीय क्षेत्र का... ।”

“कुछ नहीं, चाची। जीवन को दफ़ना कर हम जीवन जीने के साक्षी बनकर उभरना चाहते हैं। यह मुझे भ्रम लगता है। मोह भी हो सकता है। कोरे उपदेश देने और उसके समर्थन में कथा सुनाने का क्रम...मुझे ज्ञात नहीं है कि वह सुनने वालों को कहाँ ले जायेगा। ले भी जायेगा या नहीं...चलिए इस बहाने जीवन के एक और पक्ष से जुड़ सके।” पद्मा मन-ही-मन यह तय करना चाहती थी कि नैतिकता से घिरे रहना क्या एक बन्धन नहीं है? ...क्या शेर-चीते, हिरन आदि का शिकार करने वालों से यह आशा की जा सकती है कि वह समाज के प्रति अपना सकारात्मक समर्थन दे सकेंगे? नियम जितने कम, स्वतन्त्रता उतनी ही अधिक। ...क्रिया बाँधने की नहीं, खोलने की होनी चाहिए। पर क्या वह सम्भव है? निर्दोष पशु-पक्षियों का शिकार करने वाले ये क्यों भूलते हैं कि जीव हत्या करना अनैतिक है। उससे अपराध को जन्म मिलता है। ...दूसरे का शिकार करके कोई अहिंसा का भ्रम ही फैलायेगा।

“किस सोच में अटकी रह गयी, पद्मा?”

“पता नहीं।”

"क्या कहा, पता नहीं! क्यों?"

"क्योंकि इस सोच से आगे अँधेरा है।"

"अच्छा यह बात है।"

"मैंने इसके बारे में सुना-सुनाया दोहरा दिया है। पर इस शर्त के साथ कि मेरी आज़ादी आहत न हो। इससे अधिक मैं जानना भी नहीं चाहती।"

"तुमने सारा ख़ाका पहले से ही खींच रखा है।"

"नहीं। ...पहले से कुछ नहीं। ...साथ-साथ... तभी का तभी। हमें अपने विचारों से मुक्त रहना चाहिए अन्यथा हमारी हालत भी मधुमक्खी जैसी होगी। हर चीज़ या विचार को इकट्ठे करने की आदत मुझे लगता है, दासता की प्रवृत्ति बनाने लगती है। ...फिर अपनी-अपनी सोच है। जब हम अपनी सोच को उनके अनुसार चलाते रहने का मन बनाकर चलते हैं अपने समाज के दूसरे जनों के साथ, तब ही समाज का अन्तर्भाव तथा चेष्टा मन के ताले खोलकर एक-दूसरे को अपनाती है। जैसे यहाँ भी दो रास्ते भिन्न होकर हमें मिलाते ही हैं, दूर नहीं ले जाते।"

"अच्छा, तो कल फिर मिलते हैं।"

"शायद कल मैं नहीं आ पाऊँगी।"

"क्यों?"

"मुझे माँ ने आज्ञा दे दी है कि उनके रंगों को अपने मन की कूची से भर सकूँ।"

"चलो, फिर मुझे भी सोचना पड़ेगा।" कहकर चम्पा कुँवर ने अपना रास्ता पकड़ लिया। पद्मा नमन कर उसको जाते हुए देखती रही। सावधान हो गयी कि कहीं रास्ता उस पर न चलने लगे।

जैसे ही अपने महल में पहुँची दाता सा को बैठे और राघव चेतन को उठते पाया। राघव चेतन को नमन किया। आशीर्वाद पाया। फिर पूछ बैठी, "आचार्य आप किस नतीजे पर पहुँचे?"

"किसके?"

"उस पकड़े गये संदिग्ध आदमी और दण्डनायक के।"

"वह तहक़ीक़ात चल रही है, पद्मा बेटी।"

"आप तो ज्योतिष के महान् ज्ञाता भी हैं।"

"कुण्डली का अभाव है।"

"उस समय की कुण्डली बनाकर काम नहीं चलाया जा सकता क्या?"

"चल तो सकता है परन्तु...।"

"गणित में परन्तु नहीं होता, आचार्य।" रावल सा की ओर संकेत करते हुए कहा, "उन्होंने कोई नतीजा निकाला क्या दाता सा।"

"निकालने में हैं।"

"न्याय में देरी से अन्याय पाँव पसारने लगता है।" पद्‌मा इतना कह कर तनिक रुकी। चेतन राघव बाहर निकल गये। वह मुस्करा बोली, "दाता सा, म्हाने तो बा बखत ही निर्णय निकाल लिया था।"

"क्या बेटी?"

"यही कि दण्डनायक नाटक कर रहा है। वह आदमी उसी का है। पक्षियों को भी उसने ही ज़हरीले दाने डलवाये थे। एक बार मेरा मन खटका था। सोच तो रही थी कि सारे दाने चुग लिये जाते हैं—एक-दो को छोड़कर, परन्तु कई दिनों से मेरा ध्यान उधर नहीं गया था और दो दिन मैं विलम्ब से पहुँची थी।"

"तुमने कैसे निर्णय किया?"

"दण्डनायक के हाव-भाव और चबा-चबा कर शब्द बोलने से।"

"वह चबाकर कहाँ बोलता है।"

हम्मीर सोचते रह गये। इस तरह से क्या निर्णय लिया जा सकता है? परन्तु इस निर्णय में इतनी देरी क्यों हो रही है? अवश्य देरी के पीछे षड्यन्त्र हो सकता है। इस पक्ष को महत्त्व देते हुए होने वाली कार्यवाही का जायज़ा वह स्वयं भी लेंगे। वह कहने लगे, "मैं देख रहा हूँ, पद्‌मा बेटी, तुम्हें ईश्वर ने तीसरी दृष्टि दी है।"

"मैं नहीं जानती दाता सा, तीसरी दृष्टि क्या है? इतना जानती हूँ कि सत्य को भटकाने के लिए ऐसे बहुत से तरीक़े सामने लाये गये हैं, जिनसे...। ख़ैर, जाने दीजिए ...क्योंकि इसके बारे में मेरी जानकारी अधूरी है। "पद्‌मा ने शान्त भाव से अपने को टटोलते हुए कहा बड़ी ईमानदारी से।

मनका तैयार होकर आ गयी। वह यह कह कर जाने लगी, "तुम मेरी चित्रशाला का प्रयोग कर सको, इसके लिए मैंने उसे तुम्हारे मन के अनुकूल बनाने का प्रयास किया है।"

वे दोनों चले गये।

पद्‌मा उनको जाता देखती रही तटस्थ भाव से। हवा की छेड़छाड़ टहनियों और पत्तों से हो रही थी। परिवेश की पृष्ठभूमि में वह धीमे-धीमे गुनगुना रही थी। वह उसे सुनते हुए कण-कण में तरंग का अनुभव कर रही थी। प्रकृति

हर प्रकार के सौन्दर्य से समृद्ध है। वह रंगों से उसकी इन तरंगों, ध्वनियों को आत्मसात कराने का प्रयास करेगी।

14

"तुम इतनी गम्भीर क्यों हो?" हम्मीर ने उसे सुस्त देखकर पूछा।

"तुम्हें ऐसा क्यों लगा है।" मनका ने धीमे से कहा और हम्मीर की ओर देखा। हम्मीर भी उसे देख रहा था परन्तु दोनों के नयन टकरा नहीं रहे थे।

"मनका, कभी-कभी कहीं मन नहीं लगता।"

"सो तो है।"

"तब मैं तुम्हारा सहारा लेता हूँ।"

"आभार।"

"बचना चाहती हो?"

"किससे?"

"अपने आपसे।"

"कहाँ जाऊँगी भाग कर।"

"मेरे पास कहूँ तो तुम्हें आपत्ति नहीं होनी चाहिए।"

"आपकी सलाह माननी पड़ेगी।"

"अपने दिल से नहीं।"

"चलो यूँ कह देती हूँ।"

"यों क्यों?"

"नहीं जानती।"

"छिपाना चाहती हो।"

"ऐसा होता तो मैं सुस्त नहीं होती।" मनका ने रुक-रुक कर कहा, बिना सोचे।

"क्या चाहती हो?"

"अपने से पूछो।"

"चाहती तुम हो, पूछूँ मैं अपने आप से।"

"प्रेम करते हो।"

"हाँ, करता हूँ।"

"तो यह भी अनुभव करते होगे कि मेरे अन्दर क्या चल रहा है?"

"इनकार नहीं कर सकता।"

"फिर इन्तज़ार किसका।"

हम्मीर आँखें बन्द करके उसके हृदय में झाँकने लगा। क्या कुछ नहीं किया उसने? वह भी अपने आप, बिना आग्रह के। हम्मीर ने मनका के कन्धों पर हाथ रखकर कहा, "आज वही कहानी सुनाता हूँ, जिसे हर बार मैं टालता रहा हूँ। टालने की भी एक-सीमा है और सबसे बड़ी बात तो यह है कि तुमने हर नाज़ुक मोड़ पर मेरा साथ दिया है। मुझे सँभाला है... पद्मा को भी सँवारा-सँभाला और उसे अपने आप अपनी दिशा-दृष्टि चुनने का अवसर दिया है। कहीं रोकने-टोकने का सहारा नहीं लिया। ...यह क्या परवरिश के लिए कम कुर्बानी है।"

मनका चुप बनी रही। क्या कहती? सहयोग दिया। कदाचित् उसके लिए यही ठीक हो। मन को शान्ति दे सकी। चित्त को सँभाल सकी। एकान्त उसके लिए नये सृजन का हेतु बना। चित्रशाला उसने पद्मा के लिए तैयार की थी। वह उनसे खेलती थी, कभी-कभी वह फाड़ भी देती थी परन्तु कुछ इस तरह कि सृजन को नुकसान नहीं पहुँचता था। फाड़कर वह उस सृजन को घूरती रहती थी और अचानक ताली बजाकर उसका स्वागत करती थी। मनका का मन आर्द्र हो उठता और उसकी ख़ुशी अन्दर-ही-अन्दर नाचने लगती। ऐसा स्नेह उसे कहाँ से मिलता। वह उसके चित्त में गुलगुली मचा देता।

"तुमने मुझे बचा लिया, मनका।"

"ऐसा कुछ नहीं किया। जो हुआ, वह विधाता की मर्ज़ी से, रावल सा।"

"तुम अच्छी-से-अच्छी धाय रख लो। तुम कहो तो इसमें मैं तुम्हारी सहायता कर सकता हूँ। एक नहीं दो धाय। एक दिन के लिए, दूसरी रात के लिए।"

"मैंने ऐसी धाय ढूँढ़ ली है जो दिन-रात दोनों में उसके साथ रहेगी।"

"कौन है?"

"तुम्हें आम खाने हैं या गुठली गिननी हैं।"

हम्मीर हँस कर रह गया। वह कह उठा, "मैं तुमसे नहीं जीत सकता।"

"मैं तुमसे हारने के अवसर तलाश कर ही ख़ुश रह सकती हूँ। जीतना मुझे नहीं, तुम्हें चाहिए। स्त्री हार में जीत तलाश कर प्रसन्न होती है।"

समय बीतता गया। शुरू-शुरू में हम्मीर प्रायः प्रतिदिन आते रहे। एक दिन पूछने लगे, तुम्हारी मनपसन्द धाय कहाँ है?

"ढूँढ़ो। देखें, आपकी आँखें कितनी तेज़ हैं, बुद्धि कितनी पैनी, गहरी और समझदार।"

"तो वह तुम हो, मेरी प्रिय महारानी।"

"क्या कोई ऐसी धाय तुम्हें मिल सकती है।" हम्मीर चुप रहा।

“आपको बुरा लगा, रावल सा।”

“नहीं आश्चर्य हो रहा है,—तुम्हारी ममता ने मेरा दिल जीत लिया है। कह नहीं सकता कि तुम्हें पाकर मैं कितना भाग्यशाली हो गया हूँ।”

“क्या मैं धाय माँ भी नहीं बन सकती। ऐसी प्यारी और परी-सी सुन्दर बच्ची को पाकर कौन माँ होगी जो अपने भाग्य पर न इठला सकेगी।” मनका ने उसके रोने की सी आवाज़ सुनी। वह तुरन्त उसके पास भाग ली।

हम्मीर ने कोई आवाज़ नहीं सुनी। थोड़ी देर बाद लौटी तो गोद में बच्ची थी। वह कहने लगी, “महारानी, ज़रा-सी देर गीले में नहीं रह सकती। बड़े नाज़-नखरे हैं इस ज़रा-सी गुड़िया के... ज़रा तुम सँभालो मैं हाथ धोकर आती हूँ।”

“गिलगिली-सी, अति मुलायम, एकदम परी...बड़ी-बड़ी आँखें टिकाकर देखे जा रही थी। नन्हें-नन्हें से उसके हाथ-पाँव इधर-उधर घूम रहे थे। वह लौटकर आयी तो बोली, “महारानी, जे थारे दाता सा हैं। जहाँ के रावल। अच्छी तरह पहचान ले। यहाँ इन्हीं का राज है।”

“वह मुस्कराने लगी।”

“देखा अपना ख़ून कितनी जल्दी पहचानता है। म्हारे कूँ हाथ-पाँव चलाकर मारती रहती है। मनका ने हम्मीर से उस गुड़िया को मिलाते हुए कहा, “मिलती तो नहीं है।”

“अपनी माँ पर गयी है। हू-ब-हू ऐसी थी।”

“इसकी माँ बहुत सुन्दर थी।”

“बहुत अधिक सुन्दर और तीखे नाक-नक़्श वाली।”

“तभी तो...।”

“तुम्हारी जगह कोई नहीं ले सकता। तुमने और उसने मिलकर मुझे सँवारा है।”

“चापलूसी जाती नहीं। जाये कैसे, बड़ो हुकम, खम्मा-घणी, माई-बाप सुनने की आदत जो पड़ गयी है।” मनका चूकी नहीं।

“तुम्हारी इसी अदा ने हमें पागल बना रखा है।” हम्मीर ने मुस्कराकर कहा।

“चलो कुछ तो हम में भी आपकी पसन्द का है।”

“कुछ नहीं, सब कुछ।”

“शब्दों में दिल नहीं, दिमाग़ होता है।”

“वह तो तुम जानो।”

मनका एकदम चमकी। मानो कोई बहुत क़ीमती वस्तु रखकर भूल जाने वाली जगह का स्मरण हो आया हो। वह सँभल कर आनन-फानन में बोली,

"आज हम आपकी बातों में फिर भूले जा रहे थे, उस गोपनीय गाथा को जो आपने छिपाकर रख रखी है और ऊपर से उस पर सात ताले जड़ दिये हैं।"

हम्मीर मुस्कराया और मनका का इशारा समझकर नासमझ बनते हुए पूछा "हमारे पास तो ऐसी बहुमूल्य कोई चीज़ नहीं है जो हमने तुमसे छिपाकर सात ताले में रख रखी हो।"

"तुम्हें कुछ याद नहीं है।"

"याद तो तब हो जब हम तुमसे कुछ छिपा सकें। हमें जब कुछ याद नहीं आता तब हम मनका स्मृतिकोश की शरण में जाते हैं।" हम्मीर को आज मनका बहुत सुन्दर लग रही थी। वही स्त्री, वही रंग-रूप और वही स्थान, जहाँ वे मिलते-मिलाते रहते थे, पर कभी-कभार या किसी त्योहार विशेष पर वही रूप-रंग सौन्दर्य-आकर्षण ऐसा अपूर्व लगने लगता था जैसा उससे पूर्व उसे कभी देखा ही न हो और वह क्षीर सागर से सद्यः स्नान करके बाहर आयी हो ऐसा क्यों होता है कि उस समय यही दिल मर-मिटने को तैयार हो जाता है। आज तो वह सिर से भी नहीं नहायी है। उसकी मखमली सुगन्ध वाली घन-घटा भी दीवानी होकर मनचली नहीं हुई है। फिर भी, ये दिल उस पर फिदा हुए जा रहा है। उस कामिनी का अंग-अंग थिरक उठा है। अगड़ाई तोड़ती उसकी ज्योत्स्नोज्वल जवानी ने पागल बना दिया है।

"यों क्या देखे जा रहे हो टकटकी बाँध कर। मैं मनका हूँ।"

हम्मीर स्मृतियों के खुश्बू वाले शिलालेख को पढ़ रहा था और देखे जा रहा था उसकी पंखुरियों पर परागाँकुरों को धीरे-धीरे। तब भी उसकी यही मानसिक स्थिति थी, जब उसने उसे पहली बार रेशमी लिबास में देखा था। तब उसकी महक उड़कर उसके दिलोदिमाग़ में छाती जा रही थी।

"मैं मनका हूँ, मेरे हृदय के स्वामी, रानी चम्पावती नहीं।"

"जो दिल पर छा जाये, मनका, वह मल्लिका-ए-हूर चम्पावती से कम नहीं होती।" हम्मीर में कविता करवट ले उठी। फूलों की घाटी के बीच में आकर अनुभव कर रहा हूँ। हम्मीर के सामने चम्पावती आ खड़ी हुई। वह हक्का-बक्का रह गया। सौन्दर्य का खिलता वसन्त पराग उड़ाने लगा।

"हाँ, तो चम्पावती की गोपन-गाथा से परदा उठाओ, मेरे सरताज। मैं कब से इस जिज्ञासा को अपने में सँभाल कर बैठी हूँ कि चम्पावती में ऐसा क्या था, जिसने आपको उसका ऐसा दीवाना बना दिया कि राजपाट का ख़याल ही आपके चित्त से उतर गया और आपकी दीवानगी सारी हदें पार कर गयी।"

"मैं तब भी जानता-समझता था कि तुम्हें उसे लेकर तनिक भी न ईर्ष्या है और न असन्तोष। वह भी तुम्हीं थी, जिसने कहा था, "मेरे हृदय के भोले दीवान हमें उससे एक बार मिलवा तो दो, ताकि हम भी उसका दीदार कर तृप्त हो सकें।"

"अवश्य मनका, अवश्य। तनिक हालात सुधरने दो।"

"गोकि नशा उतरने का इन्तज़ार करें।"

"कदापि नहीं, मेरे प्राण, सौन्दर्य छिपाने से नहीं छिप सकता जैसे पूर्णिमा का चाँद मेघों की लाख कोशिश करने के बाद भी अपनी सौन्दर्य की ख़ुश्बू बिखेरे बग़ैर नहीं रहता।"

"मानती हूँ, प्रेम पुजारी, प्रेम शरीर का नहीं आत्मा का उल्लासोत्सव है। वह नशा मर कर भी नहीं उतरता, लोक कहानी बन सदा प्रेमियों को आकर्षित करता रहता है। ...मैं उस प्रेम के दीदार के लिए दीवानी होती जा रही हूँ।" मनका का यह कहते हुए आँचल खिसक कर कब फर्श पर जा पड़ा, इसका उसे ख़याल नहीं रहा। हम्मीर उसके उन्नत मद भरे पीन पयोधर में हो उठी हलचल को सँभाल नहीं पा रहे थे। उनमें गोपन-गाथा के स्रोत पीन पयोधरों की धड़कनों को सुनकर मतवाले हो उठे थे।

"सुन्दरता की कोई परिभाषा नहीं है और न कोई ख़ास पहचान है, जो दिल को भा जाये और दिल में उतर कर उसकी धड़कनों में समा जाये, वही अलौकिक तथा अद्वितीय सुन्दरता है, जैसे इस समय तुम।"

"मैं...।"

"हाँ, तुम, मेरे प्राण। तुम स्वयं इतनी सुन्दर हो कि तुम्हारे सामने कोई टिक नहीं सकता।"

"चलो छोड़ो चितवन की कारस्तानी को।" चितवन की आरज़ू को डाँट पिला दी। वास्तव में वह कारस्तानी की जगह कारगुजारी कहना चाहती थी, जबकि उसे दोनों के आशय अस्पष्ट थे। उसे लगा कि कारगुजारी प्यार के तूफ़ान में काम आती है। वह यह कहकर हम्मीर के चेहरे को पढ़ने लगी। उसका चेहरा चम्पावती के चेहरे का स्थान लेने लगा। वही दिव्याभा, वही चन्द्रमुखी के तेवर, वही मदभरे नयनों में महकता उन्माद।"

"क्या सोचने लगीं, मेरी मोहिनी चम्पाकली।"

"के चम्पावती।"

"हाँ चम्पावती, मनका। भूलें ऐसे ही होती हैं।"

एक बार मैंने उससे भी कहा था, "वह सुन्दरता ही थी जिसके लिए मैं पागल हो उठा था। मुझे कुछ नहीं सूझा था सिवा उसके।"

"अब और इस समय..." चम्पावती ने पूछा।

"मैं उससे ज़्यादा पागल हूँ। पहले तुम्हें पाने के लिए और तुम्हें पाकर ठीक से नहीं कह सकता यह पागलपन क्यों है और क्यों मैं सब तरफ़ से मन हटाकर ...यह कहना ज़्यादा उचित समझता हूँ कि मैं तुम्हारे तक सीमित रहना चाहता हूँ।"

"ऐसा मेरे में क्या है, मेरे प्यार।"

"नहीं बता सकता। प्यार गणित का सवाल नहीं है...न तुलना का।" चम्पावती कहने लगी, "तो किसी-न-किसी का तो है। तुमने अनेक सुन्दरियों को अंकशायिनी बनाया है। फिर भी प्यासे के प्यासे जहाँ से चले हो, वहाँ से न एक सूत इधर और न उधर। ...तब यह सब बखेड़ा क्यों?"

"मैंने नहीं सोचा कभी।"

"अब सोच लीजिएगा, अभी देर नहीं हुई है। ...वह इसलिए, रावल सा, यदि हम लोग भी आपकी तरह प्यासे के प्यासे बने रहें और हर आदमी से सम्पर्क बनाकर भी अपनी प्यास बुझती न पायें तो...। मैं समझती हूँ कि मेरी यह बात बुरी लग रही होगी। तुम्हारा क्षत्रिय ख़ून खौलने लगा होगा। मैं भी कम क्षत्राणी नहीं हूँ, क्या मैं आपको दूसरी स्त्री के साथ देखकर...।"

"असम्भव, चम्पावती–असम्भव।"

"क्यों-क्यों? क्या एक क्षत्राणी का मान नहीं है? क्या वह अपने पति को दूसरी युवती के साथ देखकर आग-बबूला नहीं हो जायेगी? क्या उसका तन-मन और उसका ख़ून पानी है, ...जो ख़ून आपका खौल उठेगा, वह हमारा क्यों नहीं... क्यों?" चम्पावती का अलौकिक सौन्दर्य एक तेजस्वी की तरह तप कर चमक उठा।

हम्मीर, साश्चर्य उसे देखता रह गया। चम्पावती कहने लगी, "मैंने पहले ही कह दिया था कि सिंहल से आयी हूँ। सौन्दर्याभा से मेरी जाति पद्मिनी है और वीरांगना क्षत्रिय से। मेरे पिता ने एक युवती से विवाह किया और ज़िन्दगी भर उसे निभाया। कुल जाति के स्वाभिमानी क्षत्रिय वीर, बहुविवाह से जाति गौरव, आन-बान-शान के तेज को धूमिल करते हैं। ...सतीत्व की रक्षा तभी सम्भव है जब उसका पति एक हो। क्या रावल एक पति के देहावसान से उसकी सैकड़ों रानियों को सती हो जाना चाहिए? ...और पत्नी की मृत्यु हो जाने पर पति के सतीत्व की आन-बान-शान कहाँ कूच हो जाती है?...एक बार पुनः सोच-समझ लो रावल-राजा स्त्री खिलौना नहीं है...उसे भ्रष्ट करने के बाद समाज में कुछ नहीं बचेगा और ऐसा अनुभव भी रहा है।"

"हमारे यहाँ रिवाज है, चम्पा सा।"

"क्या आप क्षत्रिय नहीं हैं।"

"यह आपसे किसने कहा?"

"कौन कहता, रावल-सा। क्षत्रिय धर्म कहता है कि वही क्षत्रिय है, वही इनसान है जो एक पत्नी को निभाये। स्त्री-पुरुष दोनों बराबर हैं। स्वस्थ परम्पराएँ सबके लिए समान हैं। उनमें कोई भेदभाव नहीं नज़र आता। फिर स्त्री के लिए इतनी पाबन्दी क्यों?...क्यों उसको पिंजरे में ला पटका। रनिवास में राज़ी-ग़ैर-राज़ी स्त्रियों को डालते जाओ। ...उनको कौन सन्तुष्ट करेगा? उनका तो जीवन हो गया नरक।" चम्पावती साफ़-साफ़ कहे जा रही थी और हम्मीर चुपचाप सुनते जा रहे थे। उसने जो कहना था, वह कह दिया। अब फ़ैसला उसके हाथ है।

"मनका, यह शादी से पहले उससे हुए संवाद का एक भाग है। इसमें दो राय नहीं है कि वह निश्छल, निष्कपट और निडर व्यक्तित्व की धनी थी। ऐसी सूरत में मेरा मन लड़खड़ाने लगा। परन्तु सवाल नाक का बीच में आ खड़ा हुआ। यदि मैं उससे शादी नहीं रचाऊँ तो हँसी उड़े कि बड़ो रावल बनता है एक युवती को वश में नहीं कर सका। ...ये सच है कि हमारे बीच इस आन-बान-शान की तलवार हमें कष्ट में लाती रही है।" हम्मीर यह कहते हुए हाँफ उठा और पलंग पकड़ कर बैठ गया।

मनका ने पानी भरा गड़वा बढ़ाते हुए कहा, "थोड़ा जल आरोग्यो। चैन मिलेगा। यह कहानी इतनी कड़वी है कि सुनाने मात्र से आपको तकलीफ़ होने लगी हो तो मुझे नहीं सुननी उसे।"

"न मनका, न। ऐसी बात नांय है। कड़वे के बाद मीठा और स्वादिष्ट हो जाता है। म्हाने भी बाहे दो टूक बात कह डाली। ...कहा—थारा सच सुना। न्याय को मन भी बना। ...परन्तु ग़लत-सलत जो परम्पराएँ-धारणाएँ लम्बे समय से चली आ रही हैं, उनको यों तोड़ा भी नहीं जा सकता। म्हारा साथ दो। राज़ी-राज़ी दो। म्हारी अर्ज का मान रखो। ..सचमुच म्हारे कूँ थारे से गहरा लगाव हो चला है। थारी सूधी-सच्ची बातन ने म्हारे मन माहीं स्थायी घर बना लियो है। ...तुमने साथ दिया तो हौं जगहँसाई सू बच सकूँगा। ...अणे थारे कूँ सोचना है कि करना क्या है।"

"मनका, उसके चित्त पर म्हारी अनलगी-अनलिपटी बातन कूँ गहरा असर हुआ और वह मान गयी। उनका परिवार एक शादी में सम्मिलित होने वहाँ आया था, इस कारण म्हारी भी शादी वहीं हो गयी। उसकी माँ जाते-जाते उसे समझाती गयी म्हारी प्यारी लाडो, तू समझ ले कि अब हमारा थारे सूँ मिलना सम्भव नहीं होगा। इन राजघरानों में जो बींदणी आ गयी, वह मर कर ही निकली है। ...फिर भी एक बात है, ठिकानेदार भी कह रहे थे, रावल हम्मीर मनका सच्चा और नेक है। बात का पक्का है। लाडो थारे पर बा का मन आ गयो है और हवा में जे सुगन्ध भी फैल चुकी

है। जासूँ बाने हाथाजोड़ी तक की है। राज़ी-राज़ी न्यौता मानने का आग्रह किया है। ...बेफ़िक्र होकर जाये, हम भी हैं और समाज भी है। आज तक हम्मीर रावल के बारे में एक भी ख़बर मर्यादा तोड़ने की नहीं सुनी है। ...माँ जगदम्बे की कृपा थारे पर बनी रहेगी। तुझे माँ यहाँ खुश रखेंगी।" वह आगे कहने लगा, "यों माता पिता चले गये। म्हारे मन पर एक बोझ छाया रहा कि चम्पावती को तनिक भी तन-मन से आघात का अनुभव न हो।"

हम्मीर का मन शान्त होने लगा। उसके चेहरे पर से तनाव जाता रहा। मानो भीषण गर्मी दूर हुई हो। वर्षा छूकर, उसमें नहाकर अब ठण्डी हवा के झोंके आ रहे हों।

सब तरफ़ शान्ति थी। मनका का मन हम्मीर के साथ हो लिया। वास्तव में हम्मीर का मन सच्चा है। सबके साथ है। संवेदनशील है, करुणा से लबालब है और प्यार का कुबेर है।

"सच में, चम्पावती से सम्पर्क बना शादी के एक माह बाद उसके मन को साधा। उसके हाव भाव को समझता-अनुभव करता रहा। उसे ऐसा न लगे कि कोई जाहिल गँवार आँधी-सा टूट पड़ा है। वह समझ रही थी कि हवा कैसी बह रही है। पूरा चाँद निकल आया है। उसकी मधुर चाँदनी ने धरती का कण-कण मदहोश करना शुरू कर दिया है। ऊपर से ठण्ड खिलने लगी प्यार के अफ़सानों को सुनाने के लिए। परसों मावट होकर चुकी है। हरियाली पंख लाकर उड़ने लगी है। मोर पंख फैलाकर नाच उठे हैं। उसकी चितवन शरमाने लगी है। उसके होंठों की रक्ताभ स्मित चोरी-छिपे ताने कसने लगी है। उसके नयनों की मधुशाला संकेत देकर कतराने लगी है। मेहँदी की दिलकश लाली मतवाली सुगन्ध से सारे वातावरण को मदहोश किये जा रही है। अचानक वातायन खुलते ही तीर-सी बयार के झोंकों ने दूर बैठे दिलबर और दिलरुबा को पास में आने का निमन्त्रण दे डाला है। वातायन उसके पलंग के पास था। बयार ने तूफ़ान की गति जैसे ही पकड़नी शुरू की, हम्मीर अपने को रोक नहीं पाया। अँधेरा तेज़ी से घिर आया। म्हारा पाँव पलंग से टकरा कर डगमगाया ही था कि उसने कलाई थाम ली।"

मनका की ख़ामोशी हवा में तैर उठी। उस ख़ामोशी से उसके मादक नयन झुके झुके ही अपने हठीले पयोधरों को शरारत न करने का इशारा देने लगे। उसे अपनी पहली रात की ख़ुश्बू ने चारों ओर से घेर लिया। इस समय उसने चम्पावती के स्थान पर पाया—कभी लज्जा, कभी कमसिन आक्रोश, कभी दीपाधार के गिरने की आहट, साँसों की सरगमी लय और उड़ती मखमली चुन्नी की लहरदार मदहोशी को।

आज भी दूज की रात नखरे भरी थी। नयनों में काजल लगाये गुमान भरी थी। चंचला चम्पा-चमेली वातायन बन्द हो जाने के बाद भी इठलाती घूमर नृत्य करने से बाज नहीं आ रही थी। उसकी सारी देह में कँपकँपी की झनझनाहट अपना असर दिखलाने लगी थी और उसका अँगूठा फर्श को कुरेदने लगा था।

"मनका, प्यार ऐसे होता गया तन से मन की ओर और मन से उसकी आत्मा की ओर। आत्मा ने तन-मन दोनों शान्त रहने में मदद की। मैंने जाना, कुछ-कुछ समझा कि हर युवती में पद्मिनी का निवास है और तन-मन के चन्दन वन उमंग में लहराकर गुनगुनाती है—मंजरी का कोई रसीला पर अधूरा गीत। उसे वह इतनी धीमी आवाज़ में गाती है कि कोई दूसरा नहीं सुन सके, स्वयं ही सुने। ...मैं आज तक नहीं समझ पाया कि उन परम्पराओं को ज़ोर-ज़बर्दस्ती क्यों मनवाया जाने लगा, जिनसे चित्त दूर रहना चाहता है।" कहते हुए हम्मीर मनका के पास आकर उसे यों बैठे रहने की ताकीद कर उसके बेणी बन्धन को आहिस्ता-आहिस्ता खोलने लगा। जैसे-जैसे खोलता जाता वैसे-वैसे पराग का मन भवाई नृत्य करने लगा। मटके दर मटकों से सजा, थिरकन पर ठहरे संगीत से उभरता यह नृत्य मादकता के पट खोलने लगा।

मनका ने खड़ा होना चाहा तो हम्मीर ने टोक दिया, "बैठी रहो पंख खुलने से उड़ने तक।" उसने आँख भर कर एक बार उनकी ओर देखा, वह अधखुली आँखों से मानो उससे संवाद कर रहे हो, ऐसा लगा।

"तुम में मलयज महक उठी है। स्त्री कस्तूरी मृग जैसी है जो अपनी गन्ध को ढूँढ़ने में सारा जंगल उलट-पुलट देती है।"

"ग़लत वह कभी अपनी सुगन्ध के पीछे नहीं दौड़ती।"

"पर हम तो दौड़ते हैं।"

मनका चुप रह जाती है। हम्मीर आगे बढ़कर दीपाधार की लौ को बुझा देता। अँधेरे की कसक खनक उठती।

"यह क्या है।..."

"और...तुम पद्मिनी से कम हो क्या?"

"अब चम्पावती तो है नहीं, फिर तो हम आपको पद्मिनी चम्पावती-सी लगेंगी। ...है ना।"

हम्मीर ने उसे बाँहों में ले लिया—खुले बालों की महक उसके अंग-अंग में समाती गयी। मनका उसकी उँगलियों की फिसलन से गुदगुदी का अनुभव कर रही थी। पता नहीं उन क्षणों में ऐसा क्या होने लगता है न तन सँभलता है और

न मन। हम्मीर उसे बाँहों में थामे पलंग की ओर चल पड़ा। अँधेरे में फुसफुसाहट होने लगी और प्यास बेसुध हो गयी।

15

अब पद्मा पद्मावती बन गयी थी। लड़कियाँ लड़कों से जल्दी वयस्क होती हैं। उसकी चाल-ढाल में गजगामिनी लहरा उठी, दोनों उरोज चकवा पक्षी का जोड़ा बन गये, उसके कटीले नेत्रों की चितवन में बल पड़ने लगे और उरोजों पर बिना चन्दन का लेप किये गदराये चन्दन की मादक लेप स्वतः चढ़ गयी।

धीरे-धीरे पद्मावती की चर्चा होंठों पर आकर गहरी साँस भरने लगी। बिन अंजन लगाये अंखियाँ अंजनमय होकर चमक उठीं।

मनका को चिन्ता सताने लगी। रोका-रोकी का दौर शुरू होने लगा। पद्मावती कहने लगती, "माँ, यह तुझे क्या होता जा रहा है?"

"क्या हो रहा है—कुछ भी नहीं।"

"तेरा चित्त एक जगह टिकता नहीं है। तू ज़रा-ज़रा-सी बात पर रिसा जाती है। पहले तू ऐसी नहीं थी, माँ।"

"तू भी तो पहले जैसी नहीं रही पद्मा।"

"वही तो हूँ माँ,...ध्यान से देखो—वही दो हाथ-पाँव, वही गर्दन, वही नाक-नक़्श, वही लम्बाई-चौड़ाई...। सब कुछ तो वही है, माँ। फिर भी तू कहती है...।"

"असत्य नहीं कहती, पद्मा। जो दीख रहा है...जो अनुभव हो रहा है...।"

"और जो आप सुन रही हैं, वही न।"

"सुनना एकदम अलग बात है परन्तु सुनने से फैलने वाली मलयजी गन्ध राज के लिए शुभ नहीं होती। तलवारें खिंच जाती हैं।"

"क्या माँ?"

"धीरे-धीरे तेरी समझ में आने लगेगा, मेरी लाडो। यह ऐसा रहस्य नहीं है, जिसे छिपाकर रखा जा सकेगा। इस समय तू मुझे अपना सहयोग दे, ताकि इस समस्या का समाधान करने में हम सक्षम हो सकें।"

"माँ मैं आपसे असहयोग कहाँ कर रही हूँ?"

मनका चुप रह जाती। क्या उत्तर दे वह उसका। उसने तो बहुत पहले ही रावल को चेता दिया था, "रावल सा, इससे पहले कि पद्मा पर किसी बुरी नज़र की छाया पड़े, यह अब ज़रूरी होता जा रहा है कि उसके हाथ पीले कर दें।"

"यही तो उसके खेलने-कूदने और आनन्द से रहने के दिन हैं। क्या उससे उसका ये हक़ भी छीन लें? बाद में तो...।" कहते-कहते हम्मीर रुक गया। वह आगे कहने लगा–"सुन्दर युवती जब अति सुन्दर युवती जानी जाती है, तब राज को ग्रहण लगने में देर नहीं लगती।" रावल हम्मीर का स्वर यहाँ आते-आते काँप उठा। उसने अपने होंठों पर जिह्वा फेरी और अपने पाँव से जूतियाँ उतार कर एक ओर खिसका दीं।

मनका रावल की चिन्ता समझ रही थी। चिन्ता उचित थी। उसे अनदेखा किया जा सकता था, परन्तु कैसे? जीती मक्खी निगली भी नहीं जा सकती।

"मेरी मानो तो उसके हाथ जल्दी-से-जल्दी पीले कर दो।"

"ताकि आगे की चिन्ता से मुक्त हों।"

"वे भी तो अपने ही कुल मर्यादा से जुड़े होंगे। वह भी तो अपने ही हैं। ख़तरा वहाँ भी कम नहीं है।"

"ख़तरा तो उठाना ही पड़ेगा। अब वे दिन लौटकर नहीं आ सकते।"

"समझ रहा हूँ।" रावल हम्मीर का चित्त अनेकानेक स्थितियों की कल्पना करते करते विचलित हो उठा। उसे दिन में तारे नज़र आने लगे। वह भी तो स्वयं इन परिस्थितियों से गुज़रा है। तब उसने नहीं सोचा था कि उसके पिता पर क्या गुज़र रही होगी?

"अधिक चिन्ता सेहत के लिए ठीक नहीं है।" यह कहकर मनका ने हम्मीर का हाथ अपने हाथ में लेकर सहलाना शुरू कर दिया। वह हल्के विद्रूप के साथ बोला, "यह बात प्रत्येक राव-रावल पर भी लागू होती है। ...होती तो हमेशा रहेगी। समाज को संयम से आज़ाद करना भी अनुचित है।"

"यह सोचना ग़लत नहीं है परन्तु इसके लिए राव-रावल, राणा-महाराणा का चरित्र उत्तरदायी है। यह कहावत तो सुनी ही होगी, जैसा राजा, वैसी प्रजा।"

"सुनता रहा हूँ परन्तु फिर भी मैंने अपने चरित्र के बारे में नहीं सोचा। क्या सोचता! तब मन रंग-रंगीला बना रहता था।" रावल हम्मीर ने कहा।

"अब उस पर सोच कर मन मैला नहीं करना है, तभी वर्तमान को भविष्य नज़र आ सकेगा।"

"वह तो आ रहा है, रानी सा।"

"मैं आपके साथ हूँ।"

"और किसी से मुझे उम्मीद भी नहीं है।" महारानी रंगदेवी ने तुनक कर कहा था कि उसने रोका था। हाँ रोका तो अवश्य था परन्तु बातों से मन को छलनी करके। ...उससे हम और उत्तेजित हो उठे।

"आपको ही क्या, किसी राव-रावल को यह चिन्ता नहीं कि रनिवास का विस्तार ख़तरे की घण्टी है।"

"मनका, यही मेरी एकमात्र दुःखती रग है। ...कहने को तो पद्मिनी पद्मावती ने बड़े स्पष्ट शब्दों में कह दिया था।"

"क्या"

"यही जिसके बारे में हम चर्चा कर रहे हैं।"

"क्या?"

"मुझे सँभाल पाओगे, रावल राजा।"

"चुनौती दे रही हो...।"

"कदापि नहीं रावल सा। हम औरतों में इतना साहस कहाँ है!"

"तब तो...।"

"तब तो क्या, मनका। सोचना तो अब और इस समय का है।"

"वह तो है।"

"उड़ते-उड़ते यह ख़बर दिल्ली के सुल्तान तक पहुँच गयी तब...वह तो महाभ्रष्ट, लुटेरा, जाहिल, जानवर और राक्षस है। वह हमारी संस्कृति, सभ्यता, मान-सम्मान, आन-बान आदि सभी को मिट्टी में मिलाने के इरादे रखता है। मैंने दिलोदिमाग़ से चाहा था, मनका, हम राव-रावल-राणा इन बाहरी शत्रुओं को देश से बाहर निकाल सकें। पर एकजुट होने की सन्धि पर हस्ताक्षर नहीं हो सके। अहं व अहंकार ने सारी योजना पर पानी फेर दिया। परन्तु...।"

"जो नहीं हो सका, होना चाहिए था। वह इसलिए कि आम प्रजा के जान-माल, समृद्धि, विकास आदि का उत्तरदायित्व आप राव-रावलों का है। ज़रा सोचिए, जब ऐसे आतंकवादी सुल्तान किसी राज पर आक्रमण करते हैं, तब सबसे ज़्यादा मान-मर्यादा, जान-माल आदि का नुकसान उठाना पड़ता है उस राज्य की प्रजा को। उनका धर्म-परिवर्तन होता है और साथ में यह सन्देश जाता है कि राजपूत राव राजा मात्र नाम के रह गये हैं।" मनका में जन-जन की पीड़ा का मन्थन उत्तेजना के तट तक जा पहुँचा। वह थकने लगी थी यह सोच-सोच कर उनके राव-रावल जन मन पर अपने नैतिक और सनातन धर्म की उदात्त परम्परा के प्रवाह को नेतृत्व देने में सफल क्यों नहीं रहे। क्या जन मन पर उनके अत्याचार-प्रकरण सामने नहीं आये।

"हालाँकि ऐसी भूलें हममें से कई राजा-महाराजाओं से भी हुई हैं परन्तु एक नये भारत के निर्माण में क्षत्रिय नेतृत्व को उस रूप में सामने आना चाहिए, जिस रूप-आदर्श, कर्तव्य आदि की कल्पना उसकी जनता उनसे करती है।"

हम्मीर का मन उद्वेलित हो रहा था और कुछ कर गुज़रने के लिए अन्दर से दिशा-निर्देश चाह रहा था।

"जो नहीं हो सका, उसका ग़म मन पर से उतार फेंको, रावल सा। वर्तमान की उन अँधेरी-भयावह आँधियों से नष्ट होने की सोचो। यह पश्चात्ताप का समय नहीं है, कुछ ऐसा बेजोड़ करने का है जिससे भविष्य को नेतृत्व मिल सके।" मनका में भी क्षत्राणी का ओज प्रबल होने लगा। साध्य-साधन की पवित्रता और अटूट आस्था की अपार शक्ति कभी निराशा के खड्ड में गिरने नहीं देती। तब व्यक्ति हार कर भी जीत के बेजोड़ संस्मरण छोड़ जाता है। ...उसके मन में उठती ये उत्ताल तरंगें कुछ ऐसा कर दिखलाने का संकेत दे रही थीं जो इतिहास के फड़फड़ाते पृष्ठों को आगे से एक उदात्त जिल्द में बना देख सकें। ...कोरे नाम के क्षत्रिय राजपूत नहीं, श्रीराम की महान परम्परा का बीड़ा उठाने वाले मानवता के संरक्षक राव-राजा चाहिए।

"तुम और क्या मन्थन कर उठीं?"

"क्यों?"

तुम्हारे मुखमण्डल पर महाकाली आ बैठी और कहने लगी, हटो तुम पुरुष राव-राजाओं, अब भवानी, महाचण्डी को आने दो, जन-जन को उदात्त जीवन जीने की मन्त्र शक्ति दो और प्रबल इच्छा को साकार करने का दिशा निर्देश करो। हम्मीर की दृष्टि मानो मनका के मन को पार करती हुई उसकी आत्म-अभिव्यक्ति को उद्‌बोधन दे उठी हो, उसे ऐसा लगा।

"हाँ, राजन रावल, हम स्त्रियाँ भी सोचती हैं कि जो काम पुरुष अपनी थोती आन-बान शान में आवाज़ बुलन्द कर नहीं कर पाते हैं, वे काम उनसे सम्भव हैं। कृतित्व को जन्म देने की महाशक्ति उनमें है, फिर वे उसका संरक्षण क्यों नहीं कर सकतीं? काश, हमारी भी फ़ौज होती तो संसार जान सकता कि माँ मात्र जन्मदात्री ही नहीं है, बल्कि उसकी सबल संरक्षिका भी है। उसका विमल चन्द्रोदय-सा सौन्दर्य कब अनेक सूर्यों सा दमक उठे, यह कोई नहीं जान सकता। माँ तो शत्रु की भी है। पर वह है कहाँ? उसने तो अनेक माँओं के सृजन को कुचल डाला है। युद्ध उसी का नतीजा है। जो दो तामसी शक्तियों के विकराल मंसूबों का परिणाम है। माँ ने अपने दुग्ध-रक्त से जिसे पाल-पोस कर बड़ा किया है, उसने माँ का भी रक्त बहाया है।" मनका में महाकाली की गर्जना विस्फोटक हो उठी। कण-कण का मन काँप उठा। माँ ज्वालामुखी भी है, काश, यह उत्तरदायित्व उसके पास होता तो सुल्तान अलाउद्‌दीन खिलजी के होने का डर किसी को न सताता और न किसी राव-रावल की शरण में होता

जन-समुदाय। युद्ध दो अहम्-वासना का ज्वालामुखी है। क्या सुन रहे हो परमवीर रावल हम्मीर। विनाश से सुरक्षित रहना है तो केवल...केवल माँ शक्ति के पवित्र आँचल को संरक्षिका बनाना पड़ेगा।

हम्मीर में रावल सूखे टूटे पेड़ की टहनी-पत्तों सा मुरझा उठा। वह अन्दर-ही-अन्दर काँपने लगा। अपने में कर्मत्व के स्वप्न जगने पर वह कहने लगा, "हम राजपूत अपनी आन-बान-शान के लिए खुशी-खुशी सिर कटा सकते हैं परन्तु... ।"

"छोड़ो राजन, इन उत्तेजनाओं की कल्पना में जीने वाले पुरुषों की उस जमात को जो शक्ति-शौर्य-सूर्य ताप का श्रेय लेने के लिए सदा अपने को सामने लाने की चेष्टा करती रही है और युद्ध की आन-बान-शान की बात करते यह भूल गयी है कि उनके दम्भ ने स्त्रियों को जौहर (आग) के हवाले कर दिया। उन्हें रणचण्डी बनकर जीने से सदैव वंचित रखा। काश, हम भी दुश्मन से दो-दो हाथ कर यह सिद्ध कर पातीं कि सतीत्व की रक्षा के लिए उनके बाहुबल इतने कमज़ोर नहीं है जितने बना दिये गये हैं। पुरुष को सत्ता चाहिए, सत्ता की वासना का मद चाहिए, और मरने-मारने की दृष्टि चाहिए जबकि, स्त्री को शक्ति का मातृत्व चाहिए, प्यार का संरक्षण चाहिए और जीने का अमृतत्व चाहिए। वह मिटाने से अधिक जीवनत्व की वत्सला है, राजन।" इतना लम्बा वक्तव्य मनका ने पहले कभी नहीं दिया था और न इतना खुलकर उसने सौन्दर्य की सर्वथा नवीन परिभाषा गढ़ी थी।

हम्मीर दंग रह गया। उसने कभी नहीं सोचा था कि मात्र पुरुष ही युद्ध अपने में जीता है और स्त्री युद्ध की विभीषिका में शौर्य को जीवन्त करना चाहती है। उसमें भी स्वाभिमान से जीने की ललक पुरुष से कम नहीं है। हम्मीर सोच के मन्थन से बाहर आकर कहने लगा, "मनका हम में वह शक्ति है कि हम शत्रु का मुँह तोड़ सकते हैं। हम अपनी प्रजा में अपने शौर्य की अद्‌भुत कहानी को साकार कर सकते हैं।

"राजन, यही आत्मविश्वास का हौसला युद्ध का शृंगार करता है। युद्ध से पहले हार जाने का भय जीते हुए युद्ध को हरा देता है। हम कभी नहीं हारेंगे। ...नहीं, राजन, विश्वास का तमतमाता सूर्य इस प्रण का स्वर बने कि हम जीतने के लिए जन्मे हैं तो कुछ बात बने और चारों ओर सैन्य शक्ति और जनशक्ति में उल्लास उत्साह का पर्व अनुभव हो।" मनका का सुदृढ़ स्वर विजय के नगाड़े सुनाने लगा।

एकदम चिन्ता का माहौल जय में बदल गया। हम्मीर को अनुभव हुआ कि विजय का जन-मन पर गहरा प्रभाव पड़ता है लेकिन विजय हो या पराजय जन को हर दृष्टि से उसका बोझ उठाना पड़ता।

"तुम!" साश्चर्य से हम्मीर ने कहा। उसके सामने एक अद्भुत दृश्य तरंगित होने लगा, जिसे उसके दिल की गहराइयों ने चाहा था और उसकी चाह को ऐसा दिलकश नज़ारा दिखलाया था कि उसके बाद उसकी चाह ने किसी दूसरी चाह का स्वप्न में भी नाम लेने से तौबा माँग ली। धीरे से उसने आगे कहा, "सच में मेरी प्राण प्यारी, मुझे विश्वास नहीं होता कि तुम फिर से मेरे जीवन में शौर्य का ताप जगा सकोगी।"

क्यों नहीं होता, रावल सा। आत्मा कभी नहीं मरती। वह अजर-अमर है। ...मैं तुम्हारे पास ही हूँ। मैंने भी तुमसे प्रेम किया है। प्रेम भी कभी नहीं मरता। ...मरता होता तो आज मैं तुम से या तुम मुझसे संवाद कैसे कर पाते।" चम्पावती का गम्भीर स्वर था। उसका वही रूप-सौन्दर्य हम्मीर के अन्तःस्थल के सामने था। वह साश्चर्य देख रहा था कि यह क्या हो रहा है? इससे पहले उसके जीवन में जागते हुए कभी वह प्रकट नहीं हुई थी—स्वप्न की बात दूसरी है। स्वप्न में वह कई बार आयी थी और अपने अप्रतिम सौन्दर्य की एक झलक दिखलाकर ओझल हो गयी थी। शायद कभी उसने कहा था, "चिन्ता नहीं। चिन्ता चिता के समान है। ...मैं हूँ, फिर चिन्ता क्यों?"

मनका हम्मीर को कहीं खोता देख रही थी। देख रही थी कि हम्मीर के होंठ हिल रहे हैं। सोच रही थी कि वह कभी-कभी वर्तमान से अनुपस्थित क्यों हो जाते हैं। उसने पूछा भी था तो वह हँस कर टाल गये थे। "क्यों नहीं आऊँगी—सात फेरे कम-से-कम सात जन्म का तो साथ होता है, मेरे रावल सा।"

"चम्पावती, मैं कितना भाग्यशाली हूँ कि मुझे तुम मिल गयीं।" हम्मीर कह रहा था।

"पद्मा है न...।"

"आपकी बेटी।"

"नहीं, हम तीनों की बेटी।"

"तीसरी कौन?"

"मनका रानी ने कितने प्यार-दुलार से उसे यौवन की दहलीज़ पर ला खड़ा किया है। मैं तो जन्मदात्री हूँ, वह तो साक्षात् यशोदा हैं। अन्तर इतना-सा है कि उसने कान्हा को पाला-पोसा था माँ का हृदय उड़ेल कर...रानी मनका ने तो ग़ज़ब कर दिया उसे अपने हृदय उड़ेल कर।"...चम्पावती ने कहा।

"हाँ...हाँ...!" रावल, अब आप चिन्तित हो।"

"रावल नहीं, तुम कहो। अब मुझे तुम कहने वाला कोई नहीं है। ...तुम हृदय से हृदय का संवाद छेड़ देता है। एक बार तुम कहो, मेरे स्वप्नों की रानी चम्पा।"

"लीजिए—कह दिया तुम, अब ठीक। ...एक बात मेरे मन में फाँस-सी चुभ रही थी। मैं विश्वास नहीं करती। जानती हूँ तुम भी नहीं करते, क्योंकि तब तुम प्रेम में पागल हो चुके थे। तुम्हें मात्र मैं ही मैं चारों ओर नज़र आती थी।"

"कौन-सी बात?"

"मैं सौन्दर्य के शिखर पर आकर खड़ी ही हुई थी कि तुम आ गये। मैं अपने को सँभाल नहीं पायी। तुम से दूर बने रहने की विनती करती रही। ...मेरी माँ ने मेरी जन्म कुण्डली किसी को दिखायी थी। ...वह काफ़ी देर चुप रह कर कहने लगा था, "क्या नहीं है इस अद्वितीय सौन्दर्य की देवी में!...राज परिवार में जायेगी। इसका पति रावल होगा। बेहद प्यार करेगा। राज करेगी, राज। तुम्हारी बेटी। ...और...।"

"कोई ऐसी बात...।"

"कैसी?"

"जो आप कहना नहीं चाह रहे हैं। मैं समझती हूँ कि प्रतिकूल बात बताकर भविष्य की चिन्ता को वर्तमान में नहीं लाना चाहते हैं। अच्छे और प्रकाण्ड ज्योतिषाचार्य का यही गुण होता है। परन्तु मेरी आप से यह विनती है कि इसकी कुण्डली में कुछ ऐसा है, जिसे आप बताना नहीं चाहते। पर है तो अवश्य कुछ...।"

"आप चिन्ता न करें, सब शुभ ही है।"

"एक-दो को छोड़कर।"

"ज्योतिष आँकड़ों से चलता है। उसमें यदा-कदा हम से भूल होने की सम्भावना रहती है, इस कारण वह फलित नहीं होती। ...उससे...।"

"आप उसकी चिन्ता न करें, ज्योतिषाचार्य।"... उससे मेरी शंका दूर हो जायेगी। विश्वास रखिए मैं वह बात किसी पर प्रकट नहीं करूँगी।" चम्पावती की माँ ने आग्रहपूर्वक कहा।

ज्योतिषाचार्य ने बैठने का रुख़ कुछ बदला। सोच में पड़ गये। चम्पावती की माँ के आग्रह को टालना उन्होंने उचित नहीं समझा। धीरे-धीरे वह बोले, "वह एक बच्ची को जन्म देगी जो सौन्दर्य की देवियों में श्रेष्ठ होगी। उस समय जिस ग्रह ने प्रवेश किया है, वह मारक बन जाता है।"

"क्योंकि पहलौटी की सन्तान लड़का न हो तो...सुना है कि...आप तो जानते ही हैं। कि वह बींदणी और उसकी बच्ची उन लोगों में उपेक्षा से देखी जाती है।"

"नहीं, महारानी-सा, थोड़ा-बहुत अन्तर अवश्य आता है।"

"वह अन्तर दूसरी लड़की के जन्म लेने पर कलंक बन जाता है।"

"देखिए, यह सिद्धान्त उनके पूरे समाज पर नहीं लगाया जा सकता।"

"यहाँ रूढ़ियों को बहुत महत्त्व दिया गया है, परन्तु उनका मूल्यांकन कभी नहीं हुआ।"

"महारानी सा, बेहतर हो कि हम लोग इस तरह से अपनी बहस को आगे न बढ़ायें...।"

"आपका कहना उचित है, ज्योतिषाचार्य, परन्तु मेरे मन में...।"

"हो सकता है आपके मन में...। परन्तु वह आप अपने मन में रखें।"

"चलिए, जैसा आप ठीक समझें, कहियेगा।"

"मारक स्थिति बनने से यह बात सामने आ रही है कि दोनों में से एक ही बच सकेगा।"

"कोई उपाय।"

"उपाय...ईश्वर के लेख के सामने नहीं चल सकते। ...वहाँ परिवर्तन की कोई गुंजाइश नहीं रहती।"

"उपाय सहारा तो बनते हैं।"

"मेरा ऐसा अनुभव नहीं है।"

"तब...?"

"ईश्वर पर भरोसा रखिए।"

"यदि बच्ची हुई तो....।"

"उसका पालन-पोषण राजकुमारी जैसा होगा। कोई कमी नहीं आयेगी।"

"....जौहर...।"

"जौहर से आपको क्या डर है?"

"वीरांगनाएँ अपना जीवन ज्वालाओं को सौंप देती हैं।"

"पराजय और आक्रमणकारियों के भ्रष्ट आचरण और उनके सतीत्व को नष्ट करने के कुत्सित इरादों को जड़ मूल से उखाड़ फेंकती हैं। रणबाँकुरों में ऐसा जोश भर देती हैं कि वे अपने को साँस के अन्तिम क्षण तक युद्ध को सुपुर्द करने में तनिक भी नहीं हिचकिचाते! युद्ध महायुद्ध बन जाता है!"

"सामूहिक आत्मदहन।"

"हाँ, आक्रमणकर्ताओं के विरुद्ध।"

"उन वीरांगनाओं के शिशुओं पर क्या बीतेगी! उनकी परवरिश कौन करेगा? ...उन स्त्रियों के दहन से उन परिवारों पर क्या बीतेगी? क्या इससे आक्रमणकर्ताओं के नाजायज़ इरादों पर रोक लग सकेगी? इसके पूर्व अनुभवों से हमने क्या निर्णय लिया है?" चम्पावती ने तर्क का सहारा लिया। उसके मन

में यह गुत्थी सुलझ नहीं पा रही थी। वह सोच रही थी कि रणबाँकुरों का वीर क्षत्राणियों पर यह विश्वास नहीं है कि ये अपने सतीत्व की रक्षा कर सकेंगी? आत्मदहन की अपेक्षा शत्रु से लड़ते-लड़ते भी अपने प्राण देने से पहले क्या वे शत्रुओं के नापाक इरादों को नष्ट करने में सहायक नहीं हो सकतीं? वह ऐसे अनेक प्रश्नों का उत्तर किससे पा सकती है। वह अपनी इन बातों को ज्योतिषाचार्य के सामने नहीं रख सकती।

"मुझे और कुछ नहीं कहना है, चम्पा जी। मैं आपके इन प्रश्नों का उत्तर नहीं दे सकता। आपसे आग्रह करना चाहता हूँ कि आप इस तरह से सोचकर अपने आपको संकट में न डालें। जब तक अन्ध परम्पराओं को जनमत का अवलम्ब मिलता रहेगा, तब तक कुछ नहीं हो सकेगा। ...कृपया आप अपने विचारों को अपने में ही दफ़ना दीजिए। ...इससे ज़्यादा मैं कुछ नहीं कह सकता।"

ज्योतिषाचार्य उठ खड़े हुए। चम्पावती ने उनको मानदेय दे दिया। वह चले गये। उसके मन में उठे प्रश्नों के तूफ़ान को कोई मार्ग नहीं दिखा सका। वह क्या करे? क्या नहीं।

"तुम कहाँ जा खोयीं, चम्पारानी।"

"कहाँ खोती? ...मैं कुछ सोच-समझ नहीं पा रही हूँ।"

तुम यह चिन्ता छोड़ो। इसकी शादी वीर पराक्रमी और शूरवीर के साथ होगी। ...तुम बलिदान पर संशय मत करो। बलिदान शत्रुओं के हौसलों को मिट्टी में मिला देता। वे ऐसी वीर-वीरांगनाओं के बारे में सोच भी नहीं सकते। ऐसा हौसला हर कोई स्त्री नहीं दिखा सकती। ... मरना तो सबको है परन्तु जो अपना जीवन उच्च लक्ष्य के लिए त्याग करते हैं, उनका सम्मान समग्र मानव जाति का सम्मान होता है।

"आज उठोगे नहीं, रावल सा। सूर्य सिर पर चढ़ आया है।"

हम्मीर ने आँखें मलते हुए अपने चारों ओर देखा। वातायन से धूप प्रवेश कर चुकी थी।

"मैंने आपको जगाना चाहा लेकिन आपने एक नहीं सुनी। क्या कोई भयानक स्वप्न देख रहे थे?"

वह क्या उत्तर दें। वह तो पलंग पर लेटे हुए थे। कहाँ से आ गयी चम्पावती? मनका भी दूर नहीं रही। वह इस स्वप्न का क्या अर्थ लें। स्वप्न मात्र स्वप्न है। निर्जीव है। क्यों चम्पावती जन-मन्त्रों पर प्रश्न उठाने लगी। उसने अंगड़ाई ली। फिर धीरे-धीरे उठकर चल पड़ी।

16

पद्मा को समझा दिया था कि वह तलवार चलाना, धनुष-बाण से निशाना लगाना छोड़ दे। पक्षियों को दाना खिलाती रहे परन्तु उनके साथ नृत्य करना छोड़ दे।"

"लड़कों पर ऐसी पाबन्दी क्यों नहीं लगायी जाती है?"

"फिर प्रश्न पर प्रश्न। यह समझना चाहिए तुम लड़की हो।"

"लड़की होना मेरा अपराध है क्या?"

"यह किसने कहा है?"

"यहाँ आपके अलावा कौन कह रहा है?"

"मनका,... ओ मनका।" हम्मीर ने मनका को आवाज़ लगायी।

"मैं आपके पीछे खड़ी हूँ।"

"सुन रही हो अपनी बेटी को।"

"क्या आपकी बेटी नहीं है वह?"

"तुम उसे हवा मत दो।"

"समझती हूँ। आपने पहले तो उसे सिर चढ़ा लिया और अब...।"

"तुम समझाओ, मनका। अब बच्ची नहीं रही है। उसके लिए वर की तलाश हो रही है।"

"यह सब समझा चुकी हूँ। यह भी समझा चुकी हूँ लड़की पराया धन है। ...हम सब रानियों को देख रही हो...तुम भी किसी राजघराने की शोभा बढ़ाओगी। ...वह इस समय भी सुन रही है। ...मनका ने सहज ढंग से कहा। वह जानती थी कि पद्मा सयानी हो चुकी है। उसकी उम्र में कभी उसने भी उसकी तरह आनाकानी की थी। पर क्या हुआ? उसकी मन-की-मन में रह गयी। लड़की की भावनाओं को आदर कहाँ मिलता है! वे इस पिंजरे से निकाल दूसरे पिंजरे में डाल दी जाती हैं। वही चम्पा कुँवर के साथ हुआ, वह मात्र बारह वर्ष की रही होगी। कुछ वैसा ही पद्मा के साथ होना है। ज़ोर-ज़बर्दस्ती से स्त्री को ऐसा दबा दिया गया है कि वह ज़िन्दगी भर धुएँ और घुटन को कहीं व्यक्त भी न कर सके।

पद्मा वहाँ रुकी नहीं। उसका विवाह होने में अब देर नहीं लगनी है। उसका जन्म उस समाज में हुआ है, जहाँ स्त्री को घर के परकोटे में कील दिया जाता है। वह माँ को भी जानती थी कि लाख चाह कर भी रावल-सा का सामना नहीं कर सकतीं।

हम्मीर उठ कर चल पड़ा। अन्दर-ही-अन्दर उसे लड़की के पिता होने का दर्द मार रहा था। पद्मावती तो अद्वितीय सुन्दरी है। अत्यन्त आकर्षक है। हीरा है हीरा जो अँधेरे में चमक उठता है। परन्तु...

राघव चेतन के कान में उसने यह बात डाल दी कि वह पद्मावती के लिए सुयोग्य, बहादुर और साहसी रावल कुँवर की तलाश करे, जिसका अपने समाज में भरपूर सम्मान भी हो। वह चाहे जहाँ जा सकता है। उसे यह विश्वास था कि वह जहाँ जायेगा, वहीं अपनी धाक जमा सकता है।

आज पद्मा, अपनी चाची चम्पा कुँवर के पास आयी थी। आजकल वह बहुत अकेली रहती थी। उसका किसी काम में मन नहीं लगता था। दिन काटना उसके लिए मुश्किल हो जाता था। वह प्यार से बोली, "चाची सा, आपको अपने घर की याद नहीं आती है क्या?"

"क्यों, आज तुझे मेरे घर की याद क्यों सताने लगी?"

"यों ही, पूछने भर के लिए।"

"इसमें पूछना क्या है, कुछ दिन और ठहर जा, तू ही इस प्रश्न का उत्तर देने लायक हो जायेगी।"

"वो कैसे?"

"वो ऐसे मेरी सोनचिरैया, तू भी कुछ ही दिनों में दूसरे महल की मालकिन बन जायेगी।"

"ना...मुझे नहीं बनना मालकिन-वालकिन।"

"तू स्वयं कहाँ बन सकती है?"

"क्यों?"

"यहाँ क्यों का कोई प्रश्न ही नहीं उठता पद्मा, क्योंकि स्त्री को स्त्री रूप में रखने का निर्णय पुरुष के हाथ में है।"

"हो सकता है।" पद्मावती ने सोच से परे की कल्पना को कल्पना ही रहने दिया।

"हो सकता नहीं, ऐसा ही है।" चम्पा कुँवर का स्वर सुदृढ़ था।

पद्मावती वहाँ बहस करने नहीं आयी थी। उसे ऐसा कुछ मालूम भी नहीं था। उसने चम्पा कुँवर के गुलाबी चेहरे पर उदासी की परछाईं का असर देखा। वह पूछ बैठी, "आजकल आप उदास बहुत रहने लगी हैं।"

"ये जीवन दिन-रात की छाया है। जैसे मौसम बदलता है। अपने हाथ में कुछ नहीं है। जो है वह पुरुष के हाथ में। तेरे प्रिय चाचा एक और कमसिन युवती को ले आये हैं। आजकल वह सब काम छोड़ उसी के साथ रहते हैं।"

"यह आप क्या कह रही हैं, चाची सा।"

"यह है औरतों के जीवन की सच्चाई। एक युवती से मन भर गया तो दूसरी ले आये। कोई नहीं रोक सकता उन्हें। राव-रावल के चारों ओर चापलूसों

ने डेरा डाला हुआ है। वे ऐसी तितली की खोज में रहते हैं, जो उनकी नींद हराम कर दे।"

"ऐसा क्यों, चाची सा?"

"कौन दे सकता है इसका उत्तर?"

"क्यों?"

"ऐसे प्रश्नों के उत्तर पाने की किसी को किसी से ज़रूरत नहीं पड़ती।"

"मुझे शादी से डर लगने लगा है, चाची सा।"

"तुझे डरने की ज़रूरत नहीं है, सौन्दर्य की अप्सरा। ...तेरा सौन्दर्य देखकर अच्छे-से-अच्छा रावल-राजा गश खाकर गिर पड़ेगा। ...तू न केवल दुनिया की सबसे सुन्दर युवती है बल्कि तू सारी दुनिया में अकेली ऐसी युवती है, जो सौन्दर्य की शिखर ऊँचाइयों के साथ प्रतिभा, वाक् चातुर्य, संगीत, नृत्य, कला आदि में भी उतनी ही प्रवीण है।" चम्पा कुँवर बहुत धीमे-धीमे स्वर में ऐसे कह रही थी मानो वह अति गोपनीय रहस्य पर से परदा उठा रही हो।

"पता नहीं मैं क्या हूँ? मैं पता भी नहीं करना चाहती कि मैं हूँ क्या? मुझे तो बस इतना चाहिए कि मेरी शादी अभी नहीं हो।"

"पगली, मेरे तेरे चाहने का यहाँ सवाल नहीं है, क्योंकि भाग्य में जो लिखा है, वह होकर ही रहेगा। तू जी थाम, मेरी प्यारी भतीजी। देखती जा आगे क्या होगा?"

"क्या इससे भी बुरा होना है?"

"ये तू क्या कहती है? जिसने तुझे फुरसत में तैयार करके अपनी सर्वश्रेष्ठ कृति घोषित कर दिया हो, वो क्या इतना निर्मम होगा कि उससे उसकी आँख ही छीन ले। ... नहीं, मेरी प्यारी गुड़िया तेरे साथ स्वप्न में भी ऐसा नहीं होगा। तेरा प्यारा दूल्हा तुझे स्वर्ण की डोली में ले जायेगा और अमावस्या के घनघोर अँधेरे में तुझसे हीरे की चमक पाकर अपने भाग्य और अपने भगवान को सौ-सौ बार धन्यवाद देगा। ... तुझ से आती मंजरी और चन्दन सी सुगन्ध का कोई जवाब नहीं है।" चम्पा कुँवर उसकी ओर कनखियों से देखते हुए काव्य का सृजन करने लगी।

"नहीं चाची-सा। ऐसा सुनते-सुनते मेरे कान पक गये हैं। मुझे अपनी यह प्रशस्ति चारण-भाट की सी बिन आधार की कल्पना लगती है। कृपा करें, चाची सा। ...मुझे तो आप सबसे सुन्दर लगती हैं... मुझसे भी। मैंने अपने को तालाब के स्थिर-निर्मल पानी में देखा है। मुझे ऐसा कुछ नहीं लगा जो अन्य स्त्रियों से मुझे अलग कर सके। इसलिए म्हारी प्यारी चाची सा, आप तो मुझे समझती हैं

तो कम-से-कम आप तो मुझे सामान्य बना रहने दें। जिसे आप सौन्दर्य मान कर चल रही हो, वह मात्र वासनोन्मुखी उत्तेजना का नशा है।" पद्मावती का हृदय छलछला आया। उसकी आँखों में पानी उतर आया। उसका मन होता कि वह भयावह जंगल की ओर भाग खड़ी हो, जहाँ न शब्द का संसार हो और न रूप का जादू। जहाँ पक्षी मधुरतम धुन छेड़ रहे हों, पुष्प मनभावन सुगन्ध और टहनी-पत्तियाँ मंजीरे।

"मैं तुझे दुःखी नहीं करूँगी, मेरी प्यारी भतीजी। ... ईश्वर तेरा साथ दे। तू सहज और अकृतिम बनी रहे। ...एक बात मेरी गाँठ बाँध लेना, कभी किसी की मत सुनना, सदा अपने मन की अन्दर की आवाज़ से अपना मार्ग प्रशस्त रखना। सफलता धैर्य में है और आकर्षण के अदृश्य इन्द्रधनुषी हृदय में।"

सचमुच पद्मावती फिर वहाँ नहीं ठहरी और प्राकृतिक परिवेश की ओर चली गयी। उसने मोर-मोरनी की आवाज़ निकाली, तोते-कबूतर को उनकी भाषा में पुकारा और आँख बन्द कर शिला के कोने पर बैठ गयी। अब कौन आयेगा यहाँ! कितने दिन बाद वह वहाँ लौटी है। वे भी भूल गये होंगे। कौन दीदी। किसकी दीदी?

कुछ समय उसने दूर से बहने वाली नदी के प्रवाह को अपने में बहने दिया। उसने ऊपर से गुज़रते पक्षी वृन्द का अनुमान लगाया। आसमान में लगी हाट उठने लगी। सूर्य भी अपनी धूप थान में लपेटने लगा।

अब हाट सन्नाटे में थी। सिमट चुका था दिन का कारोबार! थकान डालियों पर बैठी पत्तियों से हवा झलवा रही थी। इसी समय उसको कुछ जानी-पहचानी आवाज़ों की आवाजाही का अनुमान लगा। पर कौन होगा, सोचते हुए उसने अपने तन-मन को प्रकृति के हवाले कर दिया और वह निश्चिन्त हो गयी। जिसके सहारे प्रकृति का परिवार महक रहा है, उसने भी अपने को उसके सहारे छोड़ दिया। आँखें बन्द कर देह को शिथिल छोड़ देने के अभ्यास से कुछ समय बाद ऐसी राहत मिली मानो दिमाग़ी झुँझलाहट और उत्तेजना को शान्ति मिल गयी हो।

अब पद्मावती जब भी उलझनों को समेटती बेतरह परेशान होने लगती थी, तब वह इस स्थान पर आकर किसी भी शिला पर बैठ जाती थी। धीरे-धीरे वह उन बेसुरी बातों को अपने अन्दर से एक-एक करके जाती देखती रहती थी तटस्थ भाव से। मन हलका होता जाता। चैन मिलने लगता। पगली पवन रेशे-रेशे में समाती जाती। उसे कैसी शान्ति मिलती थी उन क्षणों में!

मौसम ठण्डा था। शरतचन्द्र की आहट भी सुनायी पड़ने लगती। धीरे-धीरे वह आँखें खोलने लगती। वह चौंक पड़ती, प्रकृति-परिवार के कुछ सदस्य शान्ति

भाव से उसे अपलक देख रहे होते—चिड़ियाँ, कबूतर, तोते, मोर आदि। उसकी आँखें छलक पड़तीं। कितना प्यार। कितना अपनापन। सबके सब शान्त बैठे हुए। उसके पास इस समय उनके लिए दाने नहीं थे। उसने सोचा ही नहीं था कि बेवक़्त वे उसकी एक पुकार पर एकत्र हो जायेंगे। पता नहीं वे कब से उसे वहाँ न पाकर उदास लौट रहे होंगे। ओह! उसने कितनी बड़ी ग़लती की अपने-पराये को पहचानने में। वह मधुर आवाज़ में हौले-हौले गाने का अभ्यास करने लगी—

मेरे प्यारे दोस्तो, बहनो, भाइयो, मुझे क्षमा करना!
मैं भूल गयी थी अपनी परेशानियों में,
किससे बात करूँ, किसे प्यार दूँ।
कौन है मेरा, कौन नहीं है,
किसको मेरी चिन्ता है, किसको नहीं?
जिनको मैंने अनजान जाना,
अपने परिवार से अलग माना,
सुख-दुःख का कौन है साथी, नहीं पहचाना।
ये कैसे बन पड़ा इतना बड़ा अपराध
सचमुच में नहीं जानती।
काश! आज न आयी होती,
फिर उनमें ही मिली रहती,
जो परिवार ही हैं, परिवार के सदस्य भर नहीं
तब मुझे कैसे पता चलता,
मेरा परिवार कहाँ है?
जहाँ शिकायत, थकान, उलाहने का काम नहीं,
जहाँ केवल प्यार-मुहब्बत जीने का मक़सद है।
इस वक़्त मेरे पास कुछ नहीं, खाली हाथ हूँ,
न दिल में धड़कने हैं, न आँखों में अफ़साने।
सूख चला था मेरे अन्दर का बयावान जंगल,
मुरझा गयी थीं आशाओं की बेलें।
फिर भी मुझे आप लोगों की याद नहीं आयी,
ये खुदगर्ज़ी का कैसा है आलम।
मेरे हमसफ़र साथियो, मित्रो, मेहरबानो!
मेरे दिल ने भी सुध नहीं ली,
मुझसे ऐसे बड़ी ग़लती कैसे हुई!

जो मेरी एक आवाज़ पर चले आते थे मेरे पास
उनकी ख़ैर-ख़बर लेना ही मैंने छोड़ दी,
ये दोस्ती का कैसे निभाया हक़;
मुझे मुआफ़ करना, मेरे अज़ीज़ो बारम्बार।

धीरे से...वह खड़ी होकर कहने लगी, "कल फिर से मिलेंगे, पहले की तरह, उसी वक़्त पर और इसी स्थान पर, भूल मत जाना, आना ज़रूर।" इसके बाद हाथ जोड़कर कहा, "प्रणाम।" सबने पंख फड़फड़ाये और जैसे, जहाँ से आये थे, वहीं लौट गये। एकदम चुपचाप!

पद्मावती के सामने फिर से मैदान खाली हो गया। उसने चारों ओर देखा—अब पत्तियों ने हिलना बन्द कर दिया था। पेड़ छाया फैलाने लगे थे। चन्द्र बदलियों से लुका-छिपी का खेल खेल रहा था। उसे इसी से शकुन मिल रहा था। वह चुपचाप लौटने लगी हवा में शीत लहर का कम्पन अनुभव करते हुए।

17

राघव चेतन चित्तौड़ जा पहुँचा। सबसे पहले वह चित्तौड़ के राजपुरोहित राम नारायण से मिला। राजपुरोहित जब रणथम्भौर आये थे, तब राघव चेतन के यहाँ ही ठहरे थे। उस समय पद्मा छोटी थी परन्तु उसकी सुन्दरता अप्रतिम थी। वह भी मान गया था कि उससे सुन्दर लड़की उसने नहीं देखी। रतन सिंह रावल की नयी दुल्हन का सम्बन्ध उसने करवाया था। इसलिए उसे संकोच हो रहा था। ऐसी स्थिति में उसने परामर्श दिया कि राघव चेतन स्वयं रावल से मिले।

राघव चेतन की दृष्टि में रावल रतन सिंह सबल और योग्य रावल हैं। रणथम्भौर की शान ही अपनी है। राजपुरोहित नहीं चाहता था कि राघव चेतन का इरादा सफल हो। फलतः वह उसे रावल से मिलने नहीं देना चाहता था।

राघव चेतन समझ चुका था कि उसकी दाल वहाँ नहीं गल पायेगी। उसे निराश नहीं लौटना था। उसने इससे पहले दबी ज़बान में रावल हम्मीर देव चौहान को परामर्श दिया था कि पद्मावती के लिए स्वयंवर के बारे में सोचें। वह भी कुछ-कुछ परम्परा की परिचित शैली को स्वीकार करने का मन बना सकती है। ... अथवा कोई चुनौती रखी जाये। परन्तु, रावल हम्मीर देव चौहान, अमात्य धर्म सिंह, सेनानायक भीम सिंह, पण्डित दीन दयाल आदि उसके इस प्रस्ताव से सहमत नहीं हुए। कारण, दिल्ली का सुल्तान अलाउद्दीन खिलजी तक जैसे ही यह ख़बर पहुँचेगी, वह स्वयंवर को ही नष्ट कर देगा और अपनी विशाल सेना

को लेकर रणथम्भौर पर चढ़ आयेगा। तब पद्मावती का विवाह का स्वप्न ही संकट में पड़ जायेगा।

यदि रणथम्भौर और चित्तौड़गढ़ सम्बन्धों में बँध गये तो अलाउद्दीन खिलजी की विजय यात्रा रुक सकती है। वह वर्तमान स्थिति में क्या करे। तभी उसके अन्तर्मन से आवाज़ आयी—"तू अपने को इन्तज़ार की खाई में क्यों डालना चाहता है?"

"तो मैं क्या करूँ? न मैं कहीं का अमात्य हूँ और न सेनापति।"

"तू गुणज्ञ, संगीतज्ञ, तान्त्रिक, अनेक भाषा का ज्ञाता, लेखक आदि क्या-क्या है?...तू निराश क्यों होता है।"

"परन्तु रावल के लिए ये सब व्यर्थ है।"

"तू आशावादी होकर भी घबरा रहा है। घबराना तो तुझे आता ही नहीं। तुझे रणथम्भौर में कितने लोग ज नते थे। तू कैसे वहाँ के दरबार में पहुँच गया!"

राघव चेतन सँभला। उसमें उम्मीद जगी। आज वह स्नान-पूजा करके सीधे महल की ओर चल दिया। उसे पता चला कि आज रावल सा जनता से मुलाक़ात कर रहे हैं। राघव चेतन भी सीधे वहाँ चला गया। वह ख़ुशक़िस्मत था कि जब वहाँ पहुँचा, तब भीड़ बहुत कम रह गयी थी।

रावल रतन सिंह से रावल समर सिंह चित्तौड़ ने कह रहे थे, "रतन, राज्य जनता का है, जनता से और जनता द्वारा है। हमारी शक्ति जनता है। जनता से तुम्हारा सम्बन्ध सदा बना रहे। उससे सीधे मिलो, ताकि जनता क्या चाहती है? उसकी पूर्ति तुम्हें स्वयं करवानी है। मात्र आदेश देकर नहीं, बल्कि आदेश का पालन उचित ढंग से हुआ है या नहीं, यह देखना भी तुम्हारा काम है।" रावल समर सिंह ने तुर्कों के आक्रमणों से गुजरात को बचाया था और अपनी शक्ति बढ़ायी थी।

आख़िर राघव चेतन भी रावल रतन सिंह के सामने पेश हुआ। रावल ने उसे देखते हुए पूछा, "आप यहाँ के तो नहीं हैं।"

"सच है, माननीय। ... परन्तु इस चन्दन भूमि का हूँ। ये महान धरिणी मेरी ही नहीं हम सबकी माँ है।"

"आज मैं धन्य हुआ। आपका दृष्टिकोण बहुत व्यापक है।"

"यह समय बहुत ख़तरनाक है। हमारे ग्रह-नक्षत्र भी अनुकूल नहीं है। हम में एकजुट होने का मन नहीं है। ऐसे समय इस धरिणी के कर्णधार रणबाँकुरों से अपेक्षा है कि अपने अहम् को त्याग कर धरिणी के सम्मान के बारे में मिलकर निर्णय लें। इससे पहले भी बाहरी म्लेच्छ आक्रमणकर्ताओं ने इस देश पर आक्रमण किये हैं। ...भारत के मुकुट, वीरों के मार्गदर्शक सम्राट पृथ्वीराज चौहान को हम में शायद कोई नहीं भूला है। उस घटना को हुए अभी सौ साल भी नहीं हुए हैं

और फिर अलाउद्दीन खिलजी ने हमारे देश, धर्म, संस्कृति, सभ्यता आदि को रौंदने का अभियान शुरू कर दिया है। हमारी स्त्रियाँ... यहाँ तक कि रानियों की मर्यादा का मर्दन करने में उसे ज़रा भी नहीं सोचना पड़ता। ...आज सवाल इस स्वर्णभूमि की अस्मिता को बचाने का है। इसलिए माननीय रावल सा, आपसे यह निवेदन करने आया हूँ।"

रावल रतन सिंह को उसके परिपक्व विचारों, उसकी गहराई और दूरदर्शिता ने अत्यधिक प्रभावित किया। वह कहने लगे, "मेरा सौभाग्य है कि आज मेरा सम्पर्क आप जैसे राष्ट्रचेता, मनीषी और ज्योतिष के पण्डित से हो सका। कृपया अपना परिचय दीजिए।"

मैं सामान्य नागरिक हूँ। थोड़ा-बहुत ज्ञान, ग्रह-नक्षत्रों की जानकारी, काव्य की समझ रखता हूँ। दाता, पण्डित राघव चेतन मेरा नाम है।

रावल रतन सिंह के तेजस्वी मुखमण्डल पर स्मित की लहर दौड़ गयी। वह बोले, "आपका चैतन्य जागृत है और ज्ञान-ध्यान ठोस है। मैं आपको अपने दरबार में आने का निमन्त्रण देता हूँ। कृपया कल पधारें। आप यहाँ कहाँ ठहरे हुए हैं?"

"बस इधर-उधर।"

रावल रतन सिंह ने अपने निजी सहायक को बुलवाया और उसे आदेश दिया—"पण्डित राघव चेतन के ठहरने का उचित प्रबन्ध करवाइए। राज्य के अतिथि जैसा।" यह कहकर रावल-सा उठकर चल पड़े।

राघव चेतन को आश्चर्य हुआ कि यह सब कैसे हो गया? वह प्रसन्न होकर राज्य के अधिकारी के साथ चल पड़ा।

अब वह अतिथिगृह के शानदार कक्ष में था। वहाँ हर प्रकार की व्यवस्था थी। उनके लिए जमुनादास सेवक भी था। दूसरे दिन वह शानदार दरबार में पहुँचा। राम नारायण राजपुरोहित का उसको देखकर न केवल माथा ठनका, बल्कि रावल तक उसकी पहुँच कैसे हुई, यह सोचकर आश्चर्य हुआ। दरबार में ऐसे कई सभासद तथा पदाधिकारी थे, जिन्होंने राघव चेतन के बारे में सुन रखा था।

रतन सिंह ने अपने सम्बोधन में उस समय की राजनीतिक परिस्थितियों के बारे में चिन्तन-मनन करने के लिए तीन व्यक्तियों की एक समिति बनायी। उसमें गृह मन्त्री, सेनापति और मुख्य अमात्य को जोड़ा। इसके साथ ही पण्डित राघव चेतन को उनके साथ रहने का संकेत दिया।

दरबार ने विराम लिया। सब उठकर चल दिये। राघव चेतन को रावल के पास ले जाने के लिए एक व्यक्ति आया। वह उसे एक कमरे में बैठा कर चला गया। कुछ समय बाद राम नारायण राजपुरोहित वहाँ आये।

दोनों चुप रहे। राघव चेतन ने राम नारायण राजपुरोहित का आभार व्यक्त किया। उन्हें आश्चर्य हुआ कि उसका आभार किस लिए किया! उसने तो ऐसा कुछ नहीं किया। उन्होंने पूछा ही था, उसके ठहरने की व्यवस्था और रावल से संवाद बनने के बारे में, कि तभी उसको रावल के पास लिवा जाने के लिए वही व्यक्ति आया, जो उसे वहाँ बैठा गया था।

अब वह राजा के सामने था। कौन बात प्रारम्भ करे? कैसे करे? राघव चेतन के मन में यह अन्तर्द्वन्द्व चल रहा था। रावल ने पूछ लिया कि उसे कोई कष्ट तो नहीं है। फिर रावल ने कहा, "मुझे आपके विचारों में सत्यता नज़र आयी। उसके लिए व्यवस्था भी शुरू कर दी है।"

"मैं एक बात स्पष्ट कर देना अपना परम कर्तव्य समझता हूँ, दाता।"

रावल रतन सिंह ने उसकी ओर नहीं देखा। राघव चेतन आगे कहने लगा, "मैं रणथम्भौर दरबार से भी थोड़ा-बहुत जुड़ा हुआ हूँ।"

"यह बात मैं तभी समझ गया था, जब आपने राव-राणाओं के एक होने की बात कही थी। रावल श्री हम्मीर देव चौहान की ओर से ऐसा प्रस्ताव आया भी था। उस पर मैंने कई रावल राजाओं से सलाह-मशविरा भी किया था, परन्तु बात बनती नज़र नहीं आयी। उसमें उन्होंने मुझसे प्रधान बनाने का आग्रह भी किया था परन्तु मुझे नहीं लगा कि वह प्रस्ताव सबकी सहमति जुटा पायेगा।" रावल रतन सिंह ने अपनी बात स्पष्ट करते हुए यह भी संकेत दिया था कि किसी अनजान व्यक्ति पर वह इतना भरोसा कदापि नहीं कर सकते हैं।

"एक बार फिर प्रयत्न हो। आपकी ओर से हो। जान-माल पर तो आक्रमण होगा ही लेकिन...।"

"लेकिन क्या, पण्डित?"

"आपकी अस्मिता...।" कहते-कहते वह रुक गया। वह आगे कहने लगा, "फिर राजपूतों की आन-बान-शान का क्या रहेगा? प्रजा पर जो क़हर टूटेगा, उसके बारे में सोचते हुए भी हृदय काँप उठता है।"

"पण्डित, ऐसा तो होता ही रहा है।"

"उसका असर कितना भयानक पड़ता है। काश! इस ओर किसी ने ध्यान नहीं दिया होता।"

"जैसे।" रतन सिंह ने कहा मात्र जानने की दृष्टि से।

"विजयी आक्रमणकर्ता की सेना हारे हुए राज्य की प्रजा के घर-घर में जाकर उस पर जो जुल्म करती है, वह बहुत क्रूर और दर्दनाक होता है। हमारे यहाँ की बहन-बेटियों में से कितनों के गर्भ ठहर जाते हैं। उनमें से कितनी ही आत्महत्या कर लेती हैं, कई इस्लाम धर्म क़बूल कर लेती हैं और जो साहसी होती हैं, वे

जन्म भी देती हैं। वे सन्तानें हर प्रकार की उपेक्षा पाकर अपनी धर्म-संस्कृति के विरुद्ध हो जाती हैं। इस प्रकार हम अपने ही भीतर अपने शत्रु पैदा कर रहे हैं।"

राघव चेतन की ऐसी पुष्ट व्याख्या सुनकर रतन सिंह की आँखें फटी-की-फटी रह गयीं। एकबारगी उसकी सोच तड़प उठी। दिशाओं ने हाथ खड़े कर दिये। उससे आगे महाअन्धकार। तिमिर ही तिमिर।

रतन सिंह ने कभी सोचा भी नहीं था कि आने वाली पीढ़ी उनकी विरोधी होती जायेगी। उसकी कोई काट भी नहीं है। वह कहने लगे, "पण्डित राघव, आप बड़े काम के प्रवीण व्यक्ति निकले। कहाँ तक सोच सके। फिर एक नयी फ़ौज अपनी ही दुश्मन हो जायेगी। इस तरह तो यह संख्या निरन्तर बढ़ती जायेगी। अपना धर्म भी हाथ से छूटता जायेगा। मान लो जो अपने धर्म में रह जायेंगे, वे अपने धर्म की जड़ों में छाछ डालना शुरू कर सकेंगे।"

"आपने उस ओर ध्यान दिलाया, जिसके बारे में किसी ने सोचा ही नहीं था।" रतन सिंह ने तपाक से कह डाला।

"रावल-सा, सवाल अब केवल सोचने मात्र का नहीं है। सवाल है कुछ कर दिखलाने का। यह काम कम-से-कम मुझे आसान नहीं लगता है, क्योंकि जिनके दिमाग़ की तलवारें जंग खाने लगती हैं, वे युद्ध नहीं, युद्ध से बर्बादी से बचने के बारे में सोचने लगते हैं। उनका युद्ध टालने का मन करने लगता है। ...यह कमज़ोरी व्यक्ति के मानस को घुन की चपेट में ले आती है।" राघव चेतन ने रावल के मन में एक नया बीज अंकुरित होने के लिए डाल दिया। विशेषतया ऐसे समय में, जब सोच की चेतना का यह मोड़ अपने कर्णधारों के मन को टटोलने में सक्रिय हो उठे तो युद्ध के राजनीति साम-दाम-दण्ड-भेद को पुनर्जीवित करने की ओर जा सकेगी। राघव चेतन की व्यक्तित्व की यही सबसे बड़ी विशेषता थी कि अपनी अभिव्यक्ति की धारा को इस प्रकार तरंगित और धारदार बनाता चलता था कि उसके सामने बैठा व्यक्ति उस तेज़ प्रवाह में अपने को नहीं सँभाल पाता और वह उसी को एकमात्र सत्य तथा उचित मानकर चलने लगता है। चौड़े माथे के बीचोंबीच पीला त्रिशूल और उसके दोनों ओर लाल-लाल रेखाएँ एकदम त्रिपुण्ड जैसी सम्भावना को जन्म देती हैं। नीचे कण्ठ पर काला चिह्न कुछ अलग ही भाव पैदा करता है। रेशमी कुरता और सूती धोती, जिसकी लाल चमकीली किनारी उसके व्यक्तित्व की स्थायी पहचान बनाती है और हाथ की उँगलियों में सोना, चाँदी और मिश्रित धातु की अँगुठियाँ उसके तान्त्रिक होने का संकेत देती हैं।

उसने रतन सिंह के मन को समुद्र मन्थन की तरह मथ डाला। उसमें बुलबुले से प्रश्न स्वतः अन्तर्लीन होकर रह गये। उन्हें लगा कि वह सम्मोहित

होते जा रहे हैं। उन्होंने अपने को सँभालने की चेष्टा की और बैठने की शैली में थोड़ा परिवर्तन लाये ताकि उसकी आँखों की तेज़ किरणों से बचा जा सके। सुना है कि मायावी बड़े ख़तरनाक होते हैं। हालाँकि रावल-राणा पर वे अपने तेज़ प्रभाव की उस संलग्नता को आवृत नहीं कर पाते जो दूसरों को सम्मोहित होने की स्थिति में ले आती है।

उनसे नहीं रहा गया और वह कह बैठे, "एक भय सता रहा है?"

"क्या?"

"आचार्य, आपसे क्या छिपाना? यहाँ के रणबाँकुरे सेनानी जब युद्ध हाथ से जाता देखते हैं, तब मरने-मारने का प्रण लेकर युद्ध के मैदान में उतरते हैं। ऐसी स्थिति में उनकी बींदणी सोलह श्रृंगार कर वधू के रूप में अपने पति को तिलक लगा कर रणभूमि में इस कामना से भेजती हैं कि वे जौहर करने जा रही हैं, अब उन्हें शत्रु को ऐसा सबक सिखलाना है कि उसको दिन में तारे दिखाई दें और इतिहास में यह युद्ध सदा शान से स्मरण किया जाये। ...उनको पता तो चले कि इस देश की वीरांगनाएँ अपने जीवन का बलिदान जौहर की ज्वाला में क्यों करती हैं? मौत भी उनका रास्ता नहीं रोक सकती। ...जो मौत को ललकार सकती हैं, उनके लिए जीत-हार से अधिक महत्त्वपूर्ण ये है कि वे आश्वस्त हो जायें कि उनकी बींदणी का सतीत्व कोई नष्ट नहीं कर सकता। अब आप अपने पूरे पराक्रम से उनकी मौत बनकर उनके छक्के छुड़ाओ।"

"माननीय रावल सा, यह समय किसी बहस में पड़ने का नहीं है। जो होता है, होने दीजिए। कारण, यह अभय वातावरण गरमाने का है। जौहर से शत्रु को जो समाचार मिलता है, उससे शत्रु की कमर ही नहीं टूट जाती, बल्कि उससे साहस के आगे वे नत हो जाते हैं, उनका शौर्य काँप उठता है, और उन्हें डर सताने लगता है। यों उनके हिम्मत-हौसले पस्त होने लगते हैं। ...आप चारों ओर से युद्ध के अभ्यास का जौहर सामने तो आने दीजिए। अपनी कौम में मरने-मारने का केसरिया ध्वज लहराता अनुभव तो होने दीजिए, दुश्मन को एक सौ एक बार सोचना पड़ जाये कि वह मौत के जबड़े में अपना हाथ डाले या नहीं?" राघव चेतन में रावल को सुनकर वीरगाथा काल के काव्य का स्मरण ज़ोर मारने लगा। उसके चेहरे पर भरी गर्मी की दुपहरी का तेज चमक उठा।

रावल रतन सिंह की बाँहें फड़क उठीं। युद्ध का विकराल अभ्यास और वीरांगनाओं के हृदय से उठते जौहर के बलदानी गीतों से शत्रु के मन से घूमर नृत्य देखने की बलवती कामना को साँप सूँघने लग जायेंगे। युद्धाभ्यास के शौर्य

के समाचार से शत्रु के मंसूबों पर पानी फिर जायेगा। वे सोचने लगेंगे कि हम युद्ध के लिए तैयार हैं। हमारे हौसले बुलन्द हैं।

"परन्तु रावल सा...।" कहकर राघव चेतन आगे कहने से रुक गया। वह रावल में बदलती मानसिकता से उठते ज्वार-भाटे को देखना चाहता था। रावल रतन सिंह थोड़ा सँभले। उनको लगा कि युद्ध विरासत में उन्हें मिला है। वह सियासत में ख़ासी दख़ल रखता है। उसको वार्ता के क्रम को बढ़ाने और उसे कठिन परिस्थितियों में डालने में महारत हासिल है। परन्तु से उनके मन में सन्देह पुनः जाग्रत हुआ। रतन सिंह पूछने लगे, "फिर क्या?"

"क्या, रावल-सा।"

"यही कि आप इस बीच और कुछ सोच गये होंगे।"

"नहीं, मैंने कुछ नहीं सोचा।"

"तो आगे...।"

"आगे यह कि, सोचा जाना चाहिए।"

"पर क्या सोचा जाना चाहिए?"

"यही ख़ास मुद्‌दा है।"

"पर क्या?"

"उतना ही सोचना चाहिए, जितने भर से काम किया जा सके। सोचना कहीं मात्र सोचना न रह जाये।" पण्डित राघव चेतन ने कहा।

"क्यों...।"

"क्योंकि अभी तक हमारी अन्दरूनी दुश्मनी बहुत गहरी है ...हम में से हो सकता है कि आपको कई ऐसे देशद्रोही भी मिल जायें, जो इस रहस्य से चुपचाप परदा उठाने की तलाश में रहेंगे, जिससे उनका दख़ल शत्रु पक्ष में प्रबल हो सके।"

"आपका कहना है कि हम में से कोई (विभीषण) राणा अन्दर-ही-अन्दर उनकी मदद करने लगेगा।"

"तब...!"

"यह योजना औंधे मुँह गिर सकती है। अभी तक एक-दूसरे के प्रति मन साफ़ नहीं हुए हैं। कोई-न-कोई गाँठ अभी तक उलझी हुई है। पहले उसे खोलना ज़रूरी है।" राघव चेतन ने हक़ीक़त बयाँ कर दी।

"ऐसा होता रहा है, राघव।"

"आगे नहीं हो।"

"इसकी जमानत कौन भर सकेगा।" रतन सिंह कह तो गये, परन्तु इस बात में वे उलझ भी गये। अविश्वास हर योजना की गिरावट का कारण है। परस्पर

अहम् अवश्य टकराये हुए हैं। उनके बीच यह खाई पट जाये तो शत्रु उनकी ओर आँख उठाकर नहीं देख सकेगा।

"बात जमानत की नहीं है। बात विश्वासघात नहीं करने की है। रावल राजा जीतती बाज़ी इसी कारण हारे हैं।"

"तो..." रतन सिंह पूछता हुआ यहीं अटक कर रह गया।

"ठोस क़दम उठाये जायें।"

"शायद यह हो कि ठोस क़दम उठाने से परस्पर अहम् फुफकार उठे और एक बड़े लक्ष्य को वहीं विराम लेना पड़े। यथार्थ के अपने संकट हैं। त्याग-बलिदान बड़े शब्द हैं। उनका दुरुपयोग अधिक होने लगा है।"

"आप सच कह रहे हैं, पण्डित राघव। ...शब्द के दुरुपयोग का कारण है चरित्र की भ्रष्टता को छिपाने के प्रयत्न का अभ्यास व्यवहार में आने लगता है।"

"दरअसल रावल-राणा-राजा-महाराजा को बनाने वाली है आम प्रजा...उससे प्राप्त धन, श्रम, शक्ति आदि ही हमें शक्तिशाली बनाते हैं। ...परन्तु राघव महाशय, हम अपने अहंकार में इतने लिप्त होने लगते हैं कि ताँबे पर चढ़ी स्वर्ण की पतरी को असली सोने का भाव देने लगते हैं।" रतन सिंह की सोच धरातल से जुड़ने लगी। वह ध्यान प्रजा के केन्द्र को गुरुत्वाकर्षण की धुरी पर सोचने लगा।

राघव चेतन रावल के अन्तःचक्षु खोलने में सफल हो गया। बहुत सारे प्रश्न बाढ़ में बहे गये। सामने शीत नदी प्रवाहित हो उठी अपनी कल-कल मधुरम ध्वनि करती हुई।

दोनों ने मन की शान्ति का अनुभव किया। ज्ञान-व्यवहार के इस अन्तर्मुखी (संगम) सरस्वती का अनुभव करते हुए पहले रावल रतन सिंह उठे, उनके पीछे राघव चेतन। रतन सिंह ने स्मरण कराया, "परसों पुनः मिलना है। हमारा आदमी ले आयेगा उस स्थान तक। ...क्या आपको घोड़े की सवारी करते हुए आनन्द का अनुभव होता है?" राघव चेतन ने सावधान की मुद्रा में तनिक रुक कर कहा, "मैं युद्ध-क्षेत्र का सेनानी बनना अपना सौभाग्य समझता हूँ—भाला, तलवार, तीर कमान आदि का भी थोड़ा-बहुत अभ्यास है।" इसके बाद राघव चेतन ने रावल के सामने झुककर विदा लेने की मौन स्वीकृति पायी।

18

हर समय की अपनी कहानी है। वह मौसम की तरह कब बदल जाये, यह जानना बहुत कठिन है। उसके लिए चाहिए संयम, धैर्य और सोचने पर अंकुश लगाने

के निर्णय की पारदर्शिता। बहुत ही कम ऐसे महान् इनसान मिलेंगे जो शक्ति के केन्द्र में प्रजा के महत्त्व को स्वीकारते हैं। अपार सम्पदा के बीच निर्धन सम्पदा के स्वामी होने की गरिमा और मनवांछित सुभीताओं के बीच हर कार्य स्वयं करते हुए ईश्वर को धन्यवाद देना वे कभी नहीं भूलते। रतन सिंह उनमें से ही एक हैं। अनेक बार की बैठक के बाद राघव चेतन को स्मरण हो आया कि वह रणथम्भौर से किस काम के लिए निकला था और किस माया के जाल में जा फँसा। क्या सोचते होंगे रावल हम्मीर देव चौहान? क्या उस जैसा व्यक्ति रावल के विश्वास को बदल नहीं देगा? पर कैसे? उनके रनिवास में भी रानी, खवास, दासी, गोली, बाँदी आदि सब मिलाकर ढाई तीन सौ युवतियाँ थीं। उनका यह शौक़ीन मिज़ाजी स्वभाव यह सोचने के लिए विवश कर देगा कि धोती के नीचे सब नंगे हैं। फिर भी उनमें चरित्र बल की अधिक गुंजाइश है।

राघव चेतन को उनके पक्ष में यह बात तो स्पष्ट हो गयी थी कि वह रमणी प्रेमी हैं। पर कितना। युद्ध का भूत सिर पर आ बैठा है। फिर भी शौक़ अपनी जगह है। आज राघव चेतन को ऐसे कमरे में बैठाया गया था, जहाँ बाहर से बलखाती लहरिया समीर पुष्पों का मन चुराकर मलयजी हो गयी थी। सामने फुलवारी सजी थी नाना प्रकार के रंग-सुगन्धों की बहार से।

अभी तक रावल नहीं आये थे तो बिना सोचे मन में वसन्त खिलने लगा। उनके अधरों पर से किसी वाद्य की मधुर ध्वनि-सी निकलने लगी–

"मौसम! तुम इतने हसीन क्यों हो,
सरेआम बेईमानी करते हो–
फिर भी पकड़े नहीं जाते।
दिल चुरा कर तितलियों का उड़ लेते हो,
पकड़े जाते हैं बेगुनाह अबोध।

इस पर भी तुम सिर उठाकर घूमते हो,
ख़ामख़्याली सौन्दर्य शमा के लिए।

तो आओ, आज तुम्हें मिला दें;
अन्यतम सौन्दर्य की निर्ध्वनि से।
पद्मिनी जाति की है, सर्वोत्तम दिव्याभा,
उस जैसा कोई दूसरा नहीं है सृष्टा का सृजन।
आओ, आज हम तुम्हें उससे मिला दें,

जिसके आगे झुकते हैं सारे मधुवन;
हरसिंगार के अंग-प्रत्यंग।"

इसी समय रावल रतन सिंह का प्रवेश हो गया। राघव चेतन आँखें बन्द किये कहीं रमण कर रहा था सुन्दरियों के बीच। राघव चेतन को जैसे ही रावल रतन सिंह के छाया-श्वास का अनुभव हुआ, वैसे ही उसकी तन्द्रा टूट गयी। मानो पिरोयी जा रही मौक्तिक लड़ी हाथ से छूट कर गिर पड़ी। अब द्वन्द्व ने आ घेरा और पूछा, "भद्र पुरुष मौक्तिक कण बिखर गये हैं और सामने तेजस्वी, बलशाली और गठी देह का रावल खड़ा है।"

"माननीय रावल सा, मुझे ज्ञात ही नहीं हो सका कि...क्षमा कीजिए।" घबराकर राघव चेतन ने कहा।

"इसे कहते हैं साधना का अप्रतिम सौन्दर्य, जिसकी चाह सबको है परन्तु वह मिलता है मात्र शिशु और आप जैसे साधक को। वे ही उस दुनिया में पहुँच सकते हैं, जहाँ पहुँचने की सोचना सो दूर, उसके लिए ओसकण की शरण में भी नहीं जा पाते हैं।" रावल ने कहा।

"अभिवादन स्वीकारें राजन।"

"इस शर्त पर कि आप अपने अन्तर्मन के जिस संगीत में डूबकर और सारी दुनिया से बेख़बर होकर आत्मलीन थे, उसका रत्तीभर भी आभास हमें करा दो।"

"कृपया पहले पधारिए।"

"...आप में जादू है उस गुरुत्वाकर्षण का, जिसकी ओर हर जीव-जन्तु स्वतः खिंचा चला आता है।" राघव चेतन ने बैठते हुए कहा।

"कहाँ से आ गयी हैं विकराल-बदसूरत और क्रूरतम जन-हत्या की सामूहिक कुत्सित चेष्टा युद्ध के नाम पर। युद्ध क्यों? ...इस सम्भावना का अन्त आज तक नहीं हो सका। शायद कभी होगा भी नहीं। पण्डित राघव, कैसे इस भयावह युद्ध से बचा जा सके! ...यह सोच कभी-कभी मुझे चिन्ताग्रस्त कर देता है। ...आज आपको आत्मलीन पाकर मेरा मन गद्‌गद हो उठा। मुझे लगा कि यही है वह रास्ता जो युद्ध को शान्ति पर्व में बदल सकता है।" रतन सिंह का कोमल हृदय आनन्दित होकर कल-कल संगीत ध्वनि में प्रवाहित हो उठा।

"आप में एक कवि, कलाकार, चित्रकार और संगीतकार बसा हुआ है, रावल सा।"

"रतन सिंह मुस्कराकर रह गये।"

"आप अपने मन के आत्मलीन काव्य-संगीत का अनुभव करायें, पण्डित राघव। बहने दें जीवन के मधुवन की मलयजी गन्ध और सौन्दर्य-सुषमा का अन्तरंग संगीत।" रतन सिंह में काव्य की अनुभूतियाँ तरंगित हो रही थीं।

"रावल सा, दुनिया जंगली, क्रूरतम, हिंसावादी, दानवी प्रवृत्ति की ओर दिनोंदिन तेज़ी से बढ़ती जा रही है। इसे रोकने के जितने उपाय हो सकते हैं, वे अपनी ख़ास भूमिका में नहीं हैं।" यह कहते हुए राघव चेतन का मन उदास होने लगा।

"माना युद्ध एक भयावह क्रूर अभिशाप व हमारी कमज़ोरी है। फिर भी अनिवार्य है। इस काले सत्य से हम कभी नहीं बच सकते। ...कदापि नहीं। फिर भी, हम उन क्षणों के प्रति समर्पित हैं जो हमें इस काली दुनिया से इतनी दूर ले जाते हैं कि वहाँ इसकी ज़हरीली काले नाग-सी हवाएँ हमें छू नहीं सकती हैं। ...अब आप हमें वहीं की सैर करवा दें।" रतन सिंह का आग्रह विनम्रता का सूचक था।

राघव चेतन ने कहा, "राजन, जीवन का वसन्त कल्पनाओं के उन स्वप्नों में है, जिनमें प्रेम का सागर झील बनकर चारों ओर अपनी बहार बिखेर देता है। कौन जाने सौन्दर्य का पैमाना है भी या नहीं। ...ये सौन्दर्य है क्या? क्यों जगत इसके पीछे पागल है? ...आपने कभी सोचा है कि...।"

"सोचता रहा हूँ पर ठीक से मैं उसे आज तक अनुभव नहीं कर सका हूँ। मेरे निर्णय मेरा साथ नहीं दे सके हैं।" गहरी साँस छोड़ते हुए वह कहते जाते थे, "आज के ख़ूबसूरत स्वप्न कब और कैसे उदासीन लगने लगेंगे—यह नहीं जान पाया हूँ। ...क्या वास्तव में वह सौन्दर्य था या मेरी आँखों का धोखा। ...कुछ नहीं कह सकता।"

"मान्य रावल-सा, मेरे पास सौन्दर्य की एक कहानी है। सुनना चाहेंगे आप।"

"क्यों नहीं, राघव, मेरे लिए वह किसी बहुमूल्य सौग़ात से कम नहीं होगी। ...आप प्रारम्भ करें—समय सीमा का कोई बन्धन नहीं है।"

राघव चेतन ने बैठने की शैली को बदला। अपनी दादी-नानी की कहानी कला की गहराई में उतरता हुआ वह अपने को कहानी के साथ चलने के लिए तैयार करता रहा। समय की शून्यता की अनुभूतियों में उस कहानीकार ने पुनर्जन्म ले लिया। फिर आँखों में इन्द्रधनुषी आभा के साथ आवाज़ के वाद्यों पर उँगली फेरी। वाद्य संगीत के स्वरों में ढलने लगे।

कहानी स्वयं कहानी बन कह उठी—

"मुझे नहीं मालूम था कि...।"

"मालूम नहीं था तो क्यों कूद पड़े।"

"कहा नहीं जा सकता।"

"क्यों नहीं कहा जा सकता था...।"

"क्योंकि उसने कहा था कि यदि तुम सबसे सुन्दर युवती को पहचान सकोगे तो वह तुम्हारी होगी।"

"सचमुच ऐसा ही होगा, विश्वास करो, परन्तु परीक्षा में उत्तीर्ण होने पर।"

"आगे कहो।"

"वह देखो...ध्यान से देखो, एक लड़की इधर ही आ रही है। उसके आने की मधुर ध्वनि पुष्पों के पत्तों का स्वर गुनगुना रही है। ...लो वह आने लगी।"

एक लड़की। कमसिन। कमर लचकाती हुई धीरे-धीरे सँभल कर पाँव रख रही थी। उसके हाथ में मोरपंखी पंखा था। उसके मुखमण्डल पर भोलेपन की प्रशान्ति थी।

"पूछो यदि कुछ पूछना है। सौन्दर्य की पहचान के लिए वह भी आवश्यक है।" कहानी का सहज स्वर था–"जानो और परखो।"

उन चारों ने उस सामने खड़ी युवती को देखा और एक स्वर में कहा, "सामान्य नारी है।"

"इसे चित्रिणी नवयवुती कहा जाता है।" कहानी का सटीक स्वर था। अब दूसरी युवती का प्रवेश हो रहा है।

"हृष्ट-पुष्ट, रंग-रूप निखरा हुआ। काली लम्बी चोटी, रंग साँवला पर चमकदार। देह के गठन में कमर कुछ ज़्यादा ही मोटी।"

"निर्णय।"

"सुन्दर है पर विशेष आकर्षक नहीं।"

"वह हंसिनी जाति की है। अब तीसरी युवती आ रही है।"

"सुन्दर कटि क्षीण, नयन कटीले, होंठ पतले और मुखमण्डल पर आभा।"

"पसन्द है।"

"पसन्द है।"

"ये शंखिणी जाति की नवयवुती है।"

रावल रतन सिंह ने समझ लिया कि उनकी रानियाँ इसी स्तर की हैं। उन्हें सन्तोष हुआ। रावल को लगा कहानी ख़तम हो रही है।

"क्या इससे सुन्दर युवती तुम में से किसी ने देखी-सुनी है।"

"सुनने से क्या! परन्तु उससे सुन्दर कोई होती ही नहीं है--कम-से-कम धरती पर तो कदापि नहीं।"

"तो एक और युवती को अवतरित होता देख लो। आकाश से उतरेगी। सब तरफ़ सुगन्ध-ही-सुगन्ध होगी। सोते पुष्प खिल जायेंगे। नदियाँ महक उठेंगी। जंगल मनोहर मधुवन बन जायेंगे। कोमल कूक कर उसका स्वागत कर उठेगी। रात होगी तो दिन हो जायेगा और दिन होगा तो चन्द्र ताप से शीतल हो जायेगा। निर्झर तरह-तरह के वाद्य बन जायेंगे।"

"कल्पना। ...भटकाव। ...चारणीय माया। शायद देवलोक में ऐसी कोई हो।"

"वसन्त खिल उठा है। पुष्प पुष्पहार में महक उठे हैं। हंसों की जोड़ी नाच उठी है। पदराग का गुलाबी रंग खिल उठा है। मोर-मोरनी बोल उठे हैं। मोर पंख फैला कर नाच उठे हैं। पपीहा (चातक) पी कहाँ...पी कहाँ पुकार उठा है।"

रावल रतन सिंह सम्मोहन के पाश में फँसते जा रहे थे। क्या इस धरिणी पर कोई ऐसी सुन्दर युवती हो सकती है– ...कहाँ...जहाँ भी हो वह जा सकते हैं। चाहे राजपाट जाये तो जाये परन्तु नयनों की प्यास सुध भूल जाये और होंठ सिले-के-सिले रह जायें। यह चाहे जादू-मन्त्र का कमाल हो पर होना अवश्य चाहिए। उसने कभी ऐसी सुन्दर नवयुवती नहीं देखी।

लता कुंज महक उठे। फूलों का जंगल मस्त हो उठा। पुष्पों पर भ्रमर मँडराने लगे। चन्दन के प्रलेप नदी में घुलने लगे।

उसने नयनोन्मीलित किये नहीं कि शतदल नाच उठे। उसने भूल से पल्लवों को छू दिया तो वे काँप उठे।

कहाँ उलझ कर रह गये। वह उसकी नाभि है, उसके आसपास तीन बल पड़े हैं। उसकी कटि को देख सिंहनी लजा गयी। हथिनी भूल गयी कि वह गजगामिनी है। सद्यः-स्नाता कोमलांगिनी के अरुणाधरों को लख बिम्बफल लजा गये। सपोले की तरह अपने अंग-प्रत्यंग लचका कर वह मोड़ रही है। कुमुदिनी कोष बेसुध हैं।

कटिबन्ध तनिक सरका है। उरोजों पर चन्दन लेप ऐसा सम्मोहित हुआ है कि लाख चाहने पर भी अपने स्थान से टस-से-मस नहीं होता। हठीला बन गया है।

वह रतनारी नयनों वाली चन्द्रमुखी की इकहरी गठीली देह कंचन को मात कर रही है। भूल से उसकी रेशम मेघ-सी केशराशि खुल गयी तो सूर्य ने मुँह छिपा लिया। कपोल की अरुणाभ मंजरी चमकने लगी है।

रसवती अमृतमयी की एक झलक पाने के लिए देवलोक से देवता उतर आये हैं, उर्वशी ने ऐसे मुँह छिपा लिया है कि आँचल मुँह पर है—रसलीन मकरन्द बिम्बफल पर।

"ठहरो कविराज, ठहरो।" रावल रतन सिंह तनिक तेज़ स्वर में बोला, "अब इन आँखों में देखने की शक्ति नहीं है, न श्रवण इन्द्रियाँ सुन सकती हैं। देह सुकम्प से भरकर ऐसी मतवाली हुई है कि प्रिया कहाँ, प्रिया कहाँ पुकार उठी।"

"राजन, अपने को सँभालिए। अभी तो श्रवण इन्द्रियों ने उस रससुन्दरी की मादकता को सुना भर है, नयनों ने उसकी कल्पना भर की है। ...राजन, यह आपके सामने आ खड़ी हो तब...।"

"तब ग़श खा कर गिर जायेंगे हम कविराज।"

"राजन, अपने को होश में लाओ—मैं कविराज नहीं, आपका, राघव चेतन हूँ।" उसने विनम्र होकर कहा।

"तुम कोई भी हो चेतन...राघव...मेरे लिए कविराज से बढ़कर कविराज हो। रुके रहो, कविराज। चेत में आने दो। ...रमणी का आँचल खिसकने लगा है। फिर भी वह संज्ञाशून्य हुई आकाश से भी ऊपर के आकाश से उतर रही है। ...पगली को आँचल सँभालने की भी सुध नहीं है।"

राघव चेतन अपनी तान्त्रिक कला को सफल होता देख गद्गद होने लगा। अपने आप से कहने लगा, "तू धन्य है, राघव, तेरा चेतन भी धन्य है।" उसके सामने से सद्यः यौवना पद्मावती सोलह श्रृंगार किये निकल रही थी। रथ पीछे-पीछे था, वह आगे-आगे। क्या बात है राघव, तूने वह करिश्मा कर डाला जिसके बारे में शायद तूने भी नहीं सोचा होगा। अब तेरी चाँदी स्वर्ण भाव चढ़ेगी। यकायक घुड़सवार सामने आ खड़ा हुआ और घोड़े से उतर कर ससम्मान नमन कर बोला, "आचार्य, आपके लिए रावल सा ने यह घोड़ा भिजवाया है। मुझे पता ही नहीं चला कब आप दूसरे दरवाज़े से बाहर निकल आये।"

"और तुम?"

"वह हाँके ला रहा है एक और घोड़ा। मेरे योग्य कोई सेवा...।" उसने सिर झुकाकर और हाथ जोड़कर पूछा। उसने सिर हिलाकर मना करते हुए लौट जाने का आदेश दे दिया। अब राघव चेतन घोड़े पर बैठकर, गर्दन ताने, धीरे-धीरे घोड़े को आगे बढ़ा रहा था। उसकी चाल में मस्ती थी। घोड़ा गड्ढों से बचता चल रहा था। उसकी इस बुद्धिमत्ता से प्रभावित होकर राघव चेतन ने घोड़े की गर्दन को सहलाया। यह है भाग्य! न परिचय, न परिचय-पत्र और न सिफ़ारिश, फिर भी रावल की मेहरबानी का पात्र। उसे यह सोचते हुए तनिक धक्का लगा। ...उसने कई बार कहा है कि उसका ज्योतिष और उसके आँकड़े एक तरफ़ और अलिखी अखिंची अन्तः रेखाओं का कमाल दूसरी तरफ़। अब गन्तव्य आ गया था। वह उतरा। सेवक ने घोड़ा थाम लिया। वह अन्दर चला आया। अन्दर का दृश्य कुछ बदला-बदला था। महल जैसी व्यवस्था थी। उसने माँ चामुण्डा के हाथ जोड़े और आगे बढ़ गया।

19

जो अन्तर कल्पना और स्वप्न में है, वही अन्तर जीवन और भाग्य में है। कल्पना के केन्द्र में विचार का विस्तार है और भाग्य में परछाइयों के घटते-बढ़ते रहने

का सिलसिला है। नहीं...नहीं यह सिद्धान्त मानक पर खरा नहीं उतर सकता। ...है!

क्या यह निर्णय मात्र अनुमान है। अनुमान भी ठीक बैठ जाये, यह भी गणित से बाहर का विषय है। राघव चेतन कुछ नया करिश्मा पेश करने के बारे में पोथियों को अलग रखकर सोच रहा था। तान्त्रिक को ज्योतिष के गणित से कोई लेना-देना नहीं होता। यह सोच उसने आज रात्रि के लिए निर्जन एकान्त स्थान का चयन किया।

"महानुभाव, कोई मिलना चाहता है।"

"नाम?"

"कान्हा गुहिल।"

"उसने उसे बुला लिया। वह सादर नमन कर खड़ा रहा। उसने बैठने का संकेत दिया। वह बैठ गया लेकिन राघव चेतन उसे पहचान नहीं पा रहा था। कान्हा गुहिल राघव चेतन की दुविधा को समझ कर कहने लगा, "रावल कान्हड़ देव चौहान ने सन्देश भिजवाया है कि आप वहाँ पधारें। मैं आपको लिवाने ही आया हूँ।"

राघव चेतन को समझने में देर नहीं लगी। अवश्य पद्मावती की महक वहाँ तक पहुँच गयी है। यह शुभ नहीं है। उसे तुरन्त लौटना चाहिए। वह कहने लगा, "भाई गुहिल सा, थोड़ी प्रतीक्षा करनी होगी। ऐसे प्रस्ताव मुझे अन्य रावलों से भी मिल रहे हैं।"

"मैं तो आपको लेने ही आया हूँ, दूसरों के यहाँ से शायद कोई नहीं आया।"

"आपका कथन सही है परन्तु इस समय मैं थोड़ा व्यस्त हूँ। मुझे कुछ समय चाहिए।"

"बड़ी आशा से आया हूँ।"

"मानता हूँ, अपने रावल को म्हारा प्रणाम कहना और सेवक को याद करने लायक समझा इसके लिए हृदय से उनका आभार।"

कान्हा गुहिल खड़ा होने लगा तो राघव चेतन ने कहा, "जलपान आ रहा है। कृपया आरोग कर अनुगृहीत कीजिए।"

वह इनकार नहीं कर सका। उसने वहाँ के समाचार भी बताये और बताया वर्तमान रावल राजपूतों में अन्दर से खुंदक है। यहाँ तक कि उनमें से कई रावल-राणा एक-दूसरे का पतन भी चाहते हैं। ...यह समय सन्देह से भरा और अहम् की गिरफ़्त में आता जा रहा है। ख़ैर जो होना है, वह अवश्य होगा।

राघव चेतन सुनता रहा। उसने अपनी तरफ़ से कुछ नहीं कहा। वह राणाओं की राजनीति से दूर रहना चाहता था। उसने पक्का मन बना लिया था। शाम

ढले, आज जब वह रावल की उपस्थिति में होगा, तब चित्तौड़ छोड़ने की आज्ञा लेने का प्रस्ताव भी रखेगा। अब समय भारी पड़ता नज़र आने लगा था।

कान्हा गुहिल को यह भी समझा दिया था कि मान्यवर रावल से उसकी ओर से क्षमा भी माँग ले, क्योंकि इस समय वह चित्तौड़ के रावल की हुजूरी में है। ...आप तो यह अच्छी तरह जानते हो कि अपना वश इन रावलों पर नहीं है। इनकी नाराज़गी और प्रसन्नता पल भर में इधर-से-उधर हो सकती है। अपनी तो हस्ती भी क्या है!

निस्सन्देह अधिक ख्याति भी प्राणलेवा है। यद्यपि वह अपने को ख्याति से दूर मानकर ही चल रहा है तथापि कुछेक रावलों की निगाहों में आना कम ख़तरनाक नहीं है। पता नहीं वह किस बात पर नाराज़ हो जायें और देश निकाला दे बैठें या शीश उड़ाने का आदेश दे दें।

शाम ढले राघव चेतन रावल के सामने था। दाता को नमन कर बैठने के आदेश की परीक्षा कर रहा था। किसी ने रावल के कान भरवा दिये थे कि अब उसका अहंकार सातवें आसमान पर चढ़कर बोलने लगा है कि रावल उसकी मुट्ठी में है। वह जो चाहे, करवा सकता है।

रावल रतन सिंह किसी बात को तब तक पक्का नहीं मानते, जब तक वह स्वयं उसकी जाँच न कर लें। रजवाड़ों में षड्यन्त्र चलते ही रहते हैं। कान के कच्चे रावल उसके परिणाम भोगते हैं। उसने अपने को किसी अन्य कार्य में उलझा लिया, जबकि उसके पास ऐसा कोई कार्य नहीं था। प्रायः व्यक्ति को उपेक्षा सहन नहीं होती। धीरे-धीरे उसमें उत्तेजना के मेघ बेमौसम मँडराने लगते हैं।

रावल मन-ही-मन उसके शान्त चेहरे को पढ़ रहा था। बीच-बीच में कई राज पदाधिकारी भी आये और चले गये। परन्तु राघव चेतन यथावत् खड़ा रहा और मन-ही-मन मुस्कराता भी रहा। वह जान गया कि चित्तौड़ का रावल जाँच करने से नहीं चूकता, यदि उसे कुछ सन्देह घेरते हैं। लेकिन राघव चेतन चुपचाप एकदम सीधा खड़ा रहा। उसने तनिक रुष्टता व्यक्त नहीं होने दी।

रावल रतन सिंह उठकर बाहर तक हो आये परन्तु वह पूर्ववत् ही खड़ा मिला निर्विकार, सहज और सौम्यता की प्रतिमूर्ति बना।

अचानक रावल रतन सिंह को ध्यान में आया कि उसे खड़े-खड़े बहुत देर हो गयी है तो वह बोले, "आचार्य कब से खड़े हुए हैं, आपको तो तुरन्त बैठ जाना चाहिए था।"

"बिना दरबार की आज्ञा पाये, यह मेरे लिए क़तई सम्भव नहीं है। मैं शिष्टाचार से पाबन्द हूँ, अन्नदाता। इन ज़रा-ज़रा सी बातों से मन खट्टे होने लगते हैं। प्यार में कड़वाहट क्यों। मैंने आपको दिल से आदर-सम्मान दिया है। आपकी उदारता का मैं क़ायल हुआ हूँ। घणी खम्मा अन्नदाता का आह्वान हृदय से हुआ है। हृदय की चाहत कभी भूल नहीं होने देती।"

"कृपाकर बैठ जाइए।"

"आपका हुक़्म सिर-माथे उसी सम्मान के साथ, जिससे मुझे खड़ा रहना पड़ा। मुझे आपके हुक़्म की तामील करने में प्रसन्नता का अनुभव होता है। भरी दोपहरी में वही खड़ा रह सकता है जो उसे बेहद इज़्ज़त देता है। दिल से चाहता है।" राघव चेतन सहज भाव से रावल के प्रति निष्ठा, आदर और समर्पण व्यक्त कर रहा था। रावल ने बहुत ध्यान से देखा कि उसके चेहरे पर किये गये अपमान और उपेक्षा का कोई निशान नहीं था। व्यर्थ में उसने उसकी परीक्षा ले डाली और किसकी परीक्षा जो उनके साथ आदर से बैठकर बातचीत करने वाला व्यक्ति है उनके सामने खड़ा है, बैठ नहीं सका। जैसे उससे कोई भयानक भूल हो गयी जिसकी सज़ा उसे दी गयी है। उसने सोचा भी नहीं होगा कि कल दरबार में आयेगा तो उसे जलालत भरे कटाक्ष-व्यंग्य का सामना करना पड़ेगा। वह कैसे उसके प्रति इतना कठोर, अशिष्ट व्यवहार कर सका। ... रावल को अपने किये पर पछतावा सताने लगा। वह कहने लगे, "मुझे आपके व्यवहार, आपकी शालीनता, सदाशयता और क्रोधशून्य बने रहने से ईर्ष्या होने लगी है। मैं आपके स्थान पर होता तो ऐसी धूल चटाता कि उसे अपने दादा-दादी, नाना-नानी सब याद आ जाते।"

"आप दाता हैं, हुजूर।"

"दाता से मतलब।"

"ईश्वर के बाद आप हैं।"

"कभी नहीं, पण्डित राघव। दाता से हम जैसे सामान्य व्यक्ति को नहीं जोड़ा जा सकता है।" रतन सिंह का मन घबरा उठा। क्या वह स्पष्ट कर दें आज के दुर्व्यवहार के पीछे जो घटना थी? ...नहीं...ऐसा करना तो! ...क्या ऐसा ही करना चाहिए। वह कहने लगे, "हमें ऐसी छोटी दुर्घटना का ज़िक्र भी नहीं करना चाहिए। परन्तु मनुष्य मानता कहाँ है, वह तो वही काम करने के लिए उतावला रहता है, जिस काम का निषेध है।"

"यह सामान्य जन का स्वभाव है। मुझे प्रसन्नता है कि आप अपने निर्णय को व्यक्त करने से पूर्व भली प्रकार जाँच-पड़ताल करते हैं।"

"आप यह बात किस आधार पर कह रहे हो?" रावल रतन सिंह अन्दर-ही-अन्दर घबरा उठे। यह हाल में उसके साथ जो घटा है, उसे लेकर बात तो नहीं कर रहा है?

"सर्राफ़ा बाज़ार के सेठ लाला मुकन्दी लाल रामसेवक बता रहे थे कि उनकी दुकान पर हुई चोरी में ग़लत व्यक्ति को पकड़ कर उससे यह कहलवाना चाह रहे थे कि यह चोरी उसने की थी और वह चुराया माल छीनकर अज्ञात बदमाश ले भागे। ..."

छोड़ो-छोड़ो उस बात को। ...मेरे मन ने तत्काल निर्णय ले लिया था कि साधारण आदमी, जिसको सोने-चाँदी का भाव तक नहीं मालूम, वह ऐसी ज़बर्दस्त चोरी नहीं कर सकता। ...पुनः तहक़ीक़ात करवायी तो उसमें कई बड़े लोगों का हाथ निकला। ...उस व्यक्ति को ससम्मान कुछ राशि भी देकर मुक्त करवाया। ...ऐसा बहुत कुछ होने लगा है, जिससे मानव चरित्र का घटियापन और पतन उजागर होता जा रहा है।

रतन सिंह अब प्रमुख मुद्दे पर आ गये और पूछने लगे, "कविराज, क्या वह मात्र कविता थी उस दिन या उसमें थोड़ी बहुत वास्तविकता भी है?"

"आपको क्या लगता है, रावल सा?"

"आपसे जानना चाहता हूँ, कविराज।"

"मैं सत्य कह दूँ तो...।"

"प्रमाण चाहिए।"

"प्रमाण भी दे दूँ तो...।"

अब रतन सिंह सोच में पड़ गये कि क्या कहें, क्या नहीं! वह उसकी चाल को जान रहे थे। कहीं वह उनकी परीक्षा न ले रहा हो। सिर पर युद्ध के बादल मँडरा रहे हैं। ऐसे में अलौकिक सुन्दरी की चाह! परन्तु उस सौन्दर्यशीला का वर्णन सुनकर उनका मन बेचैन हो उठा। स्त्री जाति में कोई इतना सुन्दर, लावण्यमयी, नाज़नीन, कोमलांगी और चन्द्रवदन! पहले कभी सुना नहीं। रतन सिंह ने अपने मन का उल्था करते हुए कहा, "प्रयत्न, कविराज! जिस वर्णन ने मेरी रातों की नींद छीन ली, दिन का चैन छीन लिया, उसे देखना और देखकर पाने का प्रयत्न।"

"राजन, इन परिस्थितियों में।"

"परिस्थितियाँ अपनी जगह हैं, कविराज। जो होना होगा, वह होकर रहेगा। परन्तु जो ज्वाला मन में जल चुकी है, कविराज, वह शान्त किये बिना मैं कुछ नहीं कर सकूँगा। सच यह है कि युद्ध तो होते रहे हैं, होते रहेंगे। परन्तु वह अद्वितीय सुन्दरी फिर नहीं मिल सकेगी। इसे कोई मेरी कमज़ोरी समझे, समझता

रहे, मुझे परवाह नहीं। राजपाट जाता हो तो जाये, उसे देखकर भी न पा सकूँ तो मलाल नहीं, क्योंकि मैं उसे अपने से अधिक चाहने लगा हूँ—गजगामिनी के बारे में सुना अवश्य है, पर उसे देखा नहीं। ...आपने हृदय में आग धधका दी है, उसे बुझाने की राह भी दिखानी होगी।" रतनसिंह घायल हो उठा। उसके चेहरे पर उभरी उदासी उद्विग्न हो उठी।

राघव चेतन को पक्का विश्वास हो गया कि पद्मावती को पाने के लिए वह कुछ भी कर सकता है। परन्तु दो राज्यों में इस वक़्त ठनाठनी उचित नहीं। इससे शत्रु लाभ उठा जायेगा।

"किस सोच में पड़ गये, कविराज?"

"उपाय, राजन।"

"कैसा उपाय कविराज?"

"लाठी भी न टूटे और...।"

"साँप भी मर जाये।"

"नहीं, राजन, यह साँप नहीं है। सम्माननीय रावल हैं। पद्मावती उनकी एकमात्र पुत्री है।"

"तो मिलवाओ कविराज।"

"प्रेम में इतना उतावलापन ठीक नहीं, राजन।" राघव चेतन ने रुक कर कहा, "अपने को सँभालो, रावल बने हो तो उसके दायित्व से मत भागो। भागने से कुछ नहीं मिलता। मात्र काम बिगाड़ने के। ...संयम बनाये रखो। किसी को कानोंकान ख़बर न हो कि आप किसी के प्रेम में इतने डूब चुके हैं कि...।" राघव चेतन सहजता से कहकर सोचने लगा। पता नहीं रावल हम्मीर देव चौहान तैयार होंगे या नहीं। चलते हुए उसने चित्तौड़ के रावल की ओर संकेत नहीं किया था, जबकि वह करीबी राजा है—प्रसिद्ध राज्य का। उनके अन्दर की गाँठ की कौन जाने?"

"आप इतनी गहरी सोच में क्यों डूबने लगे हैं?"

"मेरा भी धर्म है, कर्तव्य है। सोचना तो बनता है, अन्नदाता। ...मुझे भी कुछ ज़िम्मेदारी निभानी है। कैसे निभाऊँ कि सब कार्य राजी और सौहार्दपूर्ण वातावरण में सम्भव हो सकें।" राघव चेतन गम्भीर होता गया।

"मुझे आप पर पूरा भरोसा है।"

"किसी दूसरे ने भी मुझ पर पूरा-पूरा भरोसा रखा है। मैं किसके भरोसे की रक्षा करूँ, जबकि दोनों मेरे लिए आदर के पात्र हैं और समझ से खुले मन के उदारमना हैं। फिर तो मुझे सोचने में वक़्त लगना ही है...स्वर्ण के अण्डे देने वाली मुर्गी के साथ जो हुआ था, वह कहानी न दोहरायी जाये।"

रतन सिंह की समझ में आ गया कि राघव चेतन की उलझन उचित है। उसका विश्वास करने वाली वह सरिता है, जिससे वह सदा आनन्द में डूबा रहता है। उसके दो किनारे हैं। उन पर दो राजघरानों के नायक आमने-सामने हैं। उनको मिलाना और विश्वास दिलाना कम महत्त्वपूर्ण नहीं है और न सहज है। इन रावलों में कब उत्तेजित उद्वेलित होकर तलवार खिंचने लगें कौन जाने! संयोगिता स्वयंवर कहानी का स्मरण कर वह अन्दर-ही-अन्दर काँप गया। मान लो पधारे रावल-राजाओं में से किसी के गले में वरमाला नहीं डालती तो वह भूचाल कदापि नहीं उठता।

"मुझ पर पूरा-पूरा विश्वास कर सकते हो, कविराज चेतन। मुझसे आपके सम्मान को आघात नहीं पहुँचेगा। ...फिर भी मैं कहे बिना नहीं रह सकता कि मैं उस अनजान-अजनबी विमल मंगलकांक्षी सौन्दर्य के सामने ग़श खाने से अपने को नहीं रोक पाऊँगा। सचमुच अब मैं अपने में नहीं हूँ, कविराज। मेरी समग्र मानसिकता का एकमात्र गुरुत्वाकर्षण वह रूपमती-रूपाली का चन्दन युक्त दुग्ध झील से बाहर आता और रतनारी नयनों वाली रति को ललकारता वह मधु-अमृत भरा सात्विक-मांगलिक यौवन है, जो प्रथम बार सद्यःजन्मा है।" रतन सिंह अत्यधिक भावुक हो उठे। उनमें अन्धा प्रेम उन्माद जागने लगा।

राघव चेतन सारी स्थिति को ध्यान में रखकर यही कह सका, "आप मुझे कुछ समय दीजिए ताकि मैं एक योजना बनाकर आगे बढ़ सकूँ। समस्या उतनी गम्भीर नहीं है, जितनी समझ ली गयी है। ...मैं जाने की आज्ञा लेने भी आया हूँ। कृपया मुझे आज्ञा प्रदान कीजिए। मैं शीघ्र लौटने का प्रयत्न करूँगा। तब तक आप संयम बनाये रखिए।"

"क्या आप मुझे मझधार में छोड़कर निकल जाना चाहते हैं?"

"कदापि नहीं। ...सन्देह मत कीजिए। जहाँ विश्वास होता है, कभी-कभी वहाँ उलझनें बैठे-ठाले बढ़ने लगती हैं। प्यार क़ुर्बानी का दूसरा नाम है। इस सम्बन्ध में मुझे अनुभव नहीं है, परन्तु मेरा मन इसी सोच का क़ायल है। ...हो सकता है कि मैं ग़लत होऊँ।" राघव चेतन ने रास्ता निकालने का प्रयत्न किया। उसके मन में यह बात उठने लगी कि रणथम्भौर के रावल हम्मीर देव ने यदि पद्मावती के लिए कोई और वर ढूँढ़ लिया हो तो फिर क्या होगा?

"कविराज राघव, अब आप अपने को घेरे से बाहर लाना चाह रहे हैं।"

"ऐसा नहीं है, प्रतापी रावल। मैं सत्य ही कह रहा हूँ और अपनी बुद्धि से जितना और जिस स्तर तक सोच रहा हूँ, वही आपसे निवेदन कर रहा हूँ।

कृपया आप भी मेरा विश्वास कीजिए।" राघव चेतन ने धीमे परन्तु मधुर स्वर में प्रार्थना में कहा।

"यदि हम आपको यहाँ से जाने की अनुमति न दें।"

"तो नहीं जायेंगे। आये थे बिना अनुमति के, परन्तु जायेंगे आपसे आज्ञा पाकर ही। जो ईश्वर को मानता है, उससे पहले वह मानव और जीव जगत को मानता है। हो सकता मेरा यहीं रहना श्रेयस्कर हो। इस कारण मैं किसी प्रबल इच्छा की कभी बात नहीं करता। एकमात्र आदेश उसी का चलता है। फिर मुझे अपनी इच्छा के खोटे सिक्के चलाने की क्या आवश्यकता।" राघव चेतन का स्वर तनावरहित और स्वाभाविक था।

रतन सिंह की मुश्किलें और बढ़ गयीं। इससे आगे विराम। वार्त्ता भग्न और खेल ख़त्म। आगे ऐसा गहरा जंगल जहाँ सूर्य का प्रकाश नहीं पहुँचता। मात्र जंगल साँय-साँय करता साँस लेता और छोड़ता है।

कुछ समय तक दबे पाँव हवा आती-जाती रही। अनबोला समय प्राणायाम करने लगा। हार कर रतन सिंह को कहना पड़ा, "राघव जी, हमारा मतलब आपको कष्ट देना नहीं है।"

"हो भी तो मेरे लिए वह ईश्वर का आदेश है। उसके आदेश में नुक्ताचीनी नहीं।"

"फिर मुझे क्या करना चाहिए।"

"आप यहाँ के प्रतापी रावल हैं, यह आपको स्वयं निश्चित करना है।"

"और पद्मावती के बारे में।"

"मेरे लौटने की प्रतीक्षा।" मैं किसी को दिये वादे के विरुद्ध नहीं जा सकता। वादे को सम्मान देना मेरी आदत बन चुकी है।

"यह बहुत अच्छी आदत है परन्तु...।"

"आपको हृदय से सम्मान देता हूँ, फिर भी मेरी विवशता है कि...।"

"कल तक और रुकिये।"

"कल क्यों, जब तक चाहें, मैं रुका रह सकता हूँ। ...एक बार आप यक़ीन करके देखिए जो आपके इतने पास आ सका, क्या वह आपसे वादाख़िलाफ़ी कर सकता है। जब दूसरे को दिया वादा तोड़ना नहीं चाहता, तब यह आपको दिये वादे को क्यों तोड़ने लगा?" राघव चेतन ने सामान्य लहजे में कह डाला।

रतन सिंह को अनुभव होने लगा कि असत्य उसने अभी तक नहीं बोला है तो आगे असत्य की शरण में क्यों जायेगा? उसके चेहरे-मोहरे से ऐसा कुछ नहीं लगता कि वह उनके साथ कोई चाल चल रहा है।

अब आवाज़ की गति पकड़ने की कोशिश करती लगने लगी थी हवा। वातायन का एक दरवाज़ा टकराने लगा था। सेवक ने आकर वह दरवाज़ा बन्द कर दिया।

"कल सुबह निकलने का कार्यक्रम बनाया था आपने।"

"वह आपकी आज्ञा पर निर्भर है।"

"आप पहले व्यक्ति हो जो मेरे भीतर उतर चुके हो और मुझे अपने लगने लगे हो। मैं आपकी यात्रा के लिए शुभकामनाएँ देता हूँ। कल सुबह दो सेवक और पहुँच जायेंगे। मार्ग का सारा प्रबन्ध हो जायेगा।"

राघव चेतन रावल का आभार व्यक्त कर चल पड़ा। आख़िर विजय उसकी ही हुई, क्योंकि सत्य कभी हारता नहीं। न कभी किसी को जीतने की इच्छा रखता है। दरअसल हार-जीत की लुकाछिपी का खेल उसने बचपन के साथ ही छोड़ना शुरू कर दिया। वह सुबह का इन्तज़ार करके सो गया।

20

रणथम्भौर आये राघव चेतन को पन्द्रह दिन से ऊपर हो गये। हम्मीर देव चौहान को चित्तौड़ में बिताये दिन और रावल रतन सिंह के बारे में एक-एक बाहरी और अन्दरूनी सभी बातें बता दीं। उन्होंने सुन भी लीं परन्तु कुछ कहा नहीं। वह सोच में पड़ गया कि आख़िर बात क्या है।

एक ही रास्ता दिखायी दे रहा था कि वह मनका रानी सा से मिले। उसने कई बार प्रयत्न भी किये परन्तु, उसका कोई परिणाम सामने नहीं आया। रजवाड़ों की जीवन-शैली भी कुछ ऐसी है कि कभी-कभी वहाँ सन्नाटा चादर तान सो जाता है।

अचानक उसे चम्पा कुँवर मिल गयी। वह मन्दिर से लौट रही थी। उसने रानी सा को नमन किया। उसने उनके हाल-चाल पूछे। बात-ही-बात में राघव चेतन ने पूछ लिया कि क्या वह कुछ समय उसे दे सकती हैं। उसने हाँ कर दी।

वे दोनों मिले। बात चली पद्मावती की तो उसने बताया कि उसने साफ़ मना कर दिया कि वह अभी विवाह नहीं करेगी और यदि उससे ज़ोर-ज़बर्दस्ती की तो वह या तो स्वयं विषपान कर लेगी अथवा अपने पति को भी। ...वह समझ गया। गाँठ अन्दरूनी है।

राघव चेतन को एक ऐसा मौक़ा मिल गया, जब हम्मीर देव अकेले बैठे हुए मोरपंखी पंखे को स्वयं झल रहे थे रुक-रुक कर मानो वह पंखा न हो, उनका

कोई परिचित हो, जिससे वह सोच-सोच कर बतिया रहे हैं। ऐसे समय उसका जाना ठीक है या नहीं। वह इसी दुविधा में दूर खड़ा सोच रहा था कि रावल हम्मीर की निगाह उस पर पड़ गयी। उन्होंने उसे पास बुला लिया। यदा-कदा धुआँ उठा पर चिनगारी नहीं।

"वहाँ ऐसा क्या हुआ कि रतन सिंह सा से आपकी नज़दीकी इतनी गहरी बन गयी कि हमने आपको जो सन्देश भिजवाये उन पर आपका ध्यान ही नहीं गया।"

"परन्तु रावल सा...।"

"यह मत कहना कि वे सन्देश आप तक नहीं पहुँचे।"

"सत्य यही है रावल सा।" कण्ठ छूकर उसने कहा, "कृपया विश्वास कीजिए।"

"क्या काम कर लौटे हो?"

"रावल रतन सिंह...।"

"अभी वह रावल नहीं हुए हैं, राघव।"

"क्या?"

"आश्चर्य होना ग़लत नहीं है। अभी रावल समर सिंह जीवित हैं।"

"परन्तु सब तो...।"

"रावल समर सिंह कुँवर रतन सिंह को रावल बनने का प्रशिक्षण करवा रहे हैं।"

"परन्तु वह स्वयं को रावल ही मानते हैं।"

"क्यों नहीं मानेंगे वह रावल?"

"क्यों, रावल सा।"

"रावल समर सिंह अपना उत्तराधिकारी घोषित कर स्वयं अज्ञातवास कर रहे हैं। ...उनसे प्रतिदिन मुलाक़ात होती है। ...आपने वहाँ ठहर कर क्या किया? आप इतनी-सी बात का पता नहीं कर सके और यहीं बैठे-बैठे हमने उनके मिलने का ठिकाना भी पता कर लिया।" हम्मीर देव का स्वर सन्तुलित था और एकदम सहज, शान्त तथा तटस्थ। कुछ समय राघव चेतन को सोचता देखकर बोले, "रावल समर सिंह न केवल अप्रतिम योद्धा और सेनानायक हैं, बल्कि गोपनीय व्यवस्था के महान प्रबन्धक भी हैं। हवा भी नहीं सूँघ सकती उन्हें।"

"मुझे लज्जित होना पड़ रहा है।"

"कारण...।"

"मैंने पद्मावती सा के लिए वातावरण तैयार किया है।"

"तो अच्छा ही किया। रावल समर सिंह जान सकें कि उनका उत्तराधिकारी कितने पानी में है। ...वह उन्मादी हो बैठा है।"

"आपको तो सब ज्ञात है।"

"रावल को छोटे-बड़े खटरागों से भी स्वयं जूझना पड़ता है। समय ख़तरे की घण्टी बजा रहा है और उनके उत्तराधिकारी को प्रेम ने पागल बना दिया है।"

"फिर?"

"फिर क्या।" कह कर हम्मीर देव ने तुलसी को आवाज़ दी।

"जी अन्नदाता।"

"सामने गोलाकार घरी की हुई पाती को लेकर आओ।" ...पाती लेकर बोले, "ये पाती रावल समर सिंह ने भेजी है। पढ़ो...।" वह पाती उसकी ओर बढ़ा दी।

राघव चेतन के होश उड़ गये। वह पाती पढ़ कर सादर उठकर उनसे जानना चाहा कि आज्ञा हो तो यह पाती यथास्थान रख दूँ। उन्होंने सिर हिला दिया। फिर, उसके लौटने पर पूछा, "आगे।"

"आपका आदेश सिर-माथे।"

"रतन सिंह से पद्मावती का विवाह तो निश्चित है। यह बात स्वयं रतन सिंह सा को भी ज्ञात नहीं है, इसे गोपनीय रखा है।"

"बेशक़ अन्नदाता।"

"अन्नदाता नहीं, रावल सा। अन्नदाता तो किसान के अलावा दूसरा कोई नहीं हो सकता। ...हम दाता भी नहीं हो सकते। दाता तो एक वही है सातवें आसमान पर बैठा, जो दुनिया चला रहा है। ...अब पद्मावती को तैयार करना है। ...कितना स्पष्ट लिख दिया है कि पद्मावती पर वहाँ आँच नहीं आने देंगे और कुँवर रतन सिंह को यह उपहार सौंप कर समझा सकेंगे कि गद्दी पर बैठना आसान है पर उस पर बैठकर चलाना ख़तरों से भरा है। मानता हूँ प्यार में पागल होने की ये उम्र रतन सिंह की है परन्तु राज से आँखें फेर कर नहीं, क्योंकि वह अधिकार उन्होंने हमें सौंपा है। इस दृष्टि से हमारी राजा प्रजा है। हम प्रजा के सेवक हैं परन्तु चलन में दाँव उलटा पड़ गया है, उसे ठीक करने में अभी समय लगेगा। ...अभी तो राजगद्दी छोड़ कर अपने प्रेम को पाने जा सकता है, क्योंकि अभी हम जीवित हैं। यही कारण है कि उसे रावल का प्रशिक्षण दिया है, उसे रावल बनाया नहीं है।"

"आपने जो काम यहाँ बैठे-बैठे कर दिखलाया, वह हम आठ जन्म में नहीं दिखा सकते।"

"अब पद्मावती को समझा-बुझा कर स्वयं रास्ते पर लाना है। मरना आसान है परन्तु उसके लिए मरते दम तक लड़ना कठिन है। जो चीज़ हमारे हाथ में

नहीं है, उसकी चिन्ता हम क्यों करें। समाज और उसका गौरव उनसे बनता है जो उसके लिए अन्तिम साँस तक लड़ते हैं। कुछ करना चाहते हो तो कुछ ऐसा करो कि स्वयं मौत भी तुम्हें सलाम करे।" हम्मीर देव का स्वाभिमान समझौते की ढाल नहीं, म्यान से बाहर निकाली तलवार है।

राघव चेतन की समझ में आ गया कि वह राघव है, रावल नहीं हो सकता। वह कहने लगा, "यह काम मुझ पर छोड़िए...।"

"मैं कार्य कभी दूसरे पर नहीं छोड़ता। हाँ, दूसरे को भी अवसर देता हूँ कि वह भी जितना और जो कर सकता है, करे। समस्या का समाधान मिल-जुल कर जितना ठोस, सक्रिय और आनन्दायक हो सकता, उतना किसी एक की पहल से नहीं, क्योंकि एकल व्यक्ति मुँह की खा सकती है परन्तु सकल की शक्ति नहीं, क्योंकि उसमें उनकी, उन सबकी सक्रियता है। ...प्रयास करो, कुछ इस तरह कि कृत्रिम और थोपा हुआ नहीं लगे। अन्दर से स्वीकृति मिलने में देर तो लग सकती है परन्तु उससे जो सफलता की मिठास चखने को मिलती है, वह किसी एक की न होकर उस पूरे समूह की है।" आज हम्मीर देव का मन छन्दबद्ध हो रहा था। सबके साथ चलने में जीने के स्रोत तलाश रहा था। बूँद-बूँद नदी के रूप में बहने और कल-कल कर जीने का अनुभव तो होने दो, समस्या स्वयं अपना समाधान निकाल लेगी। हम्मीर देव ने धैर्य से समझाया कि उसे क्या करना है और किस ढंग से करना है। वह यह जान चुका था कि आते ही उसे महल मिल गया तो वह हवा में उड़ने लगेगा। उसको नियन्त्रण में रखने के लिए उस पर अपनी नाराज़गी व्यक्त करना या व्यक्त किये बिना अपने व्यवहार से यह आभास कराना आवश्यक है ताकि वह रास्ते पर आ जाये और जहाँ से उसने यात्रा प्रारम्भ की थी, उसके आसपास से पुनः यात्रा शुरू कर दे। अन्दर से यह चिन्ता अवश्य सता रही थी कि अलाउद्दीन रणथम्भौर पर आक्रमण किये बिना चैन नहीं पायेगा। रणथम्भौर का क़िला हर दृष्टि से उसके लिए महत्त्वपूर्ण है ताकि दक्षिण दिशा से आने वाले व्यापारियों को रास्ते में कोई परेशानी न उठानी पड़े। अलाउद्दीन के घेरा डालने से पहले, चाहे विवाह-समारोह संक्षिप्त करना पड़े, तो करेंगे। अलाउद्दीन ने घेरा डाल दिया तो वह सीधे-सीधे पद्मावती को माँग लेगा। वह कामुक क़िस्म का बेहया सुल्तान है, वह अपार धन के साथ उसकी पत्नी, बहन, बेटी को माँगने में ज़रा-सी भी लज्जा अनुभव नहीं करेगा।

राघव चेतन की समझ ने अभी जवाब देना बन्द नहीं किया था लेकिन वह ऊपर से ऐसा बना रहता था जैसे वह कुछ समझता ही नहीं है। उसने शान्ति-मन्त्र का जाप अन्दर-अन्दर कर कहा, "रावल सा, मुझे वहाँ फिर जाना होगा।"

"अभी, कदापि नहीं, राघव। समय आने दो। समय की प्रतीक्षा करना आ गया तो आपके एक नहीं अनेक मनोरथ पूर्ण हो सकेंगे।"

"अपना और कोई मनोरथ नहीं है, रावल सा, मात्र आपकी ख़िदमत करने के। ...बेड़िनी...रखैल तो बेड़िनी रखैल ही रहती है। मैं अपनी हैसियत की पहचान कभी नहीं भूलता।"

"यह तो आप अच्छा करते हैं, राघव चेतन, परन्तु आपने अपने को बेड़िनी-रखैल तो बेड़िनी-रखैल ही रहती है। वह अपनी हैसियत की पहचान कभी नहीं भूलती। रखैल को अपने साथ जोड़कर शोभनीय कार्य नहीं किया है। आगे से ध्यान रखना। अभिव्यक्ति में दी जाने वाली दलील मर्यादा की सीमा को न लाँघने पाये।" हम्मीर देव ने उसकी असलियत बताने में ज़रा-सी भी देर नहीं की। हर चीज़ अपनी जगह मुकर्रर है। अनुभव से वह इस नतीजे पर पहुँचे कि अपने मातहत को कभी शासक भयमुक्त न होने दें और न उसे बराबरी का ख़्वाब देखने की जुर्रत करने दें।

"क्षमा बड़ो हुकम आगे से...।"

"उससे आगे कहने की कोई ज़रूरत नहीं है। मैं आपको एक विद्वान और ज्योतिषाचार्य मानता हूँ और आपकी निष्ठा का आदर करता हूँ।" हम्मीर देव ने उसे सँभालने में तनिक भी विलम्ब नहीं किया।

हालाँकि राघव चेतन ने कभी चौपड़ नहीं खेली, परन्तु उसके हुनरदारों को चौपड़ में अपनी महारत दिखाते हुए देखा अवश्य है। वो घुमा-फिरा कर ऐसे पासा फेंकते कि उन्हें जिस अंक की आवश्यकता होती, वही अंक पड़ता था। इस समय उसे रह-रह कर सुयोधन (दुर्योधन) के मामा शकुनि का स्मरण हो रहा था। जुआ सर्वनाश की जड़ है। शायद इन रावल-राणाओं को इस खेल की आदत-सी पड़ गयी है। उनमें भी एक-दूसरे के सर्वनाश की आन्तरिक इच्छा ही काम करती है। उसके अन्तर्मन में बैठे निर्णायक ने फ़ैसला सुनाया, "तुम क्यों दुबले हुए जा रहे हो। न तुम ठिकानेदार हो और न रावल-राणा। तुम अपने काम से काम रखो, जितना कहा, समझाया जाये, उतना ही करने का प्रयास करो और निश्चिन्त होकर नींद निकालो।"

"क्या सोचने लगे, पण्डित राघव?"

अचानक उसे याद आया और उसने कहा, "पद्मावती से कब, कहाँ और कैसे मिल सकूँगा, राजन।"

"आपको यह कसरत करने की ज़रूरत नहीं है। अब पद्मा, पद्मावती हो चुकी है। उसके विवाह की चिन्ता हमें सताने लगी है।"

"तो फिर!"

"आपकी पत्नी है। कमला भी आयी हुई है, जिसकी शादी हो चुकी है। घर में आप इस सम्बन्ध में उनसे बात करो। उन्हें समझाओ और सिखाओ कि वह कैसे पहल करें। विवाह प्राकृतिक अनिवार्यता है। ...जब-तब वे रावल रतन सिंह की विशेषताएँ बताने लगें। वे बताने लगें कि कुँवर रावल बनने का प्रशिक्षण ले रहे हैं, शीघ्र ही रावल की गद्दी सँभालने वाले हैं। वे कुशल प्रशासक, नीर-क्षीर विवेकी, दयावान और कृपालु हैं। उनके बुद्धि विवेक के कौशल की वहाँ चारों ओर प्रशंसा हो रही है। ...शेष आप स्वयं समझदार और अनुभवी हो ही। आपकी लड़की कमलाबाई चतुर है, विद्यावती है और अनेक कलाओं में पारखी भी है। ...मुझे लगता है कि स्त्री-स्त्री से, विशेषतः बाहर की स्त्री से अपने मन के पट खोलकर बात कर सकती है। आगे देखिए जो होना होगा, वह होगा—अपने को अपना प्रयत्न करके देखना है, उसके विवाह के सम्बन्ध में बैठे डर को निकालना और उन इच्छाओं को सक्रिय करना है, जिनसे वह परिचित नहीं है, और यौवन की मंजरी तथा कस्तूरी मृग के चित्त में कस्तूरी की सुगन्ध महकने लगे। ...कुछ समय बाद बताना कि आपकी पत्नी और बिटिया की क्या राय बनती है। महल में उनकी माँ भी उसके बदलाव पर ध्यान रखेंगी। ...परसों रनिवास में मुजरे और नृत्य का कार्यक्रम पेश करने एक दल आ रहा है। उसमें आप उन दोनों को भेजना न भूलिए, राघव चेतन।"

"समझ गया, रावल,। ऐसा ही होगा।"

"तो परिणाम भी अनुकूल आयेगा। जब यौवन की बासन्ती, मृदु, चंचल समीर गुनगुनाने लगे, अगड़ाई बहार बन देह की धड़कनों को सरगमी बना दे और होंठों पर गुलाब खिलने लगें...अब तुम जा सकते हो...वे चन्द गिन्नियाँ आप के लिए हैं।"

"अभी नहीं, रावल सा। काम हो जाने दीजिए। मुझे गिन्नियों की नहीं, आपके विश्वास की आवश्यकता है। ...चलता हूँ बड़ो हुकम।"

रावल हम्मीर देव कभी उसे जाता और कोने से मुड़ता देखते रहे और कभी गिन्नियों को यथास्थिति में पड़ा हुआ। कुछ समझ नहीं सके। गिन्नियों और आभूषणों का लालची कैसे निर्लोभी बन गया। क्या वहाँ से बहुत सारा माल लेकर आया है। यह ज़िन्दगी का एक दूसरा दौर है। चलो इससे भी गुज़र लेते हैं। यह सोचते हुए वह भी उठ खड़े हुए।

21

एक माह से ऊपर हो गया। रावल रतन सिंह को बुलाकर समझाया, "थे अभी कुँवर सा ही हो। म्हाने थारे कूँ अपना उत्तराधिकारी घोषित भर किया है। थे तो सचमुच रो रावल बन बैठो। जे बात मोहे बौत अखरी है। सिंहासन री मरयादा कूँ भूलने लगौ। जे राज की मालिक तो जहाँ की परजा है। ...थे सुणी-सुणायी बातन कूँ जियादा भरोसा मत कर बैठना। होगी वह बोत सुन्दर तो का परजा को सेवक अपनी परजा की सुख-सुभीता, बाजार प्रबन्धन, रक्षा आदि को छोड़कर बाकी दीवाणगी को बोत महत्त्वपूर्ण मानेगौ।"

"ऐसा क्या कहा है किसने?"

"कौण कहता, म्हारी भी गोपनीय व्यवस्था छे जो हर पल की सूचना देती छे। थारे जा पागलपन सूँ अपने राज्य माहिं विरोधी ताक़तें सिर उठाने लगी हैं। सरे बाजार बा...रघुनाथ, पालकी वाले को सिर काट चौराहे पर टाँग गयो। थाने का कियो। थारे सलाहकार, हुकूमत के दरबारी, मुलाजिम सब आज तक ताक रहे हैं। जे चोखी बात नाँही छे। ...तू म्हाने सच-सच बता कि थारा इरादा के है? ना मन करे तो हमारो कोई जोर नाहिं। पण थे कह दे। म्हारे कूँ मुगालते माहिं रखवे वालो पसन्द नाहीं।" रतन सिंह को दिन में तारे नज़र आने लगे। "...थारो छोटो भाई कुम्भ कर्ण सू म्हाने बात करनी पड़ी है।" उन्होंने यह कह कर उसके अस्तित्व पर ही प्रश्न लगा दिया। ...खखार कर आगे कहने लगे, "थे शायद भूल गयो छे। वह म्हा था जाने गुजरात को तुरक लुटेरों के आक्रमणों को मुँहतोड़ जवाब दे, उन हत्यारे-लुटेरों से वह माल पत्तो भी छीन लियो, जिसे वे लूट-लाट कर, अपने बापू का माल समझकर अपने साथ ले जा रहे थे। राज्य के कामकाज शक्ति सू चलतो है। जे मलाई नाहीं जो बैठे-बैठे नशा पत्तो कर जीम लेवें। ना भांग की गोली है जो मुँह में धरी और एक लुटिया पाणी के साथ चढ़ा ली गयी।"

पहली बार रतन सिंह को अपने पिता के गुस्से का पता चला। वह चुप बना रहो भीत सा।

"म्हारे मण माहीं जे बात घर किये बैठी कि मरने के बाद सिंहासन सँभालने वाले कूँ अपने सामने शिक्षा-दीक्षा दी जाये। अच्छे-बुरे की पहचान करायी जाये, ताकि म्हारे बाद जैसा प्रायः रजवाड़ी शासन में देखने में आयो है कि वो कमज़ोर पड़ो छे। भाग्य अच्छो भयो तो अच्छो सी। ...म्हारे लिए भाग्य कछु नाहीं छे, जो है, वह करम छे। ...हम करम के पुजारी छे। ...अब थे बोल कि थारी का मंशा छे।"

रतन सिंह के आँखों में आसमान घूम गया। धरती हिलने लगी। पद्मावती का भूत दिमाग़ पर से उतरने लगा। इतने दिन की राजशाही की आदत, रौब, रुतबा, ठाट-बाट आदि ने उसको अपने में क़ैद कर लिया था। परन्तु पद्मावती की चाह लाख न चाहने पर भी रत्ती भर कम नहीं हुई, उलटे और सिर चढ़कर बोलने लगी। निःसन्देह शासन की डोर ढीली पड़ी, छुट-पुट घटनाएँ सरेआम होने लगीं। उसने पक्का मन कर कह डाला, "दाता, जा राज के मालिक आप हैं, आप ही रहेंगे। मैंने प्रयत्न किया और प्रायः प्रतिदिन आपके पास हाज़िरी भी देतो रहो परन्तु इधर एक-दो माह से पद्मावती के रूप-सौन्दर्य की अलौकिकता को लेकर मैं कल्पना-लोक में रमण करने लगो।"

"नशो भी ऐसी गत बनाता छे। अऊर हर नशो की आदत मानव कूँ न घर कूँ न घाट कूँ जैसी देवे जावे छे। ...रावल रो पतन राज्य कूँ पतन होवे छे। जासू सेठ-साहूकार नयी जगै तलाश कर वहाँ जा बसे हैं। ...तासे राज कूँ कर की हानि होवत छे। नाम की भी।" रावल समर सिंह ने दो टूक बात कह डाली।

"ना...ना...दाता सा...ना...पण का करूँ। मन भटक गयो। ...आगे सू पूरो-पूरो ध्यान रखूँगो।" रतन सिंह ने आहिस्ते से कह डाला।

थोड़ी देर रतन सिंह वहाँ और बैठा। फिर चला गया। चलते समय वह अपने मन को कोसने लगा।

तीन-चार दिन हो गये। वह शासन की व्यवस्था सुदृढ़ करने और प्रजा की सुख-सुभीता को बनाये रखने के लिए जी-तोड़ प्रयत्न करता रहा।

परन्तु वह अपने मन का करे तो करे क्या? पद्मावती को उसने देखा तक नहीं। फिर भी उसकी कल्पना में डूबा रहा और उसके स्वप्न भी देखने से नहीं चूका। वह उससे बातें कर उठी। ...सचमुच में वह उसके दिल की धड़कनों का वह संगीत बन गयी। उसमें कथानक जुड़ने लगे।

"तुम्हें नींद नहीं आती, पद्मावती?"

"तुम्हें आती है क्या?"

"आती होती तो तुम्हारी नींद का पता कैसे चलता?"

"ये ही साँसों का बन्धन है जो हर बन्धन से सुदृढ़ है। इतना सुदृढ़ कि मृत्यु भी इसे नहीं तोड़ सकती। ..."

पद्मावती कहती—"मेरा मन भी केवल तुम्हें देखते ही रहना चाहता है, सोते-जागते, उठते-बैठते, ...दिन-रात।"

"ऐसा क्यों हो जाता है, रावल सा?"

"यही प्रश्न मैं आपसे पूछूँ?"

"तो मैं भी शून्य में झाँकता मिलूँगा। कभी-कभी लगा ज़रूर है कि ऐसी भी दुनिया है जो इस दुनिया से एकदम अलग है। ना वहाँ प्रश्न उठते हैं और न उत्तर की ज़रूरत पड़ती है। ...।"

"फिर?"

"वहाँ एक झील है एकदम दुग्ध धवल। उस पर चन्द्र किरणों की हर समय रिमझिम होती रहती है। चन्दन के पेड़ उसके चारों ओर हैं। उनकी सुगन्धित पवन है। तुम नहा कर उस झील में से हौले-हौले निकल रही हो। केवल अधोवस्त्र देह पर हैं और देह कंचन है। गुलाब-सी। उरोजों में तनाव है, मस्ती है और धड़कनों का हिलता-डुलता कम्पन है। कम्पन में यदा-कदा स्वप्नों की फिसलन है मानो हम हिम आच्छादित क्षेत्र में फिसले जा रहे हैं बहती नदी में बिन पतवार, थिरक रहे हैं। ...न सोच है, न समझ। चारों ओर इन्द्र धनुषीय मौसम झूम रहा है आम्रमंजरी सा। कोई उठाता हुआ कह रहा है, उठो, सूरज सिर चढ़ आया है। ...जानती हो वह उठाने वाला कौन है?"

"कौन है?" अमृत ध्वनि अनुगूँज उठी।

"वो हो तुम।"

"वहाँ-कहाँ से आयी? ...अभी तो तुम मुझे दुग्ध धवल झील से बाहर आता देख रहे थे।"

"तो क्या हुआ, मेरी ज़िन्दगी के गुलाबी रेशम से तन्वी स्वप्न। ऐसा ही होता है जब दो अनजाने प्रेम नगर की यात्रा पर निकल जाते हैं। न पहुँचने वाले स्थान का नाम, न जिससे मिलना है उसका नाम पता ...उनके पास कुछ भी नहीं होता है मात्र एक अमृतमयी रेशम की डोरी-सी चाह के। ...यदि नाम पता होता तो पूछते किससे?"

"क्यों?" पद्मावती प्रश्न करती।

"क्योंकि हमारे-तुम्हारे सिवा वहाँ कोई नहीं है और हमारे पास भाषा की आहट करने का साधन भी नहीं है। ... प्यार गूँगा होता है, ऐसा कहा जाता है—मेरी सद्यः जन्मे निर्झर की बौछार-सा।"

"तुम में इन कल्पनाओं का जन्म कहाँ से होता है, मेरे प्राण प्रिय घन।"

"क्या कभी किसी ने चातक से पूछा है कि पपीहा पिऊ-पिऊ क्यों पुकार उठता है! कहाँ हैं पिऊ? या कभी किसी ने उस खुले मुँह की सीपी से जाना है कि उसे कैसे मालूम हुआ कि बूँद स्वाति नक्षत्र से आयी थी? अर्थात् वही बूँद सीप

के सम्पुट में आकर मोती बनी?...कहा नहीं कि वहाँ प्रश्न नहीं है, न जन्म-मरण का वहाँ व्यापार होता है। वहाँ न प्यास होती है न प्याला। वहाँ केवल अनुभूति का सागर होता है और उसकी ऊँचाई का महकता आसमान!"

"क्या सचमुच हम वहाँ होते हैं।"

"फिर प्रश्न।"

"क्षमा।"

"किसलिए?"

"प्रश्न के लिए?"

"वहाँ वासन्ती और मलयजी तरंगों के पराग का सम्मिलन तब होता है, जब प्रश्न नहीं होता और न कोई आहट। मात्र धड़कनों का निःस्वन स्वर होता है किसी दूर से आती स्वप्निल तरंगों-सा!... कोई नहीं जानता।"

"तुम और मैं भी नहीं।"

"जानना दरार है। दरार है तो टूटन की सम्भावना है। वहाँ टूटने-तोड़ने, मोड़ने-मरोड़ने आदि के लिए कुछ होता ही नहीं है, मेरी मोर-पंखी पद्मावती। ... ये नाम भी नहीं और न रतन सिंह का पता ठिकाना। ... वहाँ लोम-विलोम कुछ नहीं होता।"

"कुछ से अभिप्राय।"

"कुछ अर्थात् न हाँ और ना न।"

"कब ले चलोगे, मेरे यायावर उधर।" पद्मावती बिना कहे, अपनी धड़कनों की सितार पर उँगलियों की पोर से धुन छेड़ बैठी बिना इरादतन।

तभी रतन सिंह को उनके अति विश्वसनीय और निजी सेवक ने कनकमल पंवार के आने की सूचना दी।

रतन सिंह स्वप्निल लोक के मधुवन से लौटते ही थोड़ा सँभले। गम्भीर हुए। फिर कुछ सोचकर कहा, "आने दो।" इस कथन में तनिक-सी भी उत्सुकता व्यक्त नहीं होने दी। अब वह रावल बन बैठे।

"अन्नदाता...।" झुककर नमन किया।

"पहुँच गये।"

"हाँ।"

"कोई परेशानी।"

"रत्ती भर भी नहीं। राघव चेतन का स्वागत सत्कार मनमोहक था।"

"वह स्वस्थ है।"

"पण्डित हैं, ज्ञान, ध्यान, पूजा-अर्चना और सेवा-सुश्रूषा आदि में लीन रहते हैं। आपको बहुत याद करते हैं। आपके प्रति उनकी निष्ठा-भक्ति बेजोड़ है। वह कलाविद् भी हैं, संगीतज्ञ और कवि भी। उनका मनोजगत पूजन की सात्विक सामग्री सा सदा आनन्दातिरेक में डूबा रहता है।"

"सुनकर अच्छा लगा, पंवार। क्या कहते थे?"

"सौन्दर्य ईश्वर की सर्वश्रेष्ठ कृति है और हर क्षेत्र में उसका अस्तित्व है अनंग की भाँति। कल्पना और स्वप्न उसके साधन हैं। साध्य है उसका ईश्वर। जो न छुआ जा सकता है, न देखा जा सकता है, न सूँघा जा सकता है और न उच्चारित किया जा सकता। मात्र अनुभूति की अनुभूति सा है—आकार में निराकार।"

"तुम्हें तो आनन्द आ गया होगा पंवार।"

"अति आनन्द... अलौकिक आनन्द। ... अवर्णनीय आनन्द, अन्नदाता।"

"तुम्हारी कविता भी उसने पसन्द की होगी।"

"गंगा में जो नदी मिलती है, उसकी आगे की यात्रा का आनन्द गूँगे का गुड़ है, अन्नदाता।"

"जैसे...।"

"तुम गाओ कवि कोई ऐसा गीत
निर्झर महके, ताल तलैया बहके,
नदियाँ गायें मल्हार
वार फेर करे चन्दन पुरवइया
पक्षी वृन्द किलकारी मारें, कोयल कूके
गलबहियाँ डालें, झूमें लतिकइयाँ।"

"ठीक, बहुत ठीक, आनन्ददायक।" रावल रतन सिंह ने बीच में ही टोक दिया। कनकमल पंवार को लगा कि उनके हाथ से लड़ी छूट गयी, जिसमें वह मोती पिरो रहे थे। वह ख़ामोश रह गये।

रतन सिंह के मन में दबी उत्सुकता यही थी कि क्या पद्मावती के बारे में कुछ कहा, परन्तु वह उसका नाम लेकर कुछ पूछ नहीं सकते। यहाँ अब दीवार के भी कान काम करने लगे हैं।

कनकमल पंवार ने बताया कि राघव जी ने उनके लिए कुछ चित्र भेजे हैं। उसने वे चित्र जो एक रंगीन कपड़े में लिपटे हुए थे, उनकी ओर बढ़ा दिये।

रतन सिंह समझ गया कि राघव चेतन बहुत समझदार, सुसंस्कारित और सभ्य पण्डित है। चित्र की मूक भाषा वही समझ सकता है, जिसके दिल में भी

आग हो। उनका काम तो हो चुका था। वे कनकमल पंवार के उठने की प्रतीक्षा कर रहे थे कि उन्हें अन्दर से बुलावा आ गया। वह उठे। पंवार नमन कर चला गया। कपड़े में लिपटे चित्रों को लिए वह अन्दर चले गये।

22

समय भरपूर शीत के दिन की तरह जल्दी ही ढलने लगा। पद्‌मावती को समय का पता ही नहीं चलता। रातें लम्बी हो गयीं। उसे अपने में कुछ परिवर्तन का अनुभव होने लगा। उसकी देह टूटती, अंगड़ाई लेती, कभी-कभी उसके अंगों में अजीब-सी गुदगुदी होने लगती। उसे स्नान करते हुए, उस समय बहुत कुछ अलग-सा लगा। उसके पेट में दर्द हुआ और फिर रक्तस्राव। वह डर गयी कि किससे कहे, क्या कहे और कैसे कहे—क्या माँ से...नहीं,...चाची से...नहीं..., कमलाबाई से अथवा उसकी माँ से। रक्तस्राव बन्द नहीं हो रहा था। उसने कई कपड़े लगाये। हटाये। फिर लगाये। पेट दर्द जारी। कई दफ़ा उबकाई का भी मन हुआ। अब?

पद्‌मावती का ध्यान, नाइन की ओर गया ही नहीं, जो रोज़ उसकी देह में उबटन लगाती। प्रारम्भ में उसे बड़ी लज्जा का अनुभव हुआ, क्योंकि उसे उसके सामने सभी अंगों को खोलना पड़ा। जब वह उरोजों पर चन्दन लेप लगाती या जँघाओं पर हल्दी लेप अथवा कमर-पीठ पर, तब उसका स्पर्श उसके अंग अंग में वासन्ती कम्पन-सिहरन का अनुभव कराने लगता। नाइन ने बताया, “चिन्ता करने की कोई बात नहीं। ये मासिक धर्म है। यौवन की दहलीज़ पर क़दम रखते ही, कभी जल्दी, कभी कुछ देरी से होता सभी युवतियों-औरतों के।” उसने मुस्कराकर कहा।

पद्‌मावती कैसे कहे कि चिपचिपाहट से उसे...। कमलाबाई पूछती रहती थी, “ठीक हैं न दीदी।”

“क्यों, क्या मैं तुझे बीमार लगती हूँ।”

“नहीं तो। बीमार थे क्यों पड़ो! बीमार पड़ें तिहारे दुश्मन।” वह चुटकी भर कहती। थे चिन्ता न करो। अब थारे दिन आ गये, जिससे अच्छे-अच्छे तुर्रम खाँ गश खा गिरने लगेंगे।”

“जे थे क्या ऊटपटाँग बोलती रहती है, कमला।”

“दीदी, कभी-कभी मुझे भी मेरी विवाहिता सहेलियाँ कहती रहती थीं कि कूद-फाँद ले, जितना कूदना-फाँदना चाहती है। जब कोई आयेगा, डोली में बैठाकर

ले जायेगा, तब अपने आप ही कूदना-फाँदना और... और...।" कहकर वे आपस में कुहनी मारकर कहतीं, "तब चस्का लग जायेगा। दिन काटने लगेंगे, रातें अच्छी लगने लगेंगी। ...तब। ...थोड़ा और इन्तज़ार कर ले...फिर थे भी बींदणी बन कुहनी मारने लगोगी। ... बछड़ी गाय बनी हवा से बातें करने लगती। कभी-कभी मन होता है कि गुलाब की ढेर सारी पंखुड़ियों को पलंग पर बैठी-बैठी उछालने लगूँ और तब तक उछालती रहूँ, जब तक थक कर चूर न हो जाऊँ। ...तब कोई भ्रमर-भँवरा... भौंरा आयेगा। कहेगा—आ गया आने वाला। अब उठ भी जा म्हारी गुले-गुलज़ार, ...गुलबदन...नाज़नीन।"

"मैं कहती, चुप भी करो, म्हारी माँओं।"

वे सब फूल की तरह खिलखिला पड़तीं।

"क्यों भला?...इसमें खिलखिलाने की क्या बात है?" पद्मावती गम्भीर होकर पूछती।

"मैं भी उनसे यही कहती थी तो उनका जवाब होता था कि क्या सभी बातें अभी पूछ लेगी? कुछ तो टोटके अनुभव उठाने के लिए रखो, म्हारी सपनों की रानी। फिर सब स्वयं समझ में आ जायेगा, बिन पूछे सारे अर्थ खुद-ब-खुद अपना रहस्य खोलने लगेंगे। फिर न किसी से पूछने की ज़रूरत पड़ेगी और न किसी को अर्थ बतलाने की।"

पद्मावती का मन फूलों की सुगन्ध से भरने लगा। उसका जी करने लगा कि वह किसी को चूमने के लिए आगे बढ़े। पहले माँ को मनाते-मनाते उसे यह कह कर चूम लिया करती थी, "म्हारी सबसे प्यारी माँ।" और तितली-सी उड़ जाती थी। लेकिन उस दिन, जब चम्पा कुँवर आयी हुई थी तब माँ को चूम लिया तो माँ बिगड़ कर बोली, "लाडो, अब जे बचपना छोड़। अब तू बड़ी हो गयी है।" चम्पा कुँवर ने हँसते हुए कहा, "थोड़े दिनन की बात है, भाभी सा। कर लेने दो जाहे चूमा-चिपटी। फिर जे सब अपने आप छोड़ देगी जैसे हमने-आपने छोड़ा। ...याद करो, क्या किसी ने छुड़ाया। ...शिशु तब तक शिशु रहता है, जब तक अपनी मुलायम उँगलियों से टटोलता रहता है। बाके बड़े होने पर कोई ज़रूरत नाहीं पड़ती बा पर नीम पीस कर कडुवा लगाने की। ...हैं न, भाभी सा।"

मनका लजा जाती। लजाना भी एक उम्र के साथ चलता है, फिर घूँघट सिर्फ़ घूँघट बनकर निष्कम्प मलमल बना रह जाता है। मनका के गुलाबी होंठ, चितवन में कटाक्ष, नैनों में नज़ाकत, गालों पर सुर्ख़ी अभी तक बरकरार है एकदम पहले जैसी।

चम्पा कुँवर पूछती, "कभी नैहर की याद आती है, भाभी सा।"

"मनका अपनी मेहँदी लगी हथेलियों को सूँघ कर कहती, "थे अपनी कह, चम्पा।"

इस पर दोनों की हँसी आँखों में चमक कर रह जाती। होंठों पर गीत गुनगुनाने का मन-मन में ही रह जाता अबोला बन। घूमर नृत्य से उतारा लहँगा, एक तरफ़ मसला पड़ा रह जाता है बेजान।

चम्पा कुँवर के जाने के बाद नाइन हाथ फैला कर कहती है, "अब की बार थे जा पर धरोगी कम-से-कम एक गिन्नी। ...फिर ऐसा मौक़ा नहीं आयेगा, महारानी-सा।"

"फिर महारानी सा...तोहे कितनी बार समझाया है कि जहाँ महारानी सा एक ही हैं...।"

"महारानी रंग देवी सा...यही ना।"

"पर म्हारी महारानी तो आप ही हैं, सच है जे बात सौ टका।"

"देती हूँ, देती हूँ।" कह वह आवाज़ लगाती है, "पद्‌मा बेटी...।"

नाइन उँगली के इशारे से उसे पुकारने के लिए मना करती है। मनका भी आँख के इशारे से पूछती है, "क्यों?"

"जा बार जे शुभ काम थे ही उठकर करो, ...म्हारी महारानी सा।"

मनका उठकर चली जाती। नाइन पुरानी हुई तो क्या। आज भी नयी नवेली लगती है...एक दम नवोड़ा। ...उसके भी उबटन बाई ने मली थी और आज उसकी लड़की के भी। आँखों में काजल उसके टिकता ही नहीं है। कहती है, "जे अँखियन ने का जाने म्हारे काजल लगाने से क्या बैर है कि इधर लगाया, उधर चट।" मनका धीमे से छेड़ती, "नाइन सा, जे अँखियन चटोरी हो गयी हैं। ...वैसे भी थारे नैना पहले से ही काजल लगे चमकते हैं।" इस पर नाइन लजाकर घूँघट खींचना चाहती तो वह ताना कसती है, "जिहाँ का सूँ परदा। जिहाँ कौन से बड़े-बूढ़े सियार बैठे हैं—उनके लिए देखा जाये तो कौनहु ज़रूरत नाहीं घूँघटा मारने की। जिनके लिए घूँघटा मारा जाता है, वे भी नाहीं है जिहाँ।" कभी-कभी मनका उसे छेड़ देती और वह लजाकर हँस देती।

"थे याद करो। जब थे नयी-नयी आयी-आयी थी तब भी मैं उबटन लगाने आती थी।"

मनका सोच-सोच कर अन्दर-ही-अन्दर प्रसन्नता दबाती रही। अब लाडो की हथेली पर प्रियतम कूँ नाम की मेहँदी मन राग सुनाने लगेगी। जा तरफ़ तो किसी का ध्यान गया ही नहीं। आने दो आज उनको।

अब मनका पद्मावती के पास जाये तो कैसे, वह क्या सोचेगी। उसके सामने तो नाइन थी तो बताती गयी थी कि तीन-चार दिन तक...जब तक लाल धब्बा लगा दिखलायी दे, सब सू अलग रहनो है। किसी चीज़ कूँ छूना भी नाहीं। वह समझ गयी थी कि वह...तब हम्मीर ने उसे बहुत छेड़ा-तंग किया था। उसके बाद सिर से नहाने के बाद वह अपने में चाहे कितनी कोशिश करे अपने पर काबू नहीं रख पाती थी। ज्यों-ज्यों रात आती, त्यों-त्यों हर आहट उसे चौंका जाती।

ये भी ईश्वर की क्या रचना है...रचना का रचना से जन्म। इसमें कितना स्वाँग कितना खेल। एक सहज प्रक्रिया। प्रकृति का सप्रेम इशारा! संयम की परख। नारी के लिए ही मानो सारी परीक्षाएँ रची हैं। उससे ही उसने आशा की है कि वही उसकी सृष्टि की सुगन्ध फैलायेगी, रंग बिखरेगी, पर्वोत्सव व राग-रंग की पावन दुनिया को आगे बढ़ायेगी।

पद्मावती को बहुत बल मिला। उसमें आया अपराधबोध कम हुआ। वह पलंग पर बैठ गयी। पाँवों पर उसने रज़ाई ले ली। कुछ गरमाहट आयी और वह सो गयी।

मनका ने उसकी ओर ध्यान से देखा। उसका मन शान्त था। सबको शान्ति चाहिए। परन्तु कोई शान्ति के लिए काम नहीं कर रहा। सबके हिताहित हैं। इसी कारण टकराते भी रहते हैं। वह भी अकारण अनबूझे। काश, सबको अपनी चिन्ता होती तो भी ठीक था। फिर किसी की टकराहट नहीं होती। टकराहट ग़लत सोच का परिणाम है।

अब आओ अपनी चित्रशाला में चलें। कोई बिम्ब-विचार नहीं है। न हो, वहाँ रंग तो हैं। रंग होंगे तो उनमें एकता सोचनी होगी। वह हो भी सकती है या नहीं भी। ऐसा उत्तर क्यों। उत्तर देने में उतावलापन क्यों?

वह तूलिका को रंगों में डुबाये बिना ही चित्र बना लेना चाहती है। उसकी पद्मावती मात्र उसकी बेटी ही नहीं है, सबकी है।

"सब जानें तो...।" हम्मीर देव का स्वर था।

"महाज्योतिषी ने क्या कहा था।"

"बाबा ने...।"

"सब जानेंगे–समय पर जानेंगे। वह स्वयं शक्तिरूपा है, देवी है।"

"यही सच हो, प्रतापी हम्मीर।"

"यह तुम्हें क्या होता जा रहा है कि तुम्हें हमसे बतियाने में भी अलंकरण का सहारा लेना पड़ रहा है।"

"जे मन है।"

"तुम्हारा मन...?"

"तुम्हारा भी, मेरे देवता।" मनका ने धीरे से कहा।

"कोई नहीं कहता, मनका रानी।" हम्मीर देव ने कहा, "जब अचानक कोई बात आ निकले, तब मन नहीं, वो अवश्य महाशक्ति होती है, जिसे हमने कभी नहीं देखा, सुन-सुना कर जाना है।"

हम्मीर देव के यह स्वर गूँज रहे थे। उसे लग रहा था कि वह उनसे बात कर रही है। उसने आँखें खोलीं। अपने चारों ओर देखा। फिर भी उसे किसी के बड़बड़ाने की आवाज़ सुनायी पड़ रही थी। ...क्या उसके कान बजने लगे हैं? क्योंकि ऐसा उसके साथ पहले भी हो चुका था और देखा तो वहाँ सन्नाटा पसरा हुआ पाया था।

मनका का मन नहीं माना। वह पद्मावती को देखने उसके कमरे में चली गयी, क्योंकि वह आज जिस नये अनुभव से गुज़र रही है, उससे उसके अचेतन मन में कुछ खलबली मच गयी हो। वह वहाँ आयी। ध्यान से देखा-पद्मावती का हाथ छाती पर नहीं था। एक तरफ़ रज़ाई नीचे अवश्य पड़ी थी। उसने उसे ठीक किया और लौट आयी।

23

अभी-अभी धूप निकली थी। रास्ते में अँधेरा हो गया। इस बार कुहरा छाया हुआ था। सूर्य देवता मुँह छिपाये रहते थे। आवाजाही का भी तोड़ा पड़ गया था। दाँत किटकिटाती ठण्ड ने सारा कारोबार ही बिगाड़ कर रख दिया था।

पद्मावती ने नारी होने का पहला अनुभव रजस्वला होने पर पाया था। हर माह की तकलीफ़, चिपचिपापन और रक्त को देखकर उसे मितली आने लगती थी। यह सोचते हुए भी उसे डर सताता था। इस बिन्दु पर आकर उसका अत्यन्त रूपवती सौन्दर्य की रानी और महाचण्डी की परम्परा में होने का गौरव उतरने लगता था। प्रकृति ने इस तरह से नारी जाति को कमज़ोर किया है। उन दिनों उसका कुछ खाने का भी मन नहीं करता था। उसकी समूची मानसिकता घिन से भर जाती थी।

वह तो माँ ने उसे अपने नज़दीक लाने का बेहतर प्रयास किया। उससे अपने दुःख-सुख को वह सहेली की तरह साझा करने लगी थी।

जब कोई उसे सौन्दर्य की देवी बताता था तब उसे लगता था कि कोई उसे गाली दे रहा है। एक दिन वह पूछ बैठी, "माँ माँ...एक बात पूछूँ।"

उसने डरते-डरते पूछा, "माँ-माँ, हमारी देवियाँ भी तो नारी हैं।"

"हैं तो...।"

"हम मासिक धर्म होने पर पूजा-पाठ आदि कोई भी मांगलिक कार्य नहीं कर सकते पर क्यों, माँ?" पद्‌मावती ने पूछा।

"महीने से होने से। ...उसमें हमारे अन्दर-से गन्दगी बाहर आती है न।" मनका ने धीरे से कहा।"

"तो हम सब गन्दे हुए?"

"पगली! यह तो सारी जाति के लिए है।"

"पुरुष के लिए...भी।"

"नहीं, पुरुष के लिए नहीं।"

"क्यों माँ...?"

"तभी तो तुझे सब दिमाग़ चट्टी कहने लगे हैं।"

"एक बात बता, माँ, जब देवियाँ भी नारी ही हैं तो माहवारी इन्हें भी होती होगी। ...वे भी गन्दी होती होंगी। ...लेकिन उनकी तो प्रतिदिन, हर पल पूजा करते हैं। क्यों माँ? ...हम गन्दे हुए तो हम पूजा-पाठ तो दूर मटके-मटकी भी नहीं छू सकते और न रसोड़े में जा सकते हैं। उन दिनों कोई काम नहीं कर सकते। इसीलिए उन्हें फ़ौज में नहीं रखा है कि माहवारी में वे कैसे लड़ सकती हैं।"

"शायद।" मनका ने बात ख़तम करने की दृष्टि से कहा, और सिर से खिसक आया पल्ला सिर पर ले लिया।

"परन्तु माँ, देवियों की पूजा-अर्चना कभी बन्द नहीं होती।"

"उनके लिए ऐसा सोचना भी पाप है, मेरी प्रश्नकली।" मनका बड़े प्यार से कहती, "मेरे साथ बोलो—शिव-शिव रटे, संकट मिटे।"

"पद्‌मावती बोलती जाती। सिर्फ़ तीन बार। ...कुछ देर बाद पूछा, माँ, ये 'शिव-शिव रटे, संकट मिटे' तीन बार क्यों कहलवाया। ...संकट कहाँ है, माँ।"

"पगली, हमारे देवी-देवता अमर हैं।"

"उन्होंने सन्तानों को जन्म दिया है।"

"वे ईश्वरीय शक्तियों से युक्त हैं। ... वे पाप मुक्त हैं। पुण्य आत्मा हैं। उनके बारे में ऐसे प्रश्न उठाना भी पाप है। तू भूलकर अपने समाज में ऐसी बातें मत करना, वरना वे तुझे नास्तिक, अधर्मी और ना जाने क्या कुछ बोलने लगेंगी। ...जब कोई ग़लती हो जाये तो मन-ही-मन शिव-शिव रटे वाला जाप कर लिया करना।"

"ताकि बिना कोई पाप किये पाप मुक्त हो सकूँ। ...यही न माँ।"

"बेटी, मैं थारे जैसी अक़्लमन्द नाहीं हूँ और न म्हारे माहिं ऐसे प्रश्न उपजते हैं।"

"तब तो...थारे कूँ और कष्ट नहीं दूँगी।" पद्मावती ने सहज में कह डाला।

"थे अऊर किसी से ऐसे प्रश्न नाहीं करेगी। बेटी, बद अच्छा, बदनाम बुरा। ...जे कहावत यों ही नहीं बनी है।" मनका समझाने का प्रयत्न करती, परन्तु वह बोलती कुछ नहीं। इसका अर्थ था कि उसके मन में आये प्रश्न मौक़ा पाकर सामने आ जायेंगे। ...इस अर्थ में वह हठीली और ज़िद्दी है। मनका कहती, "तू घुन्नी मत बन। अपनी परम्पराओं का आदर कर। ...देवी-देवता सब अमर हैं। उन पर प्रश्न नहीं दागते, वे शाप भी दे सकते हैं।

"चाहे हम सही भी हों।"

"हाँ हों।"

"तो भी। तो फिर वे देवी-देवता कैसे हुए माँ जो सही-ग़लत की पहचान कर निर्णय नहीं ले पाते! क्योंकर वे हमारे लिए पूजनीय हैं?" पद्मावती में आजकल प्रश्न अधिक उठने लगे थे। जिज्ञासाएँ उसमें तेज़ी से बढ़ती जा रही थीं।

मनका के मन में भी कभी प्रश्नों के जंगल खड़े होते थे। तब उसके यहाँ एक बाबा आया था। माँ ने उसके सामने उसे बैठाकर कहा था, "जे म्हारी बित्ती भर की बिट्टो है पर बड़े-बड़ों के कान कतरने में लगी रहती है। म्हारे पास जाके प्रश्नों के उत्तर नाहीं होते।" तब बाबा ने जो कहा था और जो सलाह दी थी, उसी से उसके मन को शान्ति मिली थी और आज तक मिलती है। मनका ने कहा, "सुन म्हारी राधा राणी बिट्टो, म्हारे कूँ एक बाबा ने कहा था वो मैं थारे को कह देती हूँ। शायद तब तुझे कुछ शान्ति मिले।"

पद्मावती को अब माँ का व्यवहार और सोच बहुत तसल्ली दे रहा था। वह अब उसकी एक सहेली बन गयी थी। उसने सोच कर कहा, "हाँ, माँ! वा बाबा ने थारे सू का कहा था?"

मनका ने बैठने का रुख़ बदला। वह कुछ समय सोचती रही। फिर वह कहने लगी, "हम कोई देवी-देवता नाहीं हैं। जो हैं, जिन्हें सब मानते हैं, उन्हें हम भी मान लेते हैं। उससे हमें सुख-शान्ति मिलती है क्योंकि तब हम अपने को उसका कर्ता-धर्ता नहीं मानते।"

"क्यों नहीं मानते, माँ?"

"उसका कारण मैं नहीं जानती और न जानना चाहती हूँ।"

"क्यों माँ?"

"क्योंकि उस बाबा ने कहा था कि यह संसार प्रश्नों का घर है। बाहर-अन्दर, चारों ओर, जिधर देखें, गहरे में उतरें तो भी प्रश्न पर प्रश्न खड़े होकर हमारा रास्ता रोकते मिलेंगे। वहाँ हम सदा अकेले होंगे, कोई सहायता करने वाला नहीं मिलेगा।" मनका यहाँ आते-आते रुक गयी। पद्मावती को लगा कि माँ किसी ऊँची पहाड़ी पर चढ़ते-चढ़ते रुक गयी है। उसकी साँसें तेज़ी से चल रही हैं। उसने कमर पर हाथ रखकर सामने पड़ी शिला की ओर देखा और जा बैठी उस पर। तनिक दम ले रही है। पसीना पोंछ रही है। कुछ देर बाद वह आगे बोली, "तो बता कि फिर हमें कौन रास्ता दिखलायेगा? तू सोच, पद्मा! जे सवाल तब भी थे, आज भी हैं और आगे हमेशा रहेंगे।"

"और उत्तर?"

"मिल भी सकता है या नहीं भी।"

"ऐसा क्यों?"

"क्योंकि ऐसे प्रश्नों के उत्तर स्वयं खोजने होंगे! प्रश्न भी उसके ही हैं तो उत्तर भी उसे ही खोजने होंगे। तपस्वी-योगी-बाबा ऐसे प्रश्नों के उत्तर पाने के लिए निर्जन में जाकर तपस्या करते हैं—अपना शरीर तक भी गला देते हैं... और फिर भी उत्तर मिले या नहीं... कुछ पक्का नहीं।"

"वे निर्जन में कैसे रहते होंगे? कहाँ से मिलता होगा उन्हें भोजन? वहाँ जंगली जानवर होते हैं, माँ। क्या वे उन्हें खा नहीं जायेंगे?"

"सब हो सकता है और..."

"नहीं भी हो सकता है।"

"हाँ, म्हारी सास?"

"सास किसको कहा, माँ?"

"थारे को नहीं, म्हारी माँ।"

"तो यहाँ दूसरा कौन है माँ... थाने मुझे माँ भी बना डाला।"

"तो क्या करती, बावली?"

"क्यों?"

"कहा न कि वहाँ कोई दूसरा नहीं होता। फिर वे किससे प्रश्न करें और कौन उत्तर दे, म्हारी प्यारी गुड़िया।"

पद्मावती सोच में पड़ गयी। सोच उसे भँवर लगने लगा। वह तेज़ी से गोल-गोल घूम रहा था। अच्छे-से-अच्छा तैराक एक बार उसमें फँस जाये तो निकल नहीं सकता।

"तू फिर जा खोई जंगल में। बाबा ने कहा था, अधिकांश घाव..."

"घाव या प्रश्न माँ?"

"दोनों एक ही बात है। थे चुपचाप सुने तो सुन। नाहीं तो मैं अपनी रामायण बन्द करती हूँ।"

"नाराज़ न हो म्हारी भोली माँ। चल आगे कह। आगे से नहीं बोलूँगी।"

इस पर दोनों हँस पड़ी। मनका ने कहा, "अधिकांश घाव या प्रश्न समय स्वयं भर देता है। किसी से पूछने की आवश्यकता नहीं है। यदि पूछेगी तो कोई उन प्रश्नों का उत्तर नहीं दे सकेगा।"

"फिर माँ?"

"समय आने दे, सब जान जायेगी।" आज ही सारे जीवन की रामायण पूरी नहीं करनी है।

"पता नहीं, माँ, फिर से ये प्रश्न मानस में उठें या नहीं।"

"ना उठें तो अच्छा।"

"माँ बचाना चाहती है।"

"किसको?"

"अपने आप को।"

"इसमें बचाने की क्या बात है, पद्मा। जो है, वह सब चौड़े में है—सबके सामने।" मनका ने दो टूक उत्तर दे दिया।

"फिर तो माँ मैं अध-बीच में पड़ी रह जाऊँगी। सोचती रहूँगी।"

"अभी थारी उम्र सोचने-वोचने में सिर खपाने की नहीं है, पद्मा। मौज-मस्ती की उम्र है, बेफ़िक्री की उम्र है। थे अभी से चिन्ता पालने लगी तो बुढ़ापे में का करेसी?... म्हारी ओर देख, जा उम्र में चिन्ता कूँ पास फटकने नहीं देती।" मनका धाराप्रवाह कह जाती।

"थारा मन साफ़ है।"

"तिहारा भी, म्हारी बातूनी बेटी।"

"मैं बातूनी कहाँ हूँ।" पद्मावती रूठने का अभिनय करती है।

"ना छोरी, तू बातूनी बिलकुल नाहीं हैं... अब तो ठीक।"

"म्हारा मन रखने के लिए माँ, थे झूठ भी बोल सकती हो।" पद्मावती ने ओढ़नी ठीक करते हुए कहा।

"अच्छा बता, मैं क्या कहती? थारे प्रश्नों से डर लगने लगता है, पद्मा।"

कान पकड़कर पद्मावती कहने लगती, "तब माँ, आगे से जे ग़लती कभी नाहीं करूँगी। पण थे रूठना मत। थारा रूठना मुझे रुला देगा। एक थे ही तो हो—माँ यहाँ जासूँ मन खोल कर बातें कर पाती हूँ। नहीं तो जे मन दो बोल बोलने को तरस जाता। जहाँ सब गूँगे हैं। कोई काम भी नहीं। फिर भी सब भीत बने हुए हैं।"

"ना री छोरी, पूछ, थारे मन में क्या रह गया है।" मनका कह जाती।

"पण कोई टेढ़ा-मेढ़ा प्रश्न नाहीं।"

"दरअसल जे प्रश्न नाहीं। प्रश्न में उपजी कथाएँ हैं जे।"

"जरा सुन तो माँ, ये प्रश्न मैं इसलिए कर रही हूँ कि..."

"अब अपनी प्रश्नमाला यहीं तक रहने दे, पद्मा।"

"बस एक और आख़िरी प्रश्न, माँ।"

मनका ने उसके भोलेपन पर रीझकर कहा, "तू मानेगी तो है नहीं। चल पूछ, क्या पूछना चाहती है?" इसके साथ ही मनका ने पद्मावती की ओर ध्यान से देखा। राजपुरोहित ने कहा था, "पद्मा देवी का अवतार है। शक्ति माता का प्रतिरूप।" यह सुनकर मनका ठगी-सी रह गयी। अब अनुभव कर रही है कि वह असाधारण है।

"माँ, जे कथा साध्वी जी ने सुनायी थी। उस समय आप वहाँ नहीं थीं।"

"कौन-सी?"

"श्रीराम थक चुके थे। महारावण मारे नहीं मर रहा था। वह सारे प्रयत्न कर चुके थे। अपने सभी सर्वाधिक श्रेष्ठ बाण चला चुके थे। पर महारावण का बाल बाँका नहीं हो रहा था। उन्होंने ध्यान लगाकर जाना तो चौंक पड़े। शक्ति माँ तो महारावण के साथ खड़ी है।"

श्री हनुमान ने उन्हें चिन्ताग्रस्त और निराश होता हुआ देखकर पूछा, "प्रभु, किस सोच में है?"

"वीर हनुमन्त, अब कुछ नहीं हो सकता, क्योंकि महाशक्ति महारावण के साथ हैं। चकित हूँ कि महाशक्ति सीता का उद्धार नहीं करना चाहती और उसके अपहरणकर्ता का साथ दे रही हैं।"

"तो क्या हुआ, नाथ। आप ही तो कहते हैं कि नारी शक्ति की खान है। शक्ति का न आदि है और न अन्त।" श्री हनुमन्त ने सहज ढंग से सरल चित्त होकर कहा, "तो, आप उससे बड़ी शक्ति पाने के लिए प्रयत्न करें।"

"महायुद्ध के बीच यह कैसे सम्भव होगा?"

"दृढ़ इच्छाशक्ति से। आपने ही तो कहा था, वीर हनुमन्त किस सोच में पड़ गये।"

"यहाँ महासमुद्र है—अनन्त अघोर समुद्र, नाथ।"

"संकल्प लो वीर हनुमन्त और ध्यान करो, तुम पवन पुत्र हो! ऐसी संसार में कोई जगह नहीं है जहाँ तुम नहीं जा सकते? नाथ क्या यह कथन आप पर नहीं ...है?"

श्रीराम मुस्कराये। धीरे से वह बोले, "लो शुरू कर दिया प्रयत्न—आज और अभी से। उत्तम कार्य में विलम्ब क्यों? आज से माँ नौ दुर्गा की अर्चना भी शुरू हो रही है।"

श्रीराम तपस्यालीन हो गये। नवें दिन कमल का पुष्प ग़ायब था। वह कमल का फूल रोज़ माँ के चरणों में चढ़ा रहे थे। तब उन्हें लगा कि महाशक्ति नहीं चाहतीं। इस तरह तो उनकी पूजा-अर्चना-साधना निष्फल हो जायेगी। तभी उनका ध्यान माँ कौशल्या की ओर गया। माँ उनके नयनों को कमल नयन कहती थीं। वह कमल कहाँ से लायें? पूजा से उठ नहीं सकते थे। अन्य कोई पास नहीं था। फिर उन्हें कुछ और नहीं सूझा, सीधे बाण उठाकर खींचा ही था कि महादेवी स्वयं प्रकट हो गयीं। वह बोलीं, "आप अपनी आँख ही समर्पित करने वाले थे, श्रीराम। आपको मर्यादा निभाना अच्छी तरह आता है। ...आप जिस उद्‌देश्य के लिए तप कर रहे थे, उसमें आप सफल हुए... तथास्तु।"

महादेवी ओझल हो गयीं और दूसरे दिन दशहरा था। ...राम ने महारावण का वध करने में सफलता प्राप्त की। ... क्यों माँ कैसी कथा बाँची?

"चोखी... बहुत चोखी। जा माहिं भगवान श्रीराम की महिमा, उनका तप और नयन कमल के समर्पण करने की तैयारी...आश्चर्यजनक।" कहकर मनका ने मन-ही-मन श्रीराम को याद कर हाथ जोड़ दिये।

"चोखी से आगे, माँ।"

"कथा पूरी की पूरी।"

"श्रीराम के अलावा कुछ और...।"

"क्या कुछ और पद्‌मा। श्रीराम तो साक्षात् भगवान के अवतार हैं... भगवान ही हैं पद्‌मा।"

"शक्ति के लिए उन्होंने किसकी तपस्या की थी।"

मनका चमकी और बोली, "थारे सामने म्हारी एक नहीं चल सकती। महाशक्ति की और किसकी।"

"महाशक्ति का स्थान भगवान श्रीराम से ऊपर हुआ न। महाशक्ति कोण... नारी!.. नारी इतनी शक्तिशाली कि श्रीराम को भगवान होते हुए उनकी शरण में जाना पड़ा।"

मनका की बोलती बन्द।

"जाना पड़ा न, माँ बोल तो...।"

"तुझे बाल की खाल खींचना ख़ूब आता है, पद्‌मा.. तेरी कोई होड़ नाहीं।"

"ना माँ, जे बात बिलकुल नाहीं है। बात में से बात जो सामने आयी कि नारी महाशक्ति है, अनन्त शक्ति है। फिर वह कमज़ोर कैसे हुई। ऐसी एक नहीं

अनेक कथाएँ हैं। म्हारा ध्यान श्रीराम तक जाकर लौट पड़ता है। महाशक्ति पर केन्द्रित नहीं होता। ...जे षड्यन्त्र है।"

"थे ऐसी माथापच्ची में अपना समय काला-पीला न कर, पद्मा। ...जे सब बातें श्री भगवान से जुड़ी हैं, वहाँ म्हारा क़तई दख़ल नाहीं है। न म्हारे सोच का जे विषय है। थे इन मामलों माहिं चुप्पी साध रख, जाही में थारा शुभ है, कल्यान है। बड़ों के बीच में छोटे नहीं बोलते, जे गाँठ बाँध ले।" मनका ने अपनी तरफ़ से काफ़ी सीख दे डाली उसे।

पद्मा ने भी फिर माँ से कोई प्रश्न नहीं किया। उसने जान लिया जो उसे जानना था। उसके मन को तसल्ली हुई। एक गाँठ और खुली कि नारी भी पुरुषों से कम शक्तिशाली नहीं है। बल्कि ज़्यादा ही है। उसके मन को चैन मिला और निर्णय लेने में सफलता की एक सीढ़ी और चढ़ सकी वह।

24

लगता है, आज दिन नहीं उगेगा। दो दिन हो गये। यह वर्षा का मौसम भी नहीं है। फिर भी वर्षा थमी नहीं। कभी रिमझिम, कभी तेज़ और कभी ताबड़तोड़। नाले-पतनाले सारे चल पड़े।

घने काले बादल शत्रु की सेना से डेरा डाले हुए थे। तनिक भी हटते नहीं, रिमझिम में भी नहीं। इससे पहले ऐसी वर्षा इस मौसम में कभी नहीं हुई थी।

हम्मीर देव चौहान महल की खिड़की से बाहर झाँकते। उनके मन में एक शब्द उभरता--प्रलय! सब डूब जायेंगे तब।

ख़ामोशी उन्हें घेर लेती। वह ख़ामोशी से घिरा अपने को विवश पाते।

अरावली सबसे पुराने पहाड़ों में से एक है। चारों ओर जंगल ही जंगल। जंगली जानवरों से भरा। आज घने अँधेरों में डूबा अचानक वर्षा के आक्रमण को सह रहा है। उसकी शृंखलाएँ नज़र नहीं आ रही हैं।

कहाँ आ बसे! बसावट भी कर डाली और सुरक्षा के लिए दुर्ग खड़ा कर दिया। क्यों ज़रूरत पड़ी सुरक्षा की? इन प्रश्नों से उलझे हम्मीर देव चौहान को यकायक याद आ गयी वहाँ भीगती बरसात कई दिनों से डेरा डाले थी बेमौसम!

बरसात का मौसम भी नहीं था। ठण्ड थी। दिन छोटे, रात बड़ी। हवा बन्दीखाने में क़ैद थी। न मोर की आवाज़ सुनायी पड़ रही थी और न पक्षियों की।

यह बहुत ऊपर वाले राजमहल की कहानी है। फिर नीचे वालों का कौन मालिक होगा!

यकायक बिजली चमकी कड़कड़ाती हुई। मोर बोल उठे। पेड़ों की परछाइयाँ नज़र आने लगीं। पद्मा की माँ चम्पावती ने खाट पकड़ ली थी। उस दिन उसकी तबीयत बहुत खराब हो चली थी। साँस उखड़ने लगी थी उसकी।

वैद्यराज बाहर से लौटा नहीं था। उसके लिए एक आदमी वहाँ छोड़ आये थे।

कुछ समझ में नहीं आ रहा था कि क्या किया जाये। सन्नाटा गहरा गया था। हम्मीर देव चौहान बराबर टहल रहे थे।

इसी बीच वैद्यराज आ गये। उसने चम्पावती को अच्छी तरह देखा। परन्तु कुछ कहा नहीं। हम्मीर को उसकी चुप्पी बहुत अखरी। उसने इतना ही कहा, "मैं यहाँ बना रहूँगा। चिन्ता नहीं। होनी को कौन टाल सकता है। वह स्वस्थ होनी चाहिए।" वैद्यरारज ने धीमे स्वर में कहा, ईश्वर पर विश्वास है न।

"क्यों नहीं, वैद्यराज, पूरा-पूरा है।"

"जन्म-मरण का विभाग उसके पास है, रावल सा। उसको कोई दूसरा नहीं जानता। ऋषि-मुनि, ज्योतिषी, भविष्यवक्ता आदि कोई नहीं। सब अनुमान लगाते हैं। आप शान्त रहें। परमपिता का ध्यान करें, उनसे प्रार्थना करें।"

"क्या स्थिति इतनी नाज़ुक है, वैद्यराज?"

"जे म्हाने कब कहा है, रावल सा। क्या ईश्वर का ध्यान लगाना और उससे प्रार्थना करना कुछ ग़लत है।" वैद्यराज ने शान्त भाव से कहा। यद्यपि वह जान गये थे कि रानी सा की स्थिति नाज़ुक है। फिर भी...।

इसी समय सेविका आयी और बोली, "अन्नदाता, आपको अन्दर रानी सा याद कर रही हैं।"

हम्मीर देव वैद्यराज की ओर एक बार देखकर अन्दर चले गये। राणी सा ने दासियों को बाहर जाने का इशारा कर दिया।

"कहो..." इससे आगे हम्मीर देव से बोला नहीं गया। सौन्दर्य अधिष्ठात्री का तेजस्वी मुखमण्डल पीला पड़ गया था। उनकी चमकती आँखें, अन्दर को धँसती लग रही थीं। वह कहने लगी, "रावल सा, सौन्दर्य की देवी का सच जे है। अच्छी तरह देख लो।"

"तुम चिन्ता मत करो, सब ठीक हो जायेगा। वैद्यराज कह रहे हैं कि...।"

"मुझसे उससे ऊपर का वैद्यराज अभी कह कर गया है कि..." चम्पावती ने होंठों पर मुस्कान लाते हुए कहा।

हम्मीर देव चुप रह गया।

चम्पावती ने होंठों पर जीभ फेरकर, थूक निगला। फिर हम्मीर का चेहरा देखा—एकदम उदासीन और सुस्त। वह कह उठी, “दुःखी न हों, म्हारे दिल के रावल। जे सपना है, मृगतृष्णा है। जाके पीछे भागना ही सारे दुःखों का मूल है।”

“तनिक हमारी गुड़िया को दिखा दो।”

“ये लीजिए , आपकी गुड़िया मुस्करा रही है।” कहकर दासी ने उसे उसकी ओर बढ़ा दिया।

चम्पावती की आँखों में चमक लौट आयी। चेहरा कांतिवान हो उठा। प्यार छलछला आया। कहा, “रावल सा ये अपने पास रखिए। जे म्हारी-तिहारी निशानी है। यशोदा के पास पुत्र के स्थान पर छोरी रहेगी।”

“ऐसा मत कहिए। आप बिलकुल ठीक हो जायेंगी।” हम्मीर देव ने कहा। दासी का हृदय छलक पड़ा था। हम्मीर का संकेत पाकर वह दासी बच्ची को लेकर चली गयी।

“म्हाने थारे सू भी यही कहना था कि ओस से प्यास नहीं बुझती। मृगतृष्णाएँ मत पालो। मान जाओ। ...पर थे नहीं माने। जा माहीं म्हारा के दोष।”

“छिमा, रानी सा, घणी छमा।” हम्मीर के कण्ठ से आवाज़ नहीं निकल पा रही थी। गला भर्रा उठा था। दिल भर आया था।

चम्पावती हम्मीर देव की ओर देख रही थी। मन-ही-मन सोच रही थी कि रावल सा अपनी जान से ज़्यादा प्यार करते हैं। ये दिल ही तो है जो नादानी करने से नहीं चूकता। परवाना बन जाता है। आग की लौ पर ही मर मिटता है। वह भी क्या करे। बहुत समझाया था कि सौन्दर्य छूने से मर मिटता है। देखते रहने से बढ़ता है। निरन्तर बना रहता है। हे मानव, तुम्हें कितनी बार समझाया—सौन्दर्य आत्मा की आन्तरिक ज्योति है। उसे अनुभव करो। जब वह तुम्हें अनुभव होने लगेगी तब तुम उसे कभी नही छुओगे। वह कैसे? वह सब बताती, क्योंकि वह सब जताना सबकुछ स्वाहा कर देगा। उसकी जाति को अभिशाप है कि वह परजाति के मानव के सम्पर्क में आते ही नष्ट होने लगेगी। पद्म राज गया। पद्म द्वीप गया। नाम बदलने से क्या होता है। अब पद्म जाति का आख़िरी चिराग भी, उसकी तरह मनमानी का शिकार हुआ तो वह भी जायेगा।

अचानक चम्पावती कराह उठी। वह कराहते हुए कहने लगी, “रावल सा, थारे पे मोहे अपने से ज़्यादा विश्वास है। जे छोरी हमारी धरोहर है—अमानत! वैसे जे साँझी धरोहर है यदि थे मानो। ...इसकी परवरिश...।” उसके हाथ जुड़ गये। आगे बोल नहीं फूटा।

“चम्पावती... चम्पावती... इधर देखो।” कह हम्मीर ने उसकी नब्ज़ देखी। उसके हृदय पर अपने कान लगाये। पाया, साँस अति मद्धिम गति से चल रही

है। क्या करे, बाहर जाकर वैद्यराज को बुलवाये या...। उसने उठना चाहा, नहीं उठ सका। चम्पा ने उसकी हथेली पर अपना हाथ रख दिया।

चुप्पी कसक बन गयी। दीया काँप गया। उसकी लौ ने रंग बदला। थोड़ी तेज़ होती लगी।

"मैं कहीं नहीं जा रहा, चम्पा रानी। थारे कने बैठा रहूँगा। थे आग्या तो दो। कुछ बोलो तो।" उसे लगा कि चम्पावती फिर से अपने रूप-सौन्दर्य को सहेजने लगी है। उसके नयन में अनुराग की लाली और चमक लौट आयी है। उसके होंठ एकदम सुर्ख़ हो गये हैं। वह मुस्करा उठी है। उसका ओजस्वी चेहरा सद्यःकमल-सा मनोहर लगने लगा है।

क्या सूझा था उसे। कितनी मन्नतें की थीं उसने। "म्हारे कूँ छोड़ दो ...पाकर भी कुछ नहीं पाओगे। पाना है भी क्या। माटी के इस पुतले में जान पड़ गयी है, उससे वह मुस्करा उठी है। उसकी बाँकी निगाहें बाँकी लगने लगी हैं। प्राण उड़े तो दीया बुझा। माटी फिर माटी। क्या रहा! क्या पाया! केवल मन का भ्रम...! अरे दुर्ग, महलों, अपार धन-सम्पदा के स्वामी... सुन रहा है, जे भी माटी है। माटी में मिलने वाली है। जहाँ कछु अपणों नाहीं। फिर थे काहे का अधिपति, काहे का राजा-रावल! कछु नाहीं।"

हम्मीर घबरा उठा। चम्पावती का हाथ जहाँ-का-तहाँ था। फिर क्या उसने स्वप्न देखा। चम्पावती तो नींद निकाल रही है।

सोने दिया उसे। उठे नहीं... क़तई नहीं। ज़बान दी है। वह पलंग की पाटी पर सिर रख कर सो गये।

शान्ति! चिर शान्ति! न अँधेरा, न उजाला। ज़रूरत ही नहीं। कुछ नाहीं सिवा दीया जलने-बुझने के! ये सिलसिला कब से चल रहा है और कब तक चलता रहेगा।

कुछ हलचल-सी हुई। ज़रूर दिन निकल रहा होगा। रात ढल गयी होगी या दोनों पहर मिल रहे होंगे। मिलकर बिछड़ रहे होंगे। कुछ-न-कुछ होगा ज़रूर।

"अन्दर जाकर देखो। कहो, वैद्यराज आना चाहते हैं।"

"पर कौन जाये?"

"आज्ञा कौन दे?"

वैद्यराज क्या करे? वह सेविकाओं की सीमा जान रहा था।

"गहरी नींद में होंगे, वैद्यराज। बहुत देर बतियाते रहे। कछु न कछु दोनों की आवाज़ आती रही।"

वैद्यराज को लगा कि ऐसा ही हो सकता है। थोड़ी देर और सोने दें। हो जाने दें सवेरा। पक्षी-वृन्द चहकने लगें, ताज़ी हवा बहने लगे—नींद भी खुल जायेगी।

समय को समझाने में वक़्त नहीं लगता। यद्यपि समझाने वाला नरम, सरल और समन्वयवादी हो। कदाचित् समय मान भी गया। मन माने तो समय की क्या मजाल कि वह नहीं माने।

यों वैद्यराज के मन में बुलबुले उठते रहे, झील में हवा से बनती लहर की तरह। कान लगाकर सेविकाओं ने सुनना चाहा, परन्तु कोई लाभ नहीं हुआ। इस बीच राजपुरोहित, अमात्य आदि आ पहुँचे। अब विचार-विमर्श शुरू हुआ। महारानी, रानियाँ आदि भी आ गयीं। तय यह हुआ कि महारानी अन्दर जायेंगी। लेकिन महारानी का मन उलझन में था। पता नहीं अन्दर क्या स्थिति हो। तभी प्रधान सेविका आ गयी। उसकी गोद में बच्ची नहीं थी। ज्ञात हुआ कि बच्ची उसने रानी मनका सा के पास पहुँचा दी है। वह आधी रात से सो नहीं रही थी। लगातार रोये जा रही थी। तनिक मुँह खोलकर दूध से भीगे कपड़े से उसके होंठों को तर किया। साथ ही तनिक ज़ोर देकर कपड़े को दबाया। पाँच सात बूँद दे पायी कि उसने दूध उलट दिया। मनका बाई ने उसे समझा दिया था कि बच्ची परेशान करे तो उनके पास ले आना।

महारानी ने पूछा, "क्या वह बच्ची को देखती हुई आ रही है?"

"हाँ, महारानी-सा। बच्ची रानी सा से चिपटी पड़ी है और दोनों गहरी नींद में हैं।"

"ये तूने स्वयं देखा क्या?"

"नहीं, महारानी सा, वहाँ की दासी ने बतलाया।"

"वैद्यराज, अब क्या करें? क्या दासी बच्ची को लेकर यहाँ आये या आप..."

"मैं हो आऊँगा। वैसे डर की कोई बात नहीं है। दाई भी आती होगी।"

"तू अन्दर जा, बेख़ौफ़ जा।" महारानी सा ने दासी से कहा।

"यदि दोनों सो रहे हों तो...।" उसने वैद्यराज की ओर देखा।

"सोने देना। नींद आना भी रोग का एक उपचार है।"

मुख्य दासी धीरे-धीरे बिना आहट किये अन्दर गयी। देखा रावल सा पाटी पर सिर रखे गहरी साँस ले रहे हैं। रानी सा उनकी ओर करवट लिए सो रही हैं। दोनों गहरी नींद में हैं। नंगे पाँव से हल्की-सी आहट की, परन्तु उसका कोई परिणाम नहीं निकला। अब वह क्या करे। कुछ देर अन्दर रहे या बाहर जाकर सूचना दे। उसने पुनः दोनों की ओर देखा। दोनों के ऊपर सन्नाटा कोहरे की तरह मौन चादर ताने था—एकदम निर्विकार शान्त मुखमण्डल! उसने दूसरी-तीसरी

बार पदचाप की, परन्तु उन पर कोई असर नहीं हुआ। आख़िर उसे बाहर आकर सारी स्थिति स्पष्ट करनी पड़ी।

सोच फिर पथराने लगी। सन्नाटा पहले की तरह बना रहा। सबकी दृष्टि वैद्यराज पर जा टिकी थी। वह कोई निदान बतायें। उन्हें यों ही सोने दें या जगाने का प्रयास करें।

"चल दासी, तू मेरे साथ अन्दर आ।" महारानी का स्वर अधिकारात्मक था। ऐसे मौक़ों पर निर्णय लेकर अपनी दृढ़ता का परिचय देना उन्हें ज़रूरी लगा। अब दोनों अन्दर थे। रह-रह कर रावल सा की साँस की मध्यम तेज़ आवाज़ वातावरण का मन अपनी ओर खींचना चाहती थी।

महारानी रंगदेवी उनके निकट गयीं। चम्पावती की नाक पर उँगलियाँ रखकर साँस की आवाजाही जानने का प्रयत्न किया। होंठ बन्द थे उसके। आँखें अधखुली थीं। जैसे ही प्रयास किया, वैसे ही रावल सा की नींद खुल गयी। महारानी सा को देखकर पूछा, "रानी सा थे यहाँ। वह अभी-अभी सोई है।" महारानी ने कहा, "वैद्यराज देखना चाहते हैं।"

हम्मीर उठ खड़ा हुआ। प्रधान दासी से कहा, "वैद्यराज को अन्दर भेज दो। उनके साथ तुम भी आना।"

वैद्यराज अन्दर आये। अधखुली पलकों की ओर देखा। तनिक गर्दन सीधी करनी चाही। दासी से दीया मँगवाया। उसका प्रकाश चम्पावती की आँखों पर डाला। पुतलियाँ निष्कम्प रह गयीं। फिर नब्ज़ देखी। कई बार देखी। देखते रहे।

"क्या बात है, वैद्यराज?"

वैद्यराज ने ख़ामोशी बनाये रखी कुछ देर। एक बार पुनः चम्पावती की ओर देखकर कहा, "रावल सा, रानी को गये चारेक घण्टे हो गये।"

सारे वातावरण को साँप सूँघ गया। हम्मीर पल भर के लिए लड़खड़ाये। वैद्यराज ने उन्हें सहारा देते हुए कहा, "रावल सा, मृत्यु पर किसी का ज़ोर नहीं है। मृत्युलोक, यह इसीलिए जाना जाता है। स्वर्गलोकवासी मृत्यु के लिए तरसते हैं। भगवान भी इसी कारण इस धरती पर अवतरित होते हैं। वे पाताल लोक में जन्म नहीं लेते। इस धरती को इसी कारण स्वर्ग से सुन्दर माना है, क्योंकि यहाँ पट्टी पर लिखी संख्या और लेख को मिटाकर दोबारा लिखा जा सकता है। ...आइए, बाहर आइए।" राजवैद्य ने कहा।

बाहर आकर विचार-विमर्श होने लगा। सवाल परम्परा का था। परम्परा तोड़ना सम्भव नहीं था। वही हुआ जो पूर्व में होता रहा था। चम्पावती को ससम्मान माँ धरती को सौंप दिया गया। बहुत भारी मन से हम्मीर देव ने चिता को अग्नि दी। राज्य में तीन दिन के शोक की घोषणा हुई और ग़मगीन वातावरण में शोकग्रस्त

परिवार हम्मीर को सँभालने की कोशिश करता रहा, परन्तु चम्पावती रह-रह कर उसके सामने आती रही। वह भीगे नयनों से उसे देखता रहा। मनका ने बहुत प्रयत्न किया। बच्ची हम्मीर को अपने प्रति प्रेरित करती रही। बच्ची से बात करती जाती और उसके पिता के आने की आहट देती जाती। हम्मीर बच्ची के पास आ खड़ा होता। उसे देखता रहता। काश! उसकी माँ भी साथ होती। उसके न होने के अभाव से उसका मन विचलित हो जाता। परन्तु धीरे-धीरे मनका और उस बच्ची का प्रगाढ़ सम्बन्ध माँ-पुत्री का ऐसा बना कि उसका हृदय छलछला आया। वह भूलने लगा कि मनका उस बच्ची की माँ नहीं है।

25

महीने-दर-महीने बीतने लगे। धीरे-धीरे सब कुछ पहले जैसा सामान्य होता गया। वह बच्ची बढ़ी होती गयी। अपनी माँ के सौन्दर्य से भी अधिक सुन्दर, हँसमुख, गुणी और अपनी उम्र से भी ज़्यादा समझदार सिद्ध होने लगी। मनका का उसके प्रति प्यार, ममता, दुलार आदि को देखकर हम्मीर का हृदय छलछला पड़ता। उसका मनका के प्रति प्यार दिनोंदिन प्रगाढ़ होता गया।

देखते-देखते समय बीत गया। पद्मा इतनी जल्दी बड़ी हो गयी। चित्तौड़ से प्रस्ताव आ गया। वह विवाह करने का विरोध करती रही।

कमला और नाइन का प्रयास पद्मा को पद्मावती बनने का संस्मरण कराने लगा। यौनांकुर ने उसके मन पर अपना प्रभाव बनाना शुरू कर दिया।

हम्मीर देव चौहान चिन्तित था कि वह पद्मावती के मन की बात कैसे जाने। मनका ने उसके हृदय पर उँगली घुमाते हुए कहा, "पद्मा के पिता, पहले तुम स्वयं विवाह करते रहते थे और अब..."

"अब क्या मनका?"

"पुत्री के विवाह के लिए चिन्तित हुए जा रहे हो। यह कैसी विडम्बना है! इसे एक पिता ही समझ सकता है।"

मनका कहती, "थारी पुत्री लजाने लगी है। वह समझने लगी है कि विवाह तो हर लड़की का होता है।"

"थारी पुत्री लजाने लगी है, यह मत कहना!"

"चलो नहीं कहेंगे, बड़ो हुकम।"

"वह हमारी प्यारी सन्तान है, मनका। वह तुम ही हो, जिसने वह काम कर दिखाया, जा शायद चम्पावती भी नहीं कर पाती।"

मनका ने उसके होंठों पर हाथ रखकर कहा, "जो अपने बीच नहीं रहे, उनसे तुलना नहीं। पता नहीं चम्पावती होती तो वह और क्या-क्या करती। ममता के लिए ऐसी कोई तराजू नहीं बनी है जिससे उसे तोला जा सके। रावल सा जे परिवार है, थारा राजदरबार नाहीं।"

"और जहाँ कि मालकिन रानी-महारानी हो तुम। जहाँ चलती है केवल तुम्हारी हुकूमत। हैं न...।" हम्मीर ने उसे गुदगुदाने का प्रयत्न करते हुए कहा।

"कितनी बार कहा है, रावल हो तो भेदभाव मिटाने के लिए, न कि बढ़ाने के लिए। महारानी हैं रंगदेवी सा और सदा वही रहेंगी। उनका स्थान कोई नहीं ले सकता। ...मैं दिल से उन्हें अपना बड़ा मानती हूँ और मानती रहूँगी। एक दिन मैंने जानबूझ कर ग़लती कर दी लेकिन उन्होंने मुझसे कुछ नहीं कहा। इस पर मैंने शिकायत करते हुए कहा, "आपको छोटों को डाँटने का पूरा-पूरा हक़ है। आप उसका प्रयोग क्यों नहीं करतीं! काश! आज आपने मुझे डाँट दिया होता तो मुझे लगता कि म्हारे सिर पर किसी बड़े का हाथ है।"

"तू चुप भी कर। ऐसी बातें करके थे मुझे रुला देगी।"

"और आप डाँटने से वंचित करके कौन-सा इंसाफ़ कर रही हैं?"

"अर्थात् तुझे डाँटकर रास्ते पर लाऊँ।"

"यह बड़ी बहन सा का दायित्व है, ताकि उसे लगे कि कोई उसके ऊपर है।"

"चाहे वह जान-बूझकर डाँट खाना चाहे तो भी।"

"हाँ, तो भी, क्योंकि डाँटने में प्यार है। मुझे आप अपने प्यार से क्यों वंचित रखना चाहती हैं।"

"मैं बताऊँ, बड़ी माँ उसे मेरे लिए रखना चाहती हैं। अब एकमात्र डाँट खाने का अधिकार मुझे है। मैं सबसे छोटी हूँ और सबकी प्यारी हूँ। ...खुद ने तो मुझे डाँटना छोड़ दिया। अब आप चाहती हैं कि बड़ी माँ से डाँट खाकर मुझे वहाँ से मिलने वाले प्यार से भी वंचित कर दें, ये नाइंसाफ़ी मैं नहीं होने दूँगी।" पद्मावती ने प्रवेश करते ही सबका ध्यान अपनी ओर खींच लिया।

"तो तू हमारी बातें छुप-छुप कर सुन रही थी।"

"ना सुनूँ तो जानूँ कैसे कि मेरे ख़िलाफ़ क्या षड्यन्त्र चल रहा है?"

"शाबाश पद्मा, शाबाश। अब आ गयी है मेरी चुलबुली, एक की सौ सुनाने वाली।"

"आपने इसे लाड़ कर बिगाड़ दिया है, बड़ी बहन सा।"

"झूठ, बड़ी माँ, सफ़ेद झूठ।"

"कैसे, ज़रा मैं भी जानूँ।"

"ऐसे बड़ी माँ, हर बात में मुझसे कहती हैं। थे न सुन। कर ले अपनी मनमानी, आज थारे कान बड़ी माँ से खिंचवाऊँगी। तब सब दाल-आटे का भाव मालूम पड़ जायेगा। ...बड़ी माँ न मैं दाल लेने जाती हूँ, न आटा। फिर उनका भाव कैसे मालूम पड़ जायेगा।" पद्मावती गम्भीर होकर कहती है। महारानी रंगदेवी मुस्कराने लगतीं।

"अब बता थे यहाँ किसलिए आयी है?"

"उल्टा चोर कोतवाल को डाँटे। ...थाने नहीं कहा था, म्हाने नाहीं अपनी बड़ी माँ को दिखा। जे तोहे उन्होंने ही दिया है। ...सो, बड़ी माँ को अपना लहँगा दिखलाने आयी हूँ। कैसा लग रहा है, बड़ी माँ।" पद्मावती उनके सामने जा खड़ी हुई।

"म्हारी रानी, थारे पर तो हर चीज़ जँचती है। सौन्दर्य कपडों में नाहीं थारी भोली बातन में है, थारे प्यार में है, थारे चौदहवीं के चाँद को मात देने वाले रूप में है।"

"जे लहँगा... ।"

वह अपनी क़िस्मत पर इठला रहा है।

"क़िस्मत, बड़ी माँ!"

"पहनने वाली से लहँगे की क़िस्मत में चार चाँद लग गये, म्हारी प्यारी गुड़िया।"

"क्या अभी तक हम बड़े नाहीं भये, बड़ी माँ?"

"क्यों न, क्यों न... थे तो... थे तो..।" रंगदेवी कहती रह गयीं।

"क्यों न, क्यों न... फिर से तो आगे.. शून्य, बड़ी माँ। ...कछु तो कहो न।" पद्मावती बनावटी गुस्सा नाक पर लाने की कोशिश करती।

"थे तो... म्हारी रूपवती सयानी गुड़िया डोली में बैठकर जाने वाली हो गयी है!"

पद्मावती कुछ समझी नहीं तो रंगदेवी ने कहा, "विवाह योग्य हो गयी है। थे ने हाँ कही न तो तू पद्मा से पद्मावती हो जायेगी।"

"बड़ी माँ, जहाँ जाओ, उधर एक ही बात ...विवाह।"

"हम सबका भी विवाह हुआ है। थारी से छोटी उमर माहिं। विवाह तो ज़रूरी है, लाडो।"

"तो हम चले, बड़ी माँ। आप हमें भगाना क्यों चाहती हैं?"

"भगाना नहीं, प्यारी पद्मा। नयी दुनिया देखने-दिखाने... नयी ज़िम्मेदारी ओढ़ने-उढ़ाने... नये रिश्तों से जुड़कर आगे बढ़ने-बढ़ाने... तू तो म्हारी आँखें है, म्हारा हृदय है, जा महल की रौनक़ है।"

"फिर भी...।"

"हाँ फिर भी... जैसे पहले पहल तू गोद में रही, फिर घुटनों के बल... अरे तू तो सीधे खड़ी होकर चलने लगी... फिर दौड़ने... अब थे परायी दहलीज़ पर पाँव रखने लायक हो रही है।... जा में कछु अन्यथा नाहीं... जे ही हमारा विकास है... दिनोंदिन ऐसे ही हम बढ़ते जायेंगे... बड़ी माँ... दादी... नानी बनते जायेंगे। ...ये सारी यात्रा हमें पार करनी है, म्हारी पद्मा।" रंगदेवी ने अवसर पाकर बात को सँभाल लिया।

पद्मा से पद्मावती बनते-बनते भाभी सा, छोटी बहू, बड़ी बहू बनते देख वह घबरा गयी। अपने आपको देखते घबरा गयी। घबराकर तेज़ी से हवा की तरह बाहर चली गयी।

"अब वह 'मन-मन भावे मूँड़ हिलावे' की मानसिकता से गुज़रने लगी है। कुछ-कुछ समझने भी लगी है। ...ये बात चलने दो। लगे हाथ, हाथ पीले हो जायेंगे। कुँवर रतन सिंह का मन भी राजी हो जायेगा। जा बखत उसका नाम चमक रहा है। थे वा रिश्ते को जाने मत देना। जा बखत राजपूतों में बा सो सुघड़, बड़ो और शक्तिशाली रावल कोई नाहीं है। आक्रमणकर्ता भारी पड़ते नज़र आ रहे हैं। थे तो जे शुभ काम जल्दी होने दो... पद्मा को मैं सँभाल लूँगी। ...महारानी सा भी वा का मन तैयार करने में लगी हैं। नाइन और कमला का भी यही कहना है। अपने राघव चेतन को राजी रखना। बा के बोये बीज का जे परिणाम है।" मनका का मन छलछला आया। वह अन्दर की खुशी को छिपा नहीं पा रही थी।

हर काम करने से पहले वह पूजा घर में जाकर उस अदृश्य मूर्ति से बतियाती थी। उससे कहती थी, "थे रानी सा राजी हो। थारी लाडली का विवाह तय होने जा रहा है। बाकूँ... हम सबन का अऊर थारा आसीरवाद चाहिए। मन माहिं कछु मत रखना। जैसा चाहोगी, वैसा ही होगा। बाके दाता सा बा को लेकर भौत परेशान हैं। जे कमल पुष्प थारे चरनन माहिं रख रही हूँ। मन राजी हो तो जाये आपणे चरनन से ढरका देना। मैं साँझ को दीया-बाती करके आऊँगी, तब तक अपणी इच्छा प्रकट कर देना। फिर जे समाचार रावल सा को दूँगी...। उनकी आँख से झरझर पानी ढरक पड़ेगो। ...तिहारे को भौत चाहते हैं .. आज भी थारे कूँ दिया वचन निभाना चाहते हैं, रानी सा। चलती हूँ।"

जैसे ही मनका मुड़ी, वैसे ही सामने हम्मीर सा को खड़ा पाया। उनका दिल पसीज गया। वास्तव में आँखें झरने लगीं। बहुत देर तक बुत बने खड़े रहे। मनका ने उन्हें हिलाया-डुलाया। वह हिले-डुले ज़रूर पर उनके मन का मौन नहीं खुला। अन्दर-ही-अन्दर जाने क्या सोचते-विचारते रहे और कहाँ खोते-डूबते रहे,

कुछ नहीं पता। तब मनका ने उनको झकझोर डाला और कहा, "ना बोलो तो हमें क्या पड़ी है कि हम माथापच्ची करें, अपणो समै बिगाड़ें।"

जैसे ही मनका चलने को हुई वैसे ही उन्होंने उसे अपनी भुजाओं में समेट लिया। रो पड़े।

"पगले हुए का, वीर, प्रतापी, साहसी मर्द हो...मर्द कबहुँ नाहीं रोबत है। जे काम तो म्हारे करने कूँ है। भगवान ने हमें जाही के लिए बनायो है।" अपनी ओढ़नी से उनकी आँखें पोंछ डालीं। तब बहुत धीरे से, भर्राए गले से वह बोले, "थे साक्षात् देवी हो। इत्तो बड़ो दिल तो किसी देवी का भी शायद न हो, जित्ता बड़ो दिल थारो है, म्हारे हिय की पटरानी।"

इसके बाद हम्मीर ने पुनः उसे अपनी बाँहों में भर लिया और हलकी तेज़ साँसों की आवाजाही से उसके दिल की धड़कन सुनते रहे। मनका भी सुध-बुध भूल गयी। उसकी आँखें भी अपने को नहीं रोक सकीं। अब दोनों का हृदय एकाकार होकर संगम बना। शरद ऋतु में एकान्त नदी चुपके-चुपके बह रही हो। मानो सुगन्धित पुष्प के पराग पर भौंरा मँडराने लगा हो।

तभी खटका हुआ। पाँव से कोई चीज़ टकरायी। हम्मीर ने बाँहों के बन्धन खोल दिये। मनका ने धीमे से आगे बढ़कर देखा कि दबे क़दमों से पद्मा जा रही थी।

26

उस दिन नाइन और कमला दोनों साथ-साथ आयीं। कमला कई दिन पहले से कह रही थी कि उसको लिवाने आने वाले हैं, फिर वह उनके साथ चली जायेगी। आज वह यही कहने आयी थी कि कल से वह नहीं आयेगी।

उन दोनों ने मनका और पद्मा को बतियाते देखा तो वे बाहर खड़ी रह गयीं।

मनका कह रही थी कि आजकल वह बहुत गम्भीर रहने लगी है। क्या बात है? पद्मा सोच रही थी वह कैसे कह दे कि जहाँ वह जन्मी, बड़ी हुई, खेली-कूदी और महल-दुर्ग के कोने-कोने से संवाद किये, दोस्ती की, पक्षियों को अपना साथी बनाया, उससे उसे क्या मिला। सब यहीं छोड़ जाना है। पराये घर में कौन जानेगा कि उसकी पसन्द-नापसन्द क्या है और वहाँ कौन क्या है? राजघराना राजनीति का गढ़ होता है। वहाँ दीवारों के भी कान होते हैं।

बोझ तो यहाँ भी—वहाँ भी। दोनों जगह एक-सी। जो यहाँ था, वहाँ जाने क्या होगा? जब जन्म-स्थान से परिचित एक-एक जगह को जानकर भी नहीं जानने की स्थिति में ढलना है तो प्यार-ममता कैसी?

"सुनो माँ, बड़ी बात है।"

"क्या है, बता तो।"

"कान में।"

"क्या कान में खुसुर-फुसुर?"

"धीमे बोलो।"

"यहाँ कौन है सिवा मेरे-तेरे।"

"बात सुननी है कि जाऊँ।"

"ले सुना कान में।" कह मनका ने कान उसकी तरफ़ कर दिया।

"माँ... माँ... मेरी हाँ...।" कह वह भाग खड़ी हुई। मनका पद्मा-पद्मा कहती रह गयी। वह पगला उठी। उसने दो-तीन बार कान को साफ़ किया। कहीं उसने ग़लत तो नहीं सुन लिया। वह फिर सुनना चाहती थी। दोबारा नहीं पूछेगी। उस छोरी का क्या, पल में माशा पल में तोला। कहीं ना कर दी तो सारी ख़ुशियाँ ठण्ड पी जायेंगी।

उसका मन कर रहा था कि उसके पंख होते तो वह यों उड़ जाती और बहुत तंग कर बताती, "छोरी मान गयी है।" हम्मीर देव भी चौंके। अभी तक विवाह को मना कर रही थी। आज पल भर में हाँ कर दी और भाग खड़ी हुई।

यह बात हवा में ठहरी नहीं, बहती चली गयी। कभी-कभी कहीं ऐसा भी सुनने को मिला कि हवा पीछे और बात आगे। अब वह नुपूर बाँधे घूम रही थी।

पद्मावती अन्दर-ही-अन्दर डूब रही थी। जब कमला ने जाने की बात कही तब उसने कहा उसे मझदार में अकेला छोड़कर नहीं जा सकती। उसके सिवा कौन है उसका। पन्द्रह दिन की बात है। इधर वह जायेगी, उधर वह भी चली जायेगी। आख़िर उसे रुकना पड़ा।

विवाह की तैयारियाँ हो गयीं।

पीले चावल दे दिये गये।

जैसे-जैसे विवाह के दिन नज़दीक आते गये, वैसे-वैसे उसमें घबराहट बढ़ने लगी। सब कुछ नया। एकदम अपरिचित। सबके सब। इतना बड़ा घराना।

तैयारियाँ शुरू होती जा रही थीं। पद्मावती का दिल बैठा जा रहा था। मनका उसकी मानसिकता समझ रही थी। उसने कहा, "पद्मा चिन्ता न कर। तेरे साथ दो-चार बाँदी और भेज दूँगी। पण्डित राघव चेतन का जाना तय हो गया है। और हम किसलिए हैं। कोई बात हो तो राघव चेतन से कहलवा देना। वैसे तू जहाँ जा रही है, वहाँ कोई ऐसी बात नहीं होगी, जिससे तू परेशान हो जाये।"

पद्मावती सुन लेती। चुप रह जाती। यह जानकर कि जो होगा वो उसके साथ। फिर कोरी पंचायत की ज़रूरत क्या?

वह स्नान की तैयारी करने जा रही थी। उसे कमला का इन्तज़ार था। यह गयी, वह आयी की बच्ची। बोली मिश्री। किसी काम को न करना तो जानती ही नहीं, परन्तु करती अपने मन की। आने दो आज उसको! आते ही वह कोई ऐसा बहाना परोस देगी कि उसका सारा गुस्सा काफ़ूर।

इसी समय एक दासी आयी, जिसको उसने पहले कभी नहीं देखा था। गोलाकार कुछ था। उसने उसे उठाकर एक तरफ़ रख दिया। यह जानकर कि वह माँ या... होगा किसी का। हो, पर उसका नहीं है।

स्नान कर लौट आयी। नाइन और कमला ने मिलकर उसे तैयार कर दिया। फिर वे दोनों चली गयीं। एकान्त चाहती भी थी और नहीं भी चाहती थी। खाली दिमाग़ शैतान का घर! बैठे-बैठे वह क्या करे? उसने वह गोलाकार चीज़ उठायी। उसे खोला। कई चित्र थे–देवी-देवताओं के। फिर कपड़े पर लिखा था–"चिन्ता नहीं। भय किसलिए? जैसा वह घर, वैसा यह घर।"

आने पर पाओगी अपना स्वागत–अपना अभिनन्दन। नीचे कुछ नहीं। वह सोचने लगी कि वह कौन हो सकता है? कहीं वह स्वयं तो नहीं! न कमला पढ़ी-लिखी थी और न नाइन। इस कारण उनसे चर्चा करना कोई अर्थ नहीं रखता था। माँ को क्या बतायें? बताने लायक वहाँ था क्या? लेकिन उसकी सोच वहाँ से हट नहीं रही थी।

उसका ध्यान उन चित्रों में भटक रहा था जिनमें युवतियों के द्वारा प्रस्तुत किये जाने वाले नृत्य-संगीत की एक झलक थी। कहीं अश्लीलता नहीं थी। उसका ध्यान चौंक पड़ा जैसे ही कमला ने कहा, "पद्मा सा कल जे दहलीज लाँघ लोगी। एक सर्वथा नयी दहलीज आपका स्वागत करने के लिए तैयार होगी।"

इतना कह जैसे ही वह रुकी, वैसे ही पद्मा ने कहा, "थे बोलती जा। अच्छा लगता है। तुझे सुनकर लगता है कि कोयलिया गीत गुनगुना रही है।"

"यदि मैं कोयलिया हुई तो आप क्या होंगी, पद्मा सा।"

"क्यों?"

"इसलिए कि जब आप धीमे-धीमे बोलती हैं, तब कोयलिया कुहकना बन्द कर देती है, जानती हैं क्यों?" कमला धीरे से कह गयी।

"क्यों भला?"

"क्योंकि वह आपको सुनने में इतनी तल्लीन हो जाती है, उसे अपनी सुध ही नहीं रहती।"

"बनाती है।"

"बनाकर मुझे क्या मिलेगा, राजकुमारी सा।" कमला अपना सम्बोधन बदल देती है।

पद्मावती उसे आँखें तरेर कर देखती है तो झट से वह अपनी भूल सुधारने के लिए कहती है, "पद्मा सा।"

पद्मावती मुस्करा जाती।

"मुझे जो मिलना था, वह मिल गया, राज...और कुछ नाहीं, पद्मा सा।"

"क्या मिला?"

"आँखों से डाँट।"

"पगली, यह भी कोई मिलना हुआ।"

"आप तनिक अपने उनको आँखें तरेर कर देखना..."

"क्यों?"

"क्योंकि आप जान सकेंगी कि आँखें तरेरने से क्या मिलता है!"

"क्या?"

"बता दूँ।"

"बता भी, तरसाती क्यों है?"

"उनका था ...रे... प... र... मर... मि... ट... ने का रे श... मी... प्या...र।"

"चल हट, बातूनी। ...मसखरी करती है।"

"मसखरी मैं नहीं, वे करेंगे। ...तब?"

"तब क्या होगा?"

"जे बातें बताने की नाहीं हैं, पद्मा सा। अनुभव की हैं। ऐसे अनुभव की जिसे किसी अन्य के साथ साँझा नहीं कर सकते।" कमला का मन फिसलने लगा था। उसे लगने लगा कि कोई उसकी कलाई पकड़ अपनी ओर खींच रहा है और वे शरम से शरबती होने लगी है—भोली नरगिसी आँखों-सी।

"थे शरारत करने से मानेगी नहीं।"

"यदि जे शरारत नज़र आ रही है तो वे क्या होंगी स्वप्नों की रानी सा।"

"थे उनकी बात मत कर।"

"अभी से इतना प्यार हो गया बिना देखे हमारी राजकुमारी सा को...।" कमला ने कनखियों से उसकी ओर ऐसी जादुई आँखों से देखा कि वह अन्दर-ही-अन्दर पानी-पानी हो गयी। उधर पद्मावती के सामने था दाता सा (रावल सा) की परछाईं वाला परिदृश्य, अनबोला-सा अनुगूँजता रहा उसके अन्तस गगन में। वह शरमा कर बोली, "अब मैं थारे कूँ आँखें तरेर कर भी नहीं देख सकती।"

"ख़र्च से डर गयीं ना।"

"कैसा ख़र्च?"

"ख़र्च तो ख़र्च होता है। जेब से टका निकलता है तो जेब हल्की होने लगती है, तब जे चिन्ता सताती है, फिर आगे।"

"फिर आगे क्या?"

"पया कहाँ हैं ख़रीददारी के लिए।"

"पर जहाँ पया की क्या ज़रूरत पड़ गयी, कमला?"

"वह तो पया से नहीं ख़रीदा जा सकता।"

"पता नहीं क्या बके जा रही है पगली।"

"वहाँ दिल ख़र्च होता है पद्मा सा। वो दिल यहाँ बेकार की चीज़ें ख़रीदने पर ख़र्च कर दिया तो फिर उसके लिए दिल कहाँ से लायेंगी।"

"हट बेशरम!"

"लो मैं तो हट जाती हूँ पर थारे वे इन झिड़कियों से हटने वाले नाहीं। डटे रहेंगे... हिला डालेंगे अमलतास की टहनी-टहनी और बरस पड़ेंगे चारों ओर मतवाले पीले-पीले खुशनुमा फूल।" कमला में बसन्त खिल उठा धीरे-धीरे। चुभन-सी होने लगी मीठी-मीठी। विवाह तो राजकुमारी सा का होने जा रहा था और याद उसे अपने विवाह होने के बाद की आ रही थी।

उसी समय नाइन आ गयी। कहने लगी, "थे यहाँ गपशप कर रही हो, उधर रानी सा पुकार रही हैं।"

"अभी आप स्नानागार में नहीं गयीं। अभी तो हमने बात सँभाल ली है। कह दिया है—स्नानागार में हैं।"

"इतनी देर से वहाँ क्या कर रही है?"

"अब तो वह जाने वाली है। जे उधम-सधम मायके में ही कर सकत है, कर लेने दो।"

इतना सुनना था कि थारी माँ का कलेजा भर आया और उठकर दूसरे कमरे में चली गयीं। नाइन कह रही थी, "राजकुमारी सा, थे तो महल सूना करके चली जाओगी पर थारे जाने के बाद जे ही महल उन्हें खाने को दौड़ेगा। रुलायेगा। थारी बसी यादें वे भूल नहीं पायेंगी। कभी नहीं। ममता ऐसी होती है कि काटे नहीं कटती।" नाइन की भी आँखें भर आयीं।

पद्मावती नाइन की बातें सुनकर सहम गयी। अभी तक माँ की याद ने उसे इस तरह नहीं घेरा था। माँ सामने थी, घेरती कैसे? परन्तु नाइन के कहने के बाद से उसके मन में खाली महल की साँय-साँय कचोट उठी। सारा दिन वह

कैसे काटेगी। अभी तो वह उसकी शादी में इतनी व्यस्त हैं कि उन्हें मरने की भी फुरसत नहीं है। बाद में...। उसका दिल भी भर आया और वह भरे मन से स्नानागार में घुस गयी।

27

पद्मावती चित्तौड़गढ़ में आ गयी। महीना एक बीत रहा था। रस्में अदा होती रहीं। नाच-गाने करने वाली। बाहर से बुलवायी गयी थीं। ख़ासी चहल-पहल बनी रही। वहाँ आकर पता नहीं ऐसा क्या हुआ कि वह गूँगी बन बैठी। उसका हँसना-बोलना, बात में से बात निकालना, मौज में इधर-उधर घूमना आदि स्वतः ख़ामोश हो गया। मन में उदासी ने घर कर लिया।

रतन सिंह भी पद्मावती के मौन से घबरा गया। निःसन्देह पद्मावती से सुन्दर दूसरी युवती हो नहीं सकती। चारों ओर उसकी सुन्दरता का बखान होने लगा था। देह-सौन्दर्य का इतना महत्त्व जानकर उसके मन में कुछ सवाल बनने लगे थे। उसमें ऐसा क्या है जो अन्य युवतियों में नहीं हैं। यह प्रश्न उसे तब भी घेरता था। उसे तो कमला बहुत सुन्दर लगती थी। कोई छल-कपट नहीं। बोली चाशनी-सी। हँसी महकती हुई बेला-सी। काश, वह भी राजघराने की होती।

इस बीच एक बात यह हुई कि रतन सिंह ने यह सुनिश्चित कर लिया कि जब तक पद्मावती सामान्य नहीं हो जाती, तब तक वह सुहागरात नहीं मनायेगा, चाहे महीने-दर-महीने निकल जायें। वह उसकी इस ग़लतफ़हमी को दूर कर देना चाहता था कि पत्नी बना लेने पर वह एकमात्र पति की सम्पत्ति हो जाती है। पति चाहे जैसा उसके साथ सलूक करे, उसे वह राज़ी-ग़ैर राज़ी बर्दाश्त करना ही है। इस रहस्य का उसने किसी को पता नहीं चलने दिया।

रतन सिंह ने सुना था कि वह शादी के सम्बन्ध में यह विचार रखती है कि लड़की जब तक अपने घर में रहती है, तब तक माता-पिता की देख-रेख में, विवाह हो जाने पर पति की क़ैद में। गोकि वह पिंजरे में बन्द तोता-मैना की ज़िन्दगी जीती है। इस समय वह सोच रही होगी कि अभी तक पति की ओर से ऐसी पहल नहीं हुई है, जिससे उसकी सोच को समर्थन मिल सके। शायद उसे इस पर यह सन्देह बन रहा होगा कि उससे दूरी बनाये रखना भी पुरुष की अपनी इच्छा है। यहाँ भी उसे पुरुष के अहमक होने का अन्देशा हो सकता है।

चाँदनी रात थी। पूनो थी। शरद की पूनो। रतन सिंह ने पहल की। पूछा, "आपने वे चित्र देखे थे।"

पद्मावती ने घूँघट में से सिर हिलाकर कहा था, "हाँ।"

"घूँघट बोलना नहीं जानता, पद्मा सा।"

"जी।"

"यहाँ हमारे-तुम्हारे सिवा दूर-दूर तक कोई नहीं है। फिर घूँघट क्यों?"

पद्मावती पर घड़ों पानी पड़ गया।

"क्या अपने घर में घूँघट में रहने का अभ्यास किया है।"

"पुनः पहले की तरह घूँघट में से सिर हिला दिया... दो बार नीचे करके।

"क्या आप चाहती हैं कि घूँघट उठाने की रस्म हम पूरी करें और मुँह दिखाई का उपहार भी दें?... आपकी यही इच्छा है तो हम उसे पूरी किये देते हैं।" रतन सिंह ने उठने का नाटक किया तो तुरन्त पद्मावती ने धीरे-से घूँघट ऐसे हटाया ताकि मुखड़ा दीखे और घूँघट भी सिर पर टिका रहे।

रतन सिंह मुस्कराये। ध्यान से उसकी ओर देखते रहे। वह गूँगी गुड़िया-सी अपने में सिमटी-लिपटी सिर झुकाये, आँखें ज़मीन में गड़ाये, होंठों पर से मुस्कान को पीछे ढकेले और अन्दर-ही-अन्दर कम्पन का अनुभव करती वहाँ से भाग लेना चाहती थी, क्योंकि यह पल उससे बर्दाश्त नहीं हो पा रहे थे।

"कहीं जाना चाहती हो।"

सिर हिलाकर बताते पद्मावती के मुँह से निकल गया, "नहीं।" साथ में 'सा' भी।

यहाँ सा नहीं, आसपास कोई नहीं है, रानी सा। ...यहाँ तो आप हैं और आपका सेवक है...दो शब्द, चित्र के अन्त में लिखने वाले।"

पद्मावती घबरा उठी।

हमने आपकी माँ लज्जावती सा की तरह चित्रशाला तो नहीं बना रखी है परन्तु आड़े-तिरछे, उलटे-सीधे चित्र बनाने की कोशिश अवश्य की है। हमारी उपस्थिति में न सही, हमारी अनुपस्थिति देखना चाहें तो देख लीजिएगा। एक बात तो हम भूल ही गये कि आपके दाता सा ने तो आपकी माँ का नाम ही बदलकर मनकाबाई सा कर दिया, परन्तु हम ऐसा नहीं करेंगे। बल्कि आप हमारा नाम चाहो तो बदल सकती हो। वैसे तो बचपन में मित्र हमें नतन सिंह कहकर बुलाते थे। बेचारे तोतले थे 'र' को न बना देते थे। वह तो अब समझ में आया कि इसका अर्थ हुआ न तन के सिंह। किसी भाषाविज्ञ ने समझाया कि तन तो है पर नग्न।

इस पर तो पद्मावती को काटो तो ख़ून नहीं। उसने जल्दी में सिर झुकाया तो सिर से घूँघट सरक कर फिर मुखड़े पर छा गया।

"अरे रे रे, यह तो बचपन की घटना है। अब तो हम पूरे कपड़े पहने हैं। घूँघट हटा लीजिए रानी-सा, नहीं तो हमें शर्म आने लगेगी तो हम घूँघट कहाँ से लायेंगे। आप तो अपना घूँघट देने से रहीं।"

पद्मावती की हालत खस्ता होती जा रही थी। उसकी बोलती को साँप सूँघ गया था मानो।

"एक बात बताओ कि नयी-नवेली वधू इसलिए घूँघट डाले रहना पसन्द करती है कि उसकी सुन्दरता में चार चाँद लग जाते हैं या फिर...।" कुछ सोचकर आगे कहते, "सुन्दरता को नज़र न लग जाये। ...अब समझ में आ रहा है कि माँ हमें नहला-धुला, कपड़े-सपड़े पहना काला टीका लगा दिया करती थी। नज़र तो किसी की भी लग सकती है। इससे यह तो तय हो गया कि लड़कों के शायद काला टीका लगता हो। एक सीमा के बाद नज़र से बचाने के लिए टीके ने दिशा बदल ली। तब लड़कियों के टीका नहीं लगता था इसलिए विवाह के बाद नज़र से बचाने के लिए घूँघट की परम्परा डलवा दी और लड़कों को काजल के टीके से एकदम मुक्ति। ...क्यों मैं कुछ-कुछ सही अनुमान लगा पाया या नहीं... अथवा आपकी सोच इससे भी कुछ अलग है? हो तो आप भी मेरी तरह बेखटके कह दें... बेहिचक... छिपाव करना बीमारी पालना है। ... आप तो स्वस्थ है। बेहद सुन्दर हैं। कल्पना से भी अधिक सुन्दर। एकदम ललाई लिए गोरा रंग, कमर का पता नहीं...।" सुनते ही पद्मावती घबरा गयी कि कमर कहीं से उघाड़ी तो नहीं दीख गयी। उसका हाथ अचानक कमर की ओर चला गया।

"ना... ना... कमर आपकी जहाँ थी, वहीं है लेकिन ये कवि ऐसा लिख मारते हैं और हम नौजवान युवतियों की कमर की ताक-झाँक करने लगते हैं और कभी-कभी तो शर्त लगाकर कौन सबसे पहले ऐसी लड़की की खोज करता है ...अब पता चला कि ये कवि महाशय कैसे मूर्ख बनाते हैं। हमारे एक साथी ने तो शर्त में बाज़ी मारने के लिए एक लड़की या युवती को छू लिया, क्योंकि उसे वह बहुत देर से बिना कमर के बलखाती नज़र आ रही थी। पगले के ऐसा थप्पड़ पड़ा कि गिरते-गिरते एक आदमी ने सँभाल लिया। वह कह रही थी, "थारे को ज़्यादा जवानी चढ़ी है... दूध के दाँत भी नहीं टूटे कि म्हारी चोली में हाथ डालने का चाव अभी से चर्रा उठा है। ...जा का इतना ही चाव है तो अपनी माँ-बहन के डाल कर देख... सुसरे को न दिन में तारे दीखने लगे तो म्हारा नाम नहीं...।"

"चल री, चल। नहीं तो तमाशा खड़ा हो जायेगा और बिना बात की बदनामी।"

"लो बोलो, गन्दा काम छोरे करें तो भी बदनामी उनके ही सिर। ...सारे नियम क़ायदे पुरुषों ने ऐसे बना डाले ताकि हर सूरत अपना हाथ सिर पर। क्यों है न!" उसने व्याख्या कर डाली कमर से चोली तक की।

पद्मावती को कई बार हँसी भी आयी और कई बार गुस्सा भी। लेकिन वह दोनों को पीकर रह गयी, गूँगी गुड़िया बनी।

"लगता है तुम रूठ गयी हो। ये भी कोई बात हुई कि घूँघट हटाओ और हटा भी दिया। यह काम तो मुझे करना था। लगता है, किसी ने आपको सिखाया नहीं है कि रस्में क्या-क्या होती हैं और उन्हें निभाया कैसे जाता है?... आपकी कोई सहेली नहीं थी जो शादीशुदा होती। ख़ैर कोई बात नहीं है..." आगे बढ़कर रतन सिंह ने घूँघट उठाना चाहा तो पद्मावती ने घूँघट हाथ से दबा लिया।

"सच में, हम आपको मुँह दिखाई पहले दे देते हैं, बाद में मुँह दिखाना। ...यह सँभालो अपनी मुँह दिखाई।" कहकर हल्के से घूँघट ऊपर खींचा और घूँघट हट गया। तभी अवसर पाकर उसने स्वर्ण और मोतियों की माला उसके गले में डाल दी।

पद्मावती हकबकाकर देखती रह गयी। काश, वह घूँघट उठाये रहती तो...। वह हमेशा से अपनी ग़लती को ग़लती हो जाने के बाद ही पकड़ती रही है।

नाराज़ न होना, भूल से आपको छू लिया। डरते हुए कि कहीं आप उस लड़के को पड़े थप्पड़ का प्रयोग हम पर न कर दो। ...हमने जितना सुना-सुनाया है आप तो उसकी छदाम भी नहीं निकली। हम तो डर रहे थे कि ऊँची नाक वालों से दिल लगाना लोहे के चने चबाना जैसा है।

अचानक उन्हें सुनायी दी, "पी कहाँ... पी कहाँ?"

"ये कौन पुकार रहा है? शायद आप... आप तो पुकारना ही नहीं जानतीं। फिर कौन हो सकता? लगातार पुकारे जा रहा है।"

"पपीहा सा।"

"आपने ठीक कहा है, वह पपीहा ही है। जाने कब से पुकार रहा है। कोई उत्तर नहीं।"

फिर मैना धीरे-धीरे रुक-रुक कर बोल रही थी मानो गा रही थी... ये कौन आया? अँधेरे में उजाला हो गया... प्यारा-प्यारा सा। रानी सा नमन...नमन! स्वागत-स्वागत!

"वह यहीं कहीं है।"

"प्रतिदिन मुझे जगाती है ठीक समय पर। कहो मैना, अपनी स्वामिनी को बता दो, कैसे जगाती हो?"

थोड़ी देर शान्ति।

महल का वह सजा-सँवरा भाग यथावत् रह गया। मैना बोल उठी, "उठो रावल सा। खिलखिलाती प्यारी सुबह का स्वागत करो।"

"नमस्ते। आपने समय पर जगा दिया।"

"नमस्ते। अब हमें छुट्टी दो। आपने वादा किया था। स्वामिनी आ गयीं। स्वयं प्रभात बनकर आ गयीं। कब से हमारे रावल सा... आपकी प्रतीक्षा में पागल हो रहे थे। अब सामने हैं। सुन्दर, अति सुन्दर, सबसे सुन्दर। ...जैसा तन वैसा मन। न बाहर कुछ और न अन्दर—सब समान।"

"ये आपको किसने सिखलाया।"

"वह सामने बैठे हैं। साहस नहीं कि छू सके। आँखों में हृदय का प्यार छलछला रहा है। होंठों पर एक ही नाम दोहराते रहते हैं—पद्मावती। पद्मावती, तुम कहाँ हो? जहाँ भी हो, मुझे सुन रही हो। हवाएँ एक ही सन्देश लेकर पुकार रही हैं कि तुम जहाँ भी हो तुम्हारा पंछी पुकार रहा है। आ जाओ। ...आ भी जाओ।"

पद्मावती अवसन्न रह गयी। यह सब रावल सा ने सिखलाया है उसकी अनुपस्थिति में। सामने आने पर बगलें झाँक रहे हैं।

"बाहर चलना चाहोगी।"

पद्मावती ने घूँघट नीचा किया।

"नहीं, कोई ज़रूरत नहीं। हम जिस ओर जा रहे हैं, वहाँ तीसरा कोई नहीं, पद्मा सा।"

पद्मावती ने धीमे से घूँघट उठा दिया। पहली बार खुली आँखों से देखा...गोरे रंग का, गठीली देह का, सुदृढ़ क़द-काठी का ललाई लिए, सुन्दर, अति सुन्दर, इकहरी देह का नौजवान। घने काले बाल, लम्बी भुजाएँ, आँखों में ज्योति, मौक्तिक से चमकते दाँत, जबड़ा सुदृढ़, कमर शेर की सी, स्वाभिमानी, सुसंस्कृत और मधुभाषी।

"ये हैं क़िले की दीवारें। नीचे देखो... देखती जाओ गहरी खाई। ऊपर आसमान में पूनो का चाँद लजाकर बादलों की ओट हो चला है। वह लज्जित हो रहा है—देखकर अपने से सुन्दर, सौम्य, सलोनापन लिए धरिणी के पूरे चाँद को जो न घटता है न बढ़ता है। सदा समान परन्तु हर पल नवल-नवीला, रंग-रंगीला।"

"आप कविता कर लेते हैं।"

"ज़रूरत नहीं।"

"क्यों"

"इतनी सुन्दर, साँसों में चन्दन लिए, आँखों में भरपूर अनुराग, वाणी में सरस्वती के कर-कमल से झंकृत होने वाली वीणा, सदाबहार वसन्ती प्यार लिए, गजगामिनी ...।"

"बस बस, म्हारे मन के अन्तःस्वामी।"

"कविता-गीत तुम भी बनाती हो।"

"कैसे जाना?"

"साक्षात् कविता गीत छन्द के साथ चलते हुए।" कुछ देर साथ चलते हुए कहा, "वो देखो... वो" उँगली का संकेत करते हुए आगे कहा, "सलिलाशय। चित्तौड़ का हृदय कमल कमलिनी के साथ गुनगुनाता हुआ स्वर...।" कुछ रुक कर, छेड़ती हवा के साथ आत्मविभोर होकर गा उठे अति मद्धिम आवाज़ में...

"कुछ पल के लिए रुक जा चन्दा,
पी लेने दे, हो जाने दे बेसुध।
अपने अमृत निर्झर की बूँद-बूँद...

"क्यों हैं न हम कवि!"

पद्मावती आश्चर्य में पड़ गयी। यह तो वह गाती गुनगुनाती रही है अपने अनायास रचे गीत-संगीत को। निर्जन में चलते-फिरते मौज-मस्ती में वनोत्सव की हीरक जयन्ती पर। तब कमला साथ थी। गुपचुप वेश बदलकर, कमला के कपड़े पहन कर घूमने निकल गयी थी अपनी प्रजा के सुख-दुःख जानने के लिए। उसमें कितना प्रवाह होता है पर्वत से उतरी नदी का सा, कितना फेनोज्जवल संगीत होता हर पल चाँद-सूरज के साथ! तब तुमने रुक-रुक उठाया था, मुस्कराते हुए यह गीत, जिसे दोहरा रही थी कमला और ताल दे बैठे थे हम। ...तुमने पूछा था यहाँ कोई तीसरा भी है।

कमला ने तपाक से कहा, "यहाँ तो हम दो ही हैं और है ये प्रकृति।"

"फिर ताल किसने दी, वह भी संगीतमयी तीन ताल-सी।"

"भ्रम, पद्मा-सा।"

"भ्रम!"

"हाँ, भ्रम।"

"आगे कुछ नहीं। ... हाँ, यहाँ तीसरा कोई है।"

"कभी आप जंगल में अकेली गयी हैं रात-बिरात।"

"नहीं...।"

"तो चल कर देख लीजिए। थोड़ा आगे चलेंगी तो आपको लगेगा कि कोई आपका पीछा कर रहा है। जबकि वह पदचाप आपकी ही है। जैसे ही आप रुकेंगी, वह पद-ध्वनि तुरन्त शान्त। ...इससे यह मुहावरा चल पड़ा है—थारे तो कान बज रहे हैं। जे मुहावरा जंगल से चल पड़ा है।"

"आपको सब ज्ञात है।"

"प्यार अन्धा होता है, यह कहावत यों ही नहीं चल पड़ी है। उन चित्रों में, जहाँ आप दोनों बतिया रही थीं। वहाँ पुराना इमली का पेड़ था, जिसकी डालें नीचे लटक आयी थीं और उसके दूसरी ओर कुछ दूरी पर पीपल का घनी छाया वाला पेड़ था। तुम उस दिन नीला घाघरा पहने हुए थीं...।"

"कमला का दिया।"

"और काले भड़कीले रंग की फ़तूही।" धीरे से रतन सिंह ने आगे कहा, "घाघरे पर सोने-चाँदी का काम था, फ़तूही की बाँहों और उसकी छाती के तने भाग पर भी सुनहरा काम था। बेहद चमकदार, कसावट लिये, नोंकदार।" कमला ने कहा था, "जे नकली काम है। यह सुनकर तुम्हारी जिज्ञासा से संशय-फ़िक्र ग़ायब।"

"हाँ... हाँ... तो वो..."

"आपका दीदार करने का वह अपराधी अब आपके साथ है।"

"बड़ो वो आप थे।"

"नहीं। आप नहीं। तुम कह कर अपना बना लो, पद्मा सा। तुम में प्यार है, आप में अजनबीपन। शेष निर्णय तुम पर है कि आगे से क्या बोलोगी। ...कम-से-कम अकेले में। प्यार भी दो के बीच अकेले मौन संवाद से अपने दिल की धड़कन का उन्माद निछावर कर देता है।"

पद्मावती को यह समझने में देर नहीं लगी कि राघव चेतन और उसका परिवार भी रावल रतन सिंह के साथ था। लेकिन उनका साथ देना उचित रहा।

"एक बात और है... कुछ पल के लिए रुक जा चन्दा... तुमने बाँसुरी की ध्वनि पर निकाला था। एक बार फिर इस चाँदनी रात को अमृतमयी बना दीजिए।"

"बाँसुरी"

"बाँसुरी तब भी नहीं थी।"

"बहुत सूक्ष्म निरीक्षण! चलिए, हम बाँसुरी अपने स्वर से बनाये देते हैं।" कहकर पद्मावती ने कुछ रुककर अपने कण्ठ-अधर से बाँसुरी का स्वर निकाल दिया और बीच-बीच में ढोलक पर थापें देकर तीन ताल—कभी वह तेज़ हुई, कभी कहीं धीमी (द्रुत-विलम्बित)।

रतन सिंह ने भाव विह्वल होकर मन-ही-मन थिरकते हुए पद्मावती को अपनी बाँहों में लेकर धड़कनों के संवाद को प्रवाहमय बना रहने दिया। उसके घने मेघ से चमकीले काले बालों की कुँवारी गन्ध में खोते हुए अति धीमे स्वर में कह रहे थे, "तुम यहाँ पूर्णतया स्वतन्त्र हो परन्तु राजपूतों की गौरवमयी परम्परा को क्षति न पहुँचे। ...मैं मानता हूँ कि अभी हमारा दृष्टिकोण पुरुष प्रधान है। फिर भी समय की प्रतीक्षा करनी चाहिए, क्योंकि समय ही समाधान देता आ रहा है। ...तुम्हारी कला, संगीत, कविता-गीतों के सृजन संसार में अपना विशेष महत्त्व रखता है।"

"हमें चलना चाहिए।"

"ठण्ड भी बढ़ चली है। चाँदनी भी शीत से तालमेल बना चुकी है। आओ चलो, उस पार, प्रिय, जहाँ प्यार का मौज़ूँ जहाँ (दुनिया) हो। शरबती-नरगिसी निगाहों का, कस्तूरी आलम हो।' दोनों साथ-साथ लौटने लगे बेइन्तहाँ प्यार के सुरूर की लहरों पर बहते हुए।

28

घटनाचक्र तेज़ी से घूम रहा था। दिल्ली के सुल्तान ने अपने साम्राज्य को बढ़ाने और इस्लाम मज़हब को फैलाने की ओर ध्यान दिया। वह समझ गया था कि राजपूत कौम लड़ाकू है। साथ में आन-बान-शान और वचन की पक्की है। यदि राजपूत कौम के आन-बान-शान और वचन की संस्कृति में सेंध लगा दी जाये।

काली आँधी बहुत तेज़ी से उठ रही थी। रतन सिंह समझ रहा था कि अलाउद्दीन खिलजी अपनी पर आ गया है। उसने नवी मुसलमानों, अपने भतीजे अकत खाँ, उसकी बहन के लड़के मलिक उमर और मंगर खाँ तथा हाजी मौला के व्रिदोह को न केवल असफल किया, बल्कि विद्रोहियों को ख़त्म करवा दिया। उसने अध्यादेश जारी कर अमीरों के अस्तित्व को समाप्त करने के लिए उपहार में दी गयी ज़मीनें वापस ले लीं। अमीरों का सत्ता दख़ल ख़त्म करने के लिए उसका यह क़दम कारगर सिद्ध हुआ। उसने अमीरों के बीच शादी-विवाह तथा मेलजोल पर भी अंकुश लगा दिया। उसने हर प्रकार के मद्यनिषेध, जुआ खेलने आदि पर भी प्रतिबन्ध लगा दिया और गुप्तचरी विभाग को पुनः संगठित कर सर्वथा नयी ताक़त के रूप में सामने लाने में भी कामयाबी हासिल की।

अहमदाबाद में कर्णदेव बाघेला हारा। भाग खड़ा हुआ। उसकी सारी सम्पत्ति और पत्नी कमला को अपने साथ ले आया। कमला से विवाह भी कर लिया।

रतन सिंह को यह चिन्ता सताने लगी कि वह योजनाबद्ध तरीक़े से एक के बाद एक हिन्दू राज्य को अपने अधीन करता जा रहा है।

उसने अपने अमात्य, सेनापति तथा अन्य दरबारियों के साथ विचार-विमर्श किया। रणथम्भौर को भी उसने जा घेरा। हालाँकि मंगोल नेता केहब और मुहम्मद शाह को हम्मीर देव चौहान ने शरण दी थी। ये वे ही दो मंगोल थे, जिनकी सैनिक मदद से अलाउद्दीन के भतीजे अकत खाँ ने विद्रोह किया था। बमुश्किल वह उस जानलेवा हमले से बच पाया था। हम्मीर देव की बढ़ती ताक़त को वह सह नहीं पा रहा था।

अलाउद्दीन ने हम्मीर देव को यह सन्देश भेजा था कि उन दोनों मंगोलों को मरवा दें अथवा अपने राज्य से बाहर निकाल दें।

हम्मीर देव चौहान को अपनी शक्ति पर पूरा भरोसा था। वह अपने पड़ोसी राज्यों के हौसले पस्त कर चुका था तथा धार के रावल भोज को पराजित कर अपनी ताक़त का सिक्का जमा चुका था। अलाउद्दीन के चाचा-श्वसुर को भी मुँह की खानी पड़ी थी। अलाउद्दीन की आँखों में रणथम्भौर खटक रहा था।

रतन सिंह जान चुका था कि अलाउद्दीन खिलजी पहले एक प्रयत्न अपने माने हुए सिपहसालारों में से सबसे सशक्त सिपहसालार की कमान में एक बलशाली सेना भेजकर कर चुका था। पर उसे पराजय का मुँह देखना पड़ा।

इस बार स्वयं अलाउद्दीन खिलजी ने रणथम्भौर क़िले की नाकाबन्दी की थी। कई महीनों से पड़ा हुआ था वह।

रतन सिंह ने पद्मावती से भी परामर्श किया। पद्मावती ने भी भरोसा दिलाया कि रणथम्भौर का क़िला राजस्थान के क़िलों में सबसे सुदृढ़ है। उसका बाल बाँका नहीं होना है। वह अपने दाता (पिता) की ताक़त को जानती है।

फिर भी रतन सिंह को यह चिन्ता सता रही थी कि कहीं अलाउद्दीन अपने अभियान में सफल हो गया तो उसका अगला लक्ष्य चित्तौड़गढ़ का क़िला जीतना होगा। तब...!

पद्मावती ने पूरे विश्वास के साथ पुनः कहा, "अलाउद्दीन की पराजय निश्चित है। उन्हें पृथ्वीराज चौहान का भी बदला लेना है।"

"युद्ध, युद्ध है। युद्ध साम-दाम-दण्ड-भेद से किया जाता है। ...विजय के मंसूबे पस्त करने के लिए उनके विश्वसनीस ख़ास आदमियों को तोड़ने का प्रयत्न किया जाता है। यदि कोई कड़ी कमज़ोर पड़ गयी तो...।"

पद्मावती का माथा ठनका। उसके दिमाग़ में दो नाम उभरे—दण्डनायक रतिपाल और कुछ-कुछ रणमल्ल। वह सिर खुजाते हुए बोली, "अपनों में देशद्रोही भी हैं। दण्डनायक रतिपाल जब से दिल्ली जाकर लौटा है, तब से उसकी आँखों में मुझे सूअर का बाल नज़र आता रहा था। वह सन्देह के घेरे में आकर भी

दाता को विश्वास दिलाकर बच निकला था। मैंने स्पष्ट कह दिया था दण्डनायक रतिपाल विश्वास योग्य नहीं है। ...काश, इस समय मैं वहाँ होती तो रतिपाल के पीछे गुप्तचर छोड़कर उसकी असलियत सामने ला देती।"

"इसका मतलब यह हुआ कि मुझे सल्तनत के लिए तुम्हें साथ रखना ज़रूरी है।"

"यह मैं नहीं जानती। राजनीति करनी मुझे नहीं आती भी है परन्तु व्यक्ति को पहचानने में मेरी आँखें धोखा नहीं खा सकतीं।"

"तुम अपने साथ तलवार, धनुष-बाण लेकर आयी हो।" रतन सिंह ने सहज ढंग से कहा।

"सच्चाई यह है कि मुझे तलवार चलानी अच्छी तरह आती है। पैंतरेबाज़ी की भी अक्ल है। घुड़सवारों और निशाने पर तीर छोड़ना मेरी पहचान है...... कभी अवसर दीजिए। ...क्षत्राणी का यह हुनर भी देख लीजिए। ...तभी तो मैं चाहती हूँ कि नारी को कमज़ोर ...नाजुक... घर की देख-रेख और चारदीवारी से बाहर आने दिया जाये तो हर दृष्टि से राज्य की हुकूमत, इंसाफ़ की इज़्ज़त, फ़ौज की ताक़त और राज्य के प्रबन्ध में न केवल इज़ाफ़ा होगा, बल्कि प्रजा का विश्वास बढ़ेगा।"

"राज्य की शान भी।" रतन सिंह ने पद्मावती की आँखों में झाँकते हुए कहा, "और अपना प्यार भी।"

"तुम्हारी समझदारी भी। स्मरण रहे कि नारी हर क्षेत्र में अपना स्थान बना सकती है बशर्ते उसे अवसर देने के लिए पुरुषवादी परम्परा अपनी संकीर्णता को त्यागने को तैयार हो।" पद्मावती की मतवाली आँखों में इस समय वीरत्व की लाली स्पष्ट झलकने लगी थी।

"तुम्हारे विचारों से पूर्णतया सहमत हूँ। लेकिन कर कुछ नहीं सकता, क्योंकि मैं भी पुरुष हूँ।"

"तो प्रतीक्षा करनी पड़ेगी कि स्त्रियों का राज्य आये।" कुछ सोचते हुए एकदम उत्साह से भर पद्मावती ने कहा।

"अपने देश पर जब गुलाम राज्य कर सके, तब भी पुरुष समाज की आँख नहीं खुली। कम-से-कम स्त्रियाँ थोड़े-बहुत ख़रीदे गये गुलामों से तो बेहतर हैं। यह तो शायद आप भी मानेंगे या...।"

"क्यों नहीं।"

"आधे मन से।"

"गुलाम वंश में सुल्तान की बेटी।"

"सुल्ताना रजिया बेगम।"

“नहीं सुल्तान।”

“सुल्ताना क्यों नहीं?”

“क्योंकि उससे सुल्तान की बीवी का भ्रम उपजता है।”

“रजिया तुम्हारा आदर्श है।”

“क्यों नहीं। स्वयं इल्तुतमिश ने जोकि कुतुबुद्दीन का गुलाम था, गुलामी से मुक्ति पाकर बाक़ायदा ख़ुतबा पढ़ा और बादशाह होने का ऐलान भी किया। कुतुबुद्दीन ने उसे अपना दामाद भी बना लिया था। रजिया की माँ का देहान्त हो जाने से तुर्कान को इल्तुतमिश की ख़ास बीवी होने का मौक़ा मिला। फिर भी वह अपने बेटे रुकुनुद्दीन को सुल्तान नहीं बना सकी। उधर रजिया की क़ाबिलियत, प्रबन्धन का कौशल और इंसाफ़ करने की पारदर्शिता देखते हुए इल्तुतमिश ने अपने जीते जी उसे अपना उत्तराधिकारी घोषित कर दिया था। समझ सकते हैं जब मर्द उत्तराधिकार के लिए परस्पर जानलेवा षड्यन्त्र रचते हैं, तब एक युवती की सत्ता को मिटाने के लिए कितने षड्यन्त्र नहीं हुए होंगे। फिर भी रजिया ने सुल्तान होने के फ़र्ज़ को बख़ूबी निभाया।”

“तुम्हारा इतिहास ज्ञान बहुत अच्छा है। परन्तु...।”

“आगे यह मत कह देना परन्तु पुरुषों से कम।” पद्मावती ने हल्के कटाक्ष का तीर छोड़ते हुए कहा अवश्य, परन्तु तुरन्त ही रतिपाल और रणमल्ल के प्रति चिन्तित हो उठी। क्या सम्भव हो सकता है? उसकी समझ में कुछ नहीं आ रहा था। अचानक पद्मावती के अचेतन से निकल गया, “क्या कुछ सोचा है?”

“किसके बारे में?”

“रतिपाल... कुछ-कुछ रणमल्ल के बारे में।”

“क्या सोचूँ? अलाउद्दीन खिलजी ने क़िले को घेर रखा है।”

“जब तक क़िले के द्वार नहीं खुलेंगे, तब तक शत्रु अन्दर नहीं आ सकता। यदि इन लोगों ने अलाउद्दीन से साँठ-गाँठ कर रखी है तो निःसन्देह गम्भीर बात है।”

“स्वयं अलाउद्दीन ने आकर डेरा डलवाया है, इसका सीधा-सा अर्थ यह है कि वह हताश होकर नहीं लौटेगा और किसी कारण उसे लौटना पड़ गया तो... नहीं-नहीं वह जलालुद्दीन खिलजी नहीं है जो घेरा उठाकर लौट जाये। उससे तो उसकी सारी प्रतिष्ठा धूल में मिल जायेगी।” पद्मावती को इस समय इस बात का पछतावा होने लगा कि वह माँ के आमन्त्रण पर अपने घर चली जाती तो...! परन्तु अब वह सब सोचना बेकार है।

"समस्या जटिल है। देशद्रोहियों का वजूद कुछ नहीं होता। किसी को भेजूँ भी तो वह अन्दर नहीं जा सकता। ...और सोचने दो। मैं सभासदों का इस बिन्दु पर परामर्श लेकर देखता हूँ... तुम भी और सोचो।"

"काश, आज सेनापति भीम सिंह सा होते तो चिन्ता नहीं होती। कुछ नहीं, अब जो होगा देखा जायेगा। वैसे दाता (पिता) सा ने पहले से ही ख़ासा प्रबन्ध करवा रखा था—जैसे बड़े-बड़े कड़ावों में जलता हुआ तेल, धेनकुली से पथराव, प्राचीर के चारों ओर धनुर्धारियों का दिन-रात पहरा, उनकी भी अदला-बदली..."

"सुना है, इस बीच अलाउद्दीन खिलजी स्वयं दिल्ली लौट गया है, क्योंकि दुर्गम घाटियों को पार करके भी उनकी सेना जैतसर तालाब से आगे नहीं बढ़ पा रही थी। वह उलूग खाँ और नुसरत खाँ को वहाँ की ज़िम्मेदारी सौंपकर चला गया है। उन दोनों पर उसे पूर्ण विश्वास है।"

"केवल सुना मात्र है। पक्का नहीं।"

"पक्का कहूँ तो भी...।"

"तो भी यह कि वहाँ हमारे गुप्तचर मौजूद हैं। वहाँ से चित्तौड़गढ़ आने के रास्ते पर हमारे घुड़सवार मौजूद हैं, ताकि हमें वहाँ की सूचनाएँ मिलती रहें।" रतन सिंह ने सोचते हुए आगे कहा, "हम अपनी सेना लेकर मैदानी लड़ाई में उतरे तो पराजय निश्चित है। क्योंकि हमसे कई गुना लड़ाकू सेना उनके साथ है। इससे तो अलाउद्दीन एक तीर से दो निशाने साधने में सफल हो जायेगा। रणथम्भौर तो जायेगा ही चित्तौड़गढ़ पर भी वह आसानी से क़ब्ज़ा कर सकेगा। ...सोचा तो हर तरफ़ से गया है परन्तु शक्ति सन्तुलन बनाये रख कर।"

"सेवक ने सूचना दी कि रणथम्भौर से सूचना लेकर जगदेव पंवार आया है।"

"ठीक है हम आते हैं।"

"सेनापति भी आ रहे हैं।"

"तुम चलो।" रतन सिंह ने कहा, "पद्मा, अवश्य कोई विशेष सूचना है। ...तुम चाहो तो इन्तज़ार कर सकती हो, क्योंकि मैं तुम्हारा कारण समझ सकता हूँ।"

जैसे ही रतन सिंह अतिथि-कक्ष में पहुँचा, वैसे ही सेनापति का भी प्रवेश हुआ।

"दाता, शुभ सूचना तो यह है कि सुल्तान अलाउद्दीन खिलजी का दायाँ हाथ समझा जाने वाला नुसरत खाँ मारा गया। उन्होंने चाहा कुछ और था और हुआ कुछ और ही। फेंके गये दो गोले आपस में ऐसे टकराये कि उसके पत्थर टूटकर नुसरत खाँ के ऊपर आ गिरे और तत्काल ही उसका देहान्त हो गया।"

"आगे..."

"नुसरत खाँ का शव लेकर कुछ ज़िम्मेदार व्यक्ति सेना की एक टुकड़ी के साथ दिल्ली रवाना हो गये हैं।"

सन्देशवाहक को सेनापति ने भेज दिया था। रतन सिंह ने सोचते हुए पूछा, “अब आगे।”

“उलूग खाँ सन्धि प्रस्ताव में उलझाये रखने में असफल रहा है।”

“अर्थात् सन्धि टूट गयी।”

“टूटनी ही थी। उन्हें तो समय चाहिए था ताकि वे सुरंग बनाकर क़िले में प्रवेश पा जायें। ...सुरंग बनाने में उन्हें सफलता नहीं मिली।”

“अब हमें क्या करना चाहिए?”

“उलूग खाँ को निराशा हाथ लगी है। उनकी सेना भी कमज़ोर पड़ गयी है। यह समाचार भी दिल्ली भिजवाया है कि क़िले के अन्दर किसी भी सूरत में पहुँचना असम्भव है। सैनिक हतोत्साहित हो रहे हैं। घाटियों की साँप-सीढ़ियाँ भी मार्ग में भारी रोड़ा हैं।” सेनापति ने विश्लेषण करते हुए आगे कहा, “क्या दुर्ग से घेरा उठाने की सम्भावना बनती है?”

“सुल्तान आत्महत्या करना नहीं चाहेगा, सेनापति। उससे ऐसी सम्भावना स्वप्न में भी सम्भव नहीं है। हमें अपनी तैयारी तेज़ कर देनी चाहिए। गढ़ जहाँ मरम्मत माँगता है, उसे तत्काल पुख़्ता कर देना चाहिए। परसों मैं भी निरीक्षण करूँगा।” रतन सिंह सोचते हुए आगे कहने लगा, “अपने प्रिय और विश्वसनीय सेनापति नुसरत खाँ की लाश देखकर वह गुस्से से आग बबूला हो गया होगा। वह ख़ुद और सेना लेकर रणथम्भौर की ओर चल पड़ेगा और काल बन कर टूट पड़ेगा।”

“तो भी गढ़ नहीं तोड़ सकेगा।”

“चाल चलेगा। गढ़ तोड़ना उसके लिए चुनौती होगा। अवश्य उसका कोई गुप्तचर या आदमी गढ़ के अन्दर है। उसे ख़ुद सुलतान के आने की ख़बर से जोश चढ़ेगा, क्योंकि ऐसी विषम स्थिति में उसे ख़जाना खोलने में देर नहीं लगेगी। मुझे यही आशंका परेशान कर रही है। आप भी गहरी नज़र रखें कि अपने यहाँ उसका कोई आदमी न पहुँचा हो। वह मेवाड़ के ही किसी आदमी को दलाल और मुखबिर बना चुका होगा। उसको प्रशिक्षण भी दिला चुका होगा। कल दरबार सभा में फिर मिलेंगे...इसी समय। यह सूचना आज ही सभासदों, मन्त्रियों, प्रधान अमात्य तक पहुँच जानी चाहिए।” कहकर रतन सिंह उठ खड़ा हुआ।

पद्मावती को वहीं बैठे इन्तज़ार करता पाया। उसने सबकुछ बता दिया और उसके निर्णय का स्वागत किया। वह कहने लगी कि, “दिन-रात की गश्त अभी से आपातृकालीन स्थिति जैसी होनी चाहिए, ताकि उसमें किसी प्रकार के

सुधार की आवश्यकता अनुभव हो तो वह सम्भव हो सके। पानी और खाने-पीने की भी। सैनिक अभ्यास शुरू हो जाना चाहिए। इसका सबसे बड़ा लाभ यह होगा कि सैनिकों का युद्ध का अभ्यास जारी रहेगा। प्रजा के बीच से सैन्य यात्रा निकलनी चाहिए ताकि उनका मनोबल बढ़ सके।" पद्मावती के इस रूप को देखकर रतन सिंह मुँह ताकता रह गया उसकी आँखों में आभा मँडराने लगी। उसमें उत्साह और उल्लास का शौर्य तेज़ दोपहर के सूर्य की तरह तमतमा उठा।

रतन सिंह गम्भीर होकर बोले, "रावल सा।"

पद्मावती ने आँखें तरेरकर रतन सिंह की ओर देखा।

"तुम मेरा स्थान ले सकती हो। अब मुझे मालूम पड़ा है कि तुम्हारे दिल में सुल्तान रजिया कहाँ तक सक्रिय है। भय या शंका रत्ती भर नहीं। सीधी कार्यवाही ...मानो जैसे पहले से सारी योजना तय कर रखी हो कि आगे क्या करना है और कैसे करना है!"

"सचमुच, अपनी प्रिया के स्वामी नरेश, रावल, राणा आदि की हार के समाचार सुनती हूँ कि वे भाग खड़े हुए... या किसी ने अपनी पुत्री या पत्नी जेता को सौंपकर अपनी और अपनी प्रजा की जान बचायी है तो मन करता है कि उनका सिर धड़ से अलग कर दूँ। ...काश, उन लोगों ने प्रजा और स्त्रियों को भी युद्धाभ्यास करा दिया होता तो किसी आक्रमणकर्ता की यह ताक़त नहीं होती, वह उस राज्य को पराजय की ओर ढकेल देता?... स्वाभिमानी नारी तब जौहर नहीं, युद्ध करती होती। अपनी बहन, बेटियों और पत्नी को युद्ध करते देखते तो उनमें ज्वालामुखी फूट पड़ता।"

रतन सिंह ने उसका हाथ अपने हाथ में ले लिया और उसकी हथेली को चूमते हुए कहा, "धन्य हुआ, वीरांगना! तुमने मेरी आँखें खोल दीं। चमत्कार! अद्भुत चमत्कार। मेरे सामने रणचण्डिका, महिषासुरमर्दिनी आ खड़ी हुई। जब मरना ही है तो दो-चार को मारकर मरें, ताकि हमलावर को शीत ऋतु में पसीना आ जाये और उसकी हिम्मत न हो किसी की अस्मिता पर हाथ डालने की।" उसके रूप को देखकर उसे अनुभव होने लगा था कि वास्तव में वह देवी स्वरूपा है। वह शौर्य की देवी है—एकदम निडर, स्पष्ट बोलने वाली, कर्मशीला, साहसी, सत्यवादी और सात्विक वीरांगना है।

"आप...।"

"नहीं तुम।"

"तुम नाराज़ तो नहीं हो जाते मेरी इन बेतुकी, बड़बोली और कड़ुवी बातों को सुनकर।" पद्मावती का हृदय सहज और सौम्य हो रहा था। उसने फिर

कहा, "क्या करूँ, मुझसे अत्याचार, अपमान, असत्य, छल-प्रपंच आदि बर्दाश्त नहीं होता। तब मैं अपने में नहीं रहती।"

"सहज, सच्ची और निष्पाप होने से ऐसा होता है। मुझे भी कभी ऐसा दौरा पड़ा करता था। तब दाता सा ने मुझे समझाया था कि राज्य करना है तो उसकी राजनीति भी आनी चाहिए। क्योंकि राज करने वालों की दुनिया ही अलग होती है। वहाँ साम- दाम-दण्ड-भेद से काम लेना होता है। क्योंकि प्रायः वहाँ कोई किसी के प्रति पवित्र नहीं होता। सब अपना उल्लू सीधा करने में लगे रहते हैं। झूठ-सत्य के भेद को ही मिटा डालते हैं। उनका लक्ष्य होता है—एकमात्र सफलता। जय। इस कारण उनके मन कभी खुलते नहीं, हमेशा राग, द्वेष, षड्यन्त्र की गिरफ्त में रहते हैं। फिर भी भविष्य में मेरा प्रयत्न रहेगा कि स्त्रियों को भी आगे लाऊँ तुम्हारी देख-रेख में।"

"विरोध नहीं, महाविरोध। नारी को घूँघट और चारदीवारी में डालने में सदियाँ बिता दीं। उनको तोड़ना इतना आसान नहीं है, आन-बान-शान के रखवाले ऐसा कभी नहीं होने देंगे। वे मानते हैं, ...नारियों में बल का अभाव है। वे अपनी रक्षा स्वयं करने का हौसला नहीं रखती हैं।" पद्मावती कह तो गयी, परन्तु तुरन्त उसे स्मरण हो आया रणथम्भौर क़िले की घेराबन्दी का। उसने तत्काल कहा, "क्षमा कीजिए, हम भटक गये थे अपनी मूल समस्या से।"

"यदि थोड़ा और भटकने की इजाज़त हो तो बेचारे भोजन के साथ न्याय हो जायेगा। सेविका हमें बातों में मशगूल देख तीन दफ़े लौट चुकी है।" रतन सिंह ने खखार कर कहा।

"ये सब मेरी ग़लती है। अपने आपको समय का पाबन्द सिद्ध करने के लिए क्या-क्या नहीं करती हूँ! ...उठियेगा।"

"जैसी आज्ञा मेरे सरताज।"

"बना लो, जितना चाहे मज़ाक बना लो। यह अवसर आपके हाथ दोबारा नहीं आयेगा।" पद्मावती ने कृत्रिम गुस्से का अभिनय करते हुए कहा। रतन सिंह ने पद्मावती को बाँहें पकड़कर अपनी ओर खींच कर कहा, "इतना तो दण्ड बनता है।" और उसके अधरों को चूम लिया।

29

दरबार भवन। मंच पर प्रमुख अमात्य। वह आकर सबको नमन कर सम्बोधित करता है, "माननीय सभासदो, अमात्यगण, विशिष्ट आमन्त्रितगण, माननीय रावल सा की

आज्ञा से अब रणथम्भौर के शौर्य का आँखों देखा हाल प्रस्तुत होगा। हमारे कुछ गुप्तचर रणथम्भौर गढ़ में थे, कुछ बाहर और वहाँ से यहाँ प्रतिदिन का समाचार पाने के लिए तैयार की गयी चौकियों की व्यवस्था में रत सैनिक। यह सब इसलिए कि गढ़ के भीतर की तैयारी, प्राचीरों पर तैनात सैनिक बल का कौशल और अन्दर की व्यवस्था पर गहरी नज़र का लाभ हम भी उठा सकें और अपने गढ़ की और युद्ध की तैयारी और सुव्यवस्थित कर सकें। यद्यपि टापू की शक्ल में रणथम्भौर का गढ़ सबसे ऊँचाई पर है, और लौहे जैसा पुख़्ता गढ़ चित्तौड़ है। अब हमारे गुप्तचरों द्वारा तैयार की गयी आँखों देखी रणथम्भौर के बलिदान की कहानी सुनिए। मंच पर, एक सैनिक, अभिवादन के बाद आँखों देखा हाल सुनाने लगता है–

सुल्तान अलाउद्दीन स्वयं सेना सहित आया। उसके आते ही सरगर्मियाँ नये ढंग से तेज़ हो गयीं। घाटी से पीछे हटने लगे, परन्तु रात में घाटियों के ऊपर उन स्थानों पर सेना लगानी शुरू कर दी, जहाँ से उनकी गतिविधियों को जानने का प्रयत्न हो सके और घाटियों के बीच से सेना हटाने से उनको ग़लतफ़हमी होने लगे। हालाँकि उन्होंने भी ऊँचे दरख़्तों पर अपने गुप्तचर बैठा रखे हैं जो पक्षियों के पाँवों में रंगीन कपड़े बाँधकर उन तक शत्रु की गतिविधियों और स्थितियों की जानकारी भेजते रहते हैं। उनको भी निशाना बनाना ज़रूरी है। पहले कपड़ों के रंगों से यह पहचान हो जाये कि उनके गोपनीय अर्थ क्या हो सकते हैं? उधर से भी सन्देश आते होंगे पर अलग जगहों पर। गुप्तचर विभाग इस खोज में लग गया।

क़िले के चारों ओर अब गुप्तचर थे। अलाउद्दीन ने उन्हें समझा दिया था कि दण्डनायक को अपनी तरफ़ मिला चुके हैं। उसको संकेत भी समझा चुके हैं, वह नवल खाँ द्वार के आसपास की पहाड़ी पर चढ़कर नीचे पोटलीबन्द जैसा कुछ डालेगा, उसे यहाँ तक ले आना है। अन्न तो भरा पड़ा है। भण्डारक जाहड़ ने ग़लत सूचना दी थी। फलतः प्रजा को सुरक्षित बाहर निकालने के लिए पिछला द्वार खुलवा दिया है।

अब हम्मीर देव के सामने अन्य कोई रास्ता नहीं रह गया। मात्र इसके कि रणथम्भौर के मुख्य द्वार को खुलवा दिया जाये अन्यथा, पिछले द्वार से निकल रही प्रजा की आहट से उधर से हमला होना निश्चित है।

अब खुला युद्ध होना था। मर मिटना था। जीते जी युद्ध करना था। हम्मीर देव ने एक बार गौरव और शान से खड़े रणथम्भौर गढ़ की ओर देखा। नमन किया। वह जाजदेव का राजतिलक और चौहानों का राजमुकुट शिरोधार्य कर सैनिकों के साथ बाहर आ गये।

युद्ध सा युद्ध हुआ। कई बार अलाउद्दीन के सैनिक अनेक मोर्चों से पीछे हटे। बड़ी संख्या में मारे भी गये। परन्तु उस विशाल सेना के सामने उसके आठों सेना नायक स्वयं वीरगति को प्राप्त हुए। उधर महारानी रंगदेवी के साथ सब रानियों ने जौहर की ज्वालाओं का स्वागत किया। उनमें मनकाबाई ने भी गौरव पथ पर क़दम रखा। पद्मावती का स्मरण करते हुए कि वे शक्ति की अमर ज्योति होकर भी विवश हैं। काश! वे भी युद्ध कर पातीं।

कल 12 जुलाई, 1301 ई. थी। बादल डटे थे पर बरसे नहीं। रणथम्भौर पर अलाउद्दीन का क़ब्ज़ा हो गया और देशद्रोही दण्डनायक रतिपाल को क़िले की प्राचीर से नीचे फिंकवा दिया गया।

रतन सिंह ने गहरी सोच में डूब कर कहा, "सेनापति, सभासदो, परामर्शदाताओ, सारी स्थिति आपके सामने है। अब हमें तैयार हो जाना चाहिए। रणथम्भौर के सुदृढ़ द्वार से हमें सीख लेनी है। सुल्तान अलाउद्दीन खिलजी मुस्लिम दारूल इस्लामी हुकूमत हिन्दुस्तान पर देखना चाहता है। उसे हर हालत में हिन्दुत्व को जड़-मूल से मिटाना है। उसके लिए उसे मेवाड़ चाहिए, चित्तौड़ का गढ़ चाहिए। उसके गुजरात पहुँचने के रास्ते में रणथम्भौर और चित्तौड़ अर्थात् मेवाड़ बाधा थे। रणथम्भौर गया। अब चित्तौड़ की बारी है। जो हिन्दू ज़िन्दा रहना चाहता है वह सुन्नी मुसलमान बनेगा। अल्लाह की क़सम लेकर उसे यह दोहराना होगा कि इस धरती पर नापाक़ हिन्दू को ज़िन्दा रहने के हक़ से महरूम कर दिया गया है। वह खुदा को हाज़िर-नाज़िर मान कर अपनी मर्ज़ी से सुन्नी मुसलमान होना चाहता है। उसे इजाज़त दी जाये, वह यह गुज़ारिश करता है। मुल्ला के साथ तीन बार बोलो...इस्लाम मज़हब क़बूल है...क़बूल है...क़बूल है। यह तरीक़ा भी सुल्तान अलाउद्दीन खिलजी की गहरी खोज का नतीजा है। उसे इस ज़मीं से हिन्दुत्व की पहचान हर सूरतेहाल में मिटानी है। अब आपको निर्णय लेना है, गहरी सोच, पक्की काट और युद्ध की सुदृढ़ रणनीति से। इसके लिए परसों हम सब इसी समय यहाँ मिल रहे हैं। ...कुँवर नेत्रपाल कुछ सुनाना चाहते हैं, उसे भी सुन लीजिए। आइए, चित्तौड़ हृदय के कविराज...स्वागत है।"

कुँवर नेत्रपाल ऊँची आवाज़ में गा उठे—

"गढ़ चित्तौड़ हमारे स्वाभिमान की पहचान है,
दुनिया में नहीं इसकी दूसरी कोई मिसाल है।"

समाँ बाँध दिया। जोश भर दिया। बाँहें फड़क उठीं। बलिदानी माटी का जादू सिर चढ़ कर बोलने लगा।

वहाँ से रतन सिंह सीधे अपने शयनकक्ष में आये। पद्मावती ने रो-रो कर अपनी आँखें लाल कर ली थी। न माँ रही, न दाता (पिता) और न रणथम्भौर। बचपन की सारी पहचान बाढ़ के पानी के साथ बह गयी। बड़ी माँ भी गयीं। चम्पा चाची। चाचा भी। कौन रहा उसका। मरुस्थल में रास्ता भूला यात्री बनकर रह गयी वह।

अवसाद की घड़ी इस तरह आ जायेगी किसे पता था। माँ ने जौहर...कसम तो नहीं ली थी...हाँ आश्वासन देने के बाद कहा था, "म्हारी प्यारी-सी लाडो, कसम झूठे खाते हैं। परिस्थितियों का कुछ नहीं, कब कैसी बन जायें, तब कसम क्या करेगी। ना तोड़े तो दुःख और तोड़े तो दुःख! इसलिए मेरी समझदार, ज्ञानवान बेटी, कभी किसी को क़सम के घेरे में मत लाना।" कैसी व्यवहारधर्मा सीख दी थी। अनुभव की इसलिए ज़रूरत है।

रतन सिंह ने उसे अपनी बाँहों में लेकर कहा था, "जो गये, उनके लिए रोने से वे लौटने से रहे। देह हर सूरत में नश्वर है—सवाल है आगे-पीछे का। हमने जवान पुत्र को कन्धा देते देखा है। ...एक दिन हमें भी जाना है। इसी से इसे मृत्युलोक कहते हैं।"

पद्मावती रतन सिंह के कन्धे पर सिर रख रोती रही। रतन सिंह उसकी पीठ थपथपाता रहा हौले-हौले।

पद्मावती ने खाना नहीं खाया तो रतन सिंह ने भी नहीं खाया। पद्मावती ने बहुत-बहुत आग्रह किया, परन्तु वह नहीं माना। तब उसने ही कहा, "चलिए, हम भी खाते हैं। न खाने से वे लौट कर आने से रहे।" रतन सिंह हल्का-सा मुस्करा दिया।

चारों तरफ़ युद्ध की तेज़ी से की जाने वाली तैयारियाँ। युद्धाभ्यास, तलवारबाज़ी, तीरन्दाज़ी का प्रदर्शन, पत्थर फेंकने का कौतुक, दौड़ने व व्यायाम का अभ्यास।

एक ओर अनाज, दालें, मशालें, घी-तेल। अनाज़ की बोरी-दर-बोरियाँ। क़िला युद्ध के उन्माद में अपने आपको भूल गया। युद्ध नहीं, मानो उत्सव की तैयारियाँ हो रही हों। वही जोश, वही हँसी-ख़ुशी का वातावरण। कहीं कोई भयाशंका नहीं।

रतन सिंह रात में पद्मावती के साथ चल रहा था तैयारियों का मुआयना करने के लिए। निहत्थे नहीं। अपनी रक्षा पहले। पद्मावती ने गुप्ती ले रखी थी।

"काश, युद्ध न होते।"

"तो जीने का मज़ा कैसे आता।"

"मरने-मारने से आता है क्या? जबकि आप कहते...।"

"तुम।"

"हाँ, तुम ही कहते हो कि युद्ध महाविनाश का मूल है।"

"नहीं, हमारी भयंकर अतियों का प्रतिफल। हमारे अहम् की त्रासदी।" रतन सिंह अपने कथन को सुधार लेता है।

"जो कुछ है, शायद वह भी ज़रूरी है। अगर अशान्ति न हो तो शान्ति का क्या महत्त्व?" पद्‌मावती ने तेज़ी से कह डाला। कहीं से कोई तीर आया। पद्‌मावती ने उसे गुप्ती से रोक लिया। जिधर से तीर आया था, उधर ही तेज़ी से गुप्ती फेंकी। दर्दभरी आवाज़ आयी, "हाय! मर गया।"

सैनिक भी आ गये। पद्‌मावती ने कहा, "उत्तर दिशा से ये विष बुझा तीर आया है। इसे ले जाओ और शत्रु को पकड़ने के लिए सैनिक भेज दो। शत्रु घायल अवस्था में है। पीठ को छेद कर पार निकल गयी होगी गुप्ती। ...या..."

रतन सिंह डरा तो नहीं, परन्तु उसे अपने गुप्तचर विभाग की नाकामयाबी का अन्दाज़ हो गया। वह बोला, "लौटें!"

"बिना जाने।"

"क्या जानना है? ...जानने वालों ने अपनी कार्यवाही शुरू कर दी होगी।"

"इसका पता लगाये बिना लौटना हमारी कमज़ोरी होगी।"

रतन सिंह अँधेरे में खोये क़िले की प्राचीर की परछाइयाँ देख रहा था। सोचे जा रहा था कि पद्‌मावती का शस्त्र विद्या में कितना दख़ल है।

थोड़ा समय बीता ही था कि सैनिक दस्ता उस व्यक्ति को गाड़ी में डालकर ले आया।

वह व्यक्ति डर से काँप रहा था। गुप्ती निकाल दी थी। वह उसके पेट में लगी थी। वहाँ पट्टी बाँध दी गयी थी। ख़ून अब भी बह रहा था। उसने गिड़गिड़ाकर हाथ जोड़कर कहा, "क्षमा अन्नदाता, मैंने अपनी जन्मभूमि...मातृभूमि से गद्दारी की है। ...क्षमा...क्षमा..." कहते हुए उसने दम तोड़ दिया। सबके देखते-देखते उसने विषपान कर लिया था।

"यह क्या हुआ? अब रहस्य तो वह अपने साथ ले गया। आपको पहले ही उसकी तलाशी लेनी थी। अब आप इसे ले जाइए। इसका सुबह क्रिया-कर्म करने से पहले इसका मुआयना करेंगे।" रतन सिंह ने धैर्य रखते हुए कहा।

वे चले गये तब पद्‌मावती ने कहा, "अब चलें।"

"आभार, पद्‌मावती आभार। हमें अपने प्रबन्ध को अभी और चुस्त करना है।"

“उसे किससे संकेत मिला कि आप मुआयना करते यहाँ आ खड़े हुए हैं। अवश्य यह यहाँ की मिलीभगत का परिणाम है। ऐसे नाजुक समय में युद्ध से पूर्व शत्रु पक्ष के भेजे गुप्तचर जैसे-तैसे सेना या अन्य राजकीय सेवा में प्रवेश कर जाते हैं। जैसे आपके गुप्तचर रणथम्भौर गढ़ और गढ़ के बाहर जासूसी कर सके।” पद्मावती सोचते हुए कहे जा रही थी और अन्त में यह कहकर उसने अपनी बात को विराम दिया, “म्हारे प्राणेश्वर, इन बातों से अपने मन में सन्देह को पाँव मत पसारने देना और न उत्तेजना लाना और न झल्लाना। शान्ति से सबको सख़्त प्रबन्धन की बात कहना। निगरानी दल को तैयार करने की सम्भावना का निर्णय युद्ध-समिति पर छोड़ देना ताकि आप सन्तुलित होकर सब पर निगाह रख सकें।”

रतन सिंह को अनुभव हुआ कि पद्मावती सबसे सुन्दर ही नहीं, अक्लमन्द और समझदार भी है। वह कहने लगे, “तुमने कहाँ से पाया है यह अन्तर्ज्ञान, अन्तःसूझबूझ और गहरा अनुभव।”

“तुमसे।” कहकर पद्मावती मुस्करायी।

“सच बताओ।”

“म्हारे प्रियतम, अपने दाता सा से।”

“अर्थात् रावल सा से।”

“वह कभी तत्काल अपनी प्रतिक्रिया व्यक्त नहीं करते थे। सामने वालों को सोचकर अपने निष्कर्ष या सलाह का मौक़ा देते थे। कहते थे क्रोध अक्ल का दिवालियापन है। हर ज़िम्मेदार व्यक्ति से ग़लती होती है। उसे अपनी ग़लती समझकर कार्य करने का अवसर अवश्य दो। प्यार, विनम्रता और सदाचार प्रबन्धन के मूल तत्त्व हैं। अपनी बात या निष्कर्ष अथवा सलाह अपने साथियों से आने का इन्तज़ार करो ताकि उनका हौसला बढ़े। उनको अपनी ज़िम्मेदारी निभाने और उस पर सोचते रहने की सक्रियता का लाभ मिल सके। इस समय पद्मावती को अपने दाता रावल हम्मीर सा की याद आने लगी थी।

रतन सिंह गद्गद हो उठा। वह कुछ बोल नहीं सका मात्र अवाक् रहने के। इतनी छोटी उम्र में इतना सन्तुलित चिन्तन-मनन और व्यवहार-संगत कौशल! और उसे अपने जीवनसाथी से क्या चाहिए! किसी बात का अहम् नहीं। मन की सुन्दरता को वह तन की सुन्दरता से अधिक महत्त्व देती है। अब वे शयनकक्ष की ओर बढ़ रहे थे।

30

आज फिर दरबार जुड़ा। काफ़ी चहल-पहल थी। दरबार भवन भी फूलों से सजा था। महक रहा था। सबके चेहरे खिले हुए थे। रतन सिंह ने पद्मावती को साथ चलने के लिए कहा। पद्मावती ने संकोच जताया। दरबार भवन में उसका क्या काम। वहाँ तो दरबारी होंगे। रतन सिंह ने कहा, “तुम्हारे श्वसुर भी अर्थात् हमारे दाता भी। उनकी भी यही इच्छा है। हमने तुम्हारी सीख, सुझाव और हौसले से उनको समय-समय पर अवगत कराया है।”

“बड़े वो हो। इन छोटी-छोटी बातों का ढिंढोरा पीटना क्या अच्छी बात है? क्या सोचते होंगे कि बींदणी आत्म-प्रशंसा की नदीदी है। ...हम नहीं जायेंगे।”

“तो हम भी...!”

“क्या हम भी! आपको तो जाना पड़ेगा।”

“तुम्हारे साथ, अकेले नहीं। घबराओ नहीं वहाँ परिवार की अन्य भद्र महिलाएँ भी होंगी। उनके बैठने की अलग व्यवस्था है।”

दरबार भवन खचाखच भरा हुआ था। रावल समर सिंह दूसरे कक्ष में बैठे हुए थे।

रतन सिंह पद्मावती को उसी कक्ष में लाये ताकि वह पाँव छूकर आशीर्वाद ले ले। वह आशीर्वाद देते हुए कहने लगे, “बींदणी, अब तूने हमें निश्चिन्त कर दिया। बड़ा भोला है जे रतन। हमने भी इसका मनचाहा किया। तूने अपनी सुन्दरता में चार चाँद लगा दिये आत्मा की अन्तर्ज्योति से। ऐसा बड़े भाग्य और पूर्व जन्मों के पुण्य-फलों से सम्भव होता है। सदा सुहागिन रहो, आनन्द और प्रसन्नता से रहो। दोनों की जोड़ी सदा सलामत रहे।”

पद्मावती गद्गद हो उठी। आशीर्वाद रूपी अमृत वाक्यों ने मानो उसका जीवन सफल कर दिया। अन्दर-ही-अन्दर उसके नयन भर आये।

अब मंच से रावल समर सिंह ने सबका स्वागत करते हुए कहा, “समस्त राणा, रावल, ठिकानेदारो, सभासदो, मुख्य अमात्य आदि का हार्दिक स्वागत, विशेष रूप से अपने हृदय राणा, रावल, ठिकानेदारों का। उन्होंने हमारे आमन्त्रण पर पधारकर हमारी शान, गौरव और मर्यादा को बढ़ाया है। याद होगा, आज से दो वर्ष पहले इसी प्रकार पधार कर आपने हमें आशीर्वाद दिया था। तब हमने अज्ञातवास की घोषणा कर इस सिंहासन पर कुँवर रतन सिंह को बैठाया था। अब हम लौट आये हैं। कुँवर रतन सिंह ने जिस ज़िम्मेदारी से शासन की बागडोर सँभाली है, उसकी जितनी प्रशंसा की जाये, कम है। इधर हम भी बूढ़े हो चले

हैं। दूसरे अज्ञातवास के एकान्त ने हम में आत्मा की ऐसी ज्योति जलायी है कि अब इस संसार में हमारा मन नहीं लग सकता। यह सिंहासन हम से आशा अपेक्षा की माँग करता है। यह सिंहासन प्रजा ने हमें जिस आशा-अपेक्षा से सौंपा है, उसका निर्वाह करने में अब मैं अपने आपको असमर्थ पाता हूँ। सभासदगण, अमात्यगण और विशिष्ट परामर्शगण के निर्णय से इस सिंहासन की ज़िम्मेदारी, संचालन और प्रजा की खुशहाली का दायित्व आप सभी महानुभावों की आज्ञा से कुँवर रतन सिंह को सौंपता हूँ।"

दरबार भवन तालियों की गड़गड़ाहट से गूँज उठा। राजपुरोहित ने मन्त्र पढ़ते हुए रतन सिंह का तिलक किया। नगाड़े-ढोल-तुरही आदि बज उठे। रावल रतन सिंह का जयघोष हुआ। रतन सिंह ने सबसे पहले दाता समर सिंह के चरण स्पर्श किये, फिर दूसरों का आशीर्वाद लिया।

कई दिनों तक आनन्दोत्सव मनाया जाता रहा, परन्तु रतन सिंह का अधिक समय शासन-प्रबन्ध और चल रही युद्ध की तैयारियों पर ही केन्द्रित रहा। उसे आने वाले कल की चिन्ता थी।

दूसरे दिन फुर्सत मिली या कहो निकाली—तैयारियों का मुआयना करने के बाद। महल में आते ही पद्मावती बोली, "हम तुमसे आशीर्वाद लेना भूल गये तो सोचा, यह सबके सामने सम्भव नहीं था, क्योंकि हमें तुम्हारी नाराज़गी का डर था।" पद्मावती जैसे ही उसके चरण छूने के लिए झुकी, वैसे ही रतन सिंह ने बीच में ही उसे अपनी बाँहों में लेकर धीमे से कहा, "तुम्हारा स्थान हमारे चरणों में नहीं।" अपने हृदय से लगाते हुए आगे कहा, "हमें तुम्हारे हृदय की धड़कनें सुनायी पड़ रही हैं। शायद तुम्हें भी हमारे हृदय की धड़कनें सुनायी पड़ रही होंगी... यहाँ हैं, महारानी सा आप।"

पद्मावती रतन सिंह का प्यार पाकर अपनी सुध-बुध भूलने लगती थी। उसने कभी नहीं सोचा था कि कोई इतना प्यार कर सकता है और इतना सम्मान दे सकता है। कभी-कभार उसे अपनी माँ, महारानी, चाची की यादें घेर लेती थीं। चम्पा कुँवर चाची के ये शब्द उसके कानों में गूँजने लगते थे। वह अपने मन की बात महारानी रंगदेवी से कर रही थी, "दीदी, म्हारा जीवन बिना जड़ की बेल जैसा है या उससे भी बदतर। इन पुरुषों का क्या एक से मन भरा तो दूसरी ले आये। और ज़रूरत पड़ी तो ज़ोर-ज़बर्दस्ती रखैल पाल ली। उनकी सन्तान लड़की हुई तो उसका पालन पोषण राजसी ठाठ से हुआ, ताकि उसे कली बनते ही अपनी हवस का शिकार बना सकें। वे गाली बनकर रह गयीं। ...मुझे हँसी आती है, दीदी, जब युद्ध में ये हार के मुक़ाम पर होते हैं, तब चाहते हैं कि आक्रमणकर्ता

की जीत के बाद हम उनके हाथ पकड़कर भ्रष्ट न हो जायें। ...कभी सोचा उन्होंने कि उन्होंने कितनों की अस्मत लूटी, उनको भ्रष्ट किया। अपने ही लोग, राजघराने से होकर, अपनी ही लड़कियों पर क्या-क्या अत्याचार करते हैं और हमारे साथ उन्होंने क्या किया, अपना मन बहलाकर, हमें महल के एक कोने में डाल दिया। सारी ज़िन्दगी उस क़ैद में पड़े, हम अपनी इच्छाओं का दमन कर घुट-घुट कर जियें-मरें। अचानक हमारी इज़्ज़त का ख़याल आते ही जौहर की ज्वाला में धकेल दिया और उस पर भी नाम या श्रेय ख़ुद ने लिया।" तभी कोई दासी उधर आती देखी तो पद्मावती ने वहाँ से किनारा कर लिया। धीरे-धीरे उस हक़ीक़त का खुलासा नाइन ने दुबका चोरी किया और अपना उदाहरण पेश कर ठिकानेदार की हवस का शिकार बनने की कहानी सुना डाली, तब वह रजस्वला से भी नहीं हुई थी। उसकी माँ चोरी-छिपे वह गाँव छोड़कर यहाँ आ बसी। इससे भी उसके मन में यदा-कदा कम्पन हो उठता था। उसकी ज़िन्दगी पति के खूँटे से बँधी है। जाने कब मन भर जाये और वह कब महल के कोने की निर्जीव शोभा बना दी जाये। वह शादी इसलिए भी नहीं करना चाहती, पर दाता (पिता) और माँ की चिन्ता कर उसने विवाह का निर्णय लेना ठीक समझा। परन्तु अभी तक रतन सिंह का व्यवहार समतल धरातल पर विश्वनीय और आत्मीय पाकर वह इस निर्णय के करीब पहुँच सकी थी कि राजघराने का हर पुरुष ऐसा नहीं हो सकता और मान लो यदि वह ऐसा होने लगा तो वह मरेगी नहीं, राजघराने को छोड़कर कहीं इतनी दूर चली जायेगी कि ढूँढ़े से भी वह नहीं मिले। अब तो उसके आगे-पीछे एक तरह से कोई नहीं है, मात्र इस राजघराने को छोड़कर, परन्तु वह रिस-रिस कर ज़िन्दगी नहीं काटेगी।

"किस सोच में पड़ गयीं। कितनी ख़ुशी का मौक़ा है। पर तुम सोचने में डूबी हुई हो। ज़्यादा सोचना सेहत के लिए अच्छा नहीं होता।"

"शायद मेरे लिए हो।"

"आज इस ख़ुशी के अवसर पर तुम्हें क़िले से बाहर जाने का मन हो रहा है। तुमने चित्तौड़ देखा भी नहीं है। इस कमरे में बन्द रहते हुए। क्या तुम्हारा मन ऊबता नहीं है। हम पुरुष इस दीवार से बाहर निकलकर मन को ऊबने नहीं देते हैं और तुम्हारे पास आकर तो नया जीवन पा जाते हैं—सारी थकान छूमन्तर। सर्वथा नवीन स्फूर्ति, नया उत्साह और नयी उमंग पाकर एकदम तरोताज़ा हो जाते हैं। ...क्या ख़याल है, पद्मा महारानी।"

पद्मावती ने अपने मन को डाँटा। हर समय सन्देह-शिकायत-कानाफूसी के अलावा तुम्हें कोई काम नहीं है। पद्मावती ने रज़ामन्दी ज़ाहिर करते हुए कहा,

"पतंग और कबूतर उड़ाने वाले की मर्ज़ी पर वह आश्रित है। जहाँ ले जाना चाहते हो, ले चलो। इसमें पूछना-पाछना क्या है। रावल का आदेश है तो बाँदी तैयार है।"

"नहीं चलना हो तो साफ़ मना कर दो। भारी-भरकम भाषा अपने भेजे में नहीं बैठती। बात को इतना घुमा-फिरा कर नहीं कहो कि बात का मज़ा ही जाता रहे। बनती खीर में नमक डालने जैसा हो जाये।" रतन सिंह का चेहरा ज़रा उतर गया। पहली बार उसे यह अनुभव हुआ कि उनका दिमाग़ बिगड़ना भी जानता है। इस कारण पद्मावती ने स्थिति सँभालते हुए कहा, "हम यह देखना चाह रहे थे कि कुँवर से रावल बनते ही कुछ अन्तर आने लगता है या नहीं, ताकि भविष्य में ध्यान रखकर बात की जाये।"

"और हम भी यह जानना चाह रहे थे कि तुम्हें हम पसन्द हैं या रावल। रानी-महारानी बनना अथवा पद्मा या पद्मावती बने रहना।" रतन सिंह ने धीरे से कहा।

"किस नतीजे पर पहुँचे?"

"सच बोल दें?"

"क्या झूठ भी बोल लेते हो?"

"वक़्त पड़ने पर...।"

"क्या मतलब?"

"जब तुम्हारा गुस्सा शान्त करना हो या...मनाना हो। तब सच-सच बोलना जलती आग में घी डालने जैसा होगा। समझीं कुछ या गोदी में उठाकर बाहर ले जायें।" सचमुच रतन सिंह ने पद्मावती को गोदी में उठा लिया। उसकी एक नहीं सुनी। वह कहती रही, "कोई देख लेगा...छोड़ दो।"

"पहले वादा करो कि हमारी परीक्षा लेना बन्द करोगी और अपने घर से लायी सन्देह-भ्रम की पोटली को दिल से निकाल बाहर फेंक दोगी। पद्मावती, प्यार में शुबहा-सन्देह नहीं रहता। वह समर्पण चाहता है। ...हाँ तो करो वादा।" रतन सिंह ने उसको बाँहों में और कसकर उसके अधर तथा कपोल के चुम्बन ले डाले।

"अच्छा बाबा...किया वादा। किया...किया...किया। अब तो छोड़ो।" पद्मावती की देह काँप-सी गयी। रतनारी आँखें लजा गयीं। अधर और कपोल सहम गये।

रतन सिंह ने सँभालते हुए धीरे से उतार दिया। पद्मावती खड़ी-खड़ी लजाती रही। उसकी साँसें तेज़ हो गयीं। उसने अपने कपड़ों को सँभाला। वे कई जगह से गुड़मुड़ी हो गये थे। कुरती का एक भाग खिंच गया। वह बोली, "यह बैठे-ठाले आपको क्या सूझता है कि..."

"पागल हो जाते हैं हम, यही न। पर पागल बनाता कौन है, क्या कभी यह भी सोचा है।"

"सोचने दो तो सोचें। ...अब कहाँ चलना है?"

रतन सिंह कहते हैं, "पूर्व द्वार से नीचे तक पालकी से। उसके बाद घोड़े तैयार मिलेंगे। घुड़सवारी तुम ख़ूब कर लेती हो। फिर आगे जंगल के साथ-साथ, गम्भीरी नदी के किनारे-किनारे वहाँ तक जहाँ बेड़च और गम्भीरी का संगम होता है। तुम्हारे धनुष-बाण, हमारी तलवार पालकी में है। पालकी और पालकी वाले कहार हम जहाँ रुकेंगे, वहीं रहेंगे। ...क्यों बना मन?"

"एक बार मैंने मन का स्वाद चख लिया। अब अपनी गत नहीं बिगड़वानी है। ज़रा रुककर चलिए। हम तैयार होकर आते हैं।"

वे दोनों नीचे आ गये। इससे पहले रतन सिंह पद्मावती को उचकाते, वह स्वयं घोड़े पर सवार हो गयी। रतन सिंह ने धनुष-बाण देते हुए कहा, "रास्ता जंगली-सा है। घोड़े की चाल धीमी रखना और सावधानी बरतते चलना।"

चारों ओर हरियाली।

"यह अकेली पहाड़ी है, जहाँ अपना गढ़ स्थित है।" पद्मावती की आँखों में तरावट आ गयी। नदी को छूकर आती हवा उमंग में आ चुकी थी...।

"रुको...! वो देखो चुपचाप।"

"हिरनौटा, हिरनी और हिरन...।"

"हिरनौटा से मस्ती कर रहे हैं।" पद्मावती कहती।

"वृत्ताकार घूम रहे हैं।"

"छोटा और स्वस्थ सुखी परिवार। जीने का सच्चा आनन्द ले रहे हैं।"

"तनिक धनुष-बाण इधर पकड़ाओ।"

"क्या शिकार करने का इरादा है?"

"इससे अच्छा अवसर फिर हाथ नहीं आयेगा। ...तुम चाहो तो यह श्रेय तुम भी ले सकती हो।"

"क्या एक ख़ुशहाल, हरे-भरे, मस्ती भरे, सारी दुनिया से बेखबर अपने ही स्वर्ग में निमग्न परिवार को उजाड़कर, प्रियतम-परमेश्वर!" पद्मावती का हृदय छलकने लगा। वह मधुर परन्तु भरे कण्ठ से बोली, "हम ऐसा स्वर्ग बना तो नहीं सकते, फिर उजाड़ें क्यों? नहीं...नहीं।" वह काँप गयी। उसके हाथ से धनुष छूट गया।

रतन सिंह का भी मन पसीज उठा।

"तो लौटें।"

"थोड़ा आगे और गम्भीरी और बेड़च नदी के संगम तक।"

"आगे से ऐसी बात नहीं। ...मैं तो दाता सा को भी टोकती रही हूँ कि दीवार पर टँगी शेर-चीते की खाल आपकी वीरता की नहीं, आपके हिंसक होने का सबूत है। पेड़ पर मचान। कितने लोग ढोल पीटते हैं, कभी-कभी बकरा भी बाँध देते हैं और उस भोले, शान्त, निर्भीक और सुन्दर प्राणी को धोखे से मार गिराते हैं। ...यह कैसी बहादुरी, कैसा सौन्दर्यशास्त्र और रावल बनने का इंसाफ़! सबकी सुरक्षा का अपने ही हाथों से ख़ून! ना...ना...ना।" पद्मावती यह कहते घोड़े से उतर गयी।

"वह देखो दोनों नदियाँ मिल रही हैं।"

"और मिलते, मुस्कराते, ठिठोलियाँ करते परिवार को अपना निशाना बनाना...यह दुष्कार्य है। इसे रोकना चाहिए। अपने स्वस्थ, निष्पाप और न्यायपूर्ण दृष्टिकोण के लिए यह बहुत ज़रूरी है।" पद्मावती का हृदय काँप रहा था। बिना मारे ही उसे लग रहा था कि ऐसी सोच उनको मारने से ज़्यादा ख़तरनाक है।

"मैं तुम्हारा आभार कैसे व्यक्त करूँ।"

"क्यों?"

"तुम मुझ जंगली को इनसान बना रही हो। ...सौन्दर्य का आनन्द लेने के लिए मेरे हृदय को जगा रही हो। मेरी दृष्टि पहली दफ़े तब खुली थी जब तुम्हें कमला के साथ अमरूद तोड़ने के लिए उछलते देखा था और दूसरी बार अब जब हिरनौटा परिवार को मोद मनाते देख रहा था।" रतन सिंह के हृदय में हिरनौटा परिवार की उछलकूद की महकती दुनिया नाच उठी।

पद्मावती जान-बूझकर घोड़े की लगाम थामे उसके पास आ गयी। रतन सिंह ने देखा कि कुरती से उसके गदराये उरोज ताक-झाँक कर उठे हैं। उसने अपने घोड़े की लगाम छोड़ दी और...

"ठहरो! ये जंगल है, हमारे पास पत्थरों के खिड़की-दरवाज़े वाले पिंजरे हैं।"

"वो बात नहीं है, पद्मा।" कहकर उसने कुरती के काज से निकला सोने का गोल-मटोल कामदार दाना काज में डाल दिया।

पद्मावती ने ध्यान बदलने के लिए कहा, "आज हमने आपके लिए काची का हलुआ बनाया है।"

"हमारी प्रिय मिठाई—सिंघाड़े का या कुम्हड़े का।"

"दोनों को मिलाकर।"

"तब तो आनन्द आ जायेगा। दोनों की इच्छा आपको आशीर्वाद देगी। ...हम भी तो गम्भीरी और बेड़च नदी का संगम ही देखने आये हैं।"

"लौट लीजिए—जंगल में अँधेरा कुछ जल्दी होता है।" रतन सिंह ने पद्मावती को सहारा देकर घोड़े पर बैठा दिया और उसका हाथ चूमते हुए कहा,

"कभी तुम्हें स्वप्न में देखकर पगला जाता था, आज सामने देखकर वह हद भी पार कर चुका हूँ।"

अब दोनों लौट पड़े। महल में आ गये। पद्मावती हँसते-हँसते पागल हो उठी।

रतन सिंह ने हँसने का कारण जानना चाहा तो पद्मावती ने कहा, "अभी बताती हूँ... दस-पन्द्रह पल आप यहाँ खड़े रहिए।"

कुछ देर बाद वह उसका हाथ पकड़कर उस थाल तक ले आयी जिसमें पानी स्थिर था।

"अब।"

"अब क्या, ज़रा थाल में झाँकिए।"

"ये क्या जादू है?"

"वह भी जान जाओगे।"

रतन सिंह ने थाली में झाँका। झाँकता ही रह गया। वह बोला, "इसे कहते हैं प्यार में अन्धा। ...तुमने तनिक टोका भी नहीं।"

"तब हमारा ध्यान कहीं और था। हमारी अक्ल पर तो आप ताला जड़ चुके थे। वह तो अब ध्यान गया कि हमारे माथे की बिन्दुली (बिन्दी) आपके माथे की शोभा बढ़ा रही है। ...और तुम्हारे बिबौष्ट (होंठ) कुँदरू जैसे लाल हो गये हैं।"

इस पर दोनों एक साथ हँस पड़े। थोड़ी देर तक सोचते रहे—प्यार, तू तो एकदम पागल है और जो तेरे रास्ते पर चल पड़े उससे बड़ा पागल दूसरा नहीं है। रतन सिंह का मन उछाल ले रहा था और हँसी दबाने के लिए उसे मशक्कत करनी पड़ रही थी, इसलिए बोले, "अब प्यार से बनायी काची का स्वाद भी चख लेने दो, पद्मा।"

पद्मावती यह कह अन्दर जाने लगी, "अब तो जे बिन्दुली हटा लो।" वह बोले, "कुछ देर के लिए तो हमें भी पद्मावती से टक्कर लेने दो।" इस पर फिर दोनों हँस पड़े। पद्मावती अन्दर चली गयी।

31

दरबार की सभा को समाप्त हुए तीसरा पहर हो चुका था। आज युद्ध की तैयारी के सम्बन्ध में बैठक थी। कुछ सुझाव पद्मावती ने भी उसे दिये थे। शत्रु के आने वाले रास्तों पर खड्डे खुदवा दिये जायें। उनके ठहरने के स्थानों को भी ठहरने लायक न छोड़ा जाये। दूर-दूर तक सैनिक चौकियाँ बनवा दी जायें। वह सब भी रतन सिंह ने चर्चा में रखे। अनाज, दालें आदि के लिए ख़ास प्रबन्ध करने पर पुनर्विचार हुआ। विष बुझे तीरों की संख्या बढ़ा दी गयी।

सब जा चुके थे। तब राघव चेतन का प्रवेश हुआ। रतन सिंह ने उसके तान्त्रिक कमाल, मन्त्र विद्या में सिद्धहस्त, जादू-टोने आदि में दख़ल को कई विश्वसनीय सभासदों, अमात्यों आदि से सुना था। इसमें सच कितना है, यह जानने की जिज्ञासा कई दिनों से रतन सिंह में सिर उठा रही थी। आज अच्छा अवसर है, लगे हाथ उसके कमाल की परीक्षा हो जाये।

राघव चेतन ने अभिवादन किया। बैठने का संकेत पाकर वह बैठ गया।

रतन सिंह ने कहा, "सुना है, आप अपनी तन्त्र विद्या से अदृश्य या गुम हुई वस्तु, उसके चिह्न बता देते हो। यह ज्योतिष का कमाल है या तन्त्र विद्या का।"

राघव चेतन सोच में पड़ गया कि क्या कहे? इससे पहले उसका ध्यान इस ओर गया ही नहीं था। फिर भी उसे उत्तर देना था, अतः वह कहने लगा, "इस तरह कभी विचार नहीं किया है। दरअसल, तन्त्र विद्या अदृश्य को दृश्यमान बना देती है। कोई चीज़ या बात हो, जो परेशान कर रही हो, उसका समाधान करने में सर्वाधिक विश्वसनीय परिणाम देती है।"

"मेरी मुट्ठी में क्या है?"

"खाली है अन्नदाता, आपकी मुट्ठी।"

रतन सिंह ने ख़ूब ज़ोर लगा कर याद किया कि उसने अपनी मुट्ठी में स्वर्णमुद्रा छिपायी थी और अब मुट्ठी खाली है। आश्चर्य। वह बोला, "हाँ मुट्ठी तो खाली है। ...लेकिन...।"

"अन्नदाता, वही स्वर्णमुद्रा है जो आपने मुट्ठी में रखी थी। हाथ में लेकर देखिए।"

रतन सिंह सोच में पड़ गया।

"मुट्ठी फिर बन्द कीजिए। कसकर कीजिए।"

रतन सिंह ने मुट्ठी इतनी कसकर बन्द की कि हवा भी उसमें से बाहर न जा सके।

"यही है तन्त्र विद्या, जहाँ ज्योतिष का कोई दख़ल नहीं है। ...अब अन्नदाता, पुनः मुट्ठी खोलिए।"

रतन सिंह ने जैसे ही मुट्ठी खोली। वहाँ कोई स्वर्णमुद्रा नहीं थी। वह आश्चर्यचकित रह गया।

वहाँ बैठे-बैठे एक अधूरा चित्र बना डाला था निवर्सन। उसने चेहरा नहीं उभारा था। टाँगें, हाथ, कमर, छाती और गर्दन ही नज़र आ रहे थे। वह युवती का चित्र था, जिसने अपने उरोज, गुप्तांग आदि टेढ़ा होने से छिपा रखे थे। वह

अधूरा चित्र राघव चेतन की ओर बढ़ा दिया। राघव चेतन ने गहरे सोच में पड़ एक निशान बना दिया।

"यह क्या है, उस युवती की पहचान है, जिसका आपने अधूरा चित्र बनाया है। इस जगह तिल है, जिसका पता न चित्रकार को है और न नायिका को।"

अब तो रतन सिंह को क्रोध आने लगा। राघव चेतन ने उसका गोपनीय स्थान कैसे देखा। पर सच्चाई जाने बग़ैर कुछ कहना ठीक नहीं है। उसने अपने मन को शान्त किया, परन्तु सन्देह मन से हटाये नहीं हटा। राघव चेतन चला गया। रतन सिंह को चैन कहाँ? उसने बहाना कर वह तिल ढूँढ़ ही लिया, वह भी उसको गहरी नींद में करवट लेकर सोता पाकर, उसकी दाहिनी जाँघ का पिछला हिस्सा काफ़ी खुला हुआ था, उस पर तिल था—हल्का-सा काला पर चमकीला। वह उठा, अपने उस चित्र को निकाल कर देखा, उसमें भी दाहिनी जाँघ के पिछवाड़े उतना ही बड़ा तिल था चमकता हुआ।

रतन सिंह की नींद ग़ायब। राघव चेतन इतना गहन रहस्य, उसी स्थान पर कैसे जान सका। वह लम्पट विवाह में उसके साथ कैसे आया? क्यों आया? उसने उसकी सुन्दरता का ऐसा सटीक वर्णन कैसे कर दिया। अवश्य! कुछ-न-कुछ रहस्य है। ऐसा पोशीदा रहस्य उसने जाना तो जाना कैसे?

पद्मावती को तो यह छू तक नहीं सकता। फिर?

पद्मावती निश्चिन्त होकर नींद निकाल रही थी। अब उसने करवटी बदली। एकदम सीधी हो गयी। आगे से उसकी कुरती खुली हुई थी। उरोजों की गुदगुदाहट का नुकीलापन यदा-कदा धड़कन की आवाजाही के साथ शान्त झील में दबे पाँव पुरवइया के चलने से उठीं निःस्वन हिलोरें उसके मनतट से टकरा रही थीं। फिसलती हिलोरों-सी अंगड़ाई लेती परिमल सुवास (चन्दन, कुमकुम, केसर के मर्दन से उत्पन्न सुगन्ध) उसके रन्ध्र-रन्ध्र को बेसुध किये डाल रही थी। पद्म भव...पद्म योनि...पद्म राग-रागिनी का एक साथ आनन्दोद्भव...पद्म जाति की युवती के संसर्ग से प्राप्त होता है, रावल। ये भी राघव चेतन के सौन्दर्यशास्त्र का ही एक भागथा।

"रावल, वह पद्म जाति की आख़िरी युवती है। संसार की सर्वोत्तम सौन्दर्य राशि। अभूतपूर्व। उसके अंग-अंग के रन्ध्र-रन्ध्र से मादक-मतवाली सुवास।" ये भी राघव चेतन का स्वर था।

"रावल, वह पद्म पैर वाली है यानी भाग्यशालिनी।"

फिर वह...न...न...न। क्या न न न। सब कुछ सम्भव है।

"नहीं। ऐसा कुछ सम्भव नहीं।"

"क्या नहीं है?"

"हाँ...हाँ वह नहीं है, नहीं है, नहीं है कितनी बार कहूँ। ...पर यह भ्रम मिटे कैसे? हटा दे उसे जो भ्रम उपजाता है।"

"नहीं। मैं उसे मरवा नहीं सकता।"

"तो देशनिकाला..." रतन सिंह ज़ोर-ज़ोर से कह गया।

पद्मावती जग गयी। रतन सिंह को अपने-सामने बैठा पाया। वह चमक गयी। अपने कपड़ों को सँभालती हुई बोली, "ये क्या हो रहा है?"

"मैं नहीं जानता।"

"चीखे स्वयं हो तो क्या मैं जानूँगी।"

"मैं चीखा।"

"नहीं मेरा भूत। ...आप ही ज़ोर-ज़ोर से कहे जा रहे थे...हाँ...हाँ...हाँ।"

हाँ...कह रहा था, हाँ। रतन सिंह ने अपनी ख़ुशी की डोर को ठुमका देते हुए मानो कहा हो–"वो काटा।"

"कोई बुरा स्वप्न देखा क्या।"

"तुम्हारे पास होते हुए क्या बुरे स्वप्न को अपनी हड्डी-पसली तुड़वानी है।"

"चुपचाप सो जाइए।"...पद्मावती ने उसे कहीं खोया पाकर कहा, "लेटिए, मैं सिर दबाती हूँ।"

"फिर?"

"कनपटी भी सहला देती हूँ।"

रतन सिंह उसकी गोद में सिर रखकर लेट गया। यह कहता हुआ कि उसकी तरह बेफ़िक्र होकर चित नहीं सो सकता।

"ठीक से लेट जाओ।"

"सिखा दो न पद्मा।"

"अच्छा तो महाशय यों नहीं मानेंगे।" कहकर पद्मावती ने उसके गुलगुली मचाना शुरू किया तो पलक झपकते ही उठकर बैठ गये। वह कटाक्ष करती बोली, "हँसोड़ बालम।"

सुनते ही रतन सिंह ने भी उसके गुलगुली मचाना शुरू किया तो वह हँसी को बलखाते देख पलंग से उठ खड़ी हुई।

"अच्छा, आ जाओ। अब हम-तुम चुपचाप सो जाते हैं। ...अच्छी नींद एक सौ एक बीमारी का इलाज।"...क़सम से। रतन सिंह ने कण्ठ छूकर गुनगुनाया–

"सुबह जागी,

तरुणाई फूटी।
अग जग ने,
ली अंगड़ाई।
अब तो बालम, उठ जाओ,
चिड़ियाँ चुगने आ गयीं।"

पद्मावती ने अपनी करवट बदल ली। मन-ही-मन उसके मुख से अपने को बालम सुनकर उसे हँसी आ गयी।

रतन सिंह उठ खड़े हुए। वातायन का घूँघट हटा दिया। सूर्य की किरणों ने अपनी शान्त पदचाप से आँखें खोलकर देखा—पद्मावती की खुली आँखें मुस्करा रही थीं। रज़ाई का एक भाग नीचे पड़ा था और एक भाग उसके पाँवों में लिपटा ख़रगोश सा मुलायम दबा पड़ा था।

कुछ खटपट हुई—चहल-पहल भी। पद्मावती चमकी। रतन सिंह तैयार हुए धीमे स्वर में गुनगुना उठे। कलेवा, रानी उठ जाओ। पेट तुमड़ी हो गया है।

पद्मावती फुरती से उठ खड़ी हुई। रतन सिंह चौंका। वह पूछने लगी, "यों क्या देख रहे हो?"

"रात को तो तुम..."

"क्या मैं?"

"कुछ और पहने थी, यही ना।"

"पर ये?"

"नहा-धोकर, तैयार होकर चुपचाप आ बैठी थी—चिड़िया को भी चुग्गा डालकर और रसोड़े में कलेवा में क्या-क्या बनाना है, समझाकर! जानना चाहती थी कि तुम मुझे इतनी देर तक सोता पाकर अपनी क्या प्रतिक्रिया ज़ाहिर करोगे? ...ग़लती होने पर ग़लती का पता होना उसके लिए बेमजा है, जो ग़लती नहीं करते। इस कारण ग़लती करने का बहाना ढूँढ़ निकाला, ताकि बिना सोचे-समझे उस पर की गयी प्रतिक्रिया का अनुभव पा सकूँ।"

"पा लिया।"

जनाब की कविता को जन्म लेने का ऐसा अच्छा मौक़ा कब मिलता कि सुर बेताल हो उठें और गवैये का पता भी तब चले जब कलेवा इन्तज़ार कर रहा हो। ...उठियेगा वरना कलेवा यहीं आसन लगा लेगा।

रतन सिंह मुस्कराते हुए उठे, बोले, "तुमसे बाज़ी मार पाना अपने वश की बात नहीं है...चलो, इस ख़ुशी में कलेवा पर साथ दो ताकि उसे भी ख़ुशी मनाने का आनन्द आ जाये।"

"लीजिए आ जाते हैं ताकि आप और आपका कलेवा अपने आनन्द का हिस्सा बनने का हमें भी अवसर दे सके।" पद्मावती इतना कह कर एक चम्मच ले आयी। उसमें हलुआ लिया, पहले रतन सिंह के होंठों से लगाया, फिर शेष बचा स्वयं निगल गयी और बोली, "ले लिया आपके हिस्से का भी आनन्द।"

रतन सिंह देखता रह गया। उसे अनुमान भी नहीं हुआ कि ऐसा चमत्कार हो जायेगा। पद्मावती की चंचल तरुणाई लिए आँखें अपने अधरों की मुस्कान से मुकाबला कर रही थीं। रतन सिंह उसकी क़ाबिलियत, प्रत्युत्पन्न ताजग़ी और बेफ़िक्र नज़ाकत का क़ायल होकर चलते हुए इतना ही कहता गया, "ईश्वर को धन्यवाद देता हूँ, जो उसने अपने बेजोड़ सृजन से उसे ऐसे मालोमाल कर दिया और आगे से उससे माँगने के लिए कुछ छोड़ा ही नहीं।" पद्मावती मौन की मूर्ति बनी उसे देखती रह गयी।

32

सुल्तान अलाउद्दीन खिलजी ने बराबर प्रयत्न किये कि रतन सिंह के साथ सन्धि हो जाये। वह अधीनता स्वीकार कर ले और सालाना कर देता रहे। इस सुभीता के साथ कि गुजरात से आने-जाने वाला माल बिना कर अदा किये आता-जाता रहे। उसकी एवज में अपने जीते हुए इलाके में से कुछ भाग उसे दे दिया जायेगा। रतन सिंह राजी नहीं हुआ। दूसरे, यदि सन्धि में बराबरी की कुछ बातें उठाता भी तो अलाउद्दीन की ज़बान का कोई भरोसा नहीं। उसकी ज़्यादतियों की मिसालें सामने थीं। उसका चरित्र भी अविश्वसनीय था। उसके सामने सगे चाचा श्वसुर, गुजरात विजय, जैसलमेर और रणथम्भौर विजय आदि के उदाहरण पर्याप्त थे।

इस बीच राघव चेतन ने जुगाड़ बैठाकर अलाउद्दीन से मिलने का समय पा लिया, क्योंकि राघव चेतन को चित्तौड़ से निष्कासित कर दिया गया था। ऐसा अवसर उसके हाथ लग गया था, जिससे चित्तौड़ के भाग्य का फ़ैसला करने में कोई ख़ास मदद मिल सके और उसका आक्रोश भी शमन पा सके।

राघव चेतन की क़ाबिलियत और तान्त्रिक शक्ति का अलाउद्दीन क़ायल होने लगा। यों वह हर तीसरे-चौथे दिन अलाउद्दीन से मिलने की मोहलत पाने में सफल हो गया। उसे रहने-सहने, खाने-पीने की व्यवस्था भी राज्य की ओर से मिल सकी।

राघव चेतन को अपनी तन्त्र विद्या से सुल्तान की ऐसी रग हाथ लगी कि उसका मन बाँसों उछलने लग गया। वह शराब और हसीन युवतियों का न केवल आदी था, बल्कि वह ऐय्याशी की गिरफ़्त में पूरी तरह से जकड़ा हुआ

था। उसका यह ऐब उसके लिए एक ऐसा रास्ता बना कि उसके इरादों को हवा लगने का मौक़ा मिल गया।

रंगीन मिज़ाज सुल्तान को वह ऐसे-ऐसे क़िस्से सुनाता कि वह आहें भर कर रह जाता। दूसरे उसको हिन्दुस्तानी औरतों में ख़ास दिलचस्पी थी। गुजरात के कर्णदेव बाघेला के युद्ध में पराजित होकर भाग जाने पर वह उसकी सुन्दर बीवी कमला देवी को ले आया। बाद में उससे शादी भी कर ली। चरित्र के मामले में वह लम्पट था। इश्क मिज़ाजी का क़द्रदान ऐसे व्यक्तियों को पसन्द करता है जो उसके मकसद का ज़रिया बन सकें।

यों तो उसके इर्द-गिर्द अनेक दलाल घूमते थे, परन्तु उनमें राघव चेतन जैसा विद्वान, लेखक, कवि, फ़नकार और कलाकार कोई नहीं था। उस रात शराब और नाच-गाने का जश्न जैसे ही समाप्त हुआ, वैसे ही राघव चेतन ने कहा, "हुज़ूर-आला बादशाह, आप जैसे हिन्दुस्तान के मालिक को ऐसी हसीना चाहिए, जिसकी मिसाल की दुनिया में कोई न हो।"

"क्या कहते हो राघव चेतन, यह मैं पहली बार तुमसे ही सुन रहा हूँ। आज तक किसी ने हमें नहीं बताया।"

"कौन बताता हुज़ूर, उसके लिए वैसी गहरी नज़र चाहिए। वह पक्का पारखी हो, दलाल नहीं। ...हुज़ूर ने रणथम्भौर आक्रमण में थोड़ी देर कर दी। नहीं तो दुनिया के सौन्दर्य की शहज़ादी आपके महल की अँधेरी रातों को रोशन कर रही होती।"

"अब की बात कर राघव चेतन। अब वह कहाँ है?" अलाउद्दीन दूसरी ओर देखते हुए रुका। उसने देखा कि उधर से किसी नाज़नीन को लेकर कोई अन्दर जा रहा था।

"अब की बात तो यह है कि युद्ध जीतने पर ही उसे पा सकते हैं।"

"वो कौन है? क्या वह किसी की बीवी बन चुकी है?"

"उससे क्या, हुज़ूर-आला। वह पद्‌म जाति की सर्वश्रेष्ठ सुन्दरी है। उस जाति की सिरमौर। वह भी आख़िरी हुज़ूर।"

"क्या बकते हो?"

"हुज़ूर अर्ज कर रहा हूँ। सर कलम करवा दें यदि मेरी बात में कोई फ़रेब निकले या चालाकी।"

"आगे बोलो।"

उस जाति में...यानी पद्‌म जाति में जो पद्‌म योनि से जन्मी हो, वह होती है विश्वसुन्दरी पद्‌मिनी!...यह उसका नाम नहीं है बल्कि उसकी जाति में उस योनि में जन्म लेने के कारण उसे पद्‌मिनी माना जाता है।"

"यह पद्म जाति क्या होती है?"

"देव योनि!" राघव चेतन ने कहा, आप फिर कहेंगे कि यह देव योनि क्या होती है?

"समझ में नहीं आयेगा तो पूछेंगे ही।"

"सुल्तान इसे मैं उदाहरण देकर समझाता हूँ। आपने मणिधारी सर्प के बारे में सुना होगा।"

"ज़रूर सुना है।"

"क्या मणि भी देखी है?"

"अलाउद्दीन खिलजी ने सिर हिलाकर कहा, "नहीं देखी है।"

आप पता करवा लीजिए हज़ार-हज़ारों क्या लाखों-करोड़ों में आज तक किसी ने नहीं देखी है।"

अलाउद्दीन खिलजी को राघव चेतन की बात में दम लगा।

"एक-दूसरा उदाहरण देखिए—आपने कस्तूरी मृग के बारे में सुना है।"

"हाँ सुना है।"

"देखा भी है क्या?"

"नहीं।"

"कस्तूरी मृग की नाभि के पास एक गाँठ यानी नाफ़ा होता है। इस गाँठ में कस्तूरी पैदा होती है। उसकी सुगन्ध ग़ज़ब की होती है। उस सुगन्ध की तलाश में मृग मारा-मारा सारे जंगल को छान मारता है परन्तु पता नहीं कर पाता।"

"हुजूर-आला, ने अमृत अर्थात् आबेहयात भी सुना ही होगा, देखा या उसका पान नहीं किया होगा।"

"हाँ सुना है, उसका पान कर लेने पर प्राणी अजर-अमर हो जाता है।"

अब अलाउद्दीन की कुछ-कुछ समझ में आने लगा।

"ठीक इसी तरह, जैसे हर एक मृग कस्तूरधारी नहीं होता, हर एक सर्प मणिधारी नहीं होता...हज़ारों-लाखों में से कोई एक-दो हो पाते हैं—लाखों-लाख में से एक युवती पद्म योनि वाली होती है। उसकी सन्तान यानी लड़की ही पद्मिनी होती है।"

"होती तो है...या आबेहयात की तरह सुनी जाती है।" अलाउद्दीन का सुरूर कुछ छलका। आँखें हल्की-सी खुलीं।

"हुजूर-आला, मैं उसी पद्मिनी युवती के बारे में बता रहा था जिसका नाम पद्मावती है। ..."

"पर वह है कहाँ?"

"हुजूर-आला, वह चित्तौड़ के रावल रतन सिंह की बीवी है।"

"ओह! तो ये बात है। ...चित्तौड़ की ईंट से ईंट बजा देंगे। ...वहाँ का रावल मग़रूर क़िस्म का है। उसने 'उँगली से उँगली मिलाकर चुटकी भरी और कहा, "यों मसल देंगे।" अलाउद्दीन ने सिर ऊँचा कर कहा, "मेरे आका, परवरदिगार, तेरा रहम-करम हो जाये तो वह हिन्दू रावल नाक रगड़े और अपनी बेगम को इन क़दमों में डाल कर अपनी और अपने राज्य की ख़ैर मनाये।" अलाउद्दीन खिलजी ने उसे इनाम में सोने के सिक्के दे डाले। कहा, "पद्मावती के मिलने तक यह दोस्ती अवश्य निभेगी। बाद में भी यदि चाहोगे तो... ।"

सप्ताह भर बाद चित्तौड़ फ़तेह के लिए भारी-भरकम फ़ौज के साथ सुल्तान अलाउद्दीन रवाना हुआ। साथ में राघव चेतन भी चला। कई बार उसके मन में विचार उठा, "राघव चेतन, ये तूने अच्छा नहीं किया। हिन्दू तू भी है। रावल भी हिन्दू है। तूने हिन्दुत्व की पीठ पर छुरा घोंपने की साज़िश रचा डाली। लेकिन उसने भी... । उसने भी तेरे साथ दुर्व्यवहार किया था। हिन्दू क़ौम के लिए संकट खड़ा कर दिया।" पर तूने भी तो ऐसा ही किया। उसने और सोचने से अच्छा यह समझा कि मुँह में शराब उड़ेल ले।

33

युद्ध सुनिश्चित है। चित्तौड़ के निकट आ पहुँचे हैं। रतन सिंह टहल रहा है। मन कुछ-कुछ उद्विग्न है। पद्मावती पास आकर बोली, "इस समय का कब से इन्तज़ार था। हौसले की परीक्षा है। चिन्ता क़तई नहीं। नीति से चला जाये। मैं तुम्हारे साथ हूँ। आप सबकी ताक़त हैं। सबको आप अदम्य जोश से भरपूर रखेंगे। जीत हमेशा हौसले, सुदृढ़ इरादे, अटूट धैर्य और कामयाब बनाने की प्रत्युत्पन्न मति से होती आयी हैं और उसके लिए आपने जो तैयारी करवायी है, वह श्रेष्ठ है।"

"पद्मा, मुझे चिन्ता यह है कि राघव चेतन उसके साथ है।"

"होने दीजिए। बीता कल, वह है तो हो। हमें सिर्फ़ आज के बारे में सोचना है।"

"तुमने तो कहा था कि..."

"मैं उसको भुला चुकी हूँ। तुम भी भूल जाओ। वह अतीत था। युद्ध हमारा वर्तमान है।"

"मुझे एक शंका है?"

"क्या?"

"राघव चेतन में एक कवि साँस लेता है। उसका कहने का ढंग प्रभावशाली है। तान्त्रिक भी है।"

"तो?"

"उसने तुम्हारे अलौकिक रूप का चन्द्रमा ज्योतिर्गमय कर मुझे ऐसा प्रभावित किया था कि दाता सा के सामने मुँह खोलने में मैंने हिचक अनुभव नहीं की। उसने वहाँ भी ऐसा ज़रूर किया होगा। वह मान नहीं सकता।"

"तुम कहना यह चाहते हो कि इस युद्ध का एक कारण मैं भी हो सकती हूँ।"

"हाँ।"

"तो इससे फ़र्क़ क्या पड़ता है? ...आप ऐसी बातें मन पर नहीं लायें।" पद्मावती ने कहा।

तभी सेवक ने सूचना दी कि सेनानति सा पधारे हैं। रतनसिंह बाहर आये और पूछा, "सेनापति, कहिए, एक माह से ऊपर हो चला है। दुश्मन बाहर डेरा डाले है। कोई गतिविधि नहीं। आख़िर वह चाहता क्या है?"

"सन्धि।"

"हमने पहले भी सन्धि की शर्तों को देखकर इनकार कर दिया था।"

"फिर भी, रावल सा।"

"धोखा। इतनी बड़ी फ़ौज लेकर यह दिल्ली से सन्धि के लिए नहीं आ सकता। ज़रूर कोई गहरी चाल है। समझ रहे हो, सेनापति।" रतन सिंह ने इतना कह कर पूछा, "सभी सभासद आ चुके हैं क्या?"

"हाँ...और कोई ख़ास बात।"

"सुल्तान के दो ज़िम्मेदार सदस्य आये हैं, रावल सा, वे सिर्फ़ आप से बात करना चाहते हैं—वह भी एकान्त में।"

"ठीक है। उन्हें हमारे अतिथि-कक्ष में बिठाओ। ...मैं पहले सभासदों से बात करूँगा। तब उनसे मिलूँगा, यह उन्हें बता देना।"

"अच्छा चलता हूँ।"

"पहुँचो, मैं भी आता हूँ।"

"अब क्या है?" पद्मावती पूछती है।

"सन्धि की शर्तें अनुकूल नहीं होने से पहले भी हम इनकार कर चुके हैं।" रतनसिंह ने कुछ सोचते हुए कहा, "इतनी बड़ी सेना और सन्धि...नहीं-नहीं। पद्मा। यह कोई चाल है। वह ऐय्याश है।"

"सन्धि को उसकी ऐय्याशी से क्या मतलब?"

रतन सिंह कैसे कह दे कि आग में घी डालने का काम राघव चेतन ने किया है। उसने कहा, "मैं चलता हूँ।"

पद्मावती जाते हुए देखती रही, जब तक वह आँखों से ओझल नहीं हो गये। वह समझ रही थी सुल्तान की ऐय्याशी को राघव चेतन ने हवा दी है। रतन सिंह यह कैसे कह दें।

सभासदों से बैठक में तय हुआ कि सन्धि नहीं, उन्हें युद्ध चाहिए। सारे ठिकानों पर सैनिक मुस्तैदी से सक्रिय हैं। दिन-रात तीर बनाये जा रहे हैं। साथ में धनुष भी। मुख्य द्वार पर सैनिकों की एक विशेष टुकड़ी क्रियाशील है। गढ़ की सुरक्षा एकदम सुदृढ़ है। अब उसने सुल्तान के दोनों सदस्यों को बुलवा लिया। राज़ी-खुशी से बात शुरू होकर शीघ्र मृत्यु बिन्दु पर होने लगी।

"आपको कष्ट हुआ, महाशय! बैठिए और स्पष्ट कीजिए, सुल्तान क्या चाहता है?"

"लाठी न टूटे और बात शान्तिपूर्वक बन जाये। प्रजा को भी हानि न उठानी पड़े।"

"फिर इतनी बड़ी फ़ौज लेकर क्यों आये?"

"उन्हें आगे जाना है।"

"तो जायें। हमने उन्हें रोका कब?"

"परन्तु...।"

"परन्तु क्या? साफ़-साफ़ कहो।"

"लौटने का हरजाना।"

"कैसा हरजाना?"

"जब तक मैं हूँ, तब तक न ये सुरंग बना सकेंगे और न मुख्य दरवाज़ा तोड़ सकेंगे।"

"समझ रहे हैं।"

"नज़राना तो उनका बनता है।"

"वह सम्भव नहीं है।"

"युद्ध से बचना नहीं चाह रहे हो तो यह आपकी इच्छा।"

"यही समझ लो। सुल्तान से कह देना कि वीर पुरुषों को हथकण्डों का सहारा नहीं लेना चाहिए। जो करें, चौड़े में करें। मन में राम बग़ल में छुरी वाली बात ग़लत है।"

"वो, रावल...सा..."

"क्या?"

"सुना है कि महारानी...।"

"बहुत सुन्दर हैं यही न। युद्ध उनसे नहीं, हमसे करना है। ...फिर उनकी सुन्दरता कहाँ से बीच में आ पड़ी।"

"उनकी मंशा महारानी की है। प्रजा की सुरक्षा और विकास की गति चाहते हैं तो..."

"चाहते तो हम भी बहुत कुछ हैं। समझौता दोनों के लाभ का मिश्रित परिणाम होता है।"

"वही तो सुल्तान की इच्छा है। युद्ध में दोनों तरफ़ मानव जाति की क्षति, धन-सम्पत्ति की हानि, विधवाओं का कलेजा कँपाने वाला रुदन, प्रजा की भी दुर्गति, सब कुछ स्वाहा...इसीलिए सुल्तान बारम्बार एक ही पहल कर रहे हैं। हक़ीक़त में सुल्तान लौट जाना चाहते हैं। उन्हें चित्तौड़, चित्तौड़गढ़ और... और...आप समझ रहे हैं, रावल सा।"

"और कोई सन्देश...। ...मुझे सुल्तान से कोई शिकायत नहीं है। हमारा धर्म, संस्कृति, सभ्यता, परम्पराएँ, ऋषि-मुनियों के तप से मिली जीवन-दृष्टि हमारा मार्ग प्रशस्त करती हैं। वही अमृतमयी धरोहर है, हमारा आत्मविश्वास है और हमारी करणीय शक्ति के सुदृढ़ स्तम्भ हैं। यदि सुल्तान नेक इरादा रखते हैं तो हमारी धरोहर, जीवन-दृष्टि आदि का आदर सच्चे मन से करें। हमारी ओर से उनसे यही निवेदन है, अल्लाह उनको सच्चाई के रास्ते पर चलने का हौसला और ताक़त दे।" कहकर रतन सिंह उठ खड़े हुए।

"उस राक्षस पर इन सुझावों का कोई असर नहीं होगा।"

"राक्षस नहीं सुल्तान। सेनापति हमें अपनी तहज़ीब, अपनी सभ्यता-संस्कृति का अन्त तक पालन करना चाहिए। ...जानता हूँ कि इस समस्या का एकमात्र युद्ध ही समाधान है। समय के आह्वान को दबाया नहीं जा सकता। ...आप युद्ध की तैयारी पूरी ताक़त और पूरी रणनीति से करने का प्रयत्न उल्लास-उत्साह से कराते रहें। युद्ध अभ्यास जारी रहे।"

आधी रात को वह और उनकी पत्नी पद्मावती क़िले की प्राचीर से मुआयना करते रहे। दोनों में संग्राम का जोश भरपूर था। रह-रहकर पद्मावती के मन से एक ही आवाज़ उठ रही थी कि नारियों को भी अपना पूरा दमखम दिखलाने का अवसर मिलने लगे तो शत्रु युद्ध से मुँह मोड़ने लग जायें। बारम्बार बाहर से आने वाले हमलावर प्रजा, धन, धर्म-संस्कृति पर आक्रमण करना भूल जायें। हमारी दुर्गति न हो। सोने की चिड़िया कहलाने वाला भारत उसकी रक्षा, मान-मर्यादा के लिए नारियों का भी भरपूर सहयोग ले तो नारियाँ कन्धे-से-कन्धा मिलाकर युद्ध में मिलती पराजय का मुँह हमेशा-हमेशा के लिए मोड़ दें।

"ठहरिए।" अचानक पद्मावती ने कहा, "वह देखिए अपनी सुख-शान्ति में आग लगाकर नीचे पड़ाव डाले अन्दर से काँप रहे हैं। काश, सैनिक समझने लगें कि उनका प्रयोग मुट्ठी भर लोगों के अहम्, उनकी ग़लत नीतियों और ज़िद का परिणाम है तो वे सेना में भर्ती होना छोड़ दें। फिर कौन लड़ेगा?" इसी के साथ पद्मावती ने लगातार आठ-दस अग्निबाण छोड़ दिये। ज्वालामुखी फूट पड़ा मानो। अचानक आग लग गयी चारों ओर।"

"यह क्या किया, पद्मा?"

"भयानक उजाला जो उनकी नींद उड़ा दे। उनकी सोच को कँपाने लगे। पूरी नींद नहीं तो लड़ने की शक्ति भी नहीं। बाण-बाण से टकराकर भयानक आवाज़ और तेज़ बिजली का धमाका। ...वह देखो, जागरण होने लगा। ...आइए, अब लौट चलें।" पद्मावती ने कड़कड़ाती ध्वनि और प्रकाश का एक आकाशीय नज़ारा पेश किया।

"वे लौटने लगे।"

"इससे माहौल और बिगड़ेगा।"

"जो बिगड़ रहा है क्या उससे ज़्यादा, वे रात को सो नहीं सकें और दिन में लड़ने में आलस्य के शिकार बनें...और क्या चाहिए हमें। कैसे भी उनका मनोबल टूटे।"

"पर रात में। रात तो...।"

"युद्ध का कोई नियम नहीं है। उसे तो परिणाम चाहिए। ...नीति-अनीति युद्ध नहीं जानता।"

"पद्मावती, यह तुम्हें क्या होता जा रहा है।"

"काश, तुम पद्मावती होते और तुम में चेतना की मशाल दिन-रात जल उठती।"

"वो समझ रहा हूँ...।"

"कि अन्त में एकमात्र रास्ता है कि...।"

"समझने का प्रयास करो।"

"आग न केवल गरमाहट और उजाला फैलाने के लिए होती, बल्कि समय आने पर वह पाप को जड़मूल से मिटाने के लिए ज्वालामुखी बन जाती है।"

"हम हैं।"

"हम क्यों नहीं?"

"समझो, पद्मा।"

"पद्मा को कुछ नहीं समझना। वह इतना समझ चुकी है—उसकी आबरू-इज़्ज़त दाँव पर है। पुरुष सदैव द्रौपदी को दाँव पर लगा कर उसकी अस्मिता का चीरहरण होते देखता रहा है नपुंसक की तरह। ...और द्रौपदी असहाय होकर श्रीकृष्ण पुकारती रही। क्यों? हर स्त्री को आत्मरक्षा का अधिकार है। जिस दिन उसने अपनी अस्मिता की सुरक्षा के लिए पुरुष की ओर देखना बन्द कर दिया, उस दिन युद्ध की आँधी स्वतः थमने लगेगी और अत्याचार का दमघोंटू धुआँ कहीं नज़र नहीं आयेगा।" पद्मावती के मन में उसी समय से आग लगना शुरू हो गया था, जब से उसने सुना है कि अलाउद्दीन खिलजी उसे अपने हरम में ले जाना चाहता है।

"मुझे उसके हरम में जाने दो। उससे तुम्हारी शान-शौक़त, क़िला, प्रतिष्ठा आदि सब बच जायेगी।"

"ग़लत...।"

"मैंने स्वयं सुना है। उसका क्या है? प्रजा सुख-शान्ति चाहती है। ...एक स्त्री के लिए राम-रावण युद्ध हुआ, ...फिर एक स्त्री के लिए महाभारत हुआ... और अब एक स्त्री के लिए...।"

"आगे एक शब्द नहीं, पद्मा। अभी रतन सिंह का ख़ून पानी नहीं हुआ है।"

"तुम्हारा क्यों, क्या मेरा हुआ है? मैं डर से आत्महत्या करना नहीं चाहती...मैं लड़ कर, चाहे मरना पड़े, पसन्द करती हूँ।..." पद्मावती का हृदय आग उगल रहा था।

रतन सिंह का भी ख़ून खौल रहा था—उस नीच की इतनी हिम्मत कि वह उसकी पत्नी की माँग कर उठे। ...वह चाह रहा था कि यह बात पद्मावती तक नहीं पहुँचे। उसने अपनी ओर से यह बताना ठीक नहीं समझा। वह कह रही थी, "तुमने इतनी बड़ी बात मुझसे छिपायी। यों तो ज़रा-ज़रा सी बात पर मुझसे सलाह लेते रहते हो?"

"ग़लती हुई, पद्मा। राजनीति कभी-कभी कूटनीति की राह पकड़ लेती है।"

"भाड़ में जाये ऐसी राजनीति जो नारियों का इस्तेमाल बाज़ारू चीज़ की तरह ख़रीद-फ़रोख्त में करवा देती है। उसे बाज़ार में ला बैठाती है।" पद्मावती में क्रोधावेश उबल रहा था। ...वह सोच रही थी कि उसके दाता (पिता) हम्मीर सा ने इस पर ऐतराज़ नहीं किया था कि यह क्यों तलवारबाज़ी, घुड़सवारी, तीरन्दाज़ी...आदि सीख रही है। उसे भी सीखने का अधिकार है। अपनी आबरू अपने हाथ है। दूसरे के भरोसे काम नहीं चलता—ग्लानि का अहसास होता है।

"इस समय तुम गुस्से में हो। तुम्हारा गुस्सा भी जायज़ है। ...हम ठण्डे दिल से बात करेंगे। मैं न कायर हूँ, न नपुंसक हूँ। शायद तुम्हें मालूम नहीं कि मुझ पर क्या बीत रही है। मैं सो नहीं पा रहा हूँ। ...इतनी बड़ी बात...हमारे मुँह पर कसके तमाचा...हमारे घर पर आकर...इससे बड़ा कलंक क्या लग सकता है।"

पद्मावती ने कई बार रतन सिंह को रात-रात भर करवटें बदलते, उठकर टहलते ...और क्रोधावेश में मुट्ठी तानते देखा था। तब वह उसका युद्ध की विकरालता से परेशान होना मान रही थी। समझाया भी था।

आज पद्मावती का रौद्र रूप सातवें आसमान पर था। ऐसी बेइज़्ज़ती की उसे कल्पना में भी आशा नहीं थी। वह एकदम और यकायक इतनी आक्रामक हो सकती है कि साक्षात् रणचण्डी के रूप में आ जाये और उसका क्रोधावेश थमने का नाम न ले।

पद्मावती सोच रही थी कि अब वह क्या करे। रणथम्भौर गया। दाता नहीं रहे। और कौन है उसका। वह आज उस कमरे में न सोकर पास वाले कमरे में अकेले जा पड़ी पलंग पर। अन्दर से दरवाज़ा बन्द कर लिया। उसे अपने आप से घिन होने लगी। नारी जाति की ऐसी छीछालेदर! इसकी लम्बी परम्परा है। समाज पुरुष वर्ग की मुट्ठी में है। नारी को दिनोंदिन पराश्रित, कमज़ोर और अपाहिज बनाये रखने की साज़िश पुरुष समाज ने की। अब इन दूषित प्रवृत्तियों से आसानी से पिण्ड भी नहीं छुड़ाया जा सकता।

रात भर वह सो नहीं सका। सुबह-सुबह रतन सिंह मन मार कर घूमने निकल गया। काश, वह इस विषय पर पद्मावती से बात कर लेता कि उसने अलाउद्दीन से सन्धि प्रस्तावों पर चर्चा तो की, परन्तु उससे जुड़ी शर्त को छोड़कर। काश, आज दाता होते! उन्होंने अपनी जीवन-यात्रा के अन्तिम क्षणों में इतना ज़रूर कहा था, "रतन, तुझे रावल तो बना दिया परन्तु भयावह संकटों के बीच। ...भाग्य से तुझे पद्मावती जैसी सुलझी और आधुनिक सशक्त विचारों की बींदणी भी मिल गयी। ध्यान रहे, उससे कभी कुछ नहीं छिपाना। वह खुद्दार बींदणी है समय से आगे की सोच रखती है। उसका मन कभी मत दुःखाना; वह शान्त भी है और बिगड़ गयी तो आग भी।" अब किसके पास जाये? कौन मदद करेगा?

रतन सिंह लौटा तो पद्मावती रोज़ की तरह नहा-धोकर पूजा कर रही थी। उसके चेहरे पर कोई तनाव नहीं था और न रात वाली दुर्घटना का कोई संकेत था। रतन सिंह तैयार होने चला गया। पाया कि उसको रोज़ की तरह जो कपड़े पहन कर जाना होता था, अपनी जगह रखे हैं।

वह तैयार होकर आया तो कलेवा लगा हुआ था। रतन सिंह की हिम्मत नहीं हो रही थी कि वह उसे कलेवे के लिए पुकार सके। वह चुपचाप कलेवा करता रहा।

रतन सिंह जाने लगा तो पद्मावती ने कहा, "मन पर बोझ मत रखना। सन्तुलन नहीं खोना।"

रतन सिंह का दिल भर आया। उसकी आँखें गीली हो गयीं। वह तुरन्त लौटा और पद्मावती को बाँहों में भर लिया। दोनों के दिल ज़ोर-ज़ोर से धड़क रहे थे। उसे रतन सिंह की बाँहों में आकर अवसाद की धुँधलिका कुछ-कुछ साफ़ होती अनुभव हो रही थी। उसने अपनी ओढ़नी से उसके आँसू पोंछे। जब वह चलने लगा तब उसने धीरे से कहा, "खम्मा घणी...।"

रतन सिंह ने रुककर मुस्कराने की कोशिश करते हुए उत्तर दिया, "बड़ो हुकम।" वह जान गया था कि उसके राजघराने में नौकर-चाकर ब्रज, आगरा आदि क्षेत्र के हैं, इस कारण पद्मावती पर कई बोलियों और कई भाषाओं का मिला-जुला प्रभाव है।

पद्मावती की सोच ने पलटा खाया। रतन सिंह ऐसा कोई निर्णय नहीं ले सकता जो पद्मावती के विरुद्ध हो। उसका चेहरा उतर गया था। रात पता नहीं कैसे काटी होगी। उसे लगा कि कल रात अनर्गल कह कर उसने उसके साथ ज़्यादती की है। वह घर से मुँह फुलाये जायेगा तो हो सकता है ठीक से निर्णय न ले सके।

34

सुल्तान अलाउद्दीन में दिन-पर-दिन बेचैनी बढ़ती जा रही थी। उसे चित्तौड़ का गढ़ भी चाहिए और सर्वाधिक सुन्दर रानी पद्मावती भी। उसके सब पैंतरे बेअसर होते जा रहे थे। अब उसके स्वप्नों में पद्मावती आने लगी थी। वह स्वप्न में चीख पड़ा—"सुनो-सुनो पद्मावती, मैं यहाँ हूँ—तुम्हारा दीदार करने का अपराधी। उम्मीद है ज़्यादती के कारण जन्मा गुस्सा उतरने लगा होगा। ...हमें तुम से पाक मुहब्बत है।"

"तू दस्यू है सुल्तान, दूसरों की बहू-बेटियों से अपनी शान बढ़ाने वाले तू कायर है, नपुंसक है, धोखेबाज़ है।"

"नहीं, नहीं। अपने इन अल्फ़ाज़ों को वापस ले वरना..."

"वरना क्या करेगा तू।"

"तेरी तो...चुप कर...।"...नहीं तो...तू मुझे नहीं जानती...तेरा ख़सम तो राज़ी-राज़ी तुझे सौंपना चाहता है।

"चुप कर नपुंसक।"

"क्या कहा, नपुंसक...नामर्द, ले अभी तुझे बताता हूँ कि मर्द कौन है और नामर्द कौन?" अलाउद्दीन गुस्से से पागल हुआ उसकी तरफ़ भागा। उसने उसकी आँखों में पिसी हुई मिर्च झोंक डाली। वह गालियाँ देता हुआ चीखता रहा।

"हुजूर-आला, क्या बात है?...क्या बात है?" उसका ख़ास सेवक भागता हुआ आया। उसके पीछे-पीछे सिपहसालार उलूग खाँ भी आ पहुँचा।

अलाउद्दीन ने देखा कि वह सही सलामत है। सँभला। फिर कहा, "कुछ करना पड़ेगा, सिपहसालार।"

"ज़रूरी हो गया है, सुल्तान।"

"रावल रतन सिंह खुद्दार है शूरवीर निर्भीक और साहसी है। अभी तक हमारी किसी भी चाल का शिकार नहीं हुआ। वह दूरदर्शी है। नीति का जानकार और हमारी चालों से परिचित हो चला है। स्वाभिमानी होने के कारण शुरू में ही पद्मावती की माँग हम पर ही भारी पड़ गयी।" अलाउद्दीन खिलजी सोच-सोच कर थक गया, परन्तु किसी नतीजे पर नहीं पहुँचा।

"वह सब अपनी जगह ठीक है। फिर भी रास्ता हमें स्वयं निकालना होगा, वरना यहाँ हमारा कमज़ोर पड़ना हमारी सल्तनत के लिए भारी पड़ सकता है। चार माह से ऊपर हो गये हैं अभी तक हम ही हानि उठाते आ रहे हैं। इससे उनके हौसले बुलन्द हो रहे हैं।" सिपहसालार उलूग खाँ का स्वर गम्भीर था।

अलाउद्दीन ख़िलजी ने हिसाब लगाते हुए कहा, "नहीं, सिपहसालार पाँच माह से ऊपर होने आये हैं। हमारी फ़ौज भी इतने लम्बे घेरे के बाद निराश-सी नज़र आने लगी है। यह क़िला (दुर्ग) फौलादी है। कहीं से टस-से-मस नहीं हुआ।"

"एक तरकीब है।" सोचते हुए सिपहसालार उलूग खाँ ने कहा फिर आगे कहने से रुक गया।

अलाउद्दीन ने पूछा, "क्या?"

"ख़तरा भी है।"

"तरक़ीब बताओ, ख़तरों की चिन्ता छोड़ो।"

"प्रायः राजपूत वचनबद्ध रहते हैं। अतिथि दुश्मन भी हो तो भी उस पर घात नहीं करते। उसूल के पक्के हैं। ...आपको याद हो, पृथ्वीराज चौहान ने मुहम्मद गौरी को छोड़ दिया था वरना...।"

"हाँ...हाँ...वह सब ठीक है। हमें इतिहास में नहीं जाना है, इतिहास बनाना है। ...अपनी योजना बताओ।"

"इस बार पद्मावती की बात हम हटा दें। मात्र सम्माननीय सन्धि की ओर इशारा करें। स्पष्ट कर दें कि हम घेरा हटा कर लौट जाना चाहते हैं पर एक बार आख़िरी दावत आपके महल में हो जाये।"

"इससे क्या होगा?"

"वह सोचने लगेगा कि युद्ध टल गया। ...तो उसकी ओर से दावतनामा आयेगा।"

"हाँ। ...और नहीं आया तो?"

"हिन्दू रावल-राजा इतने तंगदिल नहीं हैं। प्रायः वे उदार दृष्टिकोण वाले हैं। इसी में वे अपनी गरिमा समझते हैं।" उलूग खाँ ने गम्भीर स्वर में कहा।

"चलो, मान लिया ऐसा हुआ भी।"

"फिर रावल आपको बाहर तक छोड़ने आयेगा ही। यह उनकी परम्परा की बात है। वहाँ हमारा सैनिक दस्ता छिपा हुआ होगा। यह रावल को अपनी गिरफ़्त में ले लेगा।" सिपहसालार उलूग खाँ ने एक-एक बिन्दु पर रुक कर सुल्तान को सवाल करने का मौक़ा दिया।

सुल्तान ने पहले तो यह योजना ख़ामख़याली मानी। बच्चों के खेल जैसी। अचानक पूछा, "हमारे सैनिक।"

"साधारण वेशभूषा में होंगे।" उलूग खाँ ने कहा।

"तुम क्या समझते हो कि रावल बिना रक्षकों के बाहर आ सकेगा?"

"माना उसके साथ रक्षक भी होंगे पर थोड़ी दूर। जैसे ही आपके साथ रावल बाहर आयेगा, वैसे ही उसकी गर्दन पर होगी तलवार।" सिपहसालार उलूग खाँ इतना कहकर तनिक चुप रह गया।

"आगे...।"

वह हम पर छोडिए—यदि हम पर विश्वास हो तो। "...वहाँ हमारा सैनिक दस्ता आ जायेगा?"

"कौन आने देगा।" हर स्थान पर वहाँ चौकस सैनिक हैं। उनका गुप्तचर दस्ता भी सक्रिय है।

सिपहसालार उलूग खाँ ने अपनी बात की लगाम खींच ली। घोड़ा हिनहिनाता हुआ यथास्थान खड़ा रह गया।

"मुझे सोचने के लिए दो दिन दो।"

वह बात आयी-गयी हो गयी। सिपहसालार उलूग खाँ को भी लगा कि सुल्तान को उसका मशविरा जँचा नहीं। पूछना उसने माकूल नहीं समझा।

एक हफ़्ते बाद, एक गहरी काली रात में सुल्तान ने उलूग खाँ को बुलवाया। वहाँ क़ाज़ी मुगीसुद्दीन और अमीर खुसरो पहले से बैठे हुए थे। उस योजना पर पुनः

विचार हुआ। कई नाज़ुक मोड़ उभरे। मुगीसुद्दीन ने कहा, "कहीं ऐसी स्थिति में रावल का सेनापति सबको गिरफ़्तार न करवा दे। अभी इस योजना के हर पहलू पर और विचार करेंगे। वे अपनी ओर से दूर तक सैनिक दस्ते तैनात करेंगे। यह चौपड़ का खेल नहीं है और न यहाँ चौपड़ जैसा कोई खिलाड़ी है। ...फिर भी...।"

"फिर भी...क्या।" अमीर खुसरो ने पूछा।

"फिर भी यह है कि हमारे सामने दूसरा कोई रास्ता नहीं है। क़िले में खाने-पीने की लम्बे समय तक की व्यवस्था है। ...कब तक गम्भीरी और बेड़च नदी के संगम पर पड़े रहेंगे। ...वे दरवाज़ा खोलेंगे नहीं। रोज़ क़िले पर जाकर बाहर से तीर चलाते रहेंगे। ऐसी सूरत में, यदि सुल्तान माकूल समझें, तो मेरी राय में सिपहसालार उलूग खाँ के प्रस्ताव को अंजाम तक पहुँचाया जा सकता है।" क़ाज़ी मुगीसुद्दीन की यह राय रही। उसने रुक-रुक कर कहा। एक-एक बिन्दु पर विचार करते हुए।

अलाउद्दीन खिलजी की दृष्टि अमीर खुसरो पर थी। खुसरो किसी नतीजे पर पहुँचने की पूरी कोशिश कर रहा था लेकिन ठीक से उसके सामने तस्वीर उभर कर नहीं आ रही थी। मसला बहुत गम्भीर था—फिर भी उसे कुछ बोलना था, वह कहने लगा, "यदि सुल्तान को इसमें से हटा कर सोचें।"

सब मौन।

योजना बेकार।

क़ाज़ी मुगीसुद्दीन ने सबको ख़ामोश पाकर कहा, "फिर कुछ नहीं। शून्य। बेमतलब।"

"शायद क़ाज़ी साहब ठीक फ़रमा रहे हैं।" अमीर खुसरो ने हथियार डाल दिये।

अलाउद्दीन ने सिक्का उछाला। सबने गम्भीर होकर सुल्तान की ओर देखा। उसने सिक्के को चूमकर कहा, "अल्लाह की मर्ज़ी में सबकी मर्ज़ी है। ख़ुदा जीत गया, 'क़ाज़ी, मैं क़ायल हुआ। सिपहसालार उलूग खाँ इसे अंजाम में लाने पर काम करो।"

वह बैठक समाप्त हो गयी। सब चले गये। क़ाज़ी मुगीसुद्दीन ने कहा, "रात काली होनी चाहिए।"

उलूग खाँ ने सहज ढंग से कहा, "काले काम के लिए काली रात से बढ़िया दूसरा सुझाव नहीं हो सकता। ...है न खुसरो साहब।"

अमीर खुसरो ने मद्धिम स्वर में कुछ रुककर कहा, "मुझे तवारीख़ लिखने का इल्म है थोड़ा-बहुत। फिर भी मैं ख़ुदा से गुज़ारिश करता हूँ कि फ़तेह मिले। ...तवज्जो यह रखिए कि आपसे बाहर इस योजना का किसी दूसरे पर ज़िक्र न

हो। यहाँ तक कि फ़ौजी दस्ते के किसी सदस्य को भी नहीं। गोपनीयता, ऐसी हर योजना की कामयाबी की कुंजी है।"

"बेशक़ खुसरो साहब। ...मैं आपके मशविरे का क़ायल हुआ।" क़ाज़ी मुगीसुद्दीन ने कहा।

"मैं भी आपका शुक्रिया अदा करता हूँ। तवारीख़ दाँ। इस मशविरे का पूरा ख़याल रखूँगा।"

अब वह मोड़ आ गया, जहाँ से उन तीनों को अलग-अलग दिशा में रुख़सत होना था।

इस वक़्त भी अलाउद्दीन खिलजी के मन में पद्मावती का बेमिसाल सौन्दर्य ठहरा हुआ, चुपके-से इशारे करता लग रहा था। राघव चेतन को ख़ासतौर से इसीलिए साथ लाया था, उसे बुलवाया। उसने हथियार डाल दिये। क़िले के लिए भी उसने कोई गोपनीय रास्ता नहीं बतलाया। जो एक रास्ता हो सकता है, उसे उन्होंने बन्द पाया। हालाँकि अलाउद्दीन खिलजी ने उसे धमकाया भी और उस पर गुप्तचर तैनात कर दिये। फिर भी, वह अल्लाह के भरोसे आगे बढ़ रहा था।

35

यह अजीब परिस्थिति थी। दुश्मन पाँच माह से अधिक दिनों से क़िले की घेराबन्दी किये था। आसाढ़ गया। श्रावण आ रहा था। बरसात इस बार कुछ कम हुई थी। फिर भी उसने नदियों को खुशहाल कर दिया था। गम्भीरी तो बेड़च नदी से मिलकर तूफ़ानी हो रही थी। अचानक कहीं दूर होती हुई वर्षा से आये पानी से अपनी हदें पार कर चुकी थी। चारों ओर जंगल लहालहा रहे थे। पहाड़ियों पर हरियाली आसमान से उतर आयी थी। ऐसे मौसम में जब मौसम ही नाच उठा हो, तब सुल्तान अलाउद्दीन खिलजी की ओर से आया था यह अलिखित प्रस्ताव कि उन्हें दावतनामा भेजें, उसके बाद क़िले से घेरा हटा कर लौट सकते हैं। यह दुविधा थी। उसका उत्तरदायित्व दुर्वह है। रतन सिंह का दूत यह सूचना लेकर चला गया कि विचार करेंगे। वह सेवक जो सूचना लाया था, वह सुनकर सिपहसालार उलूग खाँ ने उससे कहा, "तुम्हें यह समाचार किसी को नहीं बताना है। सुल्तान पूछें तो उन्हें भी नहीं। यदि यह ख़बर अलाउद्दीन तक पहुँच गयी तो वह कहर ढाने लगेंगे। उनसे ऐसा उत्तर सुना नहीं जा सकेगा।"

उलूग खाँ ने राघव चेतन को बुलवाया और कहा, "रावल रतन सिंह की ओर दावतनामा मिलना ही चाहिए।"

"पर कैसे, सिपहसालार साहब?"

"तुम यहाँ रहे हो। तुम्हारी पहचान के ऐसे साथी भी होंगे जो, तुम्हारा एहसान मानते होंगे और तुम्हारा काम कर सकेंगे।"

राघव चेतन सोच में पड़ गया।

"चालाकी नहीं, यहाँ तुम्हारी खुद्दारी चाहिए अन्यथा मौत तो मुक़र्रर है ही। ...मुझे सुल्तान मत समझ बैठना, जिन्हें ऐय्याशी का नशा पिलाकर तू यहाँ तक ले आया। तूने रावल से अपने निष्कासन का बदला लेने की अच्छी चाल चली है। यह भेद सुल्तान को बता दिया तो धड़ से सिर अलग। अब बता...।"

"सिपहसालार साहब, मेरे एक सभासद मित्र हैं, उनसे...।"

उनसे या किसी दूसरे से, पर अपना काम हो जाना चाहिए।

"अब तुम जा सकते हो, शाम तक उत्तर चाहिए मुझे।"

दूसरे दिन इस मौखिक प्रस्ताव पर सभासद, मन्त्री आदि बैठे। उनमें राघव चेतन का सभासद भी था। लम्बी बहस के बाद यह तय हुआ कि इस सच का पता लगाने के लिए सीधे सिपहसालार उलूग खाँ से सम्पर्क किया जाये। वही सुल्तान के अधिक नज़दीक है।

बात कोशिश से आगे नहीं बढ़ी। दूसरी शाम को राघव चेतन ने उलूग खाँ को सभासद से हुई बात बता दी।

उलूग खाँ सोचने लगा कि सिर मुँडाते ही ओले पड़े। एक असम्भावित संकट आ पड़ा, जिसके लिए योजना में बात ही नहीं उठी थी।

रतन सिंह महल में लौटा एक नयी दिमाग़ी उलझन को लेकर। पद्मावती ने आज रतन सिंह के बनाये चित्रों को देखा। उनमें अधिकांश उसके ही थे अलग-अलग मुद्रा में। दो-तीन चित्रों के नीचे लिखा था—तुम्हारा इन्तज़ार है अनाम चित्र या तुम्हारी याद में चित्रकारी सीख रहे हैं हम। उसे बहुत ताज्जुब हुआ कि कोई बिना देखे कल्पना से ऐसे चित्र बना सकता है, जिन्हें देखकर कोई यह नहीं कह सकता कि वे चित्र उसके नहीं हैं। थोड़ा-बहुत अन्तर अवश्य है परन्तु वे चित्र मिलते-मिलाते उससे ही हैं। इस कारण आज पद्मावती बहुत खुश थी। उसके आने पर आज की खोज को बताकर उसके मन को भी आनन्दित कर देगी परन्तु रतन सिंह के मुखमण्डल पर चिपकी चुप्पी का अनुमान लगा कर वह चुप रह गयी। कुछ देर बाद वह बोली, "लेट जाइए। थके लग रहे हैं। सिर में थोड़ा-सा तेल लगा दूँगी।"

तब रतन सिंह को चेत हुआ कि वह महल में अपने शयनकक्ष में हैं। उसके पास पद्मावती खड़ी है। वह बोला, "लीजिए लेट जाता हूँ।" वह उन्हीं कपड़ों में लेट गया। कपड़े बदले नहीं।

पद्मावती अपनी उँगलियों के पोर से हलके-हलके मालिश करने लगी। पता नहीं उसे कब नींद आ गयी और बिन गरजे-कड़के बादल बरसने लगे। वह उठे कैसे क्योंकि उसकी जाँघ पर हाथ रखा हुआ है। वह ज़रा भी हिली-डुली तो उसकी नींद खुल जायेगी। कई दिनों से सोये नहीं थे, इस कारण वह गहरी नींद में सो गये।

पद्मावती बहुत प्यार से उसकी ओर देखती रही। पाया उसकी उँगलियाँ पतली व लम्बी हैं। हाथ भी लम्बे हैं–जो उसके चित्रकार और राजपुत्र होने की ओर संकेत करते हैं। उसने उसके सिर पर हाथ रख दिया। पता नहीं, वह कब सो गयी। जब आँख खुली तो वह उनके सिर पर हाथ रखे नींद निकाल रही थी और रतन सिंह जगे हुए थे।

पद्मावती अपने को इस मुद्रा में पाकर चकित रह गयी। कहाँ वह उसे सुला रही थी और कहाँ वह स्वयं सो गयी। वह लजाते हुए उठने लगी तो रतन सिंह ने उसे उठने नहीं दिया। बल्कि कहा, "मेरी ज़िन्दगी के मेघ मुझे यों ही सुलाते रहो। क्या जादू था तुम्हारे हृदय का कि मैं भी सुगन्ध में नहा लिया।"

"पता नहीं मुझे आज कैसे नींद आ गयी। आप...नहीं...नहीं तुम जग गये होगे।"

...नहीं। मैं तब जगा, जब तुमने मेरी छाती पर ज़ोर से हाथ रखा। ...यानी अभी-अभी...।"

"चलिए उठा जाये।" तुम हाथ-मुँह धोकर और कपड़े बदल कर आ जाओ, तब तक मैं भी तैयार हो लेती हूँ। रतन सिंह ने कहा, "आज, मेरे साथ आ जाओ।"

पद्मावती बोली, "शैतानी नहीं। थोड़ा सुधर जाओ।" वह छिटक कर आगे बढ़ गयी।

रतन सिंह सोचने लगा कि सामान्य जीवन कितना सुकून देता है। छोटी-छोटी इच्छाएँ, दाल-घी-आटे के स्वप्न और थकने-थकाने की अन्तर्गत चेष्टाएँ। छोटी-छोटी सोच लहरें जैसे झील में उठती तरंगें। मानो मन गा रहा हो–आओ, फिर से घरौंदे बनायें। उनमें नन्हें-नन्हें स्वप्न सजायें। कुछ-कुछ चिड़ियों सा उड़ें, इधर-उधर, फिर लय-ताल के साथ-साथ बहते जायें।

यों ही वह कुछ गुनगुनाने लगे थे। उन्हें गुनगुनाता देख पद्मावती ने पूछा कि "क्या हुआ, सा।"

"खाली बैठे मन को बहलाने लगा था।"

"और आपकी चित्रशाला क्या वह भी खाली बैठे मन को बहलाने की देन है।"

"एक तरह से।"

"कैसे?"

"राघव चेतन ने तुम्हारे सौन्दर्य के प्रभामण्डल की ज्योति जगायी...फिर तुम्हें देख भर लिया और तुम्हारी मादक पराग-सी उड़ती सुगन्ध के मलयजी हृदय के अनुरागमयी भावना लोक की कल्पना ने मुझसे यह सब करवा लिया। अन्यथा मैं कहाँ का चित्रकार। कूची-तूलिका पहली बार पकड़ी थी और रंगों से बिना सोचे-विचारे छेड़छाड़ की थी। ...उसने मुझमें गम्भीरी नदी की कल-कल और जंगल की हरियाली के रंग खिला दिये। ...पता नहीं, एक कच्चे चित्रकार का स्वनिर्मित संसार आपको कैसा लगा। रतन सिंह के मन से तनाव जाता रहा। उसके कलात्मक स्वप्नों ने जब आँखें खोलीं, तब अमल सौन्दर्य की सलज्ज मुस्कान ने मुझमें गीत-संगीत के प्रवाह को गुनगुनाने योग्य बना दिया।"

सच में मैं इस तरह कभी अवाक् नहीं हुई थी जिस तरह मैं चित्रशाला के संगीतमय चित्रों को देखकर अवाक् रह गयी। उनमें एकाग्र तल्लीनता, रंगमय होने की भरपूर संज्ञानता और वसन्त की जीने की आन्तरिक सुरभिमयी आकांक्षा ने मुझे इस सीमा तक जानने के लिए विवश कर दिया कि कोई मुझे चाह सकता है कि जितना मैं अपने को नहीं जानती-समझती, उससे ज़्यादा वह मुझे जानता-समझता है...कदाचित् उससे भी ज़्यादा। पद्मावती का हृदय-कमल खिल रहा था। उसकी बड़ी-बड़ी तीखी आँखों में सम्मोहक अनजान जंगल नाच उठा था। मानो वह गुनगुना उठी हो।

"चलिए आपने अनगढ़ चित्रशाला में पहुँच कर हमारे मन को रख लिया अन्यथा तो उस कक्ष में तुमसे पहले किसी ने प्रवेश नहीं किया था। कोई नहीं जानता, मैं स्वयं भी नहीं जानता कि चित्रशाला मेरे एकान्त की मधुशाला कैसे बन गयी। वे चित्र मुझसे कैसे संवाद कर उठे। तुम्हारे रसीले अधरों के मधुमास ने मुझे डाँट पिला दी, "जिन अधरों से मदिरा सेवन करते हो, उनसे उन पवित्र अधरों का कैसे स्पर्श कर सकते हो और कैसे वह अतीन्द्रिय आनन्द पा सकते हो...। तुम तो मांस देखते नहीं, उसका भक्षण करते हो तो कैसे उस सुरभिमयी देह और कठगुलाब की अनुभूति से जुड़ सकते हो!...तुम उसके शरीर को चाहे पा भी जाओ परन्तु तुम उसके गंगा से निर्मल सौन्दर्य की अननुभूत अनुभूति कभी नहीं पा सकोगे। ...फिर क्या था कि...।"

"तुमने मदिरा और मांस खाना छोड़ दिया और हम उसकी हक़ीक़त जान भी नहीं सके।"

"तुम क्या संसार में कोई विश्वास नहीं कर सकेगा कि एक राजपूत शूरवीर

तलवार के स्थान पर तूलिका पकड़ सकता है। मांस-मदिरा छोड़ने पर कभी उसका मलाल तक नहीं होने देता। ...सोचो पद्मावती, क्या वह तुम्हें...।"

"आगे कुछ नहीं। घणी छमा अन्नदाता।...म्हारे जीवन रे उत्सव...काश, तुम्हें समझने की वह दृष्टि मैं पा सकती, जिससे आपने अकल्पनीय आनन्द की स्वाति वर्षा की एक बूँद से मुझमें चातक की वह प्यास जगा दी है जो मुझे इस जगत तक ले आयी। जिसके बारे में यदा-कदा चम्पा चाची से मैं सुनती रहती थी। उनमें कविता का अनन्त प्रवाह गीत नदी-सा बहता रहता था। आज उनकी यह शब्दावली, जिसका मैं अर्थ तक नहीं जान पायी थी, की अनुभूति कर उठी हूँ। जान सकने का अभ्यास भर कर पायी हूँ कि कविता, चित्रकला, संगीत-नृत्य आदि स्वयं कब और कैसे उसके हृदय से अपने आप जुड़ने लगता है और फिर वह अपने में नहीं रहता किसी दूसरे लोक का प्राणी बन जाता है।" पद्मावती अनजान फूलों की घाटी के बीच अपने को पाकर इतनी गद्गद हो उठी कि आसमान में इन्द्रधनुष के रंगों से हवा में उड़ती चुनरी को रंग लेना चाहने लगी।

"पर कैसे?"

रतन सिंह के अधरों पर उँगली रखकर अपने अधरों का स्पर्श करा कर बोली, "सावन की घटाओं नाचो, रिमझिम का संगीत सुनाओ या कड़को-गरजो और चपला बन चमक-चमक सारे जंगल को अन्तर्प्रकाश से भर दो...आज क्या, मैं कभी तुम से कुछ नहीं कहूँगी।"

"क्योंकि मैं प्यार हूँ—सिर्फ़ प्यार।"

"प्यार कभी नहीं बोलता, न वादे करता है, न दावे करता है, न मरने-मारने पर उतारू होता है, न छीना-झपटी करता है। यह सिर्फ़ कठगुलाब-सा खिलता है, पलाश के फूल-सा आलोकमय होता है...। वह पराग बन उड़ता है, समीर बन मन-ही-मन गुनगुनाता है, हिना बन महकता है, केसर बन हृदय पर छा जाता है।" पद्मावती बिना समझे, बिना जाने बोलती जा रही थी एकान्त में गा उठी झील-सी, तरंगों की सरगम पर और रतन सिंह अनुभव कर रहा था झील की केसरिया मन्द-मन्द महकते पवन संग बहकती चन्दनिया सुवास का।

अचानक स्मरण हुआ कि यों तो रात गुज़ार देंगे भूल कर झाड़-झंखाड की उस दुनिया को जो जीने नहीं देना चाहती अपने मग़रूर बदख़याल, बेढंगे और नापाक इरादों से। रतन सिंह ने उठकर पद्मावती का हाथ पकड़ कर धीमे स्वर में कहा, "पद्मा एक कँटीला प्रश्न है। उसका इस समय ज़िक्र नहीं करना चाहता हूँ क्योंकि उससे तुम्हारा हमारा अन्तरंग वातावरण अनचाही दुनिया को बीच में खींच लायेगा, जिसके हम पात्र नहीं हैं।"

"तो क्या हुआ? बाहरी दुनिया से हम अलग नहीं हो सकते यदि हमें अन्तरंग दुनिया का होकर जीना है, तो उसका हमारे चित्त पर कोई प्रभाव नहीं पड़ने वाला। ...थोड़ा रुको, मैं कुछ लाती हूँ, तुम्हारे लिए बेहद मन से बनाया है।"

"लाओ, पहले अमृत पी लें, फिर विष का असर नहीं होगा।"

पद्मावती गयी और चाँदी की थाली में स्वर्ण के दो कटोरों में, कुछ लेकर आयी।

रतन सिंह की आँखें चमक उठीं। उसने लम्बी साँस लेकर कहा, "केसरिया खीर। वाह! वाह!! कब से सोच रहा था कि यह माह बिना खीर खाये बीत जायेगा।..." कुछ रुककर थाली स्वयं ले ली और प्यार भरी निगाह से देखते हुए धीमे-से कहा, "पहले अपने प्यार को अपने हाथों से।" दूसरे हाथ से कटोरा उसके मुँह से लगा दिया। यह इस ख़ूबी से हुआ कि पद्मावती सँभल नहीं पायी और न सोच पायी। बोलने की गुंजाइश ही नहीं छोड़ी, क्योंकि कटोरा मुँह से सटा हुआ था। उसे आशंका भी हुई कि यदि वह कुछ करेगी तो एक हाथ में थामी थाली कहीं गिर न जाये। चुपचाप पीने लगी।

"लो, अब अपना कटोरा उठाओ। ...ये नहीं, वह वाला थाली सहित।"

यह कैसी विवशता कि सब कुछ स्वतः हो रहा था। उसका कोई वश नहीं चल रहा था। वह तो कठपुतली बनी संचालित हो रही थी।

"अब हम अमृतमयी खीर पी सकते हैं।"

"म्हारी झूठी।"

"हम बच्चे नहीं हैं, जानते हैं कि प्यार कभी झूठा नहीं होता। ...कभी अमरूद खाया है।"

"हाँ, खाया है।"

"बोसा जिस पर तोते ने मुँह मारा हो। ..."

पद्मावती सहम गयी।

"वह बहुत मीठा होता है। ...यह तुम्हारी सलज्ज आँखें भी बता रही हैं कि हम झूठ नहीं बोलते।..." रतन सिंह ने मुस्करा कहा।

खीर का लुत्फ़ उठाने के बाद पद्मावती ने कहा, "अब उस कँटीले प्रश्न को भी बता डालो।"

रतन सिंह बोला, "खीर के स्वाद के बाद उस प्रसंग का कोई अर्थ नहीं रहता। ...तुमने भी बहुत चालाकी से अपने कटोरे की खीर हमारे कटोरे में उड़ेल दी। फिर जूठी कहाँ रही वह। पुनः उसमें अपने कटोरे से खीर डालनी पड़ी। ...कहाँ से सीखी तुमने अपने नमकीन सौन्दर्य को और नमकीन बनाने की यह अद्भुत कला!"

रतन सिंह ने उसकी आँखों में झाँकने का प्रयास करते हुए कहा, “कौन जानेगा प्रेम आख्यान के अन्तर्ध्यान होने वाले इन रसीले प्रसंगों की अन्तर्कथा को! ...कौन है यहाँ तीसरा जो बन सकेगा इनका गवाह। कभी इन प्रसंगों की अन्तरंगता से जुड़ सकेगा आने वाला कल और उसका समाज। वह तो क़िले की जीत-हार का गणित बाँच कर रह जायेगा बाँझ स्त्री के गर्भवती न होने की एक पंक्ति लिखकर। क्या मिलेगा उससे कल को, समाज को? यह सच है, प्यार इतिहास का विषय नहीं है। वास्तव में वह जीने वालों की ज़िन्दगी से जुड़ी उन रसानुभूतियों की अन्तरंगता का अमृत है जो अलिखा रह जायेगा और उसके न होने से जीवन वस्तु की शक्ल लेने को जीवन समझने की ग़लती करता जायेगा। लेने चला था अमृत उसे विष का भी अनुभव नहीं हो पायेगा।”

पद्मावती कुछ समझी और कुछ नहीं समझी। ऐसी अधूरी बात को बिलोकर भी उसके अमृत तक नहीं पहुँच पायी। इस कारण वह न हाँ कर सकी और न। वह सीधे-सीधे कहने लगी, “मुख्य बात पर आइए, पहेलियाँ मत बुझाइए।”

“तो वह भी कान खोलकर और आँख बन्द कर सुन लीजिए, परन्तु ठण्डे दिमाग़ से सोचकर कहिए यदि उस पर कहने का मन हो तो।”

रतन सिंह को चुप देखकर पद्मावती ने कहा, “कुछ बताइए भी कि बात क्या है?”

दावतनामा से शुरू कर वह सारी बात बता दी। पद्मावती बोली, “पहले इस बात की प्रामाणिकता का पता चल जाये।”

“ये बात किसी तीसरे की चालाकी नहीं हो सकती।”

“ऐसा प्रस्ताव शत्रु की ओर से आना भी समझ से बाहर है।”

पद्मावती ने आगे सोचते हुए कहा, “सुलतान ऐसी बचकानी हरक़त नहीं कर सकता और यदि उसने की या करवायी है तो उसके पीछे गहरी चाल है।”

“क्या हो सकती है चाल?”

“धोखा देना...महल के अन्दर आकर जायज़ा लेना। ...अभी तक उन्हें क़िले के अन्दर आने का कोई रास्ता नहीं मिला है। वे थक चले हैं। सोचने लगे होंगे कि यों छोटी-मोटी लड़ाई से क्या कर पायेंगे?”

पद्मावती की सोच ने करवट बदली, “अब प्रश्न नाक का रह गया है।”

“वह कैसे?”

“शीघ्र-से-शीघ्र कुछ ऐसा किया जाये कि क़िले में प्रवेश मिल जाये।”

“हाँ, उसकी मंशा तो यही लगती है। लेकिन वह महल देखकर लौट जाना चाहता है।”

“उसकी शैतानी आँखें महल नहीं मुझे तलाश करना चाहती हों तो...।”

"ऐसा कोई ज़िक्र नहीं।..."

"ज़िक्र वाले सारे सन्धि प्रस्ताव पहले ही नकारे जा चुके हैं।" पद्मावती ने सोचते हुए कहा।

"यदि न कर दें तो...।"

"युद्ध।" पद्मावती ने तत्काल कहा।

"वह तो हो ही रहा है।"

"घमासान युद्ध। ...अपनी प्रजा भी बहुत परेशान हो रही है। उसकी भी जान-माल को ख़तरा है। ...युद्ध सारी प्रगति का मुँह मोड़ देता है।" पद्मावती ने कह डाला।

"प्रजा की भी जान जोखिम में है। सारा व्यापार ठप है। राज्य की इज़्ज़त भी..।"

"इज़्ज़त लड़कर बचायी जा सकती है।"

"उसके पास विशाल सेना है।"

"अपने पास भी हौसला है, अनुभव है और पराक्रमी फ़ौज है।"

"इतना मत सोचो, रावल सा। सदा लोलुप परस्त्रीगमन का मारा, धन-दौलत बटोरने वाला अन्दर से कमज़ोर होता है।"

"ये आदर्श की बातें हैं।"

"ग़लत। ये कमज़ोर इरादों की पहचान है। लक्ष्य की भी बात है।"

"फिर?"

"अधिक मत सोचो और यदि सोचो तो यह कि वह महल में आये और गिरफ़्तार कर लिया जाये। बाज़ी ख़त्म।"

"वह अतिथि होगा।"

"युद्ध में इन बातों पर ध्यान नहीं देना चाहिए। युद्ध सीधा विजय के लक्ष्य को सामने रखकर किया जाता है।" पद्मावती ने दो टूक उत्तर दे डाला।

"हमारी संस्कृति...।"

"युद्ध में संस्कृति की बात उठाना ही ग़लत है। ...जब सुल्तान ने मुझे माँग लिया था, तब वह किसकी संस्कृति थी?" पद्मावती ने तर्क को धार देकर कहा।

"कल पुनः बैठक है।"

"मेरा एक सुझाव और है, यदि आपकी बैठक में उस पर विचार किया जा सके। पाप-पुण्य, संस्कृति-असंस्कृति आदि का दायित्व मुझ पर छोड़ो।"

"सुझाव क्या है?"

"आपको उस गद्दार के बाण से बचाया था।"

"और फिर तत्काल उसको गुप्ती मारी थी।"

"हाँ...वह मर गया था।"

"विषपान कर।"

"या विषैले बाण के लगने के कारण। कारण कुछ भी रहा हो, परन्तु इसमें दो राय नहीं हो सकती है कि वह मारा गया था।"

"हाँ...तो...।"

"मुझे एक अवसर दो, मैं उसे अपना लक्ष्य बना सकूँ। मेरे मन की भी हो जायेगी। मुझे शान्ति भी मिलेगी।"

"बदला।"

"इसे कुछ भी कहो या मानो, पर मेरा रास्ता साफ़ है।" पद्मावती ने स्पष्ट कर दिया।

"शेष इस पर कल बात करें।"

"ठीक है।"

"तुम्हें बुरा लग रहा होगा।"

"नहीं, बिल्कुल नहीं। आख़िर सलाह-मशविरा कर लेना भी बहुत ज़रूरी है।"

"...मुझे तो युद्ध का अनुभव नहीं है।"

"इससे कुछ नहीं होता। यदि काम डर कर नहीं किया गया हो।"

"अब सपने चुराने का मन हो रहा है।"

"मैं तो भूले जा रहा था कि हम आधी रात के बाद आमने-सामने हैं।" रतन सिंह ने आँखों के इशारे से कहा, कल रात की तरह नहीं। पद्मावती ने आँख दिखायी तो रतन सिंह मुस्कराकर रह गया।

36

काले बादल छाये हुए थे। दिन में तेज़ी से बरसे भी थे लेकिन अब डटे खड़े थे। मानो हमले के आदेश की प्रतीक्षा में हों।

दिन भी चुना तो क्या! कल तो आसमान साफ़ था। धूप निकली हुई थी। किसको पता था आगे आने वाले कल का!

दिन ही रात में बदल गया था। उधर रात भी अमावस्या की थी। काली नागिन सी हवा फुफकार रही थी।

अलाउद्दीन ने उस दिन न शराब का सेवन किया और न मांस को हाथ लगाया। यह टोटका राघव चेतन का सुझाया हुआ था। स्वर विनीत। मधुर शान्त मन। वह महल में आ पहुँचा। उसके साथ अमीर खुसरो, सिपहसालार आईनुल

मुल्क, उलूग खाँ, मलिक क़ाज़ी, मलिक कपूर, कमालुद्दीन गुर्ग, मुगीसुद्दीन, क़ाज़ी शाहीन आदि थे। सभी का रंग गोरा, तगड़े, हृष्ट-पुष्ट, लम्बे, बड़ी-बड़ी आँखें, पतले अधर, चेहरा तमतमाता हुआ और शान बेहिसाब।

स्वयं अलाउद्दीन खिलजी गम्भीर, गिद्ध की आँखों वाला, सुदृढ़ क़द-काठी का सुन्दर जवान लग रहा था। उसकी बातों में शालीनता, शिष्टता और सहजता थी।

उन सबका रावल रतन सिंह ने हाथ जोड़कर स्वागत किया। रतन सिंह अलाउद्दीन खिलजी से लम्बा, इकहरे बदन का, क़द-काठी दबंग, चुस्त कमर सिंह सी, आँखों में तेज, मुखमण्डल गरिमापूर्ण, देह एकदम सुर्ख़, भुजाएँ लम्बी। वह जीता जागता देव मूर्ति का प्रतिरूप था।

"हमें आपका महल बहुत ख़ूबसूरत, चित्रांकित, कलात्मक और वास्तु-कला की उत्तम मिसाल लगता है।"

"शुक्रिया सुल्तान, आभार। आप कला पारखी हैं।"

अलाउद्दीन ने सहज मुस्कराते हुए कहा, "मन चाहता है सब शान्ति से रहें, ताकि कला, संगीत, साहित्य, संस्कृति का विकास जन-जन को जीवन के आनन्द से जोड़ सके।"

"श्रेष्ठ विचार है।" बादल ने शान्त भाव से कहा। उसकी छाती चौड़ी और डील-डौल पहलवान जैसा था।

अलाउद्दीन की आँखें उस पर जम गयीं, परन्तु विषय के क्रम को आगे बढ़ाते हुए रटे हुए संवाद सहज ढंग से व्यक्त करने लगा, "रावल सा, कब आयेगा शान्ति युग! कब मिटेगा ये ख़ून खराबा, युद्धों का तूफ़ान, सुन्दरता को विरूप करने, मिटाने का काम!...कैसे रुकेगा? कई दिनों से मुझे इन विचारों ने घेर रखा था। कौन पहल करेगा और कब?" अलाउद्दीन की दृष्टि क़ाज़ी मुगीसुद्दीन से मिली। उनका अनुकूल संकेत पाकर वह आगे कहने लगा, "थक चुका हूँ, रावल सा! युद्ध-युद्ध आख़िर कब तक युद्ध? कब सँवारा जायेगा जीवन का उत्सव।" कोई जवाब नहीं। ...कौन जवाब दे? आख़िर में तड़प उठा और अपने ख़ुदा को पुकार बैठा—"ऐ मेरे ख़ुदा, रहम कर, मैं तेरे पाक क़दमों की राह पर कब चलूँगा? मुझे रास्ता दिखा। मैं रिआया की ख़िदमत करने लगूँ...। सचमुच उसके दोनों हाथ ऊपर उठ गये।"

रतन सिंह और उसके साथी देखते रह गये। वास्तव में ख़ुदा ने उसके ज़मीर को जगा दिया। वह ख़ुदा का बन्दा हो गया। तभी उसने पैग़ाम भिजवाया है। वह कह रहा था, "यह पहल मैं ही करूँ। मेरा पैग़ाम नहीं था वह। दरअसल, वह ख़ुदा का पैग़ाम था।" मैं ख़ुदा से पूछ रहा था, "तूने मुझसे पैग़ाम तो भिजवा दिया। पर उसका यक़ीन कौन करेगा—एक जल्लाद के ख़ुदा का बन्दा बनने के क़िस्से

को कौन मानेगा? कौन बनेगा उसका पैग़ामी? मैं दस्तख़त नहीं करूँगा...तू ही पैग़ाम भिजवायेगा और तू ही उसकी तामील करवायेगा। ...सोच ले इस जहाँ के मालिक तू मुझे दुश्मन के दौलतखाने में तो भेज रहा है पर क्या वहाँ से सही-सलामत, इज़्ज़त से तेरी पाक दहलीज़ पर माथा टेक सकूँगा।...” इसके बाद उसने आँखें बन्द कर लीं मानो उस वक़्त ख़ुदा की दहलीज़ पर वह सजदा करने लगा हो।

अलाउद्दीन खिलजी के इस बदले रूप से किसी को उस पर कोई शक-सन्देह नहीं हुआ। चुपके-से पुरोहित ने उसके इस बदले रूप का श्रेय चित्तौड़ की पवित्र भूमि को दिया। बन्द आँखों से उसका दिल पद्मावती की एक झलक पाने के लिए तरस रहा था। मन-ही-मन कह रहा था, “सौन्दर्य की महारानी, अब तो इनायत करो। तेरा यह गुलाम तेरी पाक दहलीज़ पर बिना अपने प्राणों की चिन्ता किये यहाँ तक चला आया है। इसे कहते हैं सच्ची-पाक दीवानगी।”

अलाउद्दीन खिलजी ने धीमे-धीमे आँखें खोलीं जैसे क़ाज़ी मुगीसुद्दीन ने उसे अभ्यास कराया था। पर पद्मावती कहीं नज़र नहीं आयी, यह उसके साथ आये उलूग खाँ ने संकेत से बता दिया था और समझा दिया था कि, “ऐसे वक़्त गुस्सा पी जाना, धैर्य से काम लेना है, क्योंकि अभी उपसंहार होना बाकी है। ज़रा भी गड़बड़ कर दी तो सारे किये-कराये पर पानी फिर जायेगा।”

अलाउद्दीन खिलजी के धैर्य की सीमा टूटने के कग़ार पर जा पहुँची थी। जैसे-तैसे वह गुस्से को दबाये हुए क़ाज़ी मुगीसुद्दीन और राघव चेतन पर बरस रहा था, “स्साले उल्लू के पट्ठे, मज़हब और इल्म के उस्ताद की खालाएँ, उल्टा-सुल्टा रट्टा रटा के ले आये। मैं भी कितना मूर्ख था कि इन ज़नखों की बातों में आ गया। ...सूअर की औलाद...इनको तो मैं...।”

अलाउद्दीन के चेहरे पर गुस्से के तेवर उभरने लगे थे कि तभी क़ाज़ी मुगीसुद्दीन कहने लगा, “देखिए ख़ुदा का नूर जब रूहानी सुकून देने लगता है, तब दुआ मिलती है और मन्नत पूरी होती है। कोई मन्नत करके देख ले, यक़ीन हो जायेगा।”

अलाउद्दीन गुस्से से आग बबूला हुए जा रहा था। इन हिजड़ों की करतूतों पर; नामाकूल, निकम्मे, मुफ़्तखोर...सारी जमात को ठगते हैं। ...हराम की औलाद..., अन्दर से आवाज़ आयी, “वह क़ाज़ी है, मौलवी है। आपके मज़हब का। उसके बारे में ऐसे ख़यालात गुनाहगार बनाते हैं।”...बनाते होंगे। ...मैं इन सबकी असलियत जानता हूँ। फिर भी इनकी ज़रूरत समझता हूँ।

उलूग खाँ ने मौक़ा पाकर कहा, “रावल सा, हुज़ूर को अल्लाह से सीधे सन्देश आने लगे हैं। आप उन पर ग़ौर करो। जंग से बचो।”

अलाउद्दीन ने विनम्रता से कहा, "हम अपने अहंकार और अन्धेपन को अपनी रिआया पर क्यों थोपें?...जंग बर्बादी का न्योता है। ...फिर आप कम समझदार नहीं हैं। आगे आपकी इच्छा।"

"आपकी बात का हृदय से स्वागत करता हूँ।"

अलाउद्दीन का हृदय फटा जा रहा था। वह कहना यह चाहता था, "रावल की औलाद उस हूर की परी का हाथ हमारे हाथ में दे-दे, फिर खुशी-खुशी राज कर।" परन्तु शालीनता बनाये रखना भी ज़रूरी था।

दावत पर आ बैठे। परोसने का काम आदमी कर रहे थे। यह देखकर साँप सूँघ गया अलाउद्दीन को।

जब चलने की बारी आयी तब अलाउद्दीन ने कहा, "रावल सा, ठण्डे दिल से काम लेना। जल्दी का काम शैतान का होता है। मुझे आपका सहयोग मिलेगा तो हर टेढ़ा सवाल सीधा होने लगेगा।"

तभी सेवक आया और बादल को अपने साथ ले गया।

अब रास्ता साफ़ था। विलम्ब नहीं। सब उठ गये। महल के दरवाज़े तक आये तब अलाउद्दीन ने कहा, "लौट लीजिए, हम चले जायेंगे।"

"ऐसा कैसा हो सकता है, सुल्तान साहब। इतना तो हम लोगों को कर लेने दीजिए कि हम आपको फाटक तक पहुँचा दें।" रतन सिंह ने मधुर स्वर में कहा। साथ ही मन-ही-मन सोच गया कि इस मैत्री भाव से जंग से तो पिण्ड छूटेगा।"

"आपकी जैसी इच्छा।"

बड़ा फाटक खुला। द्वारपाल तथा उसके साथियों ने झुक कर कई बार नमन किया। यह सारा कार्य शान्तिपूर्वक और खुशी-खुशी हो रहा था। सबको ख़ुशी थी कि सुल्तान ख़ुद चल कर आया है। यह उसका बड़प्पन है।

"...अभी तक रावल सा और उनके साथ जो व्यक्ति थे, वे लौटे नहीं।"

"तो चिन्ता क्यों! खड़े होकर भी बात करने लग जाते हैं। बड़े लोग जो करें, वह थोड़ा।"

अब तो समय काफ़ी हो गया था। द्वारपाल और उसके कुछ साथी बाहर आये। तभी पीछे से मशाल लेकर एक सेवक आ गया।

"हैं! ये क्या! लाशें ही लाशें...।" सेवक के पाँवों से धरती खिसक गयी। आँखों के आगे अँधेरा छाने लगा। तभी यह सूचना सेनापति, मन्त्री तथा दूसरे सम्बन्धित अधिकारियों को दी गयी।

चारों ओर घोड़े दौड़ा दिये। सब आ गये। सबके मन में खलबली मच गयी। अलाउद्दीन ने रतन सिंह के लिए ख़ास सुरक्षा का प्रबन्ध किया था, वहाँ उन्हें

नज़रबन्द कर दिया। अलाउद्दीन को लगा कि अब खुद पद्मावती नंगे पाँव चल कर आयेगी। रावल लो—पद्मावती दो को दोहराता हुआ अलाउद्दीन प्रसन्न हो उठा। उसने बेकार उन लोगों को मन-ही-मन बहुत बुरा-भला कहा। उसने मौन रहकर उनके प्रति खेद प्रकट किया।

37

दिन उगते-उगते, सूरज को फिर बादलों ने घेर लिया। अँधेरा छा गया। इस ख़बर ने सारी व्यवस्था को हिलाकर रख दिया। दौड़-धूप बहुत तेज़ हो गयी। हो न हो अलाउद्दीन ने रावल को अवश्य ही नज़रबन्द कर लिया होगा। उसे पद्मावती चाहिए। सीधी-सादी बात यह है कि इस हाथ ले, उस हाथ दे।

पद्मावती को भी यह सूचना मिल चुकी थी। वह हैरान थी कि अब करे तो क्या करे।

सेनापति पद्मावती के पास आया। उसने सारी कहानी सुना दी। पद्मावती बोली, "यह कैसी संगीन व्यवस्था थी कि घर आया दुशमन उनके रावल को ही क़ैद कर ले गया। सब तमाशबीन बने रह गये।"

कोई सरगर्मी नहीं। चारों ओर रावल के ग़ायब होने के सवाल पर अलग-अलग बातें हो रही थीं। सैनिक दल चारों ओर फैल गया। बड़ा फाटक बन्द करवा दिया गया, छोटे फाटक से झुककर आना-जाना होने लगा। फाटक पर सेना का विशेष दल तैनात था। खुफ़िया दस्ता भी निकल पड़ा था।

पद्मावती शान्तिपूर्वक सोच रही थी कि आगे क्या करना है? उसने सेना के अनुभवी शूरवीर, सेनापति, गुप्तचर विभाग के तीनों प्रधानों और पैदल सेना के नायक आदि को दरबार भवन में बुलवाया। सोनगरा चौहान वंश के प्रतापी रणनीति विशेषज्ञ गोरा चौहान, उनके भतीजे बादल चौहान, रतन सिंह के भाई लक्ष्मण सिंह, अभय सिंह और उनके पुत्र अरि सिंह आदि को महल में बुलाकर बातचीत शुरू करने से पूर्व पद्मावती ने कहा, "यहाँ देवर सा, उनके पुत्र गोरा, बादल आदि रणवीर विराजमान हैं। मैं आप सबका हृदय से सम्मान करती हूँ और आज आप सबके सामने राजपूती नारी मर्यादा का यह घूँघट उठाकर प्रण करती हूँ कि जब तक रावल सा को छुड़ाकर चित्तौड़ क़िले में नहीं ले आऊँगी, तब तक घूँघट में नहीं रहूँगी और सुल्तान के शिविर में जाकर वह ताण्डव करूँगी कि नारी अस्मिता से खेलने वाला बाज़ीगर सुल्तान कहीं मुँह दिखाने लायक नहीं रहेगा।"

"आप क्यों महारानी सा, हम हैं ना, मर-मिटेंगे पर रावल सा को छुड़ाकर लायेंगे।"

"जानती-समझती हूँ कि मुझे ऐसा करने से आप रोकना चाहेंगे, पर मैं आपको यह विश्वास दिलाना चाहती हूँ कि पद्मावती के रूप लावण्य के अफ़ीमची, सुरापान करने वाले नपुंसकों के लिए सौन्दर्य की रानी शौर्य का प्रदर्शन करने में कैसे रणचण्डी बन जाती है।"

"परन्तु हम सब हैं। प्रतिज्ञा करते हैं।" बादल ने चाचा गोरा चौहान की ओर देखकर कहा।

"मुझे आप सब पर पूरा विश्वास है। परन्तु एक बार मैं रणचण्डी बनकर राक्षसों को उसकी वीरता, शौर्य और प्रचण्ड रूप का भी अनुभव कराना चाहूँगी।" हाथ में खप्पर लेकर पद्मावती कहती है, "मेरे हाथ में आप जो खप्पर देख रहे हैं। यह महाकाली माँ के हाथ में रहने वाला रुधिरपात्र है। ...मैं आपसे विनती करती हूँ कि मुझे अपना आशीर्वाद दीजिए।"

इस पर लक्ष्मण सिंह ने खड़े होकर कहा, "भाभी सा, फिर हम किसलिए हैं। राजपूत राजवंश की बींदणी की रक्षा करना राजपूतों का धर्म है। उनकी आन-बान-शान का प्रश्न यह है।"

"देवर सा, मुझे आप सबकी वीरता पर कोई सन्देह नहीं है। परन्तु कब तक आप हमारी रक्षा करेंगे? क्यों करेंगे? कब हमें ऐसा अवसर मिल सकेगा कि रणक्षेत्र में उतर कर हम भी अपनी आन-बान-शान का परचम फहरा सकें? सुल्तान की ये हिम्मत कि वह रावल की बींदणी की माँग कर सके। मेरी आपसे करबद्ध प्रार्थना है कि मेरा मार्ग प्रशस्त करें। यह अभियान ज्येष्ठ तुल्य परम पूजनीय गोरा और मेरे नेतृत्व में चलाये जाने की अनुमति प्रदान करें। मैंने इससे पूर्व अपने देवर लक्ष्मण सिंह सा और पूजनीय बादल सा से सारी बातें कर ली हैं। उन्होंने आज सबसे अनुमति लेने का प्रस्ताव रखा था, इसलिए मैं आपसे विनती कर रही हूँ कि एक बार सौन्दर्य की कठपुतली को महाकाली बनने की अनुमति देकर नारी के स्वाभिमान, शक्ति और सूझ-बूझ को भी सामने आने दें, ताकि इन हवस के म्लेच्छों का दूसरी बार ऐसा दुस्साहस न हो सके।" पद्मावती के हाथ जुड़ गये थे। उसका सौन्दर्य महाकाली का रूप लेता लग रहा था। उसकी आँखों में वीरांगना का तेज और उसके हृदय में ज्वालामुखी का उबाल साफ़ नज़र आ रहा था।

आख़िरकार उन सबने कुछ समय आपस में सलाह-मशविरा करने के लिए माँगा। पद्मावती उनका इशारा समझकर दूसरे कमरे में चली गयी।

बहुत-सी बातें उठीं। राजपूतों के स्वाभिमान और प्रतिष्ठा का प्रश्न भी सामने आया। ऐसा आज तक कहीं हुआ है। परन्तु किसी सुल्तान की ऐसी नीचता और

दुष्टता का प्रस्ताव उस बींदणी के मन पर क्या दुष्प्रभाव डालता है, इस पर आज तक किसी ने नहीं सोचा है। मर्द आपस में उसकी ज़िन्दगी का फ़ैसला करते रहे हैं। उस बींदणी को भी पूरा हक़ है यदि वह सामने आने का साहस रखती है तो उसे आने दिया जाये। उन सबकी जानकारी में यह बात आ चुकी थी कि पद्मावती घुड़सवारी, तीरन्दाज़ी, तलवारबाज़ी आदि में अच्छा दख़ल रखती हैं।

आख़िर में सर्वसम्मति से निर्णय पद्मावती के पक्ष में हो गया। लक्ष्मण सिंह सा क़िला सँभालेंगे और पद्मावती सा गोरा चौहान के साथ रावल सा को छुड़ाने का नेतृत्व करेंगी।

इसी तरह दरबार भवन में पद्मावती ने जोशीले शब्दों के अपने सम्बोधन से सबका मन जीत लिया। प्रतिज्ञा करा ली कि सुल्तान को दिन में तारे दिखलायेंगे।

यों सारा वातावरण ही शौर्य और वीरता के उन्माद से आकाश चूमने लगा।

गुप्तचर विभाग और राजवैद्य को बुलाकर पद्मावती ने यह योजना बनायी कि राजवैद्य विष उपलब्ध करवायें और गुप्तचर विभाग दुश्मन के शिविरों में उन स्थानों को चिह्नित करे, जहाँ पेयजल पानी, घुड़साल, खाद्य-सामग्री आदि में विष मिलाया जा सके। राजवैद्य ने इसके लिए विष की अनुपलब्धता बतायी। फिर भी जितना सम्भव होगा, वह कल तक अपनी स्थिति बता देगा। गुप्तचरों को यह कार्य भी सौंपा गया कि वे उनके शिविर के आने-जाने के प्रमुख रिवाज़ों, साधनों व ठिकानों की स्थिति स्पष्ट करें।

लक्ष्मण सिंह, गोरा और बादल सभी आश्चर्यचकित रह गये। किसी के दिमाग़ में इस तरह की योजना इससे पूर्व नहीं आयी थी। सात-आठ सौ पालकियाँ, उनके लिए सैनिकों का चयन, पालकी उठाने वाले सैनिकों का चयन आदि कार्यों का उत्तरदायित्व गोरा चौहान को सौंपा गया।

लक्ष्मण सिंह सा को सुल्तान की माँग वाले पत्र का मज़मून बनाने का काम सौंपा गया। क़िले की सुरक्षा और सैनिकों को स्थान बदल कर कार्यक्षमता बढ़ाने की दिशा में कार्य करवाने का सुझाव दिया। पद्मावती का यह कथन सब में जान फूँक गया कि हार को जीत में बदलने का नाम है सच्चे राजपूत और सैनिक की पहचान। महाकाली का आशीर्वाद है, जीत हमारी ही होगी। स्वयं महारानी ने नेतृत्व सँभाल लिया है। अब तो...ऐसा घमासान युद्ध होगा कि दुश्मन के छक्के छूट जायेंगे।

पत्र तैयार हो गया था। वह यों था—

सुल्तान अलाउद्दीन खिलजी साहिब, शर्त मानने को तैयार हूँ। लेकिन इस शर्त पर कि इससे पूर्व आप मुझे एक बार रावल रतन सिंह से मिलने देंगे। मेरे

साथ सात सौ पालकियों में मेरी सहेलियाँ और दासियाँ होंगी। वे आपके यहाँ मेरे साथ रहेंगी।

यह आप कैसे विश्वास दिलायेंगे कि मुझे पाकर आप रावल रतन सिंह को छोड़ देंगे। पत्र के उत्तर की प्रतीक्षा रहेगी।

पद्मावती

आपकी लिखने पर आपत्ति की गयी। सबका तर्क था कि पत्र लक्ष्मण सिंह के हस्ताक्षर से जाना चाहिए, परन्तु पद्मावती का तर्क रहा कि छल का जवाब छल से ही इस तरह दिया जाना चाहिए कि उसमें छल की गुंजाइश ही नहीं रहे। सुल्तान को लगना चाहिए कि स्वयं पद्मावती ने पत्र लिखा है। अन्त में मेरे हस्ताक्षर। पक्का दस्तावेज़। वह पत्र पढ़कर सुल्तान उछल पड़ेगा। अपनी बुद्धि को ताक पर रखकर पद्मावती के आने के नशे में पागल हो उठेगा। उसका यही पागलपन हमारा काम आसान करेगा।

पत्र गया।

तत्काल उत्तर आया।

मालकिन-ए-हिन्द,

मैं बहुत शुक्रगुज़ार हूँ। ख़ामख़्वाह फ़िक्रमन्द हो चला था। मेरी फ़ितरत कुछ ऐसी है कि एक बार इब्तदा-ए-इश्क़ (प्यार का उदय) हो गया तो वह मुझे पागल बना जाता है, दिल्ली से चित्तौड़ का सफ़र करा देता है। कब से आपके मुताल्लिक़ सोचता रहा हूँ। आपकी ख़ातिर मैं इस ज़िल्लत से गुज़रने पर तहे दिल से आपसे मुआफ़ी माँगता हूँ।

आपका यह फ़रमाना वाजिब है कि इस अदला-बदली में मुतास्सिर (विश्वास) होना लाज़िमी है।

हमारे ख़ास मुख़बिर से मालूम पड़ा है कि आप बड़े दिलवाली हैं। ज़हीन (बुद्धिमान) हैं। घुड़सवारी, तलवारबाज़ी में आपको महारत हासिल है। हम ख़ुदा को हाज़िर-नाज़िर मानकर और कुरान पर हाथ रखकर यह वादा करते हैं कि आप रावल रतन सिंह से मिलकर जब हमारे ग़रीबखाने की दहलीज़ पर अपने पाक़ क़दम रखेंगी, उसी वक़्त बाइज़्ज़त रावल रतन सिंह को चित्तौड़ क़िले तक पहुँचा दिया जायेगा। मैं यह मुतास्सिर इस अज़्म (दृढ़ निश्चय) के साथ कह पा रहा हूँ कि इसमें मेरी तरफ़ से ज़रा-सी भी वादाख़िलाफ़ी की दुर्गन्ध आ जाये तो ख़ुदा मुझे जहन्नुम में भी जगह न दे।

मैं जान चुका हूँ कि शेरनी से उसकी इच्छा के बिना सम्बन्ध बनाना सम्भव नहीं है। मैं आपके पाक बदन को तब तक नहीं छुऊँगा जब तक मैं अपनी ख़ालिश मुहब्बत का यक़ीन नहीं दिला दूँगा।

जवाब देकर इस इत्तफ़ाक़ (संयोग) को हक़ीक़त में बदलने की आपकी पेशकश के लिए दिलोजान से शुक्रिया।

आपका

—अलाउद्दीन खिलजी

पद्मावती यही चाहती थी। उसने समय और दिन मुकर्रर कर इत्तिला करवा दी।

अलाउद्दीन की अल्लाह ने सुन ली, उसका लाख-लाख शुक्रिया। अपनी तरफ़ से जहाँ रावल रतन सिंह को नज़रबन्द किया था, उधर किसी फ़ौजी को नहीं लगाया, ताकि विश्वास में घात की दुर्गन्ध न आ जाये।

शिविर को फूलों और इत्र की ख़ुशबू तथा रंग-बिरंगे रेशमी कपड़ों से सजाया गया था। चारों ओर एकदम दिलख़ुश और आशिकी का माहौल नज़र आ रहा था।

जैसे ही पालकियों का आना शुरू हुआ वैसे ही फूलों की वर्षा शुरू हो गयी और ताशे-ढोल-नगाड़े आदि बज उठे।

आख़िर एक डोली से पद्मावती वहाँ उतरी, जहाँ रतन सिंह नज़रबन्द था, रतन सिंह नाराज़ हो उठा, "ऐसी ज़िल्लत उठाने की क्या ज़रूरत थी। मुझे मर जाने देतीं, पद्मा! हाय, तुमने यह क्या किया! क्या मेरे प्राण बचाना इज़्ज़त गँवाने के बनिस्बत बेहतर रास्ता था। ...हट जाओ मेरे सामने से, मैं तुम्हारी शक्ल भी देखना नहीं चाहता हूँ।" पद्मावती ने पहले ही यह रुक्का थमा दिया था कि वह आज़ाद कराने आयी है। गोरा चौहान और चुनिन्दा सैनिक इन पालकियों में बैठे हैं। तुम मुझे जितना भला-बुरा कह सको, कहना। नफ़रत ज़ाहिर करना।

पद्मावती भी कह उठी, "मुझे मलिका-ए-हिन्द बनना था, जो तुम्हारे साथ स्वप्न में भी सम्भव नहीं था। अपनी तरक्की कौन नहीं चाहता। तुम अपनी सुरक्षा तो कर नहीं सके, यहाँ क़ैद में पड़े हो। मुझे तुम जैसे कमज़ोर रावल के साथ नहीं रहना है। ...मैं सुल्तान के पास जा रही हूँ। वह तुम्हें बाइज़्ज़त छुड़वा देगा।"

अलाउद्दीन ने सादे वेश में फ़ौजी भी वहीं छिपा रखे थे। पद्मावती ने बड़ी सावधानी से अपनी पालकी के चारों ओर दासियों को खड़ा करके रतन सिंह को पालकी में बैठा दिया और ख़ुद भी पालकी में बैठने से पहले पालकी वालों से कहने लगी, "सुल्तान की ओर ले चलो।" आगे-आगे उनका आदमी पीछे-पीछे पालकियाँ लौटने लगीं।

अलाउद्दीन के ख़ास खुफ़िया गुप्तचर ने आकर उसको यह ख़बर दे दी। वह ख़ुश हो गया और गले से मोतियों की माला निकाल कर ख़बरची को दे दी। ताशे-नगाड़े और ढोल—और तेज़ी से बजने लगे। जब पालकियाँ मुख्य द्वार के करीब आ पहुँचीं तब पीछे से आवाज़ आयी, पालकी दल को रोको। रावल रतन सिंह ग़ायब हैं। फिर क्या था, युद्ध छिड़ गया। गोरा चौहान ने कहा, "बाहर हमारे सैनिकों के तीन घुड़सवार दस्ते खड़े हैं। इस बीच के रास्ते से बाहर निकल कर क़िले में पहुँचो।"

वे उस झाड़-झंखाड़ के रास्ते से बाहर आ गये। बाहर आते-आते उन्हें कुछ समय लगा था। तभी घुड़सवार उधर आ गये और उन्हें सैनिक दस्ते के साथ क़िले की ओर रवाना कर दिया। वहाँ से चारेक कोस के रास्ते पर हर एक कोस के बीच पन्द्रह घुड़सवार सैनिक दस्ते तैनात थे। जैसे-जैसे क़िले के नज़दीक आते गये सैनिक दस्तों की संख्या बढ़ती गयी। मैदानी युद्ध न हो जाये, उसके लिए एक अस्थायी गोपनीय रास्ता खुला रखा। युद्ध की अनिवार्यता देखते हुए तलहटी के निवासियों को क़िले के अन्दर लेकर दरवाज़ा बन्द कर दिया। तब तक अग्रिम मोर्चे पर तैनात सैनिक दस्ते भी क़िले के अन्दर प्रवेश कर चुके थे। इस युद्ध में महानायक गोरा चौहान खेत रहा। उसके साथ सत्तर-अस्सी सैनिक खेत रहे। दुश्मन के इससे लगभग दुगने सैनिक मारे गये।

पद्मावती और रतन सिंह महल में आकर काफ़ी देर तक आमने-सामने खड़े एकटक देखते रहे। दोनों कुछ नहीं बोल पा रहे थे। पद्मावती ने अपने जीवन में पहली बार सैनिक अभियान की ज़िम्मेदारी सँभाली थी। उसे पूर्व अनुभव क़तई नहीं था। उसे सबसे ज़्यादा आश्चर्य इस बात पर हो रहा था कि यह सब कैसे हो गया! कैसे उसने क़िले तक चार कोस के भीतर सैनिक टुकड़ियाँ तैनात करने का मन बनाया। कहाँ से उसमें इतना जोश, आत्मविश्वास और दृढ़ निश्चय कार्य कर सका कि वह सुल्तान के मज़बूत घेरे से, जहाँ जगह-जगह सादे लिबास में सैनिक तैनात थे। रावल को लेकर बाहर आ सकी। अन्दर पहुँच कर परस्पर विरोधी संवाद बोलने, लड़ने जैसा वातावरण तैयार करने की सूझ-बूझ उसमें कहाँ से आयी, जिससे सुल्तान के सैनिक निश्चिन्तता की साँस लेकर इत्मीनान कर सके कि अब कोई अनहोनी घटना नहीं घट सकती। उसने मन-ही-मन माँ महाकाली को बारम्बार नमन किया और उसके मन से यह अन्तर्द्वन्द्व हमेशा-हमेशा के लिए शमन पा गया कि पत्थर की मूर्ति क्या कर सकती है! उसने अत्यन्त धीमे स्वर में कहा, "मेरे साथ-साथ आओ। तुम्हें इस सफलता के साथ-साथ उसके आयोजक के दर्शन लाभ से परिचित कराऊँ।"

'वह तो मेरे साथ-साथ चल रही है, पद्मा।" रतन सिंह के अन्दर से आवाज़ आयी।

इस सबके पीछे की शक्ति, इस योजना का प्रमुख सूत्रधार और दिशा-निर्देशिका के प्रति हृदय से आभार व्यक्त करने का अपने साथ तुम्हें भी अवसर प्राप्त होने दूँ। सच में, इस महाशक्ति का मुझे पहली बार अनुभव हुआ। ...मेरे सामने घटाटोप अन्धकार था, सोच पहाड़ से टकराकर बेसुध पड़ी थी। कहीं से आशा की एक किरण भी नज़र नहीं आ रही थी। तब मेरे सामने माँ आ खड़ी हुई थीं। स्वतः ही मेरे हाथ जुड़ गये। कुछ देर तक मैं उस स्थिति में वातचक्र में लड़खड़ाये पत्तों-टहनियों के साथ असहाय खड़ी रही। माँ कहने लगीं, "तू इतनी जल्दी भूल गयी जब मैंने तुझे समझाया था कि नारी को इसलिए कमज़ोर समझा जाता है कि वह ज़रा-ज़रा-सी बात में रोने लगती है। अब तू यहाँ से विदा होगी तो सबसे गले मिल कर रोयेगी। क्या तेरा दूल्हा तुझे ले जाते समय रोयेगा। ...फिर तू भी नहीं रोयेगी। अपरिचित लोगों के बीच जाने से कैसा डर! साहस, धैर्य, आत्मविश्वास और विनम्रता, वाणी में मधुरता रूपी मिठास और हर कार्य करने में पूर्ण दक्षता के साथ कलात्मकता को जीवन में हर मौसम में वसन्त की प्रगाढ़ अनुभूति से जोड़े रहेगी। "...तू विदाई के समय नहीं रोयी थी। "आँसू पीने से पूर्ण विश्वास होने लगता है।"

"थे मानती है, जब विश्वास, अक्ल, साहस आदि जवाब दे जाते हैं तब मेरी भोली लाडो, मैं तुझसे भी वही बात कहती हूँ जो म्हारी दादी ने मुझसे विदाई के समय कही थी, नारी में जन्म से तीन शक्तियाँ स्वतः विद्यमान हैं—पहली वह आदिशक्ति है, दूसरे उसमें सरस्वती का निवास है और तीसरे वह महालक्ष्मी है। जगत् में इन त्रिशक्तियों की स्वामिनी नारी कैसे कमज़ोर पड़ सकती है। ...उठ, चल मेरे साथ, जिसका मैंने हर कठिन और विषम परिस्थिति में ध्यान किया और कभी निराश नहीं हुई, उलटे भरपूर उत्साह, उल्लास और उसके आशीर्वाद ने मुझे उन विषम परिस्थितियों में से ऐसे निकाल दिया कि मुझे पता ही नहीं चला। क्या किया, कैसे किया और कैसे पार लगा दिया उसने। ...आ मेरी सच्ची बच्ची, माँ के हाथ जोड़, श्रद्धा-भक्ति से मन एकाग्र कर अपने आपको उसके हवाले कर दे। फिर कुछ मत सोच। आगे का काम उसका है, वह तुझे दृष्टि देगी, शक्ति देगी और तुझे अपने साथ लेकर आगे बढ़ने लगेगी। तू उसका साथ मत छोड़ना। वह तेरी परीक्षा लेती रहेगी। तेरे सामने ऐसी स्थिति भी लायेगी कि तू उस पर से अपना विश्वास उठा लेने के लिए तैयार होने लगेगी। यह ग़लती कभी मत करना। वही मैं तुझसे कह रही हूँ, पद्मा।"

"अचानक मेरा ध्यान उधर गया। जहाँ तुम्हें साथ लेकर जा रही हूँ, रावल सा।"

पद्मावती चलते-चलते रुकती चलती रही। ध्यान रहे, उसके सामने सम्पूर्ण एकाग्रता से उसके चरणों में नत हो जाना। कोई प्रश्न नहीं करना, न रत्ती भर शंका। ...समर्पण का मतलब भी यही है—समर्पण—एकमात्र समर्पण। तू वही है, जो वह है, ऐसा अद्वैत समर्पण। यह सब सुनकर रतन सिंह के अदृश्य हाथों ने माँ के चरणों को ऐसा कसके पकड़ लिया कि माँ छुड़ाना चाहें तो न छुड़ा सकें।

अब दोनों पूजा घर में महाकाली के सामने थे। पता नहीं कितनी देर तक रहे। जब वहाँ से बाहर आये तब रतन सिंह की आँखों में आँसू थे। आँसू देखकर पद्मावती बोली, "यह क्या! तुमने मुझे तो आँसू गिराने से रोका है। ...तुम तो पुरुष हो—वज्रहृदय...ना...ना...ना...।" कहते हुए पद्मावती ने रतन सिंह के आँसू अपनी चुनरी से धीरे-धीरे पोंछ दिये।

"रोना मन को शान्ति देता है।"

"यदि अपनी ग़लती का पश्चात्ताप हो और जिसे आघात पहुँचाया है, उसके दुःख को दूर करने के लिए हो तो माँ से उसके लिए क्षमा माँगी जा सकती है। अपनी सफलता के लिए और जो असफल हुआ है, इसके लिए आँसू बहाना तो ठीक है। इसी से हर्ष के समय मनुष्य शान्त रह सकेगा और दुःख के समय सम।"

"यह भी तुम्हें माँ ने बताया होगा।"

"हाँ, रतन सा, यह बात किसी को नहीं मालूम कि यह सब वह अपनी दादी से जानी थी या उनकी स्मृति से।"

"तुम्हारी तरह...या उससे भी तेज़ थीं तुम्हारी माँ।"

"बेशक़। उन्होंने मुझे पढ़ाया-लिखाया और यह सीख देकर डोली में बिठाया कि "तू अपने साथ महाकाली, सरस्वती और महालक्ष्मी को लेकर अपने दूसरे घर में प्रवेश करने वाली है। ये ही शक्तियाँ तुझे और तेरे नये परिवार को हर दृष्टि से पूर्ण रखेंगी। ख़ुश रखेंगी। समृद्ध रखेंगी।"

माँ के सामने जैसे ही बैठी। उसका ध्यान लगाया, वैसे ही मेरा रोना बन्द हो गया। ...घटाटोप अँधेरा। दामन पर कुलक्षणी का दाग। ... "इस घर में ऐसे पाँव पड़े कि संकट पर संकट आते रहे। पति को ही ज़िन्दा खो बैठी। ...अब बा मुसलमान सुल्तान की बीवी बनने को तैयार हो जाये तो राहत मिले। ...काश, वो इसे ही उठा ले जाता।"

"ऐसा किसने कहा?" रतन सिंह ने पूछा।

"किसी ने नहीं, रावल सा, समय ने कहलवाया। सुनना पड़ा। जवाब कुछ नहीं था, क्या कहती। फिर उनका कथन अनुचित भी नहीं था।"

"तो भी कहा किसने था?"

"मेरे भाग्य ने।" पद्मावती अब थोड़ा गम्भीर हो गयी थी। सब किये-कराये पर पानी फिरता नज़र आया। आगे उसने कहा, "आपके छोटे भाई लक्ष्मण सिंह, जिनके हाथ में सारी बागडोर थी और दूसरे गोरा चौहान सा के यहाँ की औरतें घर से बाहर भी बिना पालकी के नहीं निकलती हैं, तब उसे युद्ध के मैदान में उतरने की कैसे आज्ञा दे सकते हैं। ...एक बार तो मेरा माथा ठनका। परन्तु जब इस अभियान की चर्चा में कुछ होता-जाता किसी को पसन्द नहीं आया तो मैं पुनः निराश होने लगी।"

लक्ष्मण सिंह ने कहा था, "भाभी सा, चिन्ता मत करो, हम हैं न!"

"अच्छा यह बताओ, क्या आप महाकाली को मानते हो?"

"क्यों नहीं, जी-जान से मानते हैं।"

"वह जो कह दें, उसे करते हो या नहीं।"

"अवश्य, भाभी सा अवश्य करते हैं...पूरे दिल से, जोश से श्रद्धाभक्ति से करते हैं।"

"तो मुझे भी महाकाली ने ही यह सब कहा है। ...मैंने काली माँ से तभी कह दिया था कि वे इसका प्रमाण माँगेंगे।"

"तू दे सकेगी।" "...मैं...मैं ...क्या दे सकूँगी माँ। कुछ भी नहीं। ...सब झूठ मानेंगे।"

"...तो तू उन्हें सावित्री की याद दिला देना।"

"मैंने वही किया। ...जब सावित्री अपने मृत पति को जीवित ला सकती, तब मैं भी कुछ करना चाहूँ और वह भी माँ महाकाली की आज्ञा पाकर तो क्यों न करूँ।" पद्मावती ने उनकी ओर देखा।

"वे चमक गये। भारी मन से मुझे उन्होंने इस शर्त पर आज्ञा दी। ...इससे आगे...।"

रतन सिंह पद्मावती के पास आया। उसे गले से लगाकर बोला, "यह मेरा दूसरा जीवन है।"

"तुमने सिद्ध कर दिया कि नारियों को भी युद्ध में भाग लेने के लिए अवसर देना चाहिए। यदि उनमें स्वतः यह इच्छा जगे। यह तुम्हारी कूटनीति और रणनीति का परिणाम है, पद्मा। तुम्हारी दूरदर्शिता का लोहा मानना पड़ेगा।"

"वो तो कुछ नहीं,..मैं तुम्हें पाकर अपने आपको सँभाल नहीं पा रही हूँ। न कुछ सोच-समझ पा रही हूँ, यह हुआ तो कैसे! उस जल्लाद के चंगुल से निकलना एकदम असम्भव था। कुछ का मत था कि यह पहाड़ से सिर फोड़ने जैसा है।" यह कहते-कहते वह रतन सिंह की सारी देह पर हाथ फेरने लगी।

"यह क्या कर रही हो पद्मा?"

"देख रही हूँ कि उस राक्षस ने तुम्हें कहीं आघात तो नहीं पहुँचाया।"

"नहीं पद्मा। उसने तो बहुत प्रयत्न किया कि मैं ही तुम्हें वहाँ आने के लिए पत्र लिखूँ। ...मैंने साफ़ मना कर दिया।"

"फिर तो वह बुरी तरह से चिढ़ गया होगा।"

"चिढ़ा तो ज़रूर परन्तु खिसिया कर रह गया।"

"कुछ...।"

"पर किया कुछ नहीं। कैसे करता मैं तुम्हारी अमानत था, जिसे वह दिलोजान से चाहता था और जिसने उसे पागल कर रखा था।" रतन सिंह ने शान्त भाव से कहा।

"इस समय पद्मावती की देह काँपने लगी थी। उसे रह-रह कर रतन सिंह के गिरफ़्तार हो जाने की ख़बर याद आने लगी थी। उसकी एकबारगी जान ही निकल गयी थी। अब क्या मिलना होगा। क्या रतन सिंह को बचाने के लिए उसे अलाउद्दीन की शर्त मान लेनी चाहिए? हालाँकि फुसफुसाहट यह भी चल पड़ी थी कि पद्मावती स्वयं ही तैयार हो जाये। बादल-गोरा के इनकार करने से यह बात टली।

पद्मावती उन संकटपूर्ण परिस्थितियों में कितने बदलते चेहरों की वास्तविकता जान सकी थी।

तब गोरा चौहान ने दृढ़ शब्दों में कहा था, "यह सुल्तान अलाउद्दीन की एक चाल है। युद्ध तो होकर ही रहेगा। उसे चित्तौड़गढ़ भी चाहिए और पद्मावती भी। हमें युद्ध की तैयारी में रत्ती भर शिथिलता नहीं लानी है।" एक बार पद्मावती ने पुनः जी भर कर रतन सिंह की ओर देखकर कहा, "प्राणेश्वर! आज मैं धन्य हो गयी।" इसके साथ ही उसने उसकी छाती में अपना मुँह छिपा लिया।

38

अलाउद्दीन खिलजी पागल हो उठा। उसका गुस्सा सातवें आसमान पर जा पहुँचा। उसके हाथ में जो पड़ा, उसे ही फ़र्श पर दे मारा। मदिरा रखने के सोने-चाँदी के पात्र, जाम, तश्तरी आदि किसी को नहीं छोड़ा। इतनी बड़ी फ़ौज, कोतवाल, अनुभवी सिपहसालार, माना हुआ खुफ़िया दस्ता आदि उनका कुछ नहीं बिगाड़ सके। सबके सब मिट्टी के पुतले बने रह गये। वह घर में घुसकर चौड़े में आयी,

दिन दहाड़े आयी और सबकी आँखों में धूल झोंककर अपने खसम को छुड़ा ले गयी। सब तमाशबीन बने देखते रह गये। कमाल है इन अन्धों का!

अलाउद्दीन खिलजी की आँखों में सामने पड़ा रुक्का चुभ रहा था। मानो किसी ने पिसी हुई लाल मिर्च मुट्ठी भर कर उसकी आँखों में झोंक दी हो। उस रुक्के पर मोटे-मोटे हर्फ़ों में लिखा हुआ था—

याद रहे सुल्तान—

राजपूत अपनी ज़ुबान का पक्का होता है। मर मिटेगा पर अपने दिये वादे से पीछे नहीं हटेगा।

हमने आपका दावतनामा क़बूल किया था। उसके मुताबिक़ हमने दिन, समय सभी पहले से मुक़र्रर कर दिया था।

हम अपने सुनिश्चित दिन-समय पर आये। इस बात की ख़ुशी है आपने हमारे स्वागत में कोई कसर नहीं छोड़ी। द्वार फूलों से सजवाये, ढोल-नगाड़े-ताशे बजवाये, फूलों की वर्षा करवायी, इत्र छिड़कवाया।

वादे के मुताबिक़ हम सात सौ सेविकाओं के साथ सात सौ पालकी में आये। पालकियाँ गिन भी ली गयीं और जहाँ सन्देह हुआ, वहाँ उनकी जाँच-पड़ताल भी कर ली गयी।

हम अपनी सखियों-सेविकाओं के बीच बाहर आये। जहाँ रावल नज़रबन्द थे, उस शिविर के अन्दर गये। उनके हाथ-पाँव बँधे हुए थे।

रावल हमें यहाँ देखकर आग-बबूला हो गये। उन्होंने सारी औरतजात को जी भरकर कोसा भी। हमने भी कसर नहीं छोड़ी कहने में।

हम में जी भर कर तू-तू मैं-मैं भी हुई।

हमारे ये शब्द आपके खुफ़िया नायक ने सुन लिए—तू तो क़ैद में पड़ा है—रावल, हमें हिन्दुस्तान की मलिका बनना है। आन-बान-शान किसे कहते हैं, तुझे यह दिखाना है। हम चाहें तो अभी के अभी तेरा सिर क़लम करवा सकते हैं और चित्तौड़ के दुर्ग पर हिन्दुस्तान के सुल्तान का परचम फहरवा सकते हैं।

सोच ले, तुझे आज़ादी चाहिए या मौत। मौत भी हम तुझे अपने हाथों से देंगे। तब हमारा कलेजा ठण्डा होगा।

हमारे इस नाटक के संवादों से आपके सादा वेशधारी सैनिकों और खुफ़िया विभाग के चन्द नायकों में होड़ मच गयी कि इस बात का वर्णन सबसे पहले कौन दे?

इस तरह आपके मुस्तैद सेवक-सैनिक मौज में आ गये। जब तक ये संवाद ख़त्म हुए, तब तक हम रावल को बन्धन मुक्त कर सेविका लिबास में ला चुके थे। वह सेविका बन हमारे साथ हो लिए एक ही पालकी में। आपका भेजा सेवक

रास्ता बताता चल रहा था। उधर ढोल-नगाड़े-ताशे पहले से भी ज़ोर से बजने लगे। उसमें यह पता ही नहीं चला कि कब तेरे रास्ता बताने वाले को पालकी में लेकर, उसके कपड़े उतार कर, हमारा आदमी बाहर आ गया।

जब आप हमारे रुक्के को लीर-लीर कर रहे होंगे हम रावल सा को सही-सलामत लेकर दुर्ग के अन्दर जा पहुँचेंगे।

अलाउद्दीन खिलजी रुक्के के चिथड़े कर रहा था। उसे लग रहा था कि उस औरत से, जिसे वह अपने हरम में देखकर ख़ुदा का बारम्बार तहेदिल से शुक्रगुज़ार होना चाह रहा था, कैसे ऐसी मुँह की खा गया कि चारों कोने चित्त। ऐसी काली शिकस्त!

क़ाज़ी मुगीसुद्दीन ने, सिपहसालार उलूग खाँ और आईनुल मुल्क के साथ अन्दर आने की हिम्मत की। उसके गुस्से की लपटों से रह-रह कर सर्प के फण की सी फुफकार साफ़ सुनायी दे रही थी।

इन सबको देखकर वह बैठ गया। नौकर आकर साफ़-सफ़ाई कर गये। मदिरा पात्र मय जाम, तश्तरी के, जिसमें मेवा रखी थी और सिंका हुआ कबाब (मांस के टुकड़े जिन्हें सींक पर चढ़ाकर भूना जाता है)।

"सुल्तान, हम पर जितनी लानत-मलामत डालनी है डालें। चूक हमारी व्यवस्था से हुई है तो उसका ख़ामियाज़ा भुगतने को हम तैयार हैं।" उलूग खाँ ने कहा।

अलाउद्दीन का गुस्सा कुछ-कुछ उतार पर आया। वह यह कहते हुए पश्चात्ताप करने लगा, "पण्डित राघव चेतन ने हमें होशियार करने में कोई कसर नहीं छोड़ी थी। ...वह जितनी सुन्दर है, उससे कहीं तेज़ उसका दिमाग़ है। वह मायावी है। वह, वह कार्य कर सकती है जिसकी कोई कल्पना तक नहीं कर सकता। ...उसके ख़त से यह सोच लेना ठीक नहीं है कि चिरैया जाल में फँस गयी। वह ऐसी चिरैया है जो मौक़ा पाकर पिंजरे सहित उड़ जाये।"

"धिक्कार है जो हम उसे डाँटने-डपटने लगे और कहने लगे—"स्साले को हमारी कामयाबी हज़म नहीं हो रही है। उसके मुँह में चार-पाँच जाम ठूँसो-उड़ेलो तो स्साले को दिन में तारे नज़र आने लगेंगे और दाल-आटे का भाव मालूम पड़ जायेगा। ...भगाओ इस अक्ल के मारे को...वरना...।"

"वह चला गया सिर झुकाये। काश! हमें नशे ने इस क़दर अपनी गिरफ़्त में नहीं लिया होता।"

"मारो झाड़ू उस पर। जो होना था, वह हो गया। बुरा स्वप्न देखा, यह समझ कर उसे ख़याल से निकाल दो।"

उसका ज़िक्र आते ही उसकी देह में ऐसी मिसमिसी छूटने लगती थी, मानो वह सामने हो और वह उसके सौन्दर्य पर भूखे शेर की तरह टूट पड़ा हो। जैसे-तैसे उसने अपने को सँभाला। गटागट एक जाम चढ़ाकर जाम तेज़ी से पटक दिया। अपने लाल होंठों को चबाया, वे और सुर्ख़ हो गये। अब उसकी आँखों में सुरूर महकने लगा। उसने पूछा, "अब आगे...।" कुछ सोचकर वह स्वयं ही बोला, "क़िले पर जबरदस्त हमला। ...तीनों तरफ़ से। ...मजनिकों (पत्थर के गोले फेंकने की मशीन) से...चाहे जितनी लेगें, लगवाओ और क़िले की दीवार तोड़कर अन्दर जाने का रास्ता बनाओ। ...महायुद्ध...तूफ़ानी जंग...कोई रू-दिआयत नहीं...स्त्री-पुरुष, बूढ़े-बच्चे सबको—किसी को ज़िन्दा नहीं छोड़ना है। गोद में शिशु हो या क़ब्र में पाँव लटकाये बूढ़ा हो, किसी को नहीं बख़्शना। हर दिशा में हाहाकार मच जाये। ...कोई नहीं बचे। चित्तौड़ से हिन्दुओं का नामोनिशान मिट जाये। इसे इस्लामी राज्य बनाना है। अपने लड़के खिज्र खाँ के नाम पर चित्तौड़ का नाम भी खिज्राबाद रखना है।"

"तैयारी होनी शुरू हो गयी है। राघव चेतन के साथ दो गुप्तचर छोड़ दिये गये हैं। वह यह पता करवायेगा कि अन्दर खाने की सामग्री कितने महीने और कितने दिन की है।" उलूग खाँ ने कहा।

"कोशिश यह रहे कि वह गुप्त रास्ता पता चल सके, जिस रास्ते से अभी भी उसका आना-जाना बना हुआ है...वह सुरंग भी हो सकती है। पर होगी अवश्य। ...दरअसल ये अब घिरे से लग रहे हैं। पहले जैसा जोश नहीं लगता। कुछ-न-कुछ गड़बड़ अवश्य है।"

"कल मैं पूर्व दिशा, मुख्य द्वार पर रहूँगा। द्वार जिसके सहारे टिका हुआ है, उसकी जानकारी लूँगा। मैंने यहाँ के दरवाज़े बनाने वाले कारीगर-कारिन्दों को बुलवाया है।" सिपहसालार आईनुल मुल्क ने सोचते हुए कहना जारी रखा, "ताकि दरवाज़ा ही तोड़ा जा सके।"

"बहुत ख़ूब मुल्क। ...आपको इसीलिए यहाँ बुलवाया है। बहुत समय हो गया है। अब मुझे नतीजा चाहिए, चाहे जैसे आये पर आये। धैर्य की भी एक-सीमा है। ...हालाँकि रणथम्भौर ने भी हमें ख़ासा परेशान किया था। वहाँ के भण्डारक को वहाँ के दण्डनायक के ज़रिये काबू में लिया। वरना वहाँ भी जान मुसीबत में फँस चुकी थी। ... कमाल है इन क़िलों का जो आज तक टस-से-मस नहीं हुए। क्या ख़ूब रहे इनके नक़्शे बनाने वाले और अब कारीगर।" अब तक अलाउद्दीन ने अपने को सँभाल लिया था और वह गम्भीर होकर सोचने लगा था।

इसके बाद बैठक समाप्त। सब चल पड़े। अलाउद्दीन खिलजी ने अपने ख़ास सेवक रसूक को बुलवाया और पूछा, “क्या ख़बर है?”

“ख़बर अच्छी है। बोटी-बोटी कच्ची है। उम्र भी तेरह-चौदह के बीच। बड़ी मरखनी है, चाँदी देकर शान्त किया।”

“कुछ भी कहो, यहाँ की युवतियाँ हैं कुछ ख़ास, रसूक मियाँ। पीती-पाती भी है...और मीट-सीट का भी मज़ा लेती है।” अलाउद्दीन ने पूछा।

“हुजूर, वो तो आपके बाँयें हाथ का खेल है। ...पीना शुरू करेगी तो फिर बोटी भी चबाने लगेगी।”

इस पर अलाउद्दीन खिलजी ज़ोर से हँस पड़ा। कहने लगा, “मियाँ, हमारी तक़दीर अच्छी है जो यहाँ से भी माल पानी खींच सके। वरना अपने यहाँ क्या रखा है। कितना सोना, चाँदी, हीरे, जवाहरात! गाड़ियों में भेज-भेज कर थक गये परन्तु यहाँ बेशुमार दौलत मन्दिरों में ख़ाक छान रही है।” इसके साथ ही उसने अँगड़ाई तोड़ी। इशारे से पूछा, “आज का जश्न... ।”

“हुजूर को मज़ा आ जायेगा। चौथे शिविर में।”

“बहुत ख़ूब रसूक मियाँ, तुम हमारा बहुत ख़याल रखते हो। तुम न होते तो ये शान-शौक़त, मौज-मस्ती ठण्ड पीती होती। ...अच्छा तो अब चलें मियाँ।”

रसूक बाहर गया। पहरेदार बदलवाये। लौटा और बोला, “आइए हुजूर।” “शाही कपड़े इत्र वस्त्र सब तरह से टंच, हुजूर।”

आख़िर में सलाम मार थके क़दमों से वह लौट पड़ा। गर्दन झुकी हुई। दिल धिक्कार रहा था।

“ये तूने क्या किया, रसूक मियाँ।”

“बहुत बुरा किया, खुदा क़सम। ...” तुझे दोजख़ में भी जगह नहीं मिलेगी। ...कमीना निकला।

इस पेट के लिए...क्या...क्या गुनाह किया, करवाया।

“रसूक मियाँ, तू ढलती उम्र का है। इस उम्र में लोग खुदा को याद करते हैं। तूने इस दरिन्दे मालिक के सामने, उस मालिक की...जो इस दुनिया का मालिक है, उसकी परवाह नहीं की। ...तो तूने इस दुनिया में आकर क्या किया, मियाँ...सिर्फ़ ज़लालत...कमीनेपन के... ।”

क़यामत के दिन...जहन्नुम में भी तू कहेगा, “ऐ मेरे मालिक, मुझे रास्ता दिखा। ...”

"तूने सुनी थी...आज उस विधवा माँ की...उसकी इकलौती ललना की। ...वे दोनों कैसे चीख-चिल्ला रही थीं...तुझ जैसे कसाई से दया की भीख माँग रही थीं। गिड़गिड़ा रही थीं। पाँव पकड़ कर रिरिया रही थीं।"

"तूने क्या किया। हरामी की औलाद...टके बरसा दिये...चाँदी...सोने का लालच फेंका।"

"तूने दलाल के नाम को भी बदनाम किया। अपनी ऐंठ और तिकड़मबाज़ी से ज़ोर आजमाया।"

ऐसा तूने एक बार नहीं, अनेक बार किया है...इस्लाम को दाग़ लगाया है। पर क्यों रसूक मियाँ, ऐसा क्यों किया? क्या मिला तुझे ऐसा करने से?...

आज जब उस लड़की ने...सुल्तान के दरवाज़े पर ही ख़ुदकुशी कर ली है। ...तब तुझे बाप का दरज़ा देकर...सिर पर बैठाया था उसने। ...और तूने क्या ख़ूब बाप का फ़र्ज़ निभाया। ...क्या ख़ूब, अल्लाह को याद किया। उसकी नमाज़ पढ़ी। ...ऐसे करतूत किये।...

रसूक घबरा गया। उसका दिमाग़ गड़बड़ा उठा। ...पापी हूँ पापी...महापापी. ..मैं दरिन्दों का भी दरिन्दा हूँ। यह दोहराते हुए उसने अपने को जहन्नुम में ढकेल कर अन्दर से ज़ोर से दरवाज़ा बन्द कर लिया।

39

रतन सिंह क़िले में लौट तो आया परन्तु वह उदास, खिन्न और कुछ-कुछ चिन्तित बना हुआ था। वह कैसे बताये, उन अल्फ़ाज़ों को जो वे बोल रहे थे और जिनसे उसका मज़ाक भी उड़ाया जा रहा था। ऊपर की चोट सबको नज़र आती है परन्तु अन्दर की चोट बहुत गहरी होती है और किसी को नज़र नहीं आती है। उसने कल्पना में भी नहीं सोचा था कि दोबारा क़िले में आ सकेगा। अलाउद्दीन ने उसे नामर्द रावल तक कह डाला था। और कहा था, "हर चीज़ हर एक के लिए नहीं होती है। नसीब से मिल भी जाये तो फिर वह उसके ही पास पहुँच जाती है, जो उसके लायक हो और जिसमें उसे रखने की ताक़त हो।"

"अब छुड़ाने आयेगी रावल तेरी चहेती बीवी।"

"उसके बाद क्या होगा? कौन जाने?" सिपहसालार सिरजा ने व्यंग्य कसा।

"पहले पद्मावती आ जाये, फिर रावल के नसीब का फ़ैसला भी हो जायेगा।" उलूग खाँ ने धीमे स्वर में कहा।

"और यदि रावल ही पद्मावती को ख़त लिखकर बुला ले।" सिपहसालार आईनुल मुल्क ने रतन सिंह की ओर देखते हुए कहा।

"तीन दिन से खाना नहीं खाया है और न दूध पिया है।" शाहीन ने सूचना दी।

"यह काम राघव को सौंपा था।"

"उसने मुझे सौंप दिया।"

"किसकी आज्ञा से तुम राजी हो गये। ...जानते नहीं हो रावल राजपूत है—हिन्दू है। उनके लिए भोजन व्यवस्था कोई हिन्दू ही करेगा। ...आख़िर वह रावल है—राजा...सुल्तान। उसके खाने-पीने का वही बन्दोबस्त होगा जो रावल चाहेगा। ...जाओ, राघव को तुरन्त भेजो।" अलाउद्दीन खिलजी का सधा हुआ स्वर था।

"रावल साहब, आप हमारे मेहमान हैं। हमारे हँसी-मज़ाक पर मत जाइए। ...पद्मावती के आते ही...बल्कि इधर पद्मावती हमारे पास और उधर आप अपने सेनापति और फ़ौज की टुकड़ी के साथ। कोई चालाकी नहीं। आख़िर हम भी मज़हबी हैं, इबादत भी करते हैं। क़ुरान भी पढ़ते हैं और नमाज़ भी। ...आपको उस पर तो विश्वास करना चाहिए। ...अगर हमारे दिल की गहराइयों में आपके विश्वसनीय राघव चेतन ने पद्मावती को नहीं उतारा होता तो हमें तो दक्षिण जाने का सही-सलामत रास्ता चाहिए था। बिना कर चुकाये तिज़ारत करने का। ...राहत की साँस लीजिए और कोई ख़ामी नज़र नहीं आये तो सीधे हमें इत्तला करवाइए। ...अलाउद्दीन ने राघव चेतन को आते देखकर अपनी बात को वहीं विराम दिया। राघव को क्रोधावेश में कहा, "आकर चुपचाप जंगली की तरह खड़ा हो गया है। अपने रावल को सलाम-दुआ कुछ नहीं। सीधे लट्ठ-सा आ खड़ा हुआ।"

राघव चेतन ने झुककर अभिवादन किया।

"हमारा मेहमान तीन दिन से भूखा-प्यासा है और तुम मज़े से निवाला तोड़ रहे हो। तुम्हारे गले से निवाला कैसे उतर पा रहा है। ...समझाया था कि मेहमान की ख़ातिर में कोई कोर-कसर न रहे। ...हमारी भी इज़्ज़त का सवाल है। ...मुआफ़ी माँगो हुज़ूर से।"

राघव चेतन ने झुककर अदब से अभिवादन किया। माफ़ी माँगी।

"आगे से शिकायत का मौक़ा न मिले। सिपहसालार आप इस तरफ़ ध्यान देना।" यह कहकर अलाउद्दीन चला गया।

रतन सिंह को लगा कि किसी ने गरम तेल उसके कानों में डाल दिया हो।

राघव चेतन कह रहा था, "यदि उस समय हमें मुआफ़ी दे दी जाती तो... ।"

"चुप कर, राघव। ...तेरी करतूत क्षमा योग्य नहीं थी। ...मान ले तू अपनी तन्त्र-विद्या से वह सब कर सकता था, तो भी तुझे ध्यान रखना था कि तू क्या करने जा रहा है। ...पर तूने नीचता की हद कर दी।"

"गुस्सा अभी तक ज़ुबान पर है। ...ऐसी हालत में भी। ...जबकि मैंने तो अपनी भूल मानकर क्षमा माँगी थी। अब क्या करोगे रावल सा। जब सुल्तान...।"

"चुप कर नमकहराम।"

"वास्तविकता से इतना डर...उस पर इतना क्रोध।" राघव चेतन ने याद दिलाया कि उसने कहा था—"राजन, यह निष्कासन आपको भारी पड़ेगा। ...ये ब्राह्मण अपनी चुटिया की गाँठ खोलकर सौगन्ध लेता है कि अब चुटिया की गाँठ तभी बँधेगी, जब इस अपमान का ये चुटियाधारी ब्राह्मण तुझसे बदला ले सकेगा। अब समझ में आया...एक ब्राह्मण की शक्ति और उसके आत्मबल का प्रभाव।"

"धूर्त तू सामने से हट जा।"

"नहीं तो। ..." कहकर वह ज़ोर से हँसा। हँसता ही रहा। ...रावल एक ब्राह्मण से शक्तिशाली नहीं हो सकता। ...तूने सोचा नहीं कि जो ब्राह्मण तेरे दिल में पद्मावती के अलौकिक सौन्दर्य को उतारने में सफल हो सकता है, वह ऐय्याश, खूँखार, इश्कमिज़ाज सुल्तान को कैसे पागल नहीं बना सकता है। मैंने तो सिर्फ़ तिल सही बताया था, अब तो साबुत की साबुत तिल सहित...।"

"चुप कर, नमकहराम! नहीं तो...।"

"हाथ-पाँव बँधे हैं, बाहर पहरेदार दस्ता तैनात है फिर भी..., रस्सी जल गयी पर बल (बाट) नहीं गये। ...इतना गुस्सा सेहत के लिए ठीक नहीं। अपनी औक़ात मत भूलो।" राघव चेतन को अलाउद्दीन खिलजी ने यह सब समझा कर उसकी सेवा में लगाया था।

कुछ देर के लिए माहौल गुमसुम हो गया। कल का सेवक आज...। ये भी दिन देखने थे। वह गुस्सा पी गया। उसके मुँह लगने से क्या लाभ? उसने कुछ झूठ भी नहीं कहा था हाथ-पाँव बँधे थे। टट्टी-पेशाब के लिए जा सके, वे तभी खुलते थे। ...वह तड़प उठा।

पद्मावती ने पहले ही उसे चेता दिया था कि वो नेकनीयत से नहीं आ रहा है। यह उसकी कोई गहरी चाल है।

"इतना तो वह जानता था कि रावल के महल में उसके साथ कुछ भी ज़्यादती की जा सकती है। शत्रु के महल में चन्द अपने लोगों के साथ।" रतन सिंह ने तर्क दे कर समझाया था।

“बिना शर्त...वह ऐसा स्थान भी मुलाक़ात के लिए चुन सकता था जो दोनों के लिए हर दृष्टि से सुविधाजनक और सुरक्षित होता।”

“तुम अकारण सन्देह कर रही हो। मनुष्य का स्वभाव बदलने में देर नहीं लगती यदि ऊपरवाला चाहे। ...कितने ही उदाहरण हैं...“रामायण” कवि वाल्मीकि पहले लुटेरा था। मुण्डमाल जो उधर से गुज़रने वालों की मुण्डी काट कर अपनी माला में पिरो रहा था। वह महात्मा बुद्ध के मुखमण्डल के तेज और निर्भीकता से इतना प्रभावित हुआ कि हिंसा भूल गया और उनके चरणों में आ गिरा।” रतन सिंह ने तर्क और उदाहरण देकर पद्मावती को चुप कर दिया। अन्त में पद्मावती यह कहे बिना नहीं रही कि उसका मन इन बातों से सन्तुष्ट नहीं हो रहा है। उसे जो कहना-समझाना था, वह उसने कह दिया। आगे उनकी इच्छा।

“राघव ने रावल से पूछा, भोजन में...”

“मुझे भोजन नहीं करना।”

उससे क्या इस जल्लाद से मुक्ति मिल सकेगी। ...अब कुछ नहीं हो सकता, रावल। ...यह भी मैं इसलिए इस समय कह पा रहा हूँ कि मुझे रानी-सा की उदारता स्मरण हो आयी है। उन्होंने अत्यन्त दुःख के साथ अपने हाथों से कंगन उतार कर मुझे देते हुए कहा था, “ये लीजिए। उनकी बात को मन पर मत रखना। मैं अवसर पाकर कोई-न-कोई रास्ता ढूँढ़ निकालूँगी कि आपको ससम्मान पुनः बुलवा सकूँ।”

“रानी सा, सबके सामने मुझे बेइज़्ज़त किया है। बहुत बुरा-भला कहा है। मैं गिड़गिड़ाता रहा, परन्तु उनका गुस्सा सातवें आसमान पर जा चढ़ा था। ...आगे की आगे देखी जायेगी। ...आप ये कंगन अपने पास रखिए, रानी सा।”

“मैं आपकी बेटी जैसी हूँ। दाता सा ने आपको मेरी देख-रेख के लिए कुछ सोच-समझ कर ही भेजा था।”...रानी सा का गला भर्रा उठा था, रावल सा। “...मैं पुनः क्षमायाचना करता हूँ। मुझसे बहुत बड़ी ग़लती हो गयी जो एक शुद्ध ब्राह्मण ग़ैर-मज़हबी का सेवक बना और बदले की भावना की पकड़ में आकर सारे सम्बन्ध भूल गया।” राघव चेतन का हृदय फट पड़ा।

रतन सिंह को यह सब नहीं मालूम था। उसके गुस्से को निकलने का रास्ता मिला और वह नरम पड़ गया। उस समय वह यह भी भूल गया कि दाता (हम्मीर) ने भी उससे कहा था, “कुँवर सा, मैं आपके साथ विद्वान, ज्योतिष के पण्डित और तन्त्र-शास्त्र के ऐसे ज्ञाता को भेज रहा हूँ जिससे आपके बड़े-बड़े काम सिद्ध होंगे।”

राघव चेतन को सब याद आने लगा। काश! हम्मीर सा होते। रणथम्भौर भी होता। ...यह उसने क्या किया! वह पछतावे की गिरफ़्त में आ गया। उसकी

अक्ल पर पत्थर पड़ गये थे। वह गिड़गिड़ा कर बोला, "रावल सा, मैंने अपनी बेटी जैसी पद्मावती का घर बर्बाद कर दिया। ...आप चिन्ता न कीजिए, ये ब्राह्मण बदला लेना भी जानता है और सम्बन्धों को निभाना भी।..."

रतन सिंह को अचरज हो रहा था कि उसने इतनी जल्दी पलटा कैसे खाया? तभी उसने आँख के इशारे से कुछ समझाया। वह उसकी समझ में नहीं आया। तब उसने धीमे से, मानो उसके कान में कहा, "मेरे पीछे भी गुप्तचर हैं। यहाँ मेरे आपके बीच जो कुछ हो रहा है, उसकी सूचना सुल्तान के लड़के खिज्र खाँ के पास भी जा रही है...इसलिए...।"

बाहर से किसी व्यक्ति के आने की आहट सुनी तो। वे दोनों सतर्क हो गये। राघव चेतन पूछने लगा, "थोड़ा-बहुत जो कुछ आप लेना चाहें, ले लीजिए।"

रतन सिंह कुछ नहीं बोला, उलटे उसने मुँह मोड़ लिया। उसके चेहरे पर व्यंग्य-सी दबी-दबी मुस्कान लहराकर अदृश्य हो गयी वह फिर उदासी में डूबने लगा।

"हुज़ूर, मेरा प्रणाम स्वीकारें। सुल्तान ने आपकी भोजन-व्यवस्था के लिए मुझे भेजा है। राघव सा मुझे लेकर आये हैं। मैं ब्राह्मण हूँ। रसोड़ा एकदम साफ़ कर लिया है। ...हुक्म कीजिए, क्या बनाऊँ।"

रतन सिंह ने अनचाहे मन से, कुछ-कुछ निषेधात्मक-सा अनुभव करते हुए होंठ दबाये, साथ ही भौंहें चढ़ायीं। कुछ बोलते-बोलते वह रह गये, घुटन लिए, वेदना से जकड़ कर। क्या इसमें कुछ अर्थपूर्ण है...या यह सब भी उसके साथ नाटक चल रहा है।...पूर्व प्रकरण से उसके मन में सन्देह का दुष्चक्र घूमने लग रहा था। विश्वासघात का रह-रह कर ख़याल आने लगता था।

रतन सिह उठ खड़ा हुआ और कहने लगा, "रावल सा, थे चट्टान हो; जो हुआ, वह अन्तिम नहीं है। ...हिम्मत और आशा पर दुनिया टिकी है।"

उसे बारम्बार मिसमिसी छूटती थी जो उसे अन्दर-बाहर से हिला जाती थी। उसके सामने तमस की दीवार आ खड़ी होती थी। उसे कुछ नहीं सूझता था। वह सुल्तान की क़ैद से छूटकर आया है। ...क़ैद शब्द उसमें सब कुछ उलट-पुलट जाता था। ...हाथ-बँधे, चेहरा लटका हुआ, आँखें अधखुली और होंठों पर फीकी थिरकन दौड़ कर गिरती-पड़ती थी किसी भयानक स्वप्न-सी।

फिर भी उसने अपने को सँभालने का प्रयास किया और कह दिया, "मात्र दूध।"

"दूध...।" पद्मावती चौंकी। उसने दोहराया, "दूध। ...मैं पूछ रही थी कि क्या बाहर चलें? क़िले की मरम्मत हो चुकी है। बादल ने अपने पाँच सौ साथियों को आमन्त्रित कर लिया है। सब युवा हैं। तलवार-भाला चलाने में एकदम उस्ताद। ...नयी पीढ़ी भी कुछ करना चाहती है।" पद्मावती युद्ध की तैयारी का जायज़ा बताने लगी।

"चलेंगे, थोड़ा रुककर।"

"थोड़ा-कितना..." उसने अपनी बाँहें फैलाकर पूछा, "इतना...या इत्ता...। ...बाहर चलोगे तो ताज़ी आबोहवा आपका मन बदल देगी। ...निराशा से ही आशा का जन्म हुआ है।"

रतन सिंह में घबराहट बढ़ी। वह फिर से हाल के काले अतीत के अँधेरे में अपने को टटोल कर रह गया। ...क़ैदी रावल! सारा शौर्य, वीरता का जुनून, कुछ ख़ास करने की गहरी तमन्ना अपने आप से टकरा कर औंधे मुँह जा पड़ी।

"माना कि विषाद जाते-जाते ही जायेगा। परन्तु विषाद से चिनगारी निकलने लगे तो अँधेरा सिर के बल भागने लगता है। ...और ये चिनगारी रगड़ने से जन्म लेती है।" पद्मावती के स्वर में हवा की बेफ़िक्र ताज़गी चहक उठी थी।

"मानता हूँ। कोशिश कर रहा हूँ।"

"कोशिश करने का समय गया, म्हारे सर्वस्व। ...भण्डार की हालत ठीक नहीं है।...हमने तलहटी के निवासियों को क़िले के अन्दर ले लिया। वे बहुत कुछ वहीं का वहीं छोड़ कर यहाँ चले आये हैं।"

"वह भी ज़रूरी था—वह अपनी प्रजा है।"

"उठो तनिक चल कर देखो। भण्डारक से बात करो। ...बहुत बड़ा संकट हो सकता है। ...चलो, उठो। ...अपने लिए बहुत जी लिए, अब कुछ उनके लिए भी जी लें, जिनको परमेश्वर के बाद हमारा ही भरोसा है। ...वह आपकी प्रजा है, जिसने आपको रावल बनाया है और क़िले-महल आदि की अपार सुभीताएँ दी हैं और भरपूर सम्मान। माँ की तरह स्वयं गीले में सोकर रूखा-सूखा खाकर पेट भर रही है। प्रायः हम उसको भूल जाते हैं। पद्मावती का हृदय छलछला आया था। वह सोच रही थी इस तरह वह रतन सिंह को तमस भरे गह्वर से बिना कुछ कहे-टोके बाहर निकाल लायेगी। इस समय कुछ जानना भी तमस को बिलोने-मथने जैसा होगा। वह उसे क़तई अकेला नहीं छोड़ेगी। इसलिए उसने रतन सिंह को तात्कालिक समस्याओं के बीच जा खड़ा करना उचित समझा। वह पूछ रही थी, "अब क्या सोचने लगे। उठिए।"

रतन सिंह को उठना पड़ा। भण्डार तक जाना उसे उचित लगा। चाहता तो वह भण्डारक को वहीं बुला लेता। फिर भी सन्देह झाँकने लगता मौक़ा पाकर। अब वह ऐसा कोई क़दम नहीं उठायेगा जिससे बाद में पछतावा हो।

पद्मावती सोच रही थी कि भण्डार (कठोर) दूर है, वहाँ पहुँचने-लौटने से पहले क़िले की की गयी मरम्मत, छोटे दरवाज़े से अन्दर आने के लिए, उसके पास से निकाले तंग रास्ते की अस्थायी व्यवस्था पर भी वह एक दृष्टि डाल ले।

एक दफ़ा रास्ता चल पड़ा तो चल पड़ा। फिर धीरे-धीरे आम रास्ता बन जायेगा। रास्ता भी प्रजा बनकर प्रसन्नता से भर उठता है, क्योंकि उस पर छोटे-बड़े, बच्चे-बूढ़े, जवान-अधेड़ सब आते-जाते हैं, उसे राजपथ बनकर तकलीफ़ होती है, क्योंकि वह आम जनता के सुख-दुःख से वंचित रह जाता है, जिससे कभी-कभी उसकी आँखें भर आती हैं। उसमें ममता उमड़ पड़ती है और कभी-कभी मेले, ठेले, तीज-त्योहार, बाजे-गाजे, गीत-संगीत सुनायी पड़ने लगते हैं। उसका मन भी उनके साथ नाच उठता है। काश, मुझे कच्चा ही रहने दिया गया होता और उस पर जूते, जूतियाँ पहनने वाले नहीं निकलते, परिक्रमा करने वाले मन-हृदय गुज़रते तो उसका भी प्यार छलक पड़ता। उनके मुलायम-कोमल पदचाप के संगीत के साथ।

मौसम कितना साफ़ है। तारे चमक रहे हैं। दूज का चाँद उनसे बच-बचकर चल रहा है। कहीं उसकी पदचाप सुन कर चिरैया उड़ने-भागने न लगे। पद्मावती का मन यह सोच कर काँप उठता था कि सुल्तान की कारा में अपने को पाकर कितने विषाद, कड़ुवे आस्वाद और घिनौनी धिक्कार से रू-ब-रू हुए होंगे। ...उनके सामने से कितने ही लावारिस खजैले-पागल कुत्ते बिना भूँके सिर झुकाये निकल गये होंगे।

इस समय कहीं उसे वह लाल बुझक्कड़ तो नहीं समझ रहे होंगे। आख़िर वह बच्चे नहीं हैं। परिपक्व बुद्धि-प्रतिभा के धनी हैं और मेरी बचकानी हरक़तों से भी उनको गुज़रना पड़ रहा है, यह सोचकर वह और परेशान न हो जायें।

"आज मंगल ग्रह कितना साफ़ नज़र आ रहा है। वह रहे हमारे सप्तऋषि। ...अच्छा तुम बताओ, वहाँ ध्रुव तारा कहाँ है?"

पद्मावती मंगल ग्रह को देख कर कहने लगी, "दाता (पिता) उसे तब से दिखाते रहे थे, जब से उसे गोदी में लेकर रात को बाहर आते थे और समझाते रहते थे—मंगल ग्रह का रंग लाल है, लेकिन अपने यहाँ के लाल रंग से एकदम अलग, गहरा और चमकदार। ...वो है ध्रुव तारा...जो सदा एक ही स्थान पर अटल बना रहता है और वो देखो सप्तऋषि, उनसे भी बड़ा है वो।"

रतन सिंह थोड़ा-सा प्रसन्न हुआ। वह बोला, "आज का दिन बड़ा शुभ है जो इतने शुभ ग्रह एक साथ नज़र आ सके। ...ध्रुव तारा सदा उत्तर दिशा में रहता है।"

अब भण्डार सामने था। भण्डारक ने अन्नदाता और रानी को नमन किया। वे अन्दर जाने लगे तो वह घबराया। सब चीज़ें प्रायः अस्त-व्यस्त थीं।

रतन सिंह ने चारों ओर घूमकर देखा और निकलते हुए कहा, "थोड़ा सुव्यवस्थित कीजिए। ...भोजन के स्वाद मैं बढ़ोत्तरी होगी।"

"क्या हुआ?...कुछ पूछा नहीं!" पद्मावती ने कहा।

"क्या पूछता, भण्डार जवाब दे रहा है।"

"तब?"

"घेराबन्दी चल रही है। दिन में युद्ध चलता रहता है। ...उनको भी तभी सब्र मिल सकेगा, जब क़िले का फाटक खुलेगा और सेना का आमना-सामना होगा। ...देखा जायेगा, अब जो होना है, होगा। उसे रोक पाना अपने हाथ में नहीं है।" रतन सिंह मरम्मत से जुड़ी व्यवस्था को देखकर बहुत प्रसन्न हुआ।

धीरे-धीरे रतन सिंह का मन स्वस्थ होने लगा। स्थिति सामान्य से अधिक अनुकूल होने लगी।

सेनापति और बादल ने सेना को नये ढंग से प्रशिक्षण देना प्रारम्भ किया। इससे रतन सिंह की दिलचस्पी बढ़ने लगी और उनमें सुधार करवाने के लिए वह स्वयं भी तरीक़े निकालने लगा।

पद्मावती भी उसे प्रोत्साहित करती रही। बुरा अतीत बुरे स्वप्न की तरह भूल जाना चाहिए। सिर पर युद्ध झेल रहे हैं। तब सारा ध्यान वर्तमान पर भविष्य की सोच के साथ रखना है। वह एकाग्रता, उत्साह और उमंगित चित्त की स्थिरता के लिए बहुत लाभदायक रहेगा। सोच आक्रामक हो। शत्रु को भयभीत कराने वाली हो। इस तरह के बिन्दु उनकी बातचीत में उभर कर आ रहे थे।

आज रतन सिंह सेना को सम्बोधन देने जा रहा था। उसके मन में बैठे-बैठे ये विचार आया कि उन सैनिकों से बात की जाये, जिनके बलबूते युद्ध चल रहा है। कोरा युद्ध का आह्वान कर देना सैनिकों के मन को आश्वस्त नहीं कर सकता।

मंच पर पहुँचकर बादल ने सैनिकों से कहा, "आज रावल आपसे अपने मन की बात करने जा रहे हैं।"

रतन सिंह धीरे-धीरे आगे आया और सबके सामने मातृभूमि को नमन किया। मातृभूमि की माटी से स्वयं अपने माथे पर तिलक किया और कहने लगा—

"वीर योद्धाओ, सैनानियो, सबसे पहले आप मातृभूमि से माटी उठाकर अपने-अपने माथे पर तिलक करो।" सबने माटी से तिलक किया।

अब मेरे साथ बोलो...। जैसा ही मैं कहूँगा मातृभूमि—आप कहेंगे—जय। ऐसा तीन बार कहा जायेगा। जय से आकाश गूँज उठा।

फिर कहने लगा—

"आपको जानना चाहिए कि म्लेच्छ हमसे युद्ध कर रहे हैं। यह धरती उनकी माता नहीं है। यह हमारी माँ है। वे हमारी माँ को बेइज़्ज़त करने आये हैं। क्या यह आपको स्वीकार है।"

"नहीं...नहीं...नहीं।" समवेत स्वर उभरा।

"मुझे मालूम था कि आपका उत्तर यही होगा।"

"म्लेच्छों को तुम्हारी माँ की चिन्ता क्यों होने लगी?"

याद रहे, युद्ध संख्या बल से नहीं, मनोबल से जीता जाता है। पाक इरादे वाले हार-जीत को गौण मानकर अपने कर्त्तव्य का पालन जी-जान से करते हैं।

"यही कारण है बादल और सेनापति के प्रयास से आपकी सेना में ऐसे नौजवान दीवाने आ जुड़े हैं, जिनकी उम्र अठारह से बीस-बाईस वर्ष की है। स्वेच्छा से भर्ती हुए हैं। वह भी बिना पगार लिए। वे मध्य पंक्ति में खड़े हैं। ...उनका स्वागत-अभिनन्दन करो तालियों की गड़गड़ाहट से।"

तालियाँ बज उठीं। देर तक बजती रहीं। सबकी निगाहें कई बार उनकी ओर गयीं। वह नौजवान तगड़े पट्ठे...ख़ूबसूरत और बाँके हैं! केसरिया पगड़ी बाँधे, गौरव से सीना ताने खड़े थे हिमालय-सा स्वप्न लिए।

हमें मरना नहीं, बलिदान देना है। ये मन्त्र माँ ने हमें जन्मघुट्टी में ही पिला दिया था।

शत्रु की सेना किराये के टट्टुओं पर खड़ी है। उनका इस धरती से कोई लगाव नहीं है। हमारे लिए यह युद्ध मातृभूमि के गौरव और सम्मान से जुड़ा है।

आप मातृभूमि को दिल में बसा कर युद्ध के मैदान में डटे रहें, मुझे आपसे यही कहना है।

बादल ने जय मातृभूमि के नारे लगवाये।

समन्दर की लहरों की तरह उनका मन उछाल लेने लगा। सब तरफ़ नयी तरंग दौड़ गयी। आँखों में चमक छा गयी।

रतन सिंह जैसे ही महल में आया, वैसे ही पद्मावती सामने आ खड़ी हुई।

"बहुत ख़ुश दिखलायी दे रही हो।"

"क्यों नहीं ख़ुश होऊँ, आज आपने..."

"फिर आपने...।"

"तुमने ग़ज़ब कर दिया। क्या बात कह डाली। अब ये युद्ध ऐसा घमासान होगा कि शत्रु के दाँत खट्टे हो जायेंगे।"

"वह तो होते रहेंगे। पहले अन्दर तो आने दो।" वह उसका हाथ पकड़ कर अन्दर की ओर मुड़ गयी।"

"समय कितना बलवान होता है, पद्मा। कहाँ हम निराशा के महाअन्धकार में डूबने लगे थे। अपने से घृणा होने लगी थी। यह सोचते हुए कि रावल स्वयं

सुल्तान की क़ैद में रहकर आया है।" जो रावल अपनी रक्षा नहीं कर सका, वह अपनी प्रजा की रक्षा क्या करेगा? रतन सिंह बैठते हुए बोला।

"पर आज...।"

"सब तुम्हारे कारण, पद्मा।"

"नाहक मुझे महत्त्व मत दो। ...हमारे यहाँ राजपुरोहित सा दाता (हम्मीर) को समझा रहे थे। मुझे भी लगता है कि पत्नी को सम्मान मिले। आज़ादी मिले। उस पर प्रतिबन्ध नहीं हो।"

"यह आप क्या कह रहे हैं, राजपुरोहित जी?" दाता सा ने पूछा।

"सच कह रहा हूँ। बुढ़ापे में यह समझ में आया है पद्मा की बात सुनकर। मैंने जो सुना था, वह आपको सुनाये देता हूँ।" कुछ सोचकर कहने लगे, "एक वह भी ज़माना था, जब स्त्रियाँ यज्ञ में बैठती थीं। ...पहले शास्त्रार्थ आयोजन बहुत होते थे। ...एक बार क्या हुआ कि राजा के सामने एक ब्रह्मचारी से राजा के राजगुरु का शास्त्रार्थ चल रहा था। ...वहाँ उनकी बहुत धाक थी। वह शास्त्रार्थ में कभी नहीं हारे थे। राजा को उन पर बहुत गर्व था...। हुआ यह कि निर्णायकों ने उनको हारा घोषित कर दिया।" राजा को बहुत दुःख हुआ। सारा श्रोता समूह भी अत्यन्त दुःखी हो गया। राजा ब्रह्मचारी को सम्मानित करने के लिए उठा ही था कि एक महिला की आवाज़ गूँज उठी, "ठहरिए, निर्णायक महोदय अभी मेरे पति पराजित कहाँ हुए हैं। मैं उनकी अर्द्धांगिनी हूँ। अभी ब्रह्मचारी जी को मुझसे भी शास्त्रार्थ करना पड़ेगा। निर्णायकों ने व्यवस्था दीखी। शास्त्रार्थ पुनः शुरू हुआ और...।" कहकर राजपुरोहित चुप हो गया।

"फिर।"

"उनकी अर्द्धांगिनी जीत गयी।"

"क्या मतलब?" रतन सिंह ने पद्मावती की ओर देख कर पूछा। वह बोलीं, "मैं भी अर्द्धांगिनी हूँ कि नहीं।" रतन सिंह ने कहा, "मैं तुमसे शास्त्रार्थ में नहीं जीत सकता। परन्तु इतना अवश्य कहूँगा कि तुम किस ऊँचाई तक सोच जाती हो, आश्चर्य होता है। हम इतनी जल्दी इस मुक़ाम तक पहुँच जायेंगे, यह कभी मेरे ख़याल में भी नहीं आया।"

"आप मुझे बताइए कि जो चीज़ अपने हाथ में नहीं हैं, उसके बारे में सोचकर अपने को बेचैन क्यों करें। दाता सा (पिताजी) माँ को समझा रहे थे कि जीवन-मरण, यश-अपयश, लाभ-हानि, जीत-हार आदि मनुष्य के हाथ में नहीं है। फिर इनकी चिन्ता क्यों की जाये?" पद्मावती समझाने लगी, "मुझे जीवन के इस छोटे-से टुकड़े में बिताये दिन की सुगन्ध मेंहदी की गन्ध-रंग सी बहुत सुकून

देती है। सवाल जीने की उम्र का नहीं, जीने से मिलने वाली ख़ुशी का है। ...वह हमें भरपूर मिली है और हमें क्या चाहिए?"

"तुम वही कहती हो जो सोचती हो और करती भी वही हो, इस कारण तुमने सहज ढंग से दाता की बात को हृदय में बसा लिया और इच्छाओं के बेलगाम घोड़ों की रफ़्तार से भी बचा लिया। पर यह हर किसी से सम्भव नहीं है। ...मुझसे भी नहीं।"

"छोड़ो अपनी बात। आपसे सीखा है मैंने कि असम्भव को सम्भव कैसे बनाया जा सकता है और रूठे को कैसे मनाया जा सकता है। ...आपने चित्रशाला में अपने हृदय की गहराई और कलात्मकता को इतने सहज और सुन्दर ढंग से प्रकट कर दिया है कि इस सम्बन्ध में आपको कुछ कहने की ज़रूरत नहीं है।" पद्मावती ने उसका हाथ अपने हाथ में लेकर पहले होंठों से चूमा और फिर अपने कपोल से लेकर गर्दन तक ले गयी।

रतन सिंह के शरीर में सिहरन दौड़ गयी। उसने उसे अपनी ओर खींच कर कहा, "काश! ईश्वर यों ही हमें आपके पास बनाये रख सकता। ...ऐसा हो सकता यदि वह चाहे तो।"

"हम कितने भाग्यशाली हैं कि हमने मरण का निर्णय अपने पास रखा है। उसके दख़ल की गुंजाइश नहीं छोड़ी। यह उसके हक़ पर सीधा आक्रमण है।" पद्मावती का दिल अन्दर-ही-अन्दर गुनगुनाने लगा। वह कहने लगी, "लो अब दिल की भी सुन लो। बड़ी देर से फुदक रहा है ये बेचारा।"

"सुनाओ जितना सुना सकती हो। चाहे सुबह क्यों न हो जाये।"

"तो सुनो–" कह कर वह पहले पक्षियों के पंखों की तरह फड़फड़ाने लगी। रुक-रुक कर फिर गुनगुनाती-गुनगुनाती बहुत धीरे-धीरे पर मधुर आवाज़ में सुनाने लगी–

हम थे, हम हैं, कल हम नहीं रहेंगे,
पर तुम थीं, तुम हो और तुम सदा रहोगी–
दुनिया इसी तरह चलती रही थी,
चलती है और चलती रहेगी;
यह जानकर फिर नादान क्यों रहना चाहते हो।

है कोई जवाब तुम्हारे पास!
वसन्त आते-आते पत्र पीले पड़ कर,
धीरे-धीरे दरख़्त की हर टहनी को

पतझड़ में बदलते जाते हैं चुपचाप,
उनको कोई शिकवा-गिला नहीं है किसी से।
वे उनका स्थान लेते देखती हैं,
नव-पल्लवों को गद्गदानुभूति से।

नियति का यह क्रम आदि से चला आ रहा है,
आज और आगे भी वह चलता जायेगा।
पहाड़ की कोख से जन्मी नदी के बहाव सा,
आओ, हम तुम मिलकर, गीत गुनगुनायें।
लहरों के मधुमास को दोनों हाथ से उछाल,
स्वयं उसमें समा जायें अकहे उनके साथ!

पद्मावती भावुक-सी हो उठी। उसमें भावनाओं में बहता घर-संसार नम होने लगा। जीवन की कठोर सच्चाई से निकलने वाली नदी या झरना उसे अनुभव होने लगा। हिम पिघलता है, तब नदी कल-कल करती अज्ञात यात्रा पर चल पड़ती है और झरना संगीत की धुन पर नृत्य करने लगता है। सारा परिवेश झूम उठता है हिलोरें लेता हुआ।

मुझे तुम्हारे भावों में लुप्त होती नदी की धड़कन सुनायी पड़ रही है। रतन सिंह ने धीरे-धीरे रुकते-ठहरते कहा।

"और मुझे भी तुम्हारे अकहे अरमानों का मन मचलता हुआ हृदय में समाता हुआ अनुभव हो रहा है, मेरे प्राणों के स्पन्दन!"

"स्पन्दन!"

"चौके मत, माँ प्रायः धड़कनों को स्पन्दन ही पुकारती थी। उसने दुःख को सुख का नाम देकर और सुख को दुःख का नाम देकर अपने दिल को राजी कर रखा था। कहती थी उसे प्यार से जीने की आदत इस प्रकार पड़ती रही है कि अभावों का ज़िक्र करो तो भाव देकर ससम्मान, खुले मन से उपहार देने की मलयजी सुगन्ध के साथ।" पद्मावती उल्था कर रही थी बिना समझे उस सबको, जो वह एकान्त के पलों में चित्रों के सृजन में अनुभूति को संवाद करते हुए अनबोले सुना करती थी। पद्मावती गोचर से अगोचर अनुभूतियों का शृंगार कर उठी थी।

"मुझे इन्हीं पलों को जी लेने की तलाश थी, पद्मा। शायद तुम्हीं वे पल हो, जिनको मैंने अपने में जी लेने की स्वप्न-कल्पना की थी।" रतन सिंह उसे तलाश रहे थे। वह हृदय की गुनगुनाती धड़कनों के संगीत को सुनते हुए उसमें बह रहे थे। मानो वह मन-ही-मन उससे कह रहे हों—

अब चलें, उस पार चलें,
जहाँ मिलते हों स्वप्न-कल्पना;
उनकी अतल गहराइयों में डूब जायें।
बिन आहट किये चुपके-चुपके,
जहाँ कोई न हो,
हम और तुम हों केवल;
एक-दूसरे में डूबे हुए बेख़बर।

"कुछ कहा क्या?" पद्मावती को लगा कि रतन सिंह ने कुछ कहा है।

"तुमने सुना क्या!"

"तभी तो पूछा है।" पद्मावती ने उनसे दूर होते हुए कहा।

"वहाँ भाषा नहीं है।"

"तो?" पद्मावती ने पूछा।

"धुन है सिर्फ़ धुन, पद्मावती।"

"धुन...। केवल धुन।" पद्मावती दोहराकर रह जाती।

"हाँ, धुन...धुन जो कह जाती है, वह हृदय की धड़कन है। उसे कोई भाषा नहीं कह सकती।" रतन सिंह कह जाते।

"आज वह धुन ही थी।"

"कौन-सी?"

"वही जो अभी आप कह कर आये हैं—वहाँ भाषा नहीं, हृदय की धड़कन थी।"

"आप जो मान लो।" रतन सिंह ने धीरे से कहा।

"इस तरह नहीं...।" पद्मावती चहकने लगी। कहने लगी, "आपने तो हमारी सारी मेहनत पर पानी फेर दिया। हमने क्या-क्या न सोचा था और यह क्या हो गया अनचाहा।"

"आप कहोगी तो हम भी तो कहेंगे न।"

"तो आप भी वैसा करेंगे—यानी जैसे को तैसा। ...यही न।" पद्मावती ने कहा।

"तो मेरी प्रिय अर्धांगिनी, तुम सहयोग करो न। तुम्हें किसने रोका है?"

"कर तो रहे हैं।"

"ऐंठ कर नहीं। यहाँ कौन-सा युद्ध हो रहा है। प्यार बहुत कोमल होता है, उसे तुम चाहिए, आप नहीं, समझीं।" इस पर दोनों हँस पड़े। हँसते रहे। पद्मावती यह कह कर उठ खड़ी हुई, "म्हारे प्यार तो तुम हो...रावल नहीं।"

वह उठकर बाहर चली गयी।

अब रतन सिंह की आँखों में नींद उतर रही थी। पद्मावती की आँखों में नींद नहीं थी, परन्तु वह सोच नहीं पा रही थी। कभी-कभी उसके साथ ऐसा होता रहा था, परन्तु रतन सिंह के सामने यह पहली बार हो रहा था। वह जानती थी कि रतन सिंह सोना चाहते हैं। उन्हें व्यर्थ में क्यों परेशान करे?

"क्या तुम्हें नींद नहीं आ रही है?" रतन सिंह ने पूछा।

"बहुत ज़ोर से आ रही है।" कहकर उसने जम्हाई लेकर रतन सिंह का भ्रम तोड़ दिया और चादर ऊपर खींच ली।

रतन सिंह की अचानक आँख खुल गयी। वातायन खुले थे। बाहर मेघ बरस रहे थे। हवा सर्द हो चली थी। रह-रहकर निःस्वन चपला पायल बन चमक उठी थी। रसार्द्र हो रहा था मन का मधुवन। अँगड़ाई ले उठा था सावन। फिर हौले-हौले-रिमझिम करती नाच उठी थी पायल। पपीहा बन गगन गा उठा था... मत जाना प्रिये, नहीं तो फिर आलम बेसुध हो जायेगा।

रतन सिंह उठकर बैठ गया। उसका हृदय हिलोरें लेकर अज्ञात बासुरी पर गुनगुना उठा—ऐसी मतवाली रात फिर नहीं आयेगी जब प्रिया सुध-बुध खोये सो रही होगी यौवन।

"यह क्या हो रहा है आज उसे, जब मन का चोर दबे पाँव भूल कर स्वयं को हवाले कर उठा है। गा उठा है तोड़ कर सारे बन्धन—मत जग जाना प्रिय आज, नहीं तो मौसम उदास हो जायेगा।"

रतन सिंह ये तुझे क्या होता जा रहा है आज, तू पगला गया है क्या! गा लेने दे आज मुझे, टोका-टोकी मत कर। तो तू गा, गाये बिन मानेगा भी नहीं। तू है तो ज़िद्दी स्वभाव का, तो गा—"अरुण अधर मत दबाना प्रिय, नहीं तो पलाश बन शरमा जायेगा।"

तुम सो रही हो पद्मा, सोती रहो—तुम्हारी ज़ुल्फ़ें खुल गयी हैं, कुरती तंग दिल हो चली है, पिण्डलियाँ चमक रही हैं। तुम निश्चिन्त रहो, सवेरा मैं रोक दूँगा। जब तक तन-मन का संगम हो जायेगा।

दुनिया कहती है, उसका काम है, कहना—ना जियेगी, ना जीने देगी...ना, ना, ना, फिर से काजल मत लगाना, वरना खंजन मन उदास हो जायेगा।

"अपने को सँभालो, रावल सा। ये कल्पना-स्वप्न देखने का वक़्त नहीं है।"

"तुम तो सदा देखती रही हो, आज मुझे देख लेने दो। ...प्रिय, जब गगन नाचेगा, तब अल्पना के आँगन का क्या होगा?"

“कमर मत लचकाना, प्रिये, नहीं तो मधुमास पागल हो जायेगा।”

“मुझे नहीं पता है कि मधुमास पागल होगा या नहीं होगा पर तुम अवश्य पागल हो गये हो।”

“होंठों पर उँगली रख, चुपके से सी...सी कर कहने लगे, यों न बोलो प्रिये, नहीं तो कोयलिया गुमसुम हो जायेगी।”

“ये क्या पागलपन है, तनिक चेत करो। सुबह होने वाली है।”

“दरवाज़े-खिड़की बन्द रहो। बहुत दिनन के बाद रात सोयी है, उसे जी भर सो लेने दो।”

“ये दिन न होता तो युद्ध न होते। मार-काट नहीं मचती। भागमभाग नहीं होती। चाण्डालों की बस्ती न बसती। बहुत दिनों से जाग-जाग कर हमने नींद भुला दी है।”

करबद्ध विनती है, कुछ समय के लिए रुक जाओ दिन, पाहुना प्रिय को बड़ी मुश्किल से नींद आयी है...मुद्दतों के बाद, रहम करो। दरवाज़ा मत खटखटाओ, लौट जाओ।

मेरे पाहुने को सो लेने दो...सो लेने दो इस बेचैन दुनिया को कुछ समय तक। जागते-जागते ये बेतरह थक कर अभी सोयी है, बेसुध सोयी है...न तन का होश है, न मन का। सोयी पड़ी है ये दुनिया, इसे सो लेने दो।

सिर्फ़ मुझे जगने दो बिन आहट किये, ताकि इस दुनिया को फिर से कोई जगाने वाला न आ जाये। ...और फिर से ये दुनिया तबाह होने न लग जाये।

सोओ, मेरे प्रिय पाहुने, जग कर दुनिया देख ली है। अब सोने के दिन देख लेने दो। ...उसका यही तो गुनाह है कि निखिल सौन्दर्य को अपने में क्यों बस जाने दिया। क्यों अपने में मधुमास को आँखें दी! क्यों रति की मधुशाला उलट दी और अप्सराओं की नींद उड़ा दी?

गुनाह क़बूल है, फिर से नहीं होगा ऐसा कभी गुनाह-ए-जुल्म। फिर न खिलेगा मधुमास, न आयेगा वसन्त, न आम्रमंजरी महकेगी। न मलय पवन नुपूर बाँध कर सरगम पर तानपूरा छेड़ेगा।

ख़ामोश! अब कोई नहीं जाग रहा है मेरे सिवा। तुम सोती रहो, मेरी प्राणेश्वरी प्राणप्रिया पद्मावती। अब कोई जगाने नहीं आयेगा। तुम्हारा प्राणेश्वर रतन सिंह जगा हुआ है बनकर पहरुआ। सोती रहो, सौन्दर्य की अधिष्ठात्री देवी! तुम्हारे साथ-साथ सारी दुनिया भी सोती रहेगी बेख़ौफ़-बेफ़िक्र होकर।

“तुम...तुम...तुम...” बड़बड़ाने की आवाज़ सुनकर रतन सिंह को जगाते हुए बोली, “यह क्या अनर्गल बक रहे हो, ...सौन्दर्य की देवी,...सारी दुनिया...किसे सुला रहे हो...बेख़ौफ़...बेफ़िक्र... ।...”

"हैं...मैं कुछ बड़बड़ा रहा था।"

"हाँ...हाँ... ।"

"मुझे नहीं मालूम। ...तुमने कब सुना, पद्मा।"

"अभी...अभी...चन्द पल पहले। ..."

"मैं कुछ बड़बड़ा रहा था।"

"हाँ...हाँ बहुत कुछ साफ़-साफ़ पर अर्थशून्य।" पद्मावती ने रतन सिंह की ओर घूरते हुए कहा, "लगता है, तुमने सारी रात सपनों में गुज़ार दी है।"

"हो सकता है। वैसे प्रायः मुझे स्वप्न आते नहीं हैं। इससे पहले, क्या तुमने मुझे बड़बड़ाते सुना है?"

"नहीं, कभी नहीं।"

बचपन में मैं डर जाता था। कुछ-कुछ बड़बड़ाने भी लगता था। तब माँ मुझे जगा कर कहती थी, कितनी बार समझाया है कि सोते समय छाती पर हाथ रखकर नहीं सोते। ...मैं पूछ लेता था, क्यों माँ?...वह समझा देती थी, "भूतिनी उन बच्चों को डराती है जो बच्चे छाती पर हाथ रख कर सोते हैं।..ये भूतिनी क्या होती है? मेरे दिमाग़ चट्टू लाडले, भूतिनी होती चुड़ैल...उसके बड़े-बड़े दाँत होते हैं। डरावनी आँखें, बाल बिखरे हुए... । ...नहीं माँ...माँ नहीं...मुझे आगे नहीं जानना।...और माँ से चिपटकर सो जाता था।" रतन सिंह ने सोचते हुए कहा।

कुछ देर तक याद करने की कोशिश भी की, उसके स्वप्न में पद्मावती गहरी नींद में सो रही थी। इससे आगे कुछ याद नहीं आया।

"भूल जाओ इस स्वप्न को और चलो हम आज की तैयारी करें।" पद्मावती ने धीमे पर संयत स्वर में कहा।

"सुनो, सुनो, पद्मा मुझे याद आने लगा है...बहुत कुछ।" रतन सिंह ने सहसा कह डाला।

"छोड़ो भी,...स्वप्न-स्वप्न होते हैं। उनका याद आना या ना आना सब बराबर है।"

"नहीं, प्रिये, वह स्वप्न तुम्हें लेकर था और बड़ी बात यह थी कि वह स्वप्न न भाषा से अपना था और न सोच-कल्पना से। ...मैं कविता करने लगा था। ...तुम बहुत थक चुकी हो। बेफ़िक्र सो रही हो। मैं नहीं चाहता कि तुम जग जाओ। ...कैसी-कैसी कल्पना कर उठा...अरुण अधर मत दबाना प्रिय... ।"

"बस...बस...तुम्हें अभी मेरे अरुण अधरों की चिन्ता है... ।"

"क्यों न हो?...मुझे पलाश बन के शरमाने का भी उतना ही ख़याल है। कहीं... ।"

“बस भी करो, मेरे प्राण।”

“कुछ समय बाद सारी कहानी समाप्त। ...मैं सवेरा रोक दूँगा।”

“पद्मावती खिलखिला पड़ी। ये बेमतलब की बातें बन्द करो। सवेरा क्या कोई रोक सकता है।”

“क्यों नहीं, प्रिये। ...साथ में...ये रात फिर नहीं आयेगी...”

“छोड़ो भी यह ख़ामख़्याली।”

“जब गगन नाचेगा, तब अल्पना के आँगन का क्या होगा?”

“जौहर! मेरे कवि और क्या होगा? तुम्हें आज कविता सूझ रही है, जब युद्ध ताण्डव कर उठा है।”

“जानता हूँ। प्यार को ऐसे हज़ार जौहर नहीं मार सकते। यह अजर-अमर है। ये दो प्यार करने वालों का फ़साना है। मर कर भी सबकी जुबाँ पर, जब तक ये दुनिया रहेगी, गुनगुनाती रहेगी, कहती रहेगी...हम यहाँ हैं, मेरे यायावर दोस्त! ...यहाँ। इतिहास मरा नहीं, यहाँ ज़िन्दा है।...”

“तुम नहीं मानोगे।”

“बस आख़िरी बार, पद्मा। ...केवल तुम्हें ही नहीं सुला रहा हूँ। सारी दुनिया की सलामती के लिए मन गा उठता है—जग कर दुनिया देख ली है, अब सोकर दुनिया देखेंगे।”

“देख लेने दो। यही न!” पद्मावती खिलखिला पड़ी। उसके मोतियों से दाँत चपला बन चमकने लगे।

“प्यार करने वालों की अन्तिम साँस तक ज़िन्दगी के सद्यःखिले फूल सदा महकते हैं, सदा महकते रहेंगे। वे स्वयं नहीं, प्रिये, दो प्यार करने वालों का यह वसीयतनामा है, जिसे इतिहास दफ़न नहीं कर सकता। वह हर प्यार करने वाले के साथ जुनून बन उनकी साँसों के सरगम पर सदा बजता रहेगा। ...हम तुम नहीं रहेंगे पर वह रहेगा हमेशा-हमेशा।”

इस बार पद्मावती हँस नहीं सकी। रतन सिंह के कन्धे पर सिर रखकर इतना ही कह पायी, “फिर मिलेंगे, मिलते रहेंगे। तुम्हारी धड़कनों की प्रतिध्वनि की तरह जब तुम पुकारोगे, हमारा वही जवाब पाओगे।”

दोनों कुछ देर तक परस्पर मिले एक-दूसरे की धड़कनों का समवेत स्वर सुनते रहे। दूर तक यह वाद्य उठाता रहा यही धुन कि प्यार में मौत भी मिलती है तो अमर हो जाती है। नफ़रत से ताज़पोशी भी ज़िन्दा-मुर्दा हो जाती है।

“उठो प्रिय!”

"तैयारी का बिगुल बज उठा है। ...जाना है उस पार हबीब मेरे, जहाँ मुहब्बत की दुनिया ज़िन्दा है।"

"बस भी करो ये सपनों की बात। आज के युद्ध पर करो विचार। उठो, ये जागने का समय है। यह जगाने का समय है।" कहते हुए पद्मावती उठ खड़ी हुई और चल पड़ी।

अब रतन सिंह अकेला रह गया। सपने का रस उतर गया। हक़ीक़त का रौद्र रूप रह गया। दुनिया यों ही मरती रही है, मरती रहेगी। युद्ध-महायुद्ध होते रहेंगे। चैन नहीं पा सकेगी। गुनाह कोई करेगा, सज़ा वो पाती रहेगी। आज की सुबह के अनखुले पृष्ठों पर सामूहिक सजाये मौत के फरमान मौत को मौत में बदलते रहेंगे। काश, न होते ये राक्षस-राजा-राणा-सुल्तान तो दुनिया चैन की ज़िन्दगी जीती, सब कुछ सामान्य होता। वह अपने छोटे-छोटे सपनों-अरमानों को जीती होती। खेलती-हँसती होती। दूसरों के सपनों-अरमानों की सज़ा उसे नहीं भोगनी पड़ती। वह कहर नहीं ढोती।

रतन सिंह तू बेकार का बोझ अपने दिमाग़ पर मत डाल। ये दुनिया सदा ऐसे ही हाँकी गयी है, ऐसे ही हँकेगी और हँकती रहेगी। हकवैये दुनिया का सुख-चैन छीनते रहेंगे। उसकी मजबूरी है। हाँकने वाले के हाथ में डण्डा है, तलवार-भाले हैं। काश! उसे अपनी-अपनी पद्मिनी-पद्मावती के साथ जी लेने का हक़ होता तो किसी सुबह का रंग काला न हो पाता। चौधराहट नहीं होती। हुक्म की तामील करने का डर-आतंक दिलोदिमाग़ पर सवार न होता।

पर तू क्या कर सकता है, रतन सिंह? तुझ जैसे कितने हुए, वे भी चाह के ख़ुशहाल सपनों की राह को हक़ीक़त में नहीं बदल सके। यह कैसी ज़ालिम चाह है...अलाउद्दीन खिलजी तेरी चाह कभी पूरी नहीं होगी। तू कैसा सुल्तान! किसका सुल्तान!

"फिर तुझे...या तेरे पुरखों को क़िले बनाने की ज़रूरत क्यों पड़ी? ये प्रश्न अपनों से या अपने आप से पूछ। ...ताली एक हाथ से कभी नहीं बजती। बजती होती तो ये दुनिया सुख से रहती। ...अब तेरे पास कोई चारा नहीं है। भण्डार जवाब दे चुका है। मरना लाज़िमी है। दोनों तरफ़ से। आज भी मौत ही जीतेगी और वही हारेगी। यही युद्ध है, उसका सपना है। ये सच है कि न रहना तुझे है, न मुझे। फिर भी, मौत हमारे इशारों पर आज नाचेगी।"

ये क्या हो रहा है आज मुझे? मैं अपने ही वजूद पर प्रश्न उठाने लगा हूँ। सब राख का खेल है। मौत नचायेगी तो यों नाचते रहना होगा। यह भी एक खेल है, ज़िन्दगी के जीने-मरने का!

"पद्मा तुम, यहाँ!"

"तैयार हो जाओ, मेरे सरताज।"

"तुम्हें जी भर देख तो लूँ। मेरी इच्छाओं के आसमान।"

"देखते रहना। पहले आज की सुबह का सामना तो कर लो।"

"सुबह रोज़ होती है।"

"परन्तु आज जैसी नहीं, मेरे प्राणप्रिय। ...यही हक़ीक़त है। ज़िन्दगी जीने के इस त्योहार-मेले की। ...न जीने की चाह जीने देती है और न...।"

"आगे कहो, पद्मा, रुक क्यों गयीं...मरने की चाह मरने देती है। अथ से इति तक की यही कहानी है। इसी के भ्रम को हम, बारम्बार जीतने का प्रयत्न कर हार के पल्लू में मुँह छिपाने के लिए अपने को विवश पाते हैं। ..."

"हम जानते हैं।"

"क्या तुम नहीं?"

"दोनों।"

"फिर भी अपनी ज्वाला में सबको ढकेलते हैं।"

"यज्ञ। ..."

"क्या कहा?"

"जो सुना नहीं जा सका, मेरी आँखों के काजल। ...अब उठो भी।"

"हम मर कर जी लेंगे। वो जी कर हर पल मरते रहेंगे।"

"कितना आसान होगा हमारे लिए, कितना मुश्किल होगा उनके लिए।... मरना...जीना!"

"यह सोचने का समय नहीं है।" तभी कोयल बोलने लगी। चिड़ियों की टोलियाँ चहचहा उठीं और सुबह ने अँगड़ाई ली। ....हैं। वहाँ फिर वह अकेला। उसने उठ कर खिड़की खोली। वह देखता रह गया। आज की सुबह इतिहास रचेगी। उस पर लिखा रह जायेगा...अथ पद्मावती...। उसके आगे कुछ नहीं। वह सुबह देख रहा था।

आज आकाश में बादल नहीं थे। धूप खिल रही थी। पवन नदियों का संगम छूकर आ रही थी।

पद्मावती नहा-धोकर दुल्हन के लिबास में सज-धज कर मुस्कराती हुई आ खड़ी हुई।

"पद्मा, आज मैं फिर तुम्हारी माँग भरूँगा। ...तुम्हें माँग भर कर, प्यार से, मैं यहाँ लाया था, आज मैं माँग भरकर विदा करूँगा, विदा लूँगा। ...मुझे तैयार हो लेने दो। आता हूँ।"

"आज रसोड़ा में मैं जाऊँगी। सेविका की छुट्टी कल ही कर दी थी। ...कलेवा बनाती हूँ।"

रतन सिंह तैयार होने चल दिया। लौटा तो कलेवा तैयार था। हलुआ था। पूड़ी थी। आलू की सब्ज़ी थी।

दोनों देख रहे थे कनखियों से कलेवा के बहाने एक-दूसरे को। मानो पहली बार देख रहे हों अजनबी बनकर।

रतन सिंह ने पूड़ी का एक ग्रास (कौर) तोड़ा। हलुआ से भरा। पद्मावती के पलाश से सुर्ख़ होंठों पर लगाया। उसने रोकना चाहा—"पहले आप।" ... "कितनी बार कहोगी। इस बार म्हारा मान रख लो।" पद्मावती ने हाथ हटा लिया आधा ग्रास देकर, शेष ग्रास स्वयं ले लिया। मिठास मुस्करा उठी।

फिर दोनों कलेवा कर उठे। आख़िरी ग्रास में हलुआ भर कर रतन सिंह की ओर बढ़ाया। उसने आधा ग्रास लेकर आधा छोड़ दिया।

कलेवा हो गया।

मिठास महकने लगी। आँखों में प्यार उमड़ पड़ा। दोनों मौन बने एक-दूसरे को जी भर कर देखते रहे।

रतन सिंह ने थोड़ी-सी ओढ़नी उठायी और हलके से पद्मावती की माँग भर दी।

कुछ रुककर रतन सिंह ने पुनः कहा, "फिर सोच लो, पद्मा।"

"क्या?"

"जौहर...।"

"जीतोगे।"

"हारूँगा नहीं। फिर भी...।"

"जौहर से भी मैं डरती नहीं। समय का सम्मान करूँगी। इसमें सोचना क्या। मैं नेतृत्व कर रही हूँ। अग्निदेव को आमन्त्रित करूँगी। ...देवयज्ञ के लिए मंगलाचरण गाऊँगी। ...होम द्रव्य अर्पण करूँगी। सम्पूर्ण होम कार्य-विधिविधान से अग्निदेवता को प्रसन्न करूँगी, तुम्हारी जय के लिए मन्त्र पढ़ूँगी और यदि ऐसा नहीं हुआ तो फिर ज्वालाओं की लपटों के आगे हाथ जोड़कर सबसे क्षमायाचना के साथ समर्पित होकर होमशिखा को गगनचुम्बी बना दूँगी, स्वामी।"...पद्मावती ने इस मुद्रा में, अन्तरात्मा से उद्घोष किया कि रतन सिंह अवाक् देखता रह गया। उसके सामने मरणादा की देवी खड़ी हो गयी। उसके हृदय ने देवी को नमन किया।

"स्वामी, विचार और कर्म में अन्तर है। यज्ञ सबके हित के लिए है, उसमें मैं कैसे पीछे रह सकती हूँ। स्थान में भी नहीं।" पद्मावती के स्वरों में गौरव गान था, शौर्य का चरम उत्साह था और बलिदान का हार्दिक उत्साह था।

"बाहर प्रतीक्षा हो रही है, पद्मावती।"

"तो लीजिए।" कहकर रतन सिंह के चन्दन-रोली का तिलक लगा दिया। "...सोचा था, मन भी बहुत था पर जाना, कि यज्ञ में खण्डित समर्पण नहीं होता।" पद्मावती मुस्करा रही थी, उसके नेत्रों में गहन प्यार की अरुणिमा खिल उठी थी।

ढोल बज उठे।

तुरही का स्वर गूँजा।

रतन सिंह बाहर आया। एकदम दूल्हा बना हुआ था। धीरे-से घोड़े की गर्दन पीठ को सहलाया। पद्मावती ने घोड़े के भी तिलक किया। उसके कपोलों को छुआ और मन-ही-मन कहा, "युद्ध ऐसा घमासान हो कि युद्ध भी जोश में आकर युद्धमय हो जाये—सिर से पाँव तक। जाओ, मेरे शेर जाओ।"

तभी रतन सिंह घोड़े पर सवार हो गया। बादल ने जयकारा लगाया, "मातृभूमि की।" सब ओर से उठा गगनचुम्बी स्वर "जय।"

ढोल तेज़ी से बज उठे। तुरही का स्वर भी गूँज उठा।

केसरिया वस्त्र और पगड़ी में सजे हुए, गठी देह के सवार, उनकी आँखों में सुरभिमय मुस्कान की धधकती ज्वाला थी। इनमें क्रोध नहीं था और न घृणा की रेखा। उन्होंने घोड़े को थपथपाकर धीरे से एड़ लगायी।

मुख्य द्वार खुल गया। सेना का समवेत स्वर था। "जय भवानी की।"

दूसरी ओर से स्वर उठा, "हर-हर महादेव!"

अग्रिम घुड़सवार सैनिक ने ध्वजा फहरा दी। हाथी भी चिंघाड़ उठे।

आ पहुँचे बेड़च और गम्भीरी नदी के तट पर। उसके एक तरफ़ था युद्ध-स्थल। दोनों तरफ़ सेना थी। जोश से भरे—"हर-हर महादेव और अल्लाहो अकबर" से धरती-आसमान एक हो रहा था।

अलाउद्दीन खिलजी और रतन सिंह की आँखे मिलीं एक में घृणा भरी हिंसक कालरात्रि थी, दूसरी में प्यार से लबालब, उदारता, स्वाभिमान के गौरव से भरी प्रणाम की मुद्रा।

"भिड़ जाओ। ...मचा दो मार-काट। हाहाकार। मिटा दो दुश्मन का नामोनिशान।"

युद्ध शुरू हो गया।

घमासान युद्ध। सैनिक मरते-गिरते गये। घुड़सवार घायलों पर चढ़ कर भी आगे बढ़े।

अलाउद्दीन की सेना में एक बार घबराहट मची। मरे दुश्मन के भी सैनिक लेकिन इस समय पलड़ा दुश्मन का भारी है। तभी आह्वान हो उठा। पहले से भी कहीं ज़्यादा सेना बादलों की तरह उमड़ पड़ी।

इतनी विशाल सेना। फिर भी युद्ध हुआ। अन्त तक। जब तक एक सैनिक के हाथ में तलवार रही या भाला।

बादल ने होशियारी से रतन सिंह को गिरने नहीं दिया। हाथों में उठा लिया। रतन सिंह ने इतना कह कर, "जय मातृभमि।" आँखें पलट लीं और सिर एक ओर लुढ़क गया। उसने नदी में खड़ी नौका में रावल को लिटा कर कहा, "चित्तौड़ का सम्मान अब तुम्हारे हाथों में है।"

नौका चल पड़ी।

बादल लौट आया।

युद्ध की आख़िरी ज्वाला भी भड़क उठी और उसके साथ ही युद्ध समाप्त हो गया।

अलाउद्दीन ने कहा, "मुझे पद्मावती चाहिए। सेनापति क़िले की ओर बढ़ो। ...हर हालत में मुझे पद्मावती चाहिए। ...साथ में राघव चेतन को ले जाओ। वह महलों के गुप्त से गुप्त भवन और उन तक पहुँचने के रास्ते जानता है।"

"पण्डित, तुम्हें सुल्तान याद कर रहे हैं।"

"क्या हुक्म है, हुजूर।"

"सेनापति के साथ जाओ। मुझे पद्मावती चाहिए। जब तक वह नहीं मिल जाती तब तक...।"

"सुल्तान, अब वह कहाँ मिलेगी।" राघव चेतन ने आकाश की ओर संकेत देते हुए कहा, "सुल्तान, वे आकाश चूमती लपटें देख रहे हैं...दूर-दूर तक फैली सुगन्ध का अनुभव कर रहे हैं...।"

"तो?"

"अग्निदेव यज्ञ में मनो चन्दन लकड़ी, मनो घी, मनों हवन सामग्री।"

उसके बीच सुहागिन ललनाओं ने गंगा जल, तुलसी की पत्ती का सेवन कर अपने प्राणों की आहुति दे दी है। उसी से यहाँ की माटी का कण-कण चन्दन और गुलाल हो गया है। ...

"मुझे पद्मावती चाहिए, पण्डित, चन्दन और गुलाल नहीं। समझे। जाओ, सेनापति खाँ के साथ जाओ।"

"हुजूर-ए-आला सुल्तान, गुस्ताख़ी मुआफ़ हो। पद्मावती ने जौहर की ज्वाला का नेतृत्व किया है। सर्वप्रथम उसने ही ज्वाला में समर्पित होकर बलिदान दिया है। ...अब वह वहाँ कहाँ मिलेगी?"

"तुम, साथ जाओ पण्डित।"

"जो हुक्म, हुजूर-ए-आला पर पद्मावती नहीं मिलेगी।"

"सेनापति, यदि पण्डित की बात सच साबित हो तो वहाँ क़त्लेआम मचा देना। कोई हिन्दू बच न पाये।" अचानक अलाउद्दीन का ध्यान उस घायल सेनानी की ओर गया, पूछा, "पण्डित, वह क्यों हाय-हाय कर रहा है?"

"सुल्तान, वह हाय-हाय नहीं, अपनी ज़ुबान में जय जन्मभूमि...जय भवानी बड़बड़ा रहा है।"

अलाउद्दीन खिलजी का दिमाग़ गरम हो गया। वह मन-ही-मन बुदबुदाया, "स्सालों को प्राण की परवाह नहीं, मातृभूमि की चिन्ता है।"

शाम होते ही है। सुल्तान को मालूम पड़ गया कि क़त्लेआम हो गया है। पद्मावती ने अग्नि में प्रवेश कर बलिदान दे दिया है।

अलाउद्दीन शोकग्रस्त हो उठा। उसे गुस्सा भी बहुत आया। उसने मुट्ठियाँ भी तानी। कभी बैठा, कभी खड़ा हुआ। बड़बड़ाया यह कैसा केसरिया, चन्दन-गुलाल माटी का देश है। ये जौहर! बलिदानी परम्परा! क्या पागलपन है!...पद्मावती, तुम नहीं मिली!...फिर यह फ़तेह किस काम की। अरमानों की आग धधकती रह गयी।

तुम नहीं मिलीं। हाय! प ... ऽऽ द् ... मा ... व ... ती!

ढल गयी शाम। हो गयी रात। अलाउद्दीन ने इतनी पी कि एक ओर लुढ़क गया। ख़ास सेवक रसूक ने अन्य साथियों की सहायता से उसे पलंग पर लिटाया। वह रह-रह कर बड़बड़ाता रहा। "...यह...कैसी फ़तह...शिकस्त से भी...ज़्या...दा...घा...य...ल...। घायल!! घा ...य...ल...। ...हाय! प...द्...मा...व...ती...। यह क्या हुआ...लूटने वाले लुट गये। ....राख उड़ती रह गयी। ...शमशानी हो गयी जीत! हम हार गये। ...हार...हा...र...।" फिर अलाउद्दीन एक ओर लुढ़क गया।

❑❑

सन्दर्भ सूची

1. खजाइन-उल फुतूह : अमीर खुसरो
2. रेजर्स आफ़ पिक्ट्री : मुहम्मद हबीब, अंगेज़ी अनुवाद, पृ. सं. 47, 48, 49, 115 और 272
3. तारीख-ए-बदायूँनी : बदायूँनी
4. तारीख-ए-फ़रिश्ता भाग-1 : मोहम्मद क़ासिम फ़रिश्ता
5. आइना-ए-अकबरी : अबुल फज़्ल, अँग्रेज़ी अनुवाद : एच.एस. जैरेट, भाग-2, पृ. सं. 269-70 व 300-301
6. वाज पद्मिनी ए मेयर फिगनेंट ऑफ़ नायसीज़ इमेजिनेशन प्रोसिडिंग्स ऑफ़ इंडियन हिस्ट्री कॉंग्रेस 24वाँ सम्मेलन, दिल्ली—पृ. सं. 76-77
7. लेक्चर्स ऑन राजपूत हिस्ट्री : कालिका रंजन कानूनगो, पृ. सं. 27-30
8. स्टडीज़ इन राजपूत हिस्ट्री : कालिका रंजन कानूनगो, पृ. सं. 17-20
9. खिलजीकालीन भारत : डॉ. अतहर अब्बास रिज़वी, पृ. सं. 59
10. मिथ ऑफ़ रानी पद्मिनी एण्ड अलाउद्दीन खिलजी, पब्लिश्ड, बुलेटिन ऑफ़ दि नागपुर युनिवर्सिटी हिस्टोरिकल सोसाइटी नवम्बर 1, 1946
11. हिस्ट्री ऑफ़ मेवाड़, वॉल्यूम फर्स्ट : राधावल्लभ सोमानी पृ. सं. 192-194
12. पद्मिनी की खोज : श्रीमती सरदार ए.ए.के. सालू पाटिल—प्रकाशित सरस्वती (पत्रिका), फरवरी, 1958
13. ज्वालादेवी स्राव : राघव चैतन्य एपिग्राफ़िया इंडको भाग-1, में पब्लिश्ड
14. उदयपुर राज्य का इतिहास भाग-1-2, गौरीशंकर हीराचन्द ओझा : भाग-1 में पृ. सं. 288, भाग-2 में पृ. सं. 1131 से 1138 तक
15. पूगल का इतिहास : हरी सिंह
16. राजस्थान थ्रू दि एजेज़, भाग-1, डॉ. दशरथ शर्मा
17. राजपूताना का इतिहास, भाग-3, जगदीश सिंह गहलोत
18. गोरा बादल : पद्मिनी चौपाई : हेमरतन मुनि

19. पद्मावती चौपाई : जिन समुद्रसूरि
20. गोरा बादल की कथा या गोरा बादल की बात : भँवर लाल नाहटा, सम्पादक
21. पद्मिनी चरित चौपाई : लब्धोदय
22. सती पद्मिनी : राघव हिम्मत सिंह : भूमिका
23. बिहार परिषद् पत्रिका : पद्मिनी : एक महत्त्वपूर्ण कृति : गौरी शंकर असावा
24. ए कॉम्प्रहेन्सिव हिस्ट्री ऑफ़ इंडिया (पार्ट 5) : डॉ. बनारसी प्रसाद सक्सेना, पृ. सं. 370
25. एनल्स एण्ड एण्टीक्वीरीज़ ऑफ़ राजस्थान, (पार्ट 5) कर्नल जेम्सर्होड : अनुवादक : बलदेव प्रसाद मिश्र
26. भारतीय इतिहास का प्रथम जौहर : अशोक कुमार सिंह
27. चित्तौड़ की ज्वाला रानी पद्मिनी : दामोदर दास गर्ग
28. वीर विनोद : कविराज श्यामलदास पृ. सं. 286